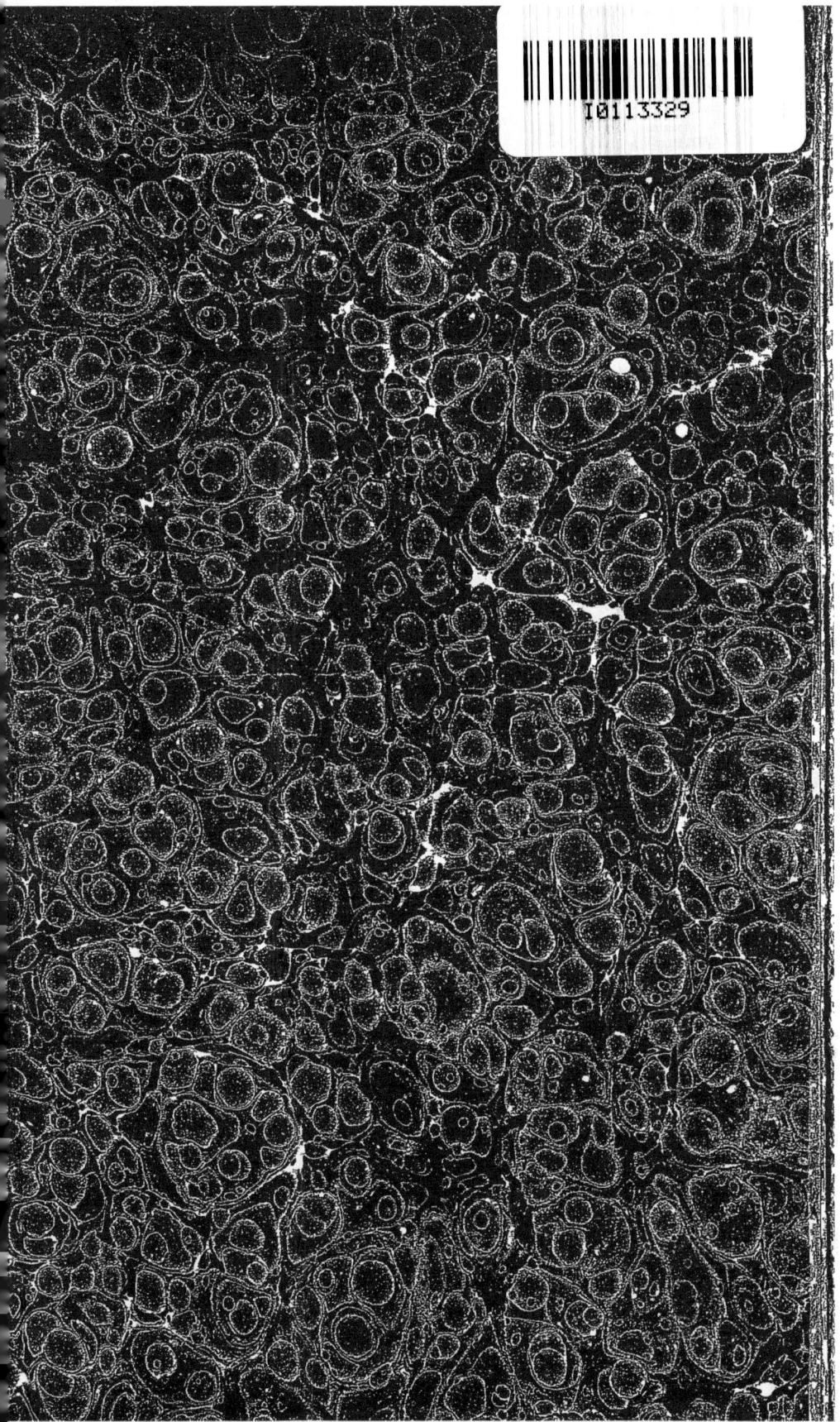

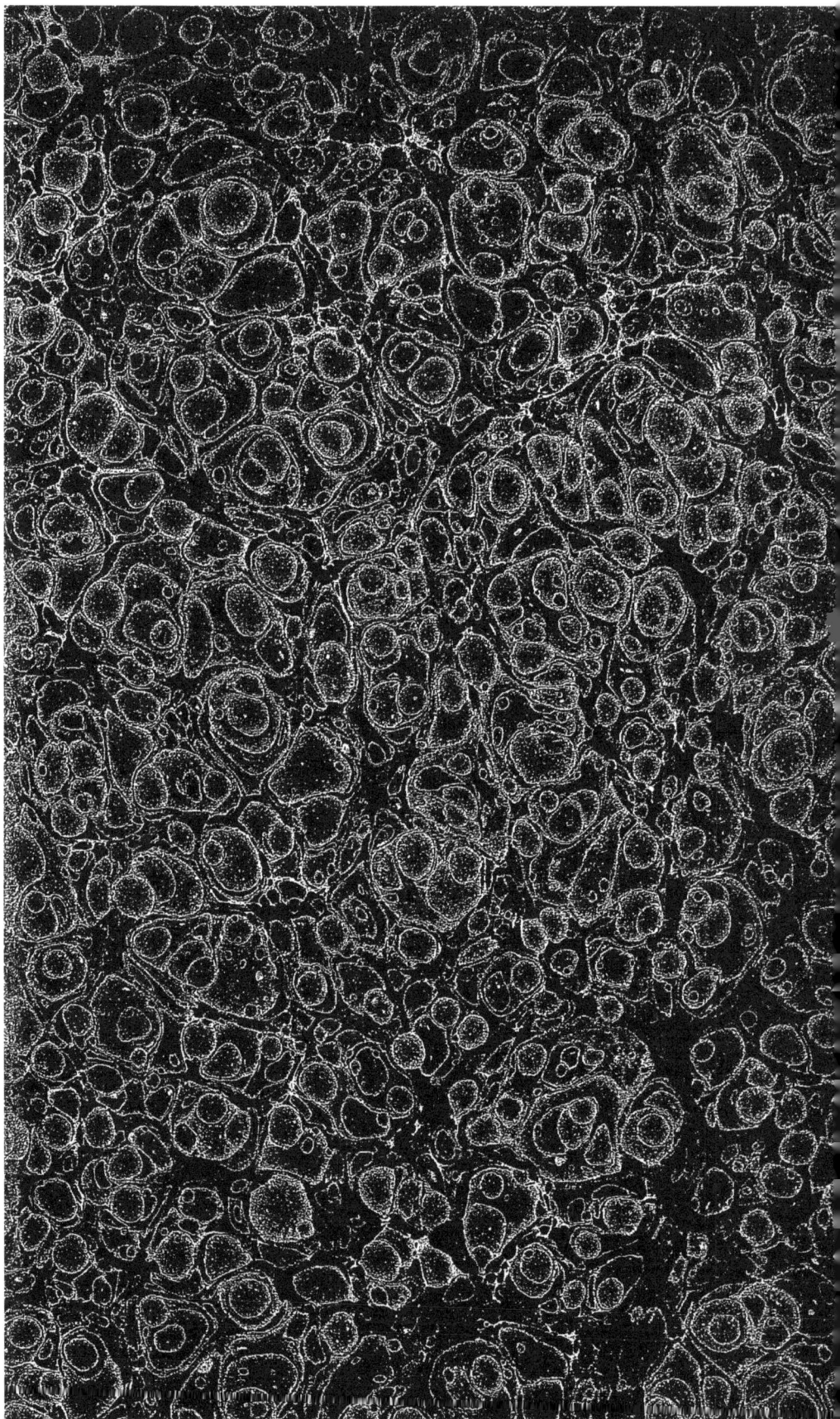

CONGRÈS HISTORIQUE.

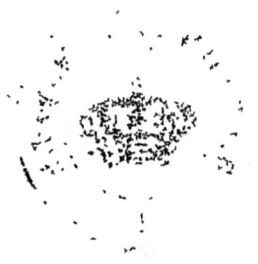

CONGRÈS HISTORIQUE,

RÉUNI A PARIS,

AU SIÈGE DE L'INSTITUT HISTORIQUE.

Discours et Compte-Rendu des Séances.

Septembre — Octobre 1838.

PARIS,

AU SECRÉTARIAT DE L'INSTITUT HISTORIQUE,

RUE SAINT-GUILLAUME, 9, PRÈS DE LA RUE DES SAINTS-PÈRES ET DE LA RUE TARANNE (FAUBOURG SAINT-GERMAIN);

AUG. LE GALLOIS, ÉDITEUR, RUE DE BEAUNE, 10.

1839

IMPRIMERIE D'A. RENÉ, A SÈVRES.

Ce livre contient les actes du Congrès Historique de 1838.

Le Congrès Historique de 1835 a été publié en deux forts volumes grand in-8. C'était notre point de départ. Il s'agissait de hasarder une innovation au sein de la capitale ; la manifestation que projetait l'Institut Historique ne pouvait être ni trop solennelle ni trop complète.

La faillite d'un libraire a empêché l'apparition du Congrès de 1836. Les procès-verbaux sommaires en ont été insérés dans les 26e et 27e livraisons, septembre et octobre 1836, troisième année, tome V, du journal de l'Institut Historique ; et, en outre, le Conseil de la Société, désirant, autant qu'il était en lui, dédommager les membres, les abonnés et le public de cette privation, indépendante de sa volonté, a décidé que les plus importants discours de ce Congrès seraient insérés dans le journal aussitôt que l'espace le permettrait. Cette mesure a déjà reçu un commencement d'exécution.

Le Congrès Historique de 1837 a paru en un volume in-8.

Pour le présent Congrès de 1838, chaque classe de l'Institut Historique a été invitée, suivant l'usage, à préparer une série de questions qui ont été confiées à la rédaction et à la coordination du Conseil. Puis, l'assemblée générale en ayant adopté les détails et l'ensemble, un manifeste, semblable à celui des années précédentes, a été voté et adressé aux membres résidants et correspondants de la Société, aux savants, littérateurs et artistes qui s'occupent de travaux historiques, aux académies et sociétés savantes, françaises et étrangères.

Ce manifeste ayant été répandu dans la France et dans l'Europe, reproduit ou annoncé par la presse de Paris, des départements et de l'étranger, l'Institut Historique s'est adressé, comme pour les autres Congrès, à M. le Préfet de la Seine, qui met toujours avec la plus gracieuse obligeance la salle Saint-Jean à la disposition de la Société.

Mais, cette année, cette salle, témoin de nos trois premières solennités, n'a pu s'ouvrir à notre voix. Elle était en pleine démolition par suite des travaux de réparation dont l'Hôtel-de-Ville est en ce moment le théâtre. C'est ce qu'annonce à l'Institut Historique, au nom de M. le Préfet, une lettre de M. Laurent de Jussieu, secrétaire général, lettre pleine de sympathie et de regret.

L'année prochaine nous serons plus heureux.

Après avoir vainement cherché un local qui pût lui convenir, l'Institut Historique a résolu de s'en tenir à la salle de ses séances, et de s'y réunir les samedi 15 septembre, lundi 17, mercredi 19, vendredi 21, lundi 24, mercredi 26, vendredi 28, lundi 1er octobre, mercredi 3, vendredi 5, lundi 8, mercredi 10, vendredi 12, lundi 15, et mercredi 17.

Le plus grand ordre a régné dans ces assemblées, souvent nombreuses malgré l'exiguité du local. Non-seulement plusieurs savants, littérateurs, artistes de Paris et des départements, parmi ceux même qui n'appartiennent pas à l'Institut Historique, et des étrangers de marque, des Anglais, des Italiens, des Allemands, des Belges, des Polonais, des Espagnols, des Portugais, des Grecs, des Suédois, des Russes, des Turcs, des Egyptiens, et des citoyens des Etats-Unis et du Brésil s'y étaient donné rendez-vous, mais on y admirait un concours bien plus considérable de dames que les précédentes années ; et leur exactitude, leur assiduité, leur attention soutenue ont été remarquées de tout l'auditoire.

Qu'on nous permette de consigner ici l'expression de notre reconnaissance pour notre collègue et sténographe M. le docteur Victor Martin, et pour notre nouvel éditeur M. Auguste Le Gallois, dont le zèle et le désintéressement sont au-dessus de tout éloge.

N'oublions pas, non plus, la presse de Paris et des départements, qui, sans regarder à la couleur de ses divers drapeaux, n'a vu dans notre réunion qu'un œuvre d'art, de science, de patriotisme, d'humanité, et qui n'a pas cessé un instant de nous prêter son loyal appui. Nous l'invoquons encore pour ce volume. En le protégeant, sa bienveillante voix achèvera de donner à notre quatrième Congrès un retentissement qui peut seul le populariser au dehors.

La cinquième session s'ouvrira au mois de septembre 1839.

QUATRIEME

CONGRÈS HISTORIQUE.

PREMIÈRE SÉANCE.

(SAMEDI 15 SEPTEMBRE 1838.)

Le fauteuil de la présidence est occupé par M. le docteur Casimir Broussais, vice-président de l'Institut Historique.

A une heure la séance est ouverte, et M. le président s'exprime en ces termes :

Messieurs, ce n'est pas sans émotion que je viens m'asseoir dans ce fauteuil que vous avez vu occupé par plus d'une illustration historique. Que suis-je auprès du vénérable auteur de *l'Histoire des Croisades*, auprès de l'auteur profond de *l'Histoire parlementaire de la Révolution française?* L'absence de M. le comte Le Peletier d'Aunay, président titulaire, force votre *vice-président* à prendre la parole, et lui procure l'honneur de vous présider aujourd'hui.

Certainement mes quelques recherches sur l'*Histoire de la Médecine* ne pesaient que d'un poids bien léger dans la balance ; mais vous avez eu confiance en mon zèle, et je m'efforcerai de mériter cette confiance.

C'est aujourd'hui, Messieurs, que s'ouvre le quatrième Congrès Historique; c'est la quatrième fois que l'Institut Historique offre une tribune publique et retentissante à tous les travaux cachés et silencieux. L'expérience est faite; l'utilité des Congrès Historiques est désormais un fait acquis, une vérité, un axiôme. Je n'essaierai donc point de les justifier; mais je vous rappellerai l'esprit qui doit animer nos réunions; et vous me permettrez de vous dire comment je comprends l'histoire.

Tout-à-l'heure la lice va s'ouvrir, et vous allez entendre la lecture d'une série de mémoires sur une foule de questions historiques du plus haut intérêt. Recherches pénibles et déchiffrement de manuscrits souvent presque illisibles; voyages historiques dans les lieux mêmes où se sont passés les événements qui sont le sujet du mémoire; examen de monuments à demi brisés, de reliques, de débris d'instruments, d'armes de guerre, d'ustensiles de toute espèce, aucun soin n'a coûté à nos ardents travailleurs, et leur zèle pour la science historique a surmonté des obstacles de toute nature, vaincu toute sorte de résistance. Enfin, quelques esprits se sont élevés jusqu'aux considérations les plus éminentes sur la marche et l'enseignement de l'histoire.

Votre rôle, Messieurs, consistera beaucoup moins à combattre des opinions, à réfuter des doctrines, à rectifier des assertions, qu'à apporter chacun votre contingent et à compléter, par vos connaissances spéciales, ce qui pourrait manquer à chacun de ces consciencieux travaux. Se voir, se connaître et s'entendre, tel est, comme vous l'a dit votre illustre président de 1835, le triple avantage des Congrès. Celui-ci portera ses fruits comme les précédents; et nous avons pris des mesures pour que rien de ce qui sera dit d'utile dans cette enceinte ne soit perdu. La presse est là, prête à recueillir vos paroles.

Mais, pour que nous rendions à la science et à la société de véritables services, vous le sentez, Messieurs, il est nécessaire que nous apportions dans nos méditations toute la persévérance, dans nos discussions toute la gravité que réclame l'importance de nos travaux. Ne croyez pas qu'une pensée légère soit féconde parcequ'elle est brillante; ce n'est pas en jouant que l'on peut activer, régulariser le mouvement progressif de toutes les facultés intellectuelles, comme le voulait, au dernier Congrès, M. Dufey (de l'Yonne).

Un bienfait des études historiques, c'est d'écarter de nous les passions du moment: c'est de nous soustraire à cette influence de l'actualité qui altère si souvent à notre insu notre impartialité. Sachons donc dépouiller pour quelques instants l'homme politique, et apprenons à lire dans l'histoire, ce dépôt de la sagesse et de la folie du passé.

M. Michaud, notre président perpétuel, nous disait à l'ouverture du premier Congrès : « La connaissance des temps passés est une lumière que les sages d'aujourd'hui voudraient placer devant la génération présente, comme cette nuée lumineuse qui éclairait la marche d'Israël dans le désert. » « Nous avons toujours pensé, disait-il encore, qu'il fallait voir dans l'Histoire un grand enseignement moral; les faits qu'elle nous apprend reçoivent surtout leur importance des utiles leçons qu'on peut en recueillir. En effet, s'il ne s'agissait que d'augmenter la nomenclature des faits historiques, la plupart de nos efforts finiraient par devenir stériles, et nous n'aurions souvent que de fâcheuses lacunes à constater, que des pertes irréparables à déplorer (1). »

Vous le voyez, Messieurs (et je ne pouvais emprunter un langage qui rendît mieux ma pensée,) l'histoire doit porter avec elle son enseignement, ou bien elle manque à sa mission. Aussi voyons-nous chacun essayer de lire dans l'histoire et y trouver ce qu'il sent, ce qu'il croit, ce qu'il espère. Mais au génie seul est réservé le privilége de lire et de comprendre dans l'histoire les vérités divines tracées par le Créateur en caractères séculaires.

L'histoire est une science de faits. Pour faire parler ces faits, il faut les connaître; cependant, dit M. Michaud, « les faits de l'histoire sont comme les faits de la nature; le nombre de ceux qui nous sont connus n'est rien à côté de l'immense multitude de ceux que nous ignorons. » Vous l'entendez, Messieurs, c'est un homme qui a consacré une longue et laborieuse vie à l'étude

(1) Congrès Historique Européen, tome I, p 5 1856.

de l'histoire qui vient vous confesser que le nombre des faits qui nous sont connus n'est rien à côté de l'immense multitude de ceux que nous ignorons. Tous les jours, en effet, quelqu'un de vous vient ici, payant son tribut à l'histoire, nous apprendre quelque fait nouveau, et nos richesses augmentent incessamment.

Cependant, si nous nous attachons aux faits admis, que de difficultés pour les connaître à fond! Aussi, voyons-nous de nombreux athlètes se prendre corps à corps avec ces faits, les dépouiller successivement de tous leurs ornements, les mettre à nu, et ne les abandonner que réduits à leur simplicité naïve. Mais, s'il est difficile de débrouiller, dans l'Histoire, tant de faits compliqués, que de difficultés nouvelles lorsqu'il s'agit de rattacher chacun d'eux à ses liens naturels! Je ne sais en vérité si l'historien peut se croire jamais sûr d'avoir étudié un fait sous toutes ses faces, dans toutes ses particularités. Car un fait, au lieu d'être une unité simple, est une unité complexe, souvent des plus complexes. Certes, nous ne saurions donner trop d'éloges et d'encouragements à ceux qui consacrent leur talent et leurs veilles à l'éclaircissement, à la constatation des faits de l'histoire. Ce sont eux qui posent les bases de notre édifice historique; sans eux nous bâtirions sur le sable; et toute notre science ne serait qu'illusion, roman, jeu d'esprit, spéculation vague et stérile.

Ainsi commence toute science positive : elle regarde, examine, décrit minutieusement l'objet de son observation, et, traçant un tableau frappant de la réalité, reproduit en paroles les choses de la nature. Lisez une de ces descriptions bien faites, et vous croyez avoir sous les yeux et saisir par vos sens l'objet de cette description.

Il est des hommes dans les sciences positives, comme dans l'histoire, qui excellent dans ces descriptions exactes, dans ces peintures vivantes; vous connaissez ces derniers mieux que moi, et vous pourriez citer tels et tels historiens que ces qualités placent au premier rang.

Cependant, ce n'est pas tout de voir, il faut comprendre; ce n'est pas tout de raconter, il faut expliquer. Il le faut, car c'est une loi de l'intelligence humaine. En présence d'une multitude innombrable de faits, l'esprit est poussé par une invincible puissance à chercher un lien qui les unisse; et le plus petit événement se présente-t-il, il sent le besoin de remonter à sa source, de le rattacher à sa cause ou plutôt à ses causes, car il n'est pas un seul fait qui puisse être considéré comme le résultat unique d'une cause unique elle-même. Cherchez dans vos souvenirs, érudits historiens, une seule guerre, une seule catastrophe, un seul triomphe, un seul trait de bravoure ou de lâcheté, de bienveillance ou de barbarie, de violence ou de justice, un fait quelconque, en un mot, qui soit le produit nécessaire d'une seule cause. Quel qu'il soit, si c'est un homme qui l'a accompli, cet homme y a mis quelque chose de ses antécédents, et quelque chose aussi des influences dont il était entouré. Que s'il s'agit de l'histoire du globe, d'un fait de la nature inorganique, ici encore mille actions diverses ont concouru au résultat et se préparaient déjà depuis longtemps avant qu'il ne fût arrivé. Lisez Buffon, lisez Cuvier, et vous verrez par quelles successions ont passé les phénomènes de la nature avant d'arriver au point où ils se présentent à nous aujourd'hui.

Enfin, de quelque côté que vous portiez vos regards, quel que soit le point d'histoire que vous vouliez aborder, partout et toujours il vous faut des effets remonter aux causes pour trouver une filiation. Ainsi tous les faits se tiennent, soit qu'ils se suivent et que les uns aient entraîné les autres, soit que dans un moment donné plusieurs se soient en même temps accomplis.

Rien ne serait plus facile que d'arriver à la connaissance de cette filiation, si l'histoire se composait, comme les anneaux d'une chaîne, d'une série simple d'événements simples, succédant régulièrement les uns aux autres; mais un si grand nombre se pressent à la fois et viennent après une telle multitude d'autres, qu'il est impossible au premier coup d'œil d'apercevoir la loi de succession véritable de l'un à l'autre, et que rien n'est plus facile que l'erreur qui consiste à faire découler chacun d'eux d'une origine qui n'est pas la sienne.

Voyez en preuve cette organisation si fluctuante et si ora-

geuse des républiques d'Italie au moyen-âge ; la conquête successive, si lente et si bizarre, des droits du peuple anglais, tels
qu'ils sont écrits dans la grande Charte ; et chez nous cette
époque si mémorable de l'établissement des communes. Rap-
pelez-vous quelle multitude de causes ont contribué à ces
grandes révolutions, et dites s'il est facile d'assigner à chacune
sa juste part d'influence.

Bien raconter, bien décrire, avons-nous dit plus haut, est
un mérite capital en histoire ; mais découvrir l'enchaînement
naturel des faits, expliquer l'histoire sans hypothèse, en faire
sortir un véritable enseignement, c'est vaincre des difficultés
bien plus grandes encore, c'est mériter une gloire supérieure à
la première.

Oh ! s'il ne s'agissait que d'inventer et d'imaginer, nous serions encombrés de ces historiens philosophes ; mais comment
tous ces efforts superficiels aboutiraient-ils à quelque résultat
important, lorsqu'il manque à ces prétendus historiens une
condition indispensable de toute bonne théorie, la connaissance approfondie des faits qui doivent lui servir de base, c'est-
à-dire celle de l'histoire ?

Cependant je veux bien la supposer aussi complète que possible ; cette condition ne suffit pas. Voyez les historiens érudits
et profonds dont les opinions, les systèmes ou les doctrines,
se sont repoussés, combattus, et n'ont laissé que doute, incertitude, anarchie, à la place d'un dogmatisme qui se croyait
assuré d'un empire universel.

Je n'ai pas besoin de vous nommer ces législateurs du temps
passé. Vous savez que les uns ne voyaient dans l'histoire de
l'humanité que l'action de puissances occultes, d'un bon et
d'un mauvais génie ; d'autres celle de différents dieux animés
de volontés et de passions diverses ; ceux-ci l'impulsion d'une
fatalité aveugle ; ceux-là la direction d'une providence éclairée ;
que tel d'entre eux reconnaît partout le doigt de Dieu, et tel
autre la manifestation progressive de la raison humaine. Tous
ont cherché la vérité, tous ont cru l'avoir trouvée ; et cependant
tous ont rencontré de puissants contradicteurs, et la Philosophie de l'histoire est encore à créer. Bacon, Descartes, Bossuet,

Vico, Hejder, Condorcet, et vous tous, modernes, qui avez fait des tentatives si louables pour surpasser vos prédécesseurs, vous n'avez point comblé cette lacune de la science historique.

Qui nous expliquera l'énigme de si puissants efforts et de si faibles résultats?

Messieurs, c'est que l'intelligence de l'histoire suppose l'intelligence du moral humain.

Quelque grands qu'aient été ces hommes que je viens de citer, quelque éminents qu'ils se soient montrés dans la philosophie même, cette science de l'homme par excellence, ils étaient de leur temps, et cette science était incomplète. L'histoire de l'humanite, n'est-ce pas l'histoire des passions de l'homme, celle de ses instincts, de ses penchants, de ses talents et de ses défauts, de ses vices et de ses vertus? Ouvrez un livre d'histoire, et à quelque page que ce soit, vous êtes sûr de trouver en jeu, s'il s'agit de rois, l'ambition d'un Alexandre ou la justice d'un Titus, la cruauté d'un Néron ou la bienveillance d'un Trajan, le libertinage d'un Borgia ou la sainteté d'un Louis IX; et l'histoire des peuples vous offre aussi, à côté de l'instinct brutal des barbares du nord qui envahissent les contrées civilisées, les sages coutumes de quelques-unes de ces hordes venues de la Germanie; vous êtes forcé d'admirer les dévouements les plus sublimes dans les temps du plus déplorable égoïsme, les traits de la plus haute raison au milieu des actes de la superstition la plus honteuse.

Sans connaissance de l'homme, je le répète, point d'intelligence de l'histoire!

La science du moral de l'homme remonte bien haut dans l'histoire; elle commence avec les premiers dogmes religieux; elle prend un nouvel essor au moment où l'homme se livre à ses premiers efforts d'affranchissement; et depuis elle n'a pas cessé de marcher avec toutes les sciences. Parmi celles-ci, il en est une dont les rapides progrès devaient entraîner ceux de la psychologie : c'est celle que connaissait Bacon, qu'appréciait Descartes, qu'avait approfondie Bossuet; c'est la physiologie. C'est en vain, Messieurs, que l'on s'efforcerait de séparer ces deux sciences, c'est en vain que l'on prétendrait distinguer deux sortes d'observations, l'une physiologique étudiant l'homme par les sens, et l'autre psychologique approfondissant l'homme par la conscience. Une telle distinction serait arbitraire et fausse. Dans les phénomènes d'intuition les plus secrets, les plus intimes, les plus cachés, les plus mystérieux, l'influence de l'organisme se fait encore sentir.

Il n'est pas besoin d'un grand effort de génie pour prétendre que l'on ne veut pas s'abaisser jusqu'à cet organisme que l'on ne connaît pas, et que l'on aime mieux rester dans une sphère supérieure, celle de la pensée, laissant à d'autres le soin d'aborder son instrument matériel ; mais on ne prouve qu'une chose, c'est qu'on est étranger à la science de l'organisation. Que l'on ne consacre pas à son étude les longues veilles qu'elle exige, je le conçois, quand la direction de nos occupations nous éloigne de ce genre de travaux; mais du moins que l'on en accepte les vérités quand elles ont été démontrées. Je ne prétends pas que tous les historiens, tous les philosophes soient physiologistes consommés, mais alors qu'ils se resignent à admettre nos enseignements et les principes qui en découlent!

Il ne saurait être permis à un historien d'ignorer que l'humanité présente, sous le rapport de l'organisation, des différences tellement tranchées, qu'il est impossible de ne pas admettre plusieurs races, soit que l'origine soit commune, soit qu'elle ait été multiple. Quel que soit le nombre de ces races, et quelque divergence qui existe dans l'opinion des savants à leur sujet, on ne saurait confondre les trois types principaux, caucasique, mongol et nègre : le caucasique au dévelopement harmonique de la tête, le mongol au grand diamètre transversal, le nègre à l'alongement d'avant en arrière, avec applatissement des côtés « La race blanche, vous a dit M. de Rienzi, a presque toujours dominé la race rouge ou cuivrée par la force et l'intelligence, celle-ci a dominé la jaune, et la race jaune a dominé la noire (1). »

Et ce fait important, ce n'est pas seulement M. de Rienzi, c'est M. Edwards, c'est M. Dunoyer, c'est M. Courtet de l'Isle,

(1) Congrès Historique Européen, tome II, p. 187, 1836.

et bien d'autres encore qui en ont confirmé l'exactitude par une série d'observations. D'ailleurs une telle vérité porte avec elle une signification si étendue, qu'elle ne saurait être trop approfondie, et la troisième classe de l'Institut Historique a jugé convenable de poser encore cette année deux questions touchant le même sujet. Nous ne pouvons qu'approuver cette décision, car il ne suffit pas d'énoncer une vérité pour que l'humanité profite de ses bienfaits. Suffit-il de montrer une seule fois à l'enfant les lettres de l'alphabet, pour qu'il les reconnaisse ensuite? Suffit-il à l'homme de parcourir une seule fois du regard un objet, pour en conserver en sa mémoire une image fidèle?

L'artiste, dont la fibre sensitive exaltée fait résonner si profondément dans son être les impressions reçues par les sens, a besoin de voir et de revoir, de voir longtemps; il a besoin de contempler avec enthousiasme, et à plusieurs reprises, cette nature que son crayon ou son ciseau veut reproduire. Et cependant il s'agit ici de choses matérielles, saisissables aux sens : comprenez dès lors ce qu'il faut pour qu'une vérité abstraite soit saisie au passage. C'est là une opération si difficile pour l'esprit humain, naturellement paresseux quand il s'agit d'abstraction, que nous n'avons qu'un seul moyen de faire comprendre et retenir une vérité, c'est de la matérialiser, c'est de lui prêter des qualités sensibles, semblables à celles des objets qui nous entourent, et de nous-mêmes ; c'est d'en faire un être, une sorte de divinité, à formes séduisantes, participant à la vie de l'homme, s'asseyant à son foyer avec lui, se mêlant à toutes les phases de son activité.

L'influence de l'organisation et de la vie physiologique de l'homme, dans la série des temps et des événements qui forment le domaine de l'histoire, est une de ces vérités dont il importe d'apprécier toute la valeur. Lisez, dans le *Journal de l'Institut Historique*, l'intéressant travail de notre collègue, M. Courtet de l'Isle, intitulé : « *De l'influence des races humaines sur la forme et le développement des sociétés* » (1), et vous comprendrez dans quelles erreurs tombe nécessairement

(1) Tome II, p, 225, juin 1838.

l'historien qui ne connaît pas cette influence. La principale est d'attribuer à des causes passagères, mobiles, accidentelles et extérieures, des états sociaux qui se rattachent à ce fait humain et stable de l'organisation.

Voyez déjà jusqu'où nous mène ce premier pas fait dans la voie physiologique. Il substitue une explication tirée de l'observation positive, à une interprétation fournie par l'imagination ; il remplace une hypothèse par une démonstration, et cela dans les questions si immenses de la conquête, des castes, de l'esclavage et de la féodalité. Introduire dans l'appréciation de ces grandes transformations sociales ce nouvel élément physiologique, ce n'est point repousser tous les autres, c'est donner aux croyances historiques une base plus solide et plus sûre, en les rattachant, non plus à l'homme abstrait et idéal, mais à l'homme complet et physiologique, tel que la nature le donne, et non plus tel que le suppose l'imagination.

Mais si de ces faits généraux nous arrivons aux faits particuliers de l'histoire des différents peuples, alors que de résultats inattendus !

L'Australien au front étroit et déprimé ne vous présentera point de ces rudiments de civilisation qu'offrent ses voisins au cerveau plus amplement développé ; le caractère indolent et mou des Hindous ne coïncide pas sans raison avec l'aplatissement latéral de leur crâne ; les deux races de l'Ile de Ceylan ont des mœurs, comme des formes cérébrales, différentes ; la tête ovale des Béarnais correspond à leurs habitudes, comme la tête large des Basques à des habitudes toutes différentes (M. E. de Monglave.)

Doutez-vous ? ouvrez les yeux et regardez autour de vous les nations diverses au milieu desquelles vous vivez. Est-ce que la tête de l'homme du Nord a la même conformation que celle de l'homme du Midi ? Est-ce que l'Allemand ne diffère pas, sous ce rapport, de l'Italien, et le Français de l'Anglais, à tel poin qu'il est impossible de s'y méprendre et de confondre les types de ces peuples entre eux ?

Eh quoi ! ces caractères qui ont traversé les siècles et résisté à tant de mélanges n'ont-ils pas une valeur ? Puisqu'ils sont si persistants et si tranchés, vous est-il permis de fermer les yeux à leur aspect, de les passer sous silence comme s'ils n'existaient pas? Ne sont-ils pas à la connaissance de l'homme ce que sont à celle du climat la situation topographique et la configuration du pays?

Le cerveau est le centre du système nerveux; il commande à tout l'organisme; il est le maître; il domine par ses instincts, par ses sentiments ou par son intelligence. Voilà notre point de départ, et non plus cette vieille et vague physiologie des tempéraments. Le physiologiste reconnaît aujourd'hui dans l'homme d'autres nécessités que celles de sa reproduction et de sa nutrition; il distingue en lui d'autres besoins plus relevés et cependant servis par des instruments de même nature, par certaines portions du système nerveux. Ces besoins naissent avec lui, se développent en même temps, et chancellent dès qu'il commence lui-même à chanceler.

Le cerveau, comme l'organisme tout entier, n'est point quelque chose que l'homme puisse façonner à sa guise; il parle plus haut que lui, car il est antérieur et supérieur à sa volonté; c'est un fait qu'il est forcé d'admettre tel que le Créateur le lui donne, en dépit de son orgueil ou de sa vanité; c'est le véritable lien qui le rattache à Dieu, car c'est la manifestation immédiate et souveraine de la cause première. Il faut que le cerveau existe pour que l'homme vive; il faut qu'il ait acquis un certain volume pour que cet homme soit un être raisonnable et non pas un idiot; et, suivant qu'il se sera plus ou moins développé dans tel ou tel sens, l'être animé et raisonnable sera doué de tels ou tels penchants.

Historiens, si vous voulez comprendre le rôle de l'homme dans le passé, essayez de tenir compte de son organisation plus ou moins complète. Vous verrez alors s'expliquer bien des énigmes, se résoudre bien des problèmes. Comment se fait-il que, parmi les motifs d'action dont l'esprit inventeur des historiens est si prodigue, on ait si complètement négligé ces impulsions primitives qui ressortent de la nature même de l'homme, et que la physiologie du cerveau nous démontre?

Ceux qui n'ont pas étudié l'homme avec notre méthode

d'observation lui supposent en général dans ses détermina-
tions beaucoup plus de raisonnement qu'il n'y en entre en
réalité ; ils ne savent pas assez qu'il obéit en général à une
impulsion organique interne, dont il ne se rend compte (lorsqu'il est habitué à réfléchir) que longtemps après la réaction
commencée. Ces impulsions internes, viscérales, cérébrales,
ces tendances primitives ne sont pas en nombre indéfini ; et,
bien que nous ne soyions pas sûrs de les connaître toutes,
nous avons constaté l'existence des principales d'entre elles,
par l'existence des organes qui leur correspondent dans le
cerveau, et leur connaissance suffit à expliquer la vie de
l'homme et celle des sociétés.

Transportez cette vue dans l'histoire, et vous comprendrez
mieux les événements qu'elle raconte. Vous verrez que les
besoins de l'attaque et de la défense, ceux d'acquisition, de
destruction, de construction, de conservation, d'association
et d'attachement aux lieux, se sont fait successivement sentir
et ont souvent été poussés jusqu'aux excès les plus déplorables
et les plus contraires au but de leur institution.

Tel est le tableau que vous présentent les premières époques
de l'histoire de tous les peuples. Cependant, au milieu de cette
préoccupation d'intérêts matériels, se manifeste, sous mille
formes diverses, suivant les temps et les lieux, un besoin d'une
tout autre nature, le sentiment religieux qui a chez l'homme
une racine, comme les autres besoins que nous venons de
reconnaître, comme ceux dont il nous reste à signaler l'intervention. Ce sentiment, secondé de quelques autres de même
nature, est encore confus et n'a point passé à l'analyse de la
raison, puisque la raison n'a pas encore appris à analyser.

L'historien physiologiste ne tarde pas à remarquer qu'après
ces époques de lutte où les besoins instinctifs l'emportent,
viennent des époques meilleures où l'homme s'aperçoit enfin
que ce monde, au milieu duquel il vivait sans le voir, renferme
des merveilles qu'il parvient, dans son enthousiasme, à reproduire par les arts. Ici éclate le besoin d'observation, de description et de création par les sens, les couleurs, les formes,
les signes et la parole.

En même temps et à différentes époques, le besoin de liberté et d'indépendance se fait sentir. Ce besoin, opprimé par la force brutale dans la première époque, est plus puissant maintenant et plus prononcé à mesure que l'homme imagine de nouveaux débouchés à son activité. Mais le moment où il devient plus exigeant, où il parvient à briser les entraves qui l'avaient jusque-là enchaîné, est celui où il est secondé par le développement de l'intelligence, non plus vague et superficielle, mais enrichie de connaissances que lui ont fournies les sciences positives.

C'est encore un nouveau groupe de facultés qui vient prendre possession de son terrain dans l'histoire et planter son drapeau ; ce sont de nouvelles fonctions qui se sont accomplies à leur tour ; ce sont des besoins jusque-là négligés, dont l'homme a senti la voix intérieure, et qui lui ont inspiré, avec le courage de l'entreprise, la conviction du succès.

Ces phases de l'histoire de l'humanité ne sont-elles pas les phases de l'histoire de l'homme ? N'est-ce pas l'exigence des mêmes besoins ? N'est-ce pas le même empire de l'organisme ?

Toutefois, hâtons-nous de le proclamer, enseigner comment l'organisation entraîne les masses comme l'individu, et l'humanité comme l'homme, ce n'est pas ouvrir, à la place du livre des destins d'autrefois, un autre livre des destins où la fatalité soit l'œuvre, non plus de Dieu, mais de l'organisation. Non, il n'est point écrit dans cet organisme, comme sur les feuillets sybillins, qu'un OEdipe comblera l'horreur du parricide par l'abomination de l'inceste. Si l'organisme a ses droits et sa puissance, il a aussi ses devoirs et ses limites d'action.

Loin d'être indépendant, il est sans cesse assiégé par une multitude d'influences extérieures qui le modifient, changent sa direction, et viennent, suivant le cas, seconder ou contrarier sa marche.

Tout-à-l'heure vous aviez sous les yeux les exemples du rôle que joue l'organisme dans la vie des peuples ; maintenant c'est la part de l'éducation et des influences extérieures qu'il vous faut faire. De l'heureuse combinaison de ces deux éléments résultera l'homme fort, intelligent et moral, l'homme complet de la Phrénologie.

Demandez maintenant à l'histoire cet enseignement moral qui doit couronner l'œuvre; vous le pouvez, car vous comprendrez son langage. C'est elle qui vous fera connaître les vrais besoins de l'homme, ceux qu'il doit avoir la liberté de satisfaire; c'est elle qui, à côté de l'usage légitime et raisonnable, vous montrera l'abus et ses déplorables suites; c'est elle qui vous apprendra à éviter « ces expériences qu'il n'est pas permis de tenter, dit M. Buchez; ces expériences qui coûteraient du sang et des larmes, et qui pourraient tuer un peuple si on les mettait en pratique (1). »

Enfin, c'est l'étude de l'histoire faite du po nt de vue physiologique, Messieurs, qui éteindra dans vos esprits cette animosité qui croit si souvent à tort découvrir une intention hostile là où il n'y a qu'un fait sans portée morale; c'est cette étude qui fera naître en vos cœurs ce noble sentiment de tolérance qui n'est pas de l'indifférence, et qui témoigne d'une si haute raison.

C'est à l'historien physiologiste qu'il appartient de faire la part, dans les misères humaines, de l'entraînement organique et des sollicitations du monde externe; de l'élever ainsi jusqu'à cette conception de l'humanité qui voit dans l'homme un rouage du grand mécanisme providentiel de l'univers, rouage qui n'est pas toujours intelligent, et qui souvent, au lieu d'accomplir la loi morale tout entière, ne fait que subir la loi animale de l'instinct brutal, de la passion aveugle, du sentiment irréfléchi; fécond enseignement, qui fait disparaître les apparences de désordre et laisse à l'homme le sublime sentiment d'un ordre universel.

M. le Vice-Président déclare le Congrès ouvert, et donne la parole à M. Eugène Garay de Monglave, secrétaire perpétuel de l'Institut Historique, pour la lecture du Compte rendu des

(1) Compte rendu du premier Congrès Historique, t. I, p. 10, 1856.

Travaux de la Société, depuis le Congrès ouvert le 11 septembre 1837, jusqu'à ce jour, 15 septembre 1838.

Messieurs, dit M. de Monglave, l'an dernier, à pareille époque, j'avais une tâche difficile à remplir ; il ne s'agissait de rien moins que de dérouler à vos yeux l'ensemble des travaux de l'Institut Historique depuis sa fondation, c'est-à-dire pendant une période de près de quatre ans. Aujourd'hui, grâce au fardeau moins lourd d'un Compte rendu annuel qu'il vous a plu de m'imposer dans votre sagesse, mon cadre s'est rétréci ; il ne s'agit plus que des études d'une année ; mais songez que c'est beaucoup encore pour une association qui ne se réunit pas moins de cinq fois par mois, sans compter ses Comités et ses nombreuses Commissions, pour une ruche laborieuse comme la nôtre, ruche constamment en activité, où le travail modeste bruit et fermente à l'écart, et d'où les frelons oisifs finissent tôt ou tard par s'éloigner.

Ajoutez à la difficulté de ma position l'opinion que j'énonçais l'année dernière sur les Comptes rendus des Sociétés savantes en général, opinion qui n'a pas varié, je l'avoue à ma honte, dans ce siècle de métamorphoses et d'élasticité.

Je vous disais alors, et je vous dis encore : Pourquoi vouloir, pauvre serf, m'attacher solennellement à cette glèbe scientifique, et me forcer à broder de rares fleurs sur un aussi rude canevas ? Les membres de Paris ne connaissent-ils pas nos travaux par les séances ? les correspondants et les étrangers par notre journal ? Quel besoin de mettre le public dans la confidence de notre modeste intérieur ? notre Congrès annuel ne lui suffit-il pas ?

Et à cela vous me répondiez, et vous me répondez encore . Puisque nous posons des questions au public, et que nous l'engageons à venir les discuter, ne faut-il pas au moins que le public sache qui nous sommes, pour prendre avec lui si grande liberté ? Ne faut-il pas qu'il sache d'où nous venons, et où nous allons ? Ne faut-il pas répondre par des faits aux attaques de l'envie, de la médiocrité, de l'erreur, nous faire juger par nos œuvres, et non par ce bruit lointain qui s'altère en passant de bouche en bouche?

Voilà ce que vous pensez, Messieurs, et voilà précisément ce que je ne pense pas. L'Institut Historique, abandonné à lui-même, a passé par bien des épreuves; et il en a triomphé. Sa marche est maintenant assurée; l'avenir lui appartient. Qu'est-il besoin qu'il fasse parade de cette conviction dans un cercle plus ou moins étendu? Cette conviction il l'a; que lui faut-il encore? Certes, j'avoue que j'ai dû m'armer d'un grand courage pour me faire l'écho d'une pensée que je ne partage pas, et pour me décider à venir une seconde fois vous dérouler un volumineux compte rendu, moi l'adversaire né de tous ces inventaires et bilans scientifiques. On l'a voulu, j'obéis. Vous me dispenserez de solliciter vos égards et votre indulgence pour une position que je ne me suis point faite.

Nos trois premiers Congrès ont eu lieu dans la vaste enceinte de l'Hôtel-de-Ville, enceinte bien digne d'un grand concile historique, car elle s'offrait à nous toute peuplée d'ombres gigantesques, et de robustes souvenirs des annales parisiennes. Le premier magistrat du département s'empressait chaque année de la mettre à notre disposition, avec une obligeance qui ne s'effacera jamais de notre souvenir, et que nous espérons voir se renouveler bientôt. Non, Messieurs, nous n'avons pas dit un long adieu à ces murs qu'un goût éclairé restaure, et à l'embellissement desquels concourent plusieurs artistes que nous sommes fiers de compter dans nos rangs. Partout en effet où il y a une œuvre nationale à exécuter, les membres de l'Institut Historique sont là, pressés, nombreux, unissant au talent d'exécution ces nuances de l'antiquité, du moyen-âge et de la renaissance, dont ils ont chargé leurs palettes en traversant nos assemblées. Consultez tous les livrets des expositions françaises et étrangères, consultez celui du musée historique de Versailles, cette préface incomplète d'une œuvre nationale, trop exaltée, trop dépréciée sans doute, et vous verrez si partout l'Institut Historique ne fournit pas avec honneur son contingent.

Nous avons donc été obligés, cette année, d'ouvrir notre Congrès en petit Comité, en famille, sans bruit, sans éclat, sans cette magie de la tribune qui n'existe que dans les grandes enceintes. Nous voilà forcés de nous parler face à face, dans l'oreille pour ainsi dire. Nos discussions y perdront-elles ? Je ne le pense pas ; elles y gagneront au contraire, suivant moi, car il n'est pas un seul de nos orateurs qui ne cherche à compenser largement par la profondeur de ses études le prestige extérieur qui va lui manquer. Et, après tout, est-ce un si grand malheur de ne pas être nombreux ? Nous avons tous bégayé la fable des *Vrais Amis* de La Fontaine : si le portique d'Athènes nous manque, consolons-nous en nous serrant un peu ; la petite maison de Socrate nous reste.

Cela posé, puisque nous sommes ici entre amis, il n'y a pas à rougir d'aborder la question la plus délicate, la question financière, et de vider d'abord notre sac en famille. Je vous le disais l'an dernier, il n'y a pour une Société savante que deux moyens de se soutenir, ses ressources et celles du gouvernement. Le dernier mode, je le sais, est le plus commode, le plus facile. Les membres, tranquilles sur l'avenir de l'association, indemnisés souvent même par des jetons de présence ou autrement, s'abandonnent avec confiance à leurs études, lorsque toutefois le sommeil, ami de la richesse, ne vient pas les enchaîner sur leurs chaises dorées.

Le second moyen, plus indépendant, est environné d'obstacles qu'on ne réussit pas toujours à vaincre. Ici, non-seulement en demandant aux membres le fruit de leurs travaux, on ne leur offre en échange aucune indemnité, mais, en les invitant à produire gratuitement, on les invite encore à payer une cotisation plus ou moins forte pour les besoins de la Société à laquelle ils appartiennent. Il faut plus que du dévouement pour accepter cette double obligation de travail et d'argent. Voilà l'écueil de presque toutes les Sociétés savantes. Comment ne voulez-vous pas surtout que le membre de province qui n'est pas riche, ne se dégoûte pas, lorsqu'en échange de ses travaux et de sa cotisation il n'a pas même, comme ses collègues de Paris, la possibilité d'assister aux séances, de consulter les archives, les collections et la bibliothèque, lorsque le seul lien qui l'unit à l'association est, au plus favorable, un journal mensuel que la poste encombrée (pour ne rien dire de plus) ne lui envoie pas toujours exactement au fond de sa province.

Et cependant ces Sociétés savantes seraient appelées à jouer un beau rôle, si, n'étant pas entièrement abandonnées a elles-mêmes, aidées sans être dominées, elles pouvaient se livrer à leurs inspirations sans crainte de l'avenir. Il en coûterait peu au gouvernement pour produire un aussi grand bien. Les budgets de ces pauvres Sociétés de la capitale et des départements ne s'élèvent pas bien haut. Quelques fonds sagement répartis entre celles qui travaillent (et non parmi ces associations soi-disant littéraires, qui n'existent que sur le papier, et qui ne prennent le masque de la science que pour enrichir quelques spéculateurs) couvriraient en peu de temps la France de petits centres' intellectuëls, versant à grands flots la lumière sur les populations qui les environnent.

Au lieu de cela, quel est le sort de la plupart des sociétés savantes? Ou elles s'éteignent devant un budget s'amoindrissant à vue d'œil, ou elles ne conservent une vie factice qu'en recrutant à tort et à travers pour arriver à remplacer la qualité de leurs membres par la quantité.

L'Institut Historique s'est efforcé d'éviter ces écueils. La première cotisation annuelle de 12 francs, votée par entraînement, fut, au budget de la deuxième année, jugée insuffisante. La Société se trouvant endettée, force fut, à partir d'avril 1836, de la porter à 20 francs. Cette mesure eut, en peu de temps, l'heureux avantage de faire monter les recettes au niveau des dépenses, de sorte que la Société se suffirait aujourd'hui surabondamment; si ce n'était pour elle un devoir d'honneur de combler sans retard le déficit causé par l'insuffisance de cotisation des deux premières années.

Ce fut là l'occasion d'un grand élan parmi les membres de l'association. On en vit accourir apportant cotisations à vie et dons gratuits, tant notre institution est vivace, tant les racines qu'elle a poussées dans le sol sont profondes. Parmi ces membres dévoués nous citerons MM. le comte Le Peletier d'Aunay, le colonel Thompson, feu le comte Clément de Ris, le vicomte de Marquessac, le prince Gunther de Sunderhausen, le roi de

Wurtemberg, le duc de Doudeauville, le commandeur Mouttinho, le chevalier d'Araujo, le prince Napoléon-Louis Bonaparte, le prince de Schaumbourg-Lippe, le général Busta-
mente, le prince Jérôme Napoléon, le marquis de Santa-Cruz,
l'ancien évêque de Mexico, les ministres de Russie MM. Blu-
doff et Cancrine, Winthrop de Boston, sir Francis Burdett,
l'honorable Mount Stuart Elphistone, John Bostock, le duc de
Newcastle, le lord Sandon, Antonio Domine de Séville, etc.

Ce n'était qu'un palliatif; les membres dévoués à l'Association portaient leurs vues plus haut. Réunis chez M. le comte
Le Peletier d'Aunay, que l'Institut Historique reconnaissant à
choisi cette année pour le présider, ils adoptèrent un mode
de liquidation nouveau, ayant pour but de faire passer la dette
de la Société entre des mains amies, au moyen de la création
de 200 coupons de 200 francs, portant intérêt à cinq pour
cent et remboursables d'année en année, par dixième, au sort,
avec les fonds empruntés à l'excédant annuel des recettes sur
les dépenses. De ces 200 coupons, plus de la moitié sont placés, et l'on voit figurer en tête des preneurs MM. le comte
Le Peletier d'Aunay, le duc de Doudeauville, Bayard de la
Vingtrie, feu le comte Clément de Ris, le comte Alexandre de
la Rochefoucauld, le baron Schickler, le comte de Cambray,
le vicomte de Carrera, De Bret, Parquin, le duc de Montmorency, le docteur Sanson, le prince Henri de Prusse, feu le
général César de La Harpe, le général Coletti, le marquis de
Custine, le vicomte de Guiton, le comte de Goethals, le chevalier de la Basse-Mouturie, le comte d'Allonville, le comte
Jelski, feu le commandeur Berlinghieri, le commandeur Mouttinho, le comte de Sainte-Aldegonde, le comte Amédée de
Pastoret, le comte Reinhart, le comte Molé, l'honorable Mount
Stuart Elphistone, Élie Vannier, Gauthier Stirum et d'autres.
Le retour de la campagne activera sans doute le placement du
reste; et l'Institut Historique aura atteint sa libération juste
à l'époque que nous lui avons assignée l'année dernière.

Tel est, du moins, l'espoir de notre dernière commission des
finances, composée de MM. le comte Le Peletier d'Aunay, le
comte d'Allonville et Ferdinand-Thomas, laquelle, dans son

rapport du 29 juin dernier, s'exprimait ainsi en assemblée générale : « Du 1er avril 1837 au 31 mars 1838, la recette de l'Institut Historique s'est élevée à 15,082 fr., et les dépenses seulement à 13,507 fr. 29 c.; excédant des recettes sur les dépenses, 1,574 fr. 70 c. Il a été pourvu dans le même espace de temps à l'amortissement de 17,024 fr. 61 c. de dettes arriérées provenant d'impressions, prêts et frais généraux; et cela au moyen de cet excédant et du placement des coupons. Ce budget, ajoutait le rapporteur, nous offre pour l'avenir la situation non-seulement la plus rassurante, mais la plus prospère. »

J'ai hâte, Messieurs, de quitter le terrain des chiffres. Pardon de vous avoir parlé si longtemps de nos affaires domestiques; c'est que l'Institut Historique n'a pas d'arrière-pensée. Il n'aime pas à être cru sur parole : et son habitude, trop rare de nos jours, est de jouer, comme dit le peuple, cartes sur table.

J'aborde un paragraphe moins aride. Je viens vous entretenir d'abord de ce qu'on a fait contre nous ou de ce qu'on n'a pas fait pour nous, puis de ce que nous avons fait nous-mêmes pour nous, sans aucune protection extérieure, avec le seul appui de nos membres.

A grand'peine, à grands frais, nous avons couvert les départements de correspondants instruits, actifs et dévoués. Eh bien ! je le dis, la rougeur au front, un réseau d'embauchage a souvent enveloppé ces hommes de cœur; trop souvent on a tenté de nous les ravir, et, s'ils résistent à toutes les suggestions d'une puissance et d'une richesse que nous ne possédons pas, c'est, il faut en convenir, que leur fraternité se montre à toute épreuve et qu'ils ont compris tout ce qu'il y a d'avenir dans notre association. Nous, au contraire, nous accueillons à bras ouverts les investigateurs qui ne sont pas à nous, ceux mêmes qui, enfants ingrats, ont déserté notre Institut, berceau de leur talent; nous partageons loyalement notre pain noir avec eux, car aucune jalousie ne nous dévore, la science est notre unique but, nous n'en connaissons et n'en voulons point connaître d'autres. En échange, voyez comme on nous accueille quelquefois dans les dépôts, dans les archives, dans les bibliothèques des départements. Un de nos collègues, fonctionnaire public, va frapper à celle de Lille, et, malgré la recommandation du ministre de l'instruction publique lui-même, malgré l'appui du préfet, notre digne collègue M. le baron Méchin, demandez-lui ce que lui a répondu l'employé municipal. Moi-même, investi de la protection personnelle du premier fonctionnaire de certaine localité, je n'ai pu arriver à ses curieuses archives qu'après une lutte corps à corps avec le conseil municipal, et gardé à vue par deux sergents de ville, dont je n'oublierai de ma vie l'obligeance et la politesse.

Nous publions le programme d'un *Annuaire Historique*, programme rédigé avec soin par notre savant collègue M. Villenave, et vite les frelons se mettent à l'œuvre, et une société qui se prétend notre rivale quand nous ne sommes les rivaux de personne, publie un Annuaire Historique sur notre plan.

Pour que nos correspondants pussent déchiffrer les manuscrits qu'ils recueillent chaque jour, l'Institut Historique avait senti le besoin d'un *Manuel de diplomatique*. L'ouvrage des Bénédictins a vieilli, il est d'ailleurs trop volumineux et trop cher. Une commission est formée, elle s'assemble fréquemment, c'est à qui redoublera de zèle, et l'un des meilleurs élèves de l'ancienne école des Chartes consent à se charger de la rédaction du manuscrit. Eh bien! un autre *Manuel de diplomatique* est commandé ailleurs et rapidement exécuté; notre commission ne s'est pas dissoute pour cela; nous marchons tranquillement et d'un pas ferme à notre but. Quand le moment sera venu, notre Institut publiera son Manuel de diplomatique.

Ne trouvez-vous pas aussi certain reflet de l'organisation et de la division de nos classes dans ces *Comités historiques* fondés depuis peu? Nous n'avons garde de nous en plaindre. C'est, au contraire, une bonne fortune pour nous de voir nos idées se répandre et se propager. La France y gagnera.

Nous avons vu encore avec joie le pouvoir autoriser des cours d'histoire professés par deux membres de ces comités historiques, qui sont aussi des membres de notre Institut, MM. Albert Lenoir et Didron, et nous avons applaudi franchement au succès de cette généreuse tentative.

Mais, longtemps avant eux, nous avions demandé l'autorisation d'ouvrir aussi [des cours d'histoire, publics et gratuits, formant un échelon entre l'enseignement des collèges et celui des hautes facultés. Les plus beaux noms de l'Institut Historique avaient spontanément offert leurs concours. Vingt-deux professeurs étaient prêts, nous en avons maintenant plus de trente. M. Navarre, inspecteur de l'Académie de Paris, nous fut délégué, et il nous dit : « Il n'y a pas d'enquête à faire, Messieurs, il n'y a qu'à vous admirer et à vous remercier. » En mars, notre vénérable président, M. le comte Le Peletier d'Aunay, obtint une audience de M. le ministre de l'instruction publique, qui lui promit gracieusement que nous aurions notre autorisation sous huit jours. Six mois se sont écoulés et nous attendons encore.

Vous le voyez, Messieurs, tout n'est pas rose dans le métier bénévole d'historien. Il faut, à celui qui l'embrasse, du courage pour supporter le poids du jour; mais qui de nous peut en manquer en voyant ce qui journellement s'opère au milieu de nous? L'année dernière, la mesure prise par économie d'insérer dans notre journal le dernier Congrès, et d'en faire tirer des exemplaires à part, a encombré nos cartons de mémoires lus dans nos Séances particulières, et qui n'ont pu obtenir encore les honneurs de l'insertion. Ce fut une faute, elle ne se renouvellera plus. Le Congrès paraîtra cette année dans un volume à part, et le journal sera laissé tout entier à l'Institut Historique.

Que de travaux consciencieux s'exécutent en silence dans cette enceinte! M. le docteur Cerise continue ses savantes recherches sur la psycologie et la physiologie des anciens Hindous, et à l'instant nous apprenons que, pour un autre travail, un prix lui est décerné par l'Académie de médecine. M. Stahl nous a lu de belles pages sur les inscriptions cunéiformes. M. Moreau de Dammartin a comparé les figures alphabétiques des diverses langues connues, interprété des antiquités d'Égypte et d'Amérique, et offert à l'Institut Historique une empreinte du monument persépolitain de la bibliothèque royale, due à l'obligeance de M. Letronne. M. Achille Jubinal nous a donné, dans une des dernières séances, un aperçu fort curieux du voyage qu'il a entrepris en Suisse, par ordre de M. le ministre de l'instruction publique, et le résumé des objets précieux qu'il a découverts sur sa route, notamment dans le trésor de la cathédrale de Berne. Nos collègues, MM. Lévy, Dréolle, Ferdinand-Berthier, Dantier et Frédéric Corin, exploitent en ce moment pour nous le midi de la France, la Belgique, la Suisse, le Danemark, la Suède et la Norwège. Nous devons à M. Dufey (de l'Yonne) de curieuses révélations sur les états généraux et provinciaux de France, et sur ces spectacles des petits appartements de Versailles, défrayés pour tous les rôles, jusqu'à ceux de Crispins et de soubrettes, par les galants seigneurs et nobles dames de la cour, dont le zèle dramatique était récompensé à la fin de la campagne par des lieutenances générales et des bénéfices. L'infatigable de la Pylaie fait l'histoire des atterrissements de l'Océan sur les côtes de l'ouest; il décrit des médailles, une épée du XVIe siècle, une bague galante trouvés au château du Vivier, ancienne résidence royale appartenant à notre collègue M. Parquin; il parcourt les environs de Paris, Senlis et Melun, rassemblant à pleines mains des débris de l'antiquité et du moyen-âge, secondé dans cette dernière ville par M. Lucien de Rosny qui espère y fonder, avec l'assistance municipale, une Société historique. A Bruxelles, M. le baron de Reiffenberg, malgré ses nombreuses occupations, trouve le moyen d'enrichir notre journal de ses savantes communications; et nous, en échange, nous ouvrons nos colonnes aux comptes rendus des Séances de la commission d'histoire de Belgique dont M. de Reiffenberg est le secrétaire, et qui compte dans son sein plusieurs autres de nos membres. Un poème de Jeanne d'Arc, par M. Bonvalot, professeur au collège Charlemagne, fait naître dans nos séances de curieuses discussions. M. Auguste Savagner résume et élucide les opinions des historiens sur l'héroïne, tandis que M. Auguste Vallet fournit son contingent sur sa famille, sur la véritable orthographe de son nom, sur l'époque précise de son ennoblissement. M. Sabin Berthelot, savant naturaliste qui a longtemps habité les Canaries, nous découvre les antiquités de ces îles. M. Francis Lavallée, vice-consul de France à Cuba, nous envoie la copie d'un manuscrit curieux, sur le premier voyage de Christophe Colomb dans ces parages. L'abbé Simil, chanoine d'Agen, donne des détails sur un pendule historique qui a appartenu à Lauzun, et l'empreinte de monnaies qui prouvent l'ancienneté du système décimal. Notre vénérable Alexandre Lenoir, le créateur du musée des monuments français, décrit l'exposition de 1838, et y rattache les progrès qu'ont faits les arts du dessin dans les tapisseries des Gobelins et les porcelaines de Sèvres. M. Victor Darroux énumère avec impartialité les richesses du nouveau musée espagnol dû au zèle et au bon goût de notre collègue M. le baron Taylor; M. Thomassy raconte son voyage historique dans le midi de la France, et compare les annales de Saint-Guilhem-du-Désert au cycle épique de Guillaume d'Orange; M. Joubert, capitaine de grenadiers, recueille, en voyageant à la tête de sa compagnie, les traditions de l'Alsace et des contrées voisines. Nous devons à M. Raymond de Véricour un beau travail sur Villehardouin et sur la richesse perdue de la langue française au XIIIe siècle; à M. l'abbé Vastel, desservant de la chapelle de Notre-Dame de la Grâce près de Honfleur, un écrit intitulé *Noémi*, écrit plein de grâce et d'onction dont M. Dréolle a fait un rapport digne d'éloges; à M. Pagès de l'Ariège, d'intéressantes recherches sur l'histoire de la liberté de la presse; à M. le docteur Belcombe, d'York, de graves travaux de science historique; à son compatriote M. Sandier, une chronique de la cathédrale de cette ville; à M. Jules Janin, un travail sur Ovide; à M. de Pongerville, des études sur Lucrèce; à M. Ernest Breton, de curieuses révélations sur l'administration judiciaire de la Rome papale.

Dans les comptes rendus nous citerons ceux de M. Louis de Maslatrie sur *le Dante* et sur son commentateur M. le comte Carlo Morbio; de M. Hippolyte Dufey sur l'*Histoire de Napoléon* (en anglais), par feu le major Lee, héroïque vengeance des sarcasmes de Walter Scott, par un Américain, mort à la peine, sur la *Grammaire italienne* et le *Traité de poésie* de M. Luigi Monteggia, sur les *Traités de langue et de prononciation anglaise* de M. Samuel Johnson, sur les curieux *Mémoires de la Société Historique de Massachussets* (Etats-Unis), présidée par notre collègue M. Winthrop; de M. Dufey (de l'Yonne) sur l'*Histoire de Seignelay* de M. l'abbé Henri, sur la *Chronologie historique des papes* de M. Louis de Maslatrie, sur l'*Histoire de la révolution de Pologne* de M. Mierolawski; de M. Frédéric Corin sur un *Voyage historique* dans les départements de l'Ouest, par M. Lhermelin; de M. Genevay sur les *Tableaux synoptiques* de M. Paradis, de Lille; de M. Dupouy sur un *Voyage dans le pays Basque*, de M. le baron de Lagarde; de M. Ch. Favrot *sur les Mollusques pyrénéens* de M. Corbin de Tarbes; de M. le général Bardin sur l'*Histoire du Drapeau français et de la Fleur de Lys*, par M. Rey, ouvrage couronné par l'Académie des inscriptions et belles-lettres, sur *les chemins de fer considérés comme moyen de défense du territoire*, par M. le marquis de Sainte-Croix, et sur une curieuse *Relation inédite de la retraite de Constantine;* de M. le comte d'Allonville sur les *voyages du duc de Raguse* et sur les *Mémoires de M. le vicomte de Larochefoucauld;* de M. Emile Lambert sur les *Éléments d'Histoire ancienne de Strœsser*, traduits par Édouard Goguel; de M. Chatelain sur *Nancy*, histoire et tableau de M. Guerrier de Dumast; de M. Auguste Vallet sur le *Bulletin de la Société Bibliophile historique;* de M. Fresse-Montval sur le beau poëme d'*Enoch* de Gustave de Lanoue, pauvre enfant enlevé à sa famille et à l'avenir, tandis que l'Institut Historique votait sur son admission; de M. Mierolawski sur les *Études* de M. Cyprien Desmarais *sur le roman;* de M. le docteur Cerise sur un *Traité du sens tactile* par M. le docteur Belfield, sur les travaux de médecine des docteurs Colombat de l'Isère et Ricord, et sur un examen fait par l'abbé Dietrich de cet *enseignement de l'abbé Bautain*, qui a eu dans ces dernières années tant de retentissement; de M. Eugène de Monglave sur les *OEuvres littéraires et poétiques* de notre collègue Antonio Féliciano de Castilho de Lisbonne, poète aveugle comme Homère et Milton, sur le *Lara de Byron*, traduit en vers portugais par M. Craveiro de Rio Janeiro, travail publié par la société littéraire de cette capitale, sur le travail de M. de Rienzi relatif à *l'Océanie*, publié dans l'*Univers Pittoresque*, et sur les *études* de M. Onésime Le Roy sur les *mystères et sur l'Imitation de Jésus-Christ;* de M. Albert Lenoir sur l'*Histoire du port et de la ville du Hâvre*, par M. Frissard, ingénieur en chef; de M. Bonvalot sur un travail de M. Auguste Vallet relatif à l'église de Saint-Germain l'Auxerrois; de M. de Rienzi sur la belle *Étude des races humaines* de M. Victor Courtet de l'Isle; de M. Eugène Renault sur l'*Essai historique* de M. Elie Vanier de Honfleur *sur les grandes propriétés de Normandie;* de M. Onésime Le Roy sur le *Système historique de M. Vatout;* de M. Dréolle sur l'*Eloge historique de saint Bernard*, par M. Dessales-Regis; de M. Mary Lafon sur les *Fastes poétiques de l'Histoire de France* par M. Thieys; de M. Ernest Breton sur les *Poésies de M. Bonnomet* et sur *celles de Magu,* de Lisy-sur-Ourcq, pauvre tisserand plein de verve, père d'une nombreuse famille, et qui devient aveugle; de M. l'abbé Badiche sur le *Mois de Marie* de M. l'abbé Congnet, et sur la *traduction en hébreu de l'Imitation de Jésus-Christ* par M. l'abbé Muller; et de M. Sautayra sur les *Origines du droit français* de notre collègue M. Jules Michelet.

Dans les documents historiques, curieux ou inédits, publiés par notre journal, n'oublions pas ces treize ouvrages inconnus de Gerson, l'auteur de l'Imitation de Jésus-Christ, découverts par notre collègue M. Spenser Smith de Caen, et soumis au jugement éclairé de M. l'abbé Badiche; les documents précieux trouvés par l'historien de Troyes, M. Pougiat, dans un grenier de cette ville, contenant des lettres de gentilshommes bourguignons appartenant à l'armée de Turenne, leur itinéraire pour revenir dans leurs foyers, un diplôme fort curieux de saint Jacques de Compostelle, et un plan détaillé d'une bataille de Turenne, dressé par un officier de sa suite, manuscrits analysés avec beaucoup de tact par M. Auguste Vallet, aidé des lumières de MM. les officiers du dépôt des fortifications, et surtout de celles de M. Prosper d'Artois, lieutenant-colonel du Génie, secrétaire du Comité des fortifications, que nous espérons compter bientôt parmi nos collègues; un manifeste de 1662 sur la démolition des temples protestants dans le pays de Gex, fourni par M. l'abbé Clerc, curé de Pessonnel, et surtout une lettre inédite de madame la duchesse de Bourbon, offerte par M. le comte d'Allonville, lettre écrite trois ans avant la mort du duc d'Enghien, époque où sa mère pouvait réclamer, sans abaissement et sans honte, ce qui lui était légitimement dû.

La correspondance abonde en détails ; ce sont tantôt des renseignements qu'on demande à l'Institut Historique sur des monuments et des manuscrits découverts dans les provinces et à l'étranger, tantôt des monographies de villes, et même de villages. Telle est celle de la petite ville de Blanzac (Charente), dont nous sommes redevables au zèle de M. l'abbé Bordier, curé de cette localité. Je citerai aussi les études consciencieuses de M. Froment, de Privas, sur l'ancien pays des Helviens, le Vivarais et l'Ardèche ; celles de M. Lucien de Rosny sur le faux Baudouin de Flandre, l'histoire de l'abbaye de Loos, et celle des rois de l'Epinette, manuscrits rares qu'il met au jour avec un dévouement qui mérite tous nos éloges ; les renseignements de de M. Boysse, bibliothécaire de Limoges, sur l'ancien amphithéâtre de cette ville, et sur Chaslucet, d'abord forteresse des Romains, puis château féodal au moyen-âge ; le problème historique posé par M. l'abbé Auger, curé de l'église royale de Compiègne, sur l'époque et le lieu de la mort si controversée du cardinal Pierre d'Ailly, appelé l'*aigle des docteurs*, né à Compiègne en 1350 ; celui de M. Mordret de Pithienville (Eure), sur la question de savoir si le platine était connu des anciens ; une notice intéressante de M. Renault de Vaucouleurs, sur le vieux château de Mausbourg ; des recherches sur les papes par M. Giordano de Turin ; une notice de M. Barrau, sur la ville de Pau et le château où naquit Henri IV ; et une lettre curieuse de M. le marquis de Mata-Florida, sur son projet de fonder en France une revue espagnole scientifique, historique, littéraire et artistique, projet que notre Institut a promis d'encourager de tous ses efforts. M. le comte de Sellon, de Genève, fondateur de la Société de la Paix, dont le but grave et consciencieux, quoi qu'en disent de petits esprits qui rient de tout, est de parvenir à extirper de la terre trois grands fléaux, la guerre, le duel et la peine de mort, noble mission qu'il s'est donnée pour la vie, nous entretient de ses projets philantropiques, de sa correspondance avec tous les souverains du monde, ét nous invite à recueillir impitoyablement tous les faits qui peuvent constater les incertitudes de la justice humaine. Je n'aurai garde d'oublier l'infatigable maire de Seurre (Côte-d'Or), dont les fouilles sont si heureuses et les dessins si délicats. Certes, l'Institut Historique ferait des pas de géant s'il comptait beaucoup de tels collègues, et la France beaucoup de maires tels que M. Gauthier-Stirum.

Si nous rentrons dans les séances générales et particulières, nous verrons s'y élaborer encore d'utiles travaux. La commission du *Manuel de Diplomatique*, dont nous avons déjà parlé, a tenu cette année de fréquentes séances fort suivies, et où la discussion a été souvent profonde; le travail de M. Savagner avance rapidement. La commission chargée de réunir l'histoire de la législation sur la propriété littéraire à toutes les époques et dans tous les pays, a fini ses travaux, et choisi pour son rapporteur M. Sautayra en remplacement de M. Gastambide. Plusieurs Sociétés ayant un but analogue à la nôtre, se forment sur divers points. Nous citerons celle de Lausanne, créée par notre collègue M. le baron de Gingins; celle de Rio-Janeiro, qui a choisi pour ses correspondants notre président perpétuel M. Michaud, et l'auteur de ce rapport; l'Académie royale de Barcelone, qui s'occupe paisiblement, au milieu des troubles civils, de l'histoire de la Catalogne, très ancienne Société savante, reconstituée depuis peu. M. le garde-des-sceaux appelle, chaque année, notre attention sur ses Comptes rendus de la Justice en France; et l'Institut Historique se livre à cette étude avec tout l'intérêt que mérite un aussi grave sujet. Le Congrès scientifique qui se tient en même temps que nous à Clermont-Ferrant, a élu pour un de ses secrétaires notre savant et laborieux collègue M. J.-B. Bouillet, à qui nous devons annuellement de si curieuses confidences numismatiques; notre collègue M. Deville suit la même voie, et dans ses fréquents voyages sur les divers points de la France il popularise notre association, et la met en rapport avec tous les hommes distingués. Notre collègue M. Alix ressuscite dans nos séances le projet d'une galerie historique de France, série de tableaux dus à

nos meilleurs peintres, et à l'aide desquels il voulait que nos
meilleurs professeurs fissent des cours d'histoire nationale, projet qu'avait adopté la Restauration, et que M. Alix espère bien
voir reprendre quelque jour. L'Institut de France couronne plusieurs de nos membres, MM. Onésime Leroy, La Fontenelle, de
Vaudoré, Rey, et ce laborieux et inoffensif proscrit, Venedey,
(des provinces rhénanes), à qui il ne fallait rien moins qu'un
beau succès académique pour lui rouvrir les portes de la capitale
de la civilisation et des lumières. Un de nos collègues les plus
dévoués, M. Elie Vanier, de Honfleur, fait l'acquisition d'un
château dans le département de l'Orne, il y découvre de rares
imprimés sur les annales de Russie, sur la doctrine et les pré-
dications de Calvin, parmi lesquels il en est qui remontent à
l'invention de l'imprimerie ; et il se hâte d'en enrichir notre
bibliothèque, en regrettant que la moisson déjà si abondante
ne le soit pas davantage. Une catastrophe frappe notre vénérable ami et collègue, le patriarche des beaux-arts, M. le chevalier Alexandre Lenoir ; son magnifique cabinet d'antiquités,
unique en Europe, est dispersé et passe en Angleterre. Il fallut
voir la douleur amère de l'Institut Historique, et ses regrets de
ne pouvoir acquérir la précieuse collection, pour en laisser la
direction à celui qui l'avait fondée. Ces marques universelles
de sympathie ont dû apporter un grand allégement aux chagrins qui ont déchiré le cœur de cet homme de bien. Nous en
dirons autant du vénérable M. Dufour, de Moulins, expulsé
sur ses vieux jours du musée qu'il a fondé dans cette ville,
dépouillé encore de la gloire d'avoir créé l'*ancien Bourbonnais*,
ce magnifique monument artistique continué par un autre de
nos collègues, feu Achille Allier. M. Dufour, qui ne trouve
autour de lui que des juges impitoyables et pas un défenseur,
M. Dufour a le bon esprit d'en appeler à l'Institut Historique
qui proclame solennellement tous ses droits à la priorité. Une
société centrale de sourds-muets se forme sous la présidence de
notre collègue M. Ferdinant Berthier ; son but est de délibérer
sur les intérêts de cette classe d'infortunés, de réunir en faisceau leurs lumières, de resserrer les liens qui les unissent, d'offrir à chaque membre un point de ralliement, un foyer de com-

munications réciproques, les moyens de se produire dans le monde, de tenir enfin en réserve un patronage, des leçons gratuites et de sages conseils pour les pauvres ouvriers sourds-muets abandonnés sur la terre. C'était là une œuvre de haute philantropie, une œuvre dont aucun siècle n'avait été témoin. Il fallait un asile à ces enfants deshérités de la nature. L'Institut Historique a mis gratuitement son local à leur disposition ; et la Société centrale a signalé sa naissance par la découverte des cendres de l'abbé de l'Épée dans l'église Saint-Roch, et par la formation d'une commission pour lui élever un tombeau. L'Athénée royal ouvre ses cours, et quatre membres de l'Institut Historique y professent avec succès : M. le docteur Casimir Broussais, la phrénologie; M. Henri Prat, l'histoire de France; M. Dréolle, celle des religions; M. de Rienzi, la géographie encyclopédique. Parmi les promoteurs les plus zélés de toutes ces heureuses manifestations, l'Institut Historique comptait à Paris un membre dont le dévoûment ne connaissait pas de bornes, M. le commandeur Mouttinho, ambassadeur du Brésil, protecteur de tous les talents méconnus, aidant de sa bourse toutes les publications qui le méritaient. Il nous quitte à notre grand regret; sa santé lui commande le climat de l'Italie. Il part, mais en s'éloignant il laisse comme adieu à ses amis de France un prix de 1,000 francs pour la meilleure statistique de sa patrie.

Plusieurs travaux importants publiés par des membres de l'Institut Historique ont pris naissance dans son sein ou y ont été encouragés par des rapports et des lectures. Qu'on nous permette de citer le *Dictionnaire de la Conversation et de la Lecture*, l'*Encyclopédie du XIXe Siècle*, l'*Histoire de France* de M. Michelet, sur laquelle M. Genevay, collaborateur de M. Tissot à l'Histoire de la Révolution française, prépare un consciencieux rapport; les travaux historiques de MM. Thierry, Rey, le comte d'Allonville, Thomassy, Vallet, Auguste Savagner, le général Bardin, le capitaine Sicard, Eugène de Labaume, Émile Lambert, Czynski, le marquis de Custine, le chevalier de la Basse-Mouturie; les publications relatives à l'instruction publique et à la grammaire, de MM. Beyt (de Tulle), Henri Germain (de Vernon), Boulet, l'abbé Congnet, Napoléon Caillot, Éd. Goguel (de Nancy), Neufbourgs (de La Flèche); la *Bibliotheque militaire* de MM. Sauvan et Liskenne; le *Musée Espagnol* dé MM. Oscar Mac'carthy et Victor Darroux; l'*Introduction à l'Histoire de France* de MM. Ernest Bréton et Achille de Jouffroy; un *Mémoire* de M. le baron de Stassart *sur la part que les Belges ont prise aux progrès de l'esprit humain*, et la 6ᵉ édition de ses Fables; l'*Histoire de la Vierge* de M. l'abbé Orsini; la *Sœur d'École* de M. Bonnaire-Mansuy; un *Mémoire sur la Servitude aux Pays-Bas*, par M. Hoverland de Beaúvelère; la *Tribune académique* et la *Revue agricole* de M. le baron de Lagarde; le beau travail de M. Édouard de Bazelaire, intitulé *Promenade dans les Vosges;* l'*Éloge de Girodet comme peintre et poète*, par M. Testu; la *Revue religieuse* et le *Dictionnaire historique d'Éducation* de M. Delacroix; l'*Histoire de Saint-Augustin* de M. Vincent; le *Congrès de Vérone*, de M. le vicomte de Chateaubriand, sur lequel M. le comte d'Allonville prépare un rapport; le *Traité du Courage civil* de M. Boucher de Perthes; les *Devoirs de l'Homme* de M. le curé Barillot, ouvrage que M. Fresse-Montval est chargé d'examiner; l'*Histoire parlementaire de la Révolution française* et *l'Européen*, de MM. Buchez et Roux; la *Revue de Législation* de M. Fœlix; la *Revue française et étrangère* de M. Paquis; la *Revue du Nord* de M. Pellion (M. Saint-Edme a rendu compte de ces deux dernières collections); la *Chronique de Champagne* de MM. Louis Paris et Fleury; les *Archives curieuses de la ville de Nantes*, de M. Verger; les *Travaux de Phrénologie* de MM. le docteur C. Broussais et La Corbière; une *Notice historique* de M. de Formeville *sur la Manufacture d'étoffes de laine de Lisieux;* plusieurs brochures de M. Villenave sur M. Daunou, lord Edgerton, l'archevêque Cheverus; un Plan de la ville de Paris sous Philippe-le-Bel, par M. Albert Lenoir; la *Mère Institutrice*, journal de M. Lévy; le *Panorama de Londres* de M. Chatelain; le *Franc Parleur de la Meuse*, de M. Moise Alcan, les Recherches de M. Guillois, curé du Mans, *sur les Superstitions* et *sur la Confession auriculaire*; la *France départementale* de M. Nestor Urbain; la *Revue progressive* de M. Jullien (de Paris); le *Mystère de sainte None* de M. Le Gonidec; les *Études sur les Mystères* de M. Onesime Le Roy; les *Lettres* de M. le comte de Sainte-Aldegonde à ses enfants *sur ses Voyages en Sibérie et en Chine;* la *Revue anglo française* de M. de La Fontenelle de Vaudoré; la *Revue belge* de M. Polain; l'*Éloquence française appropriée aux mœurs du XIXe siècle*, par M. Andrieux, inspecteur de l'Académie de Limoges; les *Archives historiques du nord de la France* de M. Brun-Lavaine; le *Voyage historique au Brésil* de M. De Bret; une *Chronique arabe* traduite par M. Ferdinand Denis; l'*Océanie* de M. de Rienzi; le *Travail sur les races humaines* de M. Courtet de l'Isle; le *Voyage dans l'ancienne France* de M. le baron Taylor; les *Archives curieuses de l'Histoire de France* de M. Danjou; les *Chefs-d'Œuvre de la Poésie anglaise* de M. O'Sullivan; les *anciennes Tapisseries de France* et les *Armes du Musée d'artillerie espagnol* de M. Achille Jubinal; la *Description des Manuscrits de la Bibliothèque d'Abbeville*, par M. Charles de Belleval; la *Statistique de la Belgique*, publiée par M. Vandermeulen de Bruxelles; les travaux de médecine de MM. les docteurs Ricord et Colombat (de l'Isère), et bien d'autres sans doute qui échappent à ma mémoire, et dont les auteurs me pardonneront l'oubli tout involontaire.

Cette année la mort a frappé plusieurs membres de l'Institut Historique, qui laissent un grand vide dans ses rangs. Nous avons eu à regretter en bien peu de temps l'architecte Protain, de l'Institut d'Égypte, l'ami, le compagnon de Kléber, qui essaya de détourner le poignard de son sein et qui fut blessé à ses côtés (M. Saint-Edme lui a consacré une chaleureuse notice); le savant Favart, fondateur d'un des meilleurs établissements d'éducation de Paris; Antomarchi, le médecin de Napoléon à Saint-Hélène; Aimé Chenavard, l'habile dessinateur qui a fait école; le défenseur des noirs Mac'caulay, le philantrope comte Clément de Ris, pair de France; son collègue le comte Reinhart, membre de l'Académie des Inscriptions et Belles-Lettres, ancien ambassadeur, qui a désiré, avant de mourir, que son fils, secrétaire d'ambassade, le remplaçât parmi nous; le chargé d'affaires de Toscane, M. le commandeur Berlinghieri, qui a laissé de précieux travaux sur l'histoire de sa patrie, travaux dont le goût éclairé de son fils adoptif, M. le chevalier de Martini, nous garantit la publication; le général César de La Harpe, ancien gouverneur de l'empereur Alexandre et l'un des plus fermes défenseurs de la liberté helvétique; et le prince de Talleyrand-Périgord, ce patriarche des diplomates, qui, sollicitant l'honneur de faire partie de l'Institut Historique, écrivait à notre président : « Et moi aussi, je veux en être. Il y a de l'avenir dans cette jeune société. Soyez mon parrain, je me soumets à toutes les formalités du réglement. Dites bien surtout à vos collègues que, si j'ai peu écrit pour l'histoire, j'ai l'amour-propre de croire que j'ai fait quelque chose pour elle. »

De nombreux candidats se sont présentés pour remplir ces vides faits par la mort. Nous citerons entre autres les trois frères Lobé, savants botanistes de la Havane; le vicomte de Villeneuve Trans, de Nancy, correspondant de l'Académie des Inscriptions et Belles-Lettres; le vicomte Maurice d'Hauterive, des Affaires étrangères; Napoléon Caillot; Elwart, professeur au Conservatoire de Musique; l'abbé Orsini; le protonotaire apostolique Orsoni; Emmanuel de Sainte-James; Ernest Breton; le comte d'Espagnac; César Famin, etc.

Pour clore ce rapport, qui vous aura semblé bien long, et qu'il n'a pas dépendu de moi d'abréger, tant les matériaux se pressaient nombreux, il me reste à vous dire un mot du Congrès de l'année dernière. A vous, Messieurs, de fonder la gloire de celui-ci !

Le Congrès de 1837, ouvert le lundi 11 septembre, a clos ses séances le mercredi 4 octobre, après avoir duré quinze jours. Le plus grand ordre y a régné. Il y avait là des savants, des littérateurs, des artistes de Paris, des départements, de l'étranger; et beaucoup de dames s'y étaient donné rendez-vous. Vingt-une questions y ont été traitées par plus de quarante orateurs.

Comme l'année dernière je finirai, Messieurs, en vous disant qu'en dépit de facheux pronostics, l'Institut marche, et marche bien; il rend quelques services, et il en rendrait beaucoup plus encore, si l'on n'y mettait trop souvent bon ordre. Abandonné à lui-même, il s'efforce courageusement de remplacer la méthode commune qui lui manque au milieu de tant

d'éléments hétérogènes, par la direction des efforts de tous
vers les mêmes sujets, et par la délibération en commun et la
discussion des travaux opérés et des travaux à faire. C'est là
encore une belle mission. Mêlez-vous donc à ros travaux, vous
tous qui n'êtes peut-être accourus dans cette enceinte que par
un sentiment de curiosité. Plus il y aura d'intelligences qui
prendront part à nos discussions, plus il y aura de lumières
répandues dans le monde. Nous ne nous érigeons point en
érudits, en pédants ; nous cherchons plus encore à nous instruire qu'à instruire les autres. Nous ne sommes point des académiciens, nous sommes des hommes de bonne foi, des ouvriers laborieux et bien intentionnés. Soyez-nous donc en aide
dans nos recherches historiques, et comme nous recourons à
votre assistance, recourez à la nôtre pour que nous marchions
fraternellement dans la route qui nous est ouverte.

M. le président pose la première question à l'ordre du jour :
*Quelles furent les véritables causes de l'invasion normande sous la
deuxième race ?*

M. Henri Prat, professeur à l'Athénée royal de Paris, improvise le discours suivant :

Messieurs, après la mort de Charlemagne, son immense empire fut dévasté par des essaims de pirates, auxquels l'ignorance
des peuples donna le nom de Normands. — Bornés d'abord
au pillage des côtes, ces audacieux enfants du Nord s'établirent bientôt à l'embouchure des grands fleuves, pénè-
trèrent dans l'intérieur des terres, et couvrirent des contrées
entières de désolation et de deuil.

Puis vint le règne de l'infortuné Charles-le-Simple. Sous lui
ils formèrent un établissement stable, et renoncèrent à leurs
habitudes de piraterie, mais ils conservèrent le génie des grandes
entreprises.

On les vit conquérir l'Angleterre, fonder le royaume des
Deux-Siciles, se jeter avec ardeur dans le mouvement immense
des Croisades, et lutter dans la principauté d'Antioche contre

les Turcs mahométans et contre les Grecs schismatiques. C'est sans doute un grand peuple que ce peuple normand; et nous devons féliciter l'Institut Historique d'avoir senti tout ce qu'il y a d'intérêt dans les questions relatives aux premiers temps de son histoire.

Bien jeune encore d'années et d'études, je suis appelé, Messieurs, à entrer le premier dans l'arène où va se débattre une de ces graves questions; cependant je laisserai de côté ces formules usées dont on a coutume de se servir pour réclamer une indulgence que l'on croit si rarement avoir besoin d'invoquer. Je me contenterai de vous rappeler que, dans les universités du moyen-âge, les plus grands parlaient les derniers, pour laisser aux plus faibles la possibilité de dire quelque chose.

Avant d'énoncer une opinion sur les causes qui ont amené les invasions normandes au IXe siècle, il convient, je crois, d'examiner quelles sont les ressources que le passé nous a léguées, quels sont les moyens qu'il a mis à notre disposition pour arriver à la connaissance de la vérité. — On peut les diviser en deux classes principales : d'un côté nous mettrons les chroniques françaises, de l'autre les Eddas et les chants des Scaldes scandinaves. — Il y aurait peut-être une troisième source où l'on pourrait puiser avec succès; — quelques auteurs du Nord ont même cherché à prouver que la vérité sur les Normands est déposée dans les inscriptions runiques. — Mais, je l'avouerai, Messieurs, cette source est inaccessible pour moi.

Les chroniqueurs français se contentent de retracer en termes plus ou moins ampoulés les excès des Normands, l'effroi des populations, etc. Quant aux causes de ces terribles invasions, ils n'en cherchent pas d'autres que la colère divine, excitée par les péchés des hommes; tel est au moins le résultat d'une lecture attentive des ouvrages de Guillaume de Jumièges, d'Orderic Vital, et de tous ceux qui, comme eux, se sont mis à la remorque de Dudon.

Les Eddas et les chants des Scaldes ne sont certainement pas des matériaux propres à former un édifice historique bien régulier, mais enfin, s'ils ne peuvent nous fournir aucune indication chronologique positive, au moins nous donnent-ils une idée assez nette de l'état social, des goûts, des habitudes des populations du Nord.

Ce dont il est facile de se convaincre, c'est qu'un pays couvert de forêts et de marais, et dont l'active industrie de notre siècle tire avec peine ce qui est nécessaire à la vie de ses habitants, ne pouvait suffire, dans les premiers siècles du moyen-âge, à des gens grossiers, que des invasions étrangères paraissent avoir multipliés à l'excès. — L'Océan entoure la Scandinavie, on lui demanda les ressources que fournit la pêche; — mais beaucoup de tribus étaient réduites à la même nécessité; Norvégiens, Danois, Jutes, Saxons, Frisons, vivaient de la pêche. — La concurrence amena des luttes acharnées; et une fois éloignés de leur patrie, les hardis pêcheurs cherchèrent les aventures. — Ils abordèrent dans des contrées civilisées; ils y trouvèrent de l'or, du vin, de belles femmes; dès-lors leurs courses eurent un but déterminé. — La jeunesse entra avec ardeur dans un genre de vie que leurs souverains du Nord facilitèrent de tout leur pouvoir. — Enfin la poésie vint consacrer les exploits des aventuriers, transformer les pirates en héros, et leur promit toutes les joies qu'Odin réservait au vaillant guerrier dans son paradis tout matériel. Et ici, Messieurs, gardons-nous de blâmer les poètes du Nord; — si l'on pesait à la balance de la justice et de la morale la gloire de nos héros, les plus brillants seraient peut-être bien légers.

Cependant la population du Nord avait rejeté son excédant; — le christianisme pénétra dans la Scandinavie. — Les moines mirent en honneur le travail des mains; les peuples se suffirent à eux-mêmes; et la piraterie disparut.

La suite de la discussion sur les causes des invasions normandes est renvoyée à la prochaine séance.

DEUXIÈME SÉANCE.

(LUNDI 17 SEPTEMBRE 1838.)

Présidence de M. DUFEY (de l'Yonne).

La discussion continue sur le mémoire de M. HENRI PRAT, relatif aux causes de l'invasion normande sous la deuxième race.

M. CHANUT, ancien professeur d'histoire au collège royal d'Henri IV, a la parole.

Messieurs, dit-il, ce n'est point par un sentiment de fausse modestie que je réclame toute votre indulgence ; je comptais n'avoir à parler sur cette question qu'au mois d'octobre. Instruit depuis quelques jours seulement qu'elle devait ouvrir les séances du congrès historique, j'ai dû achever un peu à la hàte mon travail, et, au lieu d'un mémoire médité à loisir, écrit et composé avec soin, je suis réduit à improviser sur les notes que j'ai recueillies.

Cette question, Messieurs, est aussi curieuse qu'intéressante, mais elle me semble posée d'une manière incomplète. On demande : *Quelles sont les véritables causes des invasions des Normands en France?* Mais suffit-il de les exposer, pour traiter à fond le sujet? je ne le pense pas. Ce serait en omettre une partie fort essentielle, c'est-à-dire le tableau même de ces invasions qui ont duré un siècle entier avec un prodigieux acharnement, et qui ont amené comme résultat l'établissement définitif des Normands dans une de nos plus belles provinces; établissement, il faut le dire, qui a exercé une grande influence et une influence heureuse sur l'état social et la civilisation de la France. Il sera donc nécessaire d'en tracer une esquisse très rapide, bien que la plupart des faits soient connus.

Voyons d'abord comment se sont annoncés ces hardis aventuriers du Nord.

Dans l'année 800, Charlemagne avait reçu à Rome la couronne impériale; il semblait parvenu au plus haut degré de puissance et de gloire. La moitié de l'Europe était sous ses lois; et son épée victorieuse semblait avoir fondé un empire de longue durée.

Quelques années s'écoulent; et déjà cet empire offre des signes de décadence à l'intérieur comme à l'extérieur. Les peuples barbares qu'il avait soumis s'agitent sur les frontières; la seconde ligne de barbares qui est au delà, a déjà pris les armes; et, comme présage plus sinistre, apparaît alors, avec les flottes danoises, cette mobile et fantastique image du monde du Nord, qu'on avait trop oublié. Ceux-ci, les vrais Germains par la religion et les mœurs, viennent demander compte aux Germains bâtards, qui se sont faits romains, et s'appellent l'empire.

Un jour que Charlemagne se trouvait dans une ville de la gaule narbonnaise, des barques scandinaves vinrent pirater jusque dans le port. Les uns croyaient que c'étaient des marchands juifs africains, d'autres disaient bretons; mais Charles les reconnut à la légèreté de leurs bâtiments : « Ce ne sont pas là des marchands, dit-il, mais de cruels ennemis. » Poursuivis, ils s'évanouirent. Mais l'empereur, s'étant levé de table, se mit, dit le chroniqueur, à la fenêtre qui regardait l'orient, et demeura très longtemps le visage inondé de larmes. Comme personne n'osait l'interroger, il dit aux grands qui l'entouraient : « Savez-vous, mes fidèles, pourquoi je pleure amèrement?

Certes, je ne crains pas qu'ils me nuisent par ces misérables pirateries; mais je m'afflige profondément de ce que, moi vivant, ils ont été près de toucher ce rivage; et je suis tourmenté d'une violente douleur, quand je prévois tout ce qu'ils feront souffrir de maux à mes neveux et à leurs peuples (1). »

Certes, il fallait que le grand empereur connût profondément l'audace et l'énergie des peuples du Nord, pour avoir de telles craintes et une telle prévoyance de l'avenir! Le danger se révéla plus sérieusement dans ses dernières années. Les Normands ne cessent d'apparaître sur les côtes de l'Océan ; et Godfried, roi supérieur du Jutland, fait une invasion menaçante dans la Frise. Charlemagne pourvut avec la plus grande activité à la défense des provinces. Gand et Boulogne devinrent les arsenaux et les chantiers de sa marine : c'est là que furent construites et équipées des flotilles de bateaux qui allèrent stationner à l'entrée des fleuves de la Germanie et de la France. Mais dès qu'il fut dans la tombe, la faiblesse ou la lâcheté de ses successeurs, l'anarchie des guerres civiles, l'abandon des moyens de défense, l'épuisement de la population libre, la terreur ou la honteuse inaction du clergé et des seigneurs, tout contribua à livrer l'empire en proie à leurs continuelles dévastations.

Une double source s'offre à nous pour découvrir les principales causes de ces invasions : *les chroniques et poésies originales du Nord*, et *les chroniques de France*.

Les unes et les autres renferment de curieuses révélations sur le caractère et les expéditions des Normands, mais chacune avec son point de vue.

Ecoutez nos chroniqueurs du Xe et XIe siècles : ce sont les traits les plus odieux qu'ils emploient pour peindre ces ennemis, si redoutables dans leur brusques attaques, qui forçaient les moines a déplacer leurs reliques, à enfouir leurs trésors, et à se cacher dans les forêts ou les cavernes. Il semble, dit un auteur, qu'ils aient écrit au milieu de leurs cloîtres encore fumants, avec une main tremblante, et ayant encore le sang ému des frayeurs que les

---

(1) Michelet, hist de France, t. 1, d'après le moine de Saint-Gall.

Normands avaient inspirées. Ce sont des *barbares*, des *paiens*, des *pirates cruels*, des *brigands avides*, des *loups ravisseurs*, en- *fants de Bélial*, et dignes de toute damnation. Ils ne parlent que de leur acharnement, de leur fureur diabolique à envahir les provinces, à piller les saints monastères, à profaner les églises, à massacrer les chrétiens. Ils semblent vouloir les ac- cabler sous le poids de l'anathême et des malédictions; ils in- voquent le ciel contre ces farouches ennemis : *à Normanorum furore libera nos, Domine !* devient de bonne heure la prière de l'Eglise. Avec ces dispositions, pouvaient-ils rendre justice à leurs adversaires, citer les traits louables, et apprécier dans leur caractère ces germes d'héroïsme et de grandeur que les frimats du Nord n'avaient pas empêché de se développer? Pou- vaient-ils pénétrer et exposer les vraies causes de ces invasions? encore moins. Les chroniqueurs de cette époque avaient peu de rapports sociaux hors de leur couvent; ils étaient très cré- dules, très portés à l'exagération, très ignorants sur l'état du Nord. La seule cause des invasions, selon eux, ce sont les pé- chés des princes et des prêtres, la tyrannie, la corruption, les vices répandus partout. *L'épée des barbares est tirée du four- reau*, dit l'un d'eux, *et c'est Dieu qui l'a mise entre leurs mains pour nous punir.* Le témoignage est le même dans toutes les chroniques; aussi n'offrent-elles que peu de lumières sur le sujet qui nous occupe.

Les sources du Nord sont-elles plus instructives et plus fé- condes? Sans aucun doute; et la science moderne a de précieuses ressources dans l'*Histoire de la Norwège*, de Snorro; celle du *Danemark*, de Saxo le grammairien, historiens du XIIe siècle; dans la savante *Histoire du Danemark*, de Suhm, dont on ne peut trop louer, dit Depping, la vaste érudition et le jugement; et dans les divers recueils des *Sagas*. Mais là, se trouve, peut-être, comme une antithèse aux témoignages des chroniqueurs de France, une opinion trop favorable, une sorte d'admiration pour les hommes du Nord. Je ne m'occuperai point ici des *onze cents pierres runiques* dont on a publié le re- cueil, on n'en a point encore l'intelligence complète; elles offrent peu de lumières sur les émigrations du Nord et l'histoire ancienne de ces peuples. Mais je dirai quelques mots des *Sagas*.

On appelle ainsi des poésies nationales qui ont été recueillies aux XIIe et XIIIe siècles, mais qui sont probablement beaucoup plus anciennes, et où les *Scaldes* célèbrent, sous la forme de ballades ou de romances, les exploits, les aventures et la gloire des héros. Ce sont des traditions rédigées en vers et en prose, où le poète ne s'occupe point des évènements publics, mais seulement d'une *famille héroique*, dont l'illustration et les intérêts seuls le touchent. Elles forment un tableau curieux, vif et original, des mœurs, des usages, du culte, des qualités brillantes, de la vie domestique et des hommes du Nord. Le caractère national s'y reflète admirablement. Elles sont authentiques; et leur style poétique même en est une preuve. Elles ont leur source dans l'état social de cette époque, où il y avait une foule de petits rois et de petits états, sans lien général, et peu de relations entre les peuplades mêmes, mais où chacune vivant pour soi, sans s'occuper beaucoup de ce que faisait le reste de la terre, prenait un intérêt très vif à ses évènements intérieurs, et aux héros qui de loin à loin sortaient de son sein.

On divise ces poésies en *Sagas milhiques*, lesquelles retracent fidèlement les anciennes mœurs, et la manière de voir, de juger et de sentir des vieux temps; et en *Sagas romantiques*, où les auteurs, donnant carrière à leur imagination, tracent souvent des tableaux vagues et peu fidèles sous le rapport des mœurs et des localités. Elles sont curieuses pourtant, comme fruits de l'imagination exaltée d'un peuple qui habitait près de la zone glaciale, mais elles servent peu à l'histoire, parceque la fiction et le vrai s'y confondent très souvent.

Les unes et les autres ne s'occupent que des exploits particuliers *des héros;* et elles offrent tantôt la forme de ballades et romances, tantôt celle de nos chroniques et de nos poèmes du moyen-âge. Elles renferment une foule de notions pour peindre au vrai le caractère et le génie de ces peuples si remarquables par l'intrépidité, l'énergie, l'audace, la passion des aventures et le mépris des dangers, l'ardeur de la gloire et du butin (choses intimement unies), l'imagination exaltée et l'esprit positif, et toutes les

grandes choses qui plus tard ont marqué l'établissement de
leurs colonies. Aussi un auteur normand du XVIIe siècle fait-il
cet éloge des Normands, dans un ouvrage remarquable pour
son époque (1) : « Toutes les fois, dit-il avec une espèce d'orgueil national, qu'il leur a pris fantaisie de quitter leurs neiges
et leurs glaces pour se promener par l'univers, l'univers s'est
écarté devant eux; et il a fallu que tout ait cédé aux efforts
de leur courage et de leurs bras. »

Placés à une époque favorable pour apprécier et pour juger,
nous pouvons, nous hommes du XIXe siècle, en consultant
avec discernement les deux sources indiquées, le nord et la
France, deviner, réunir et exposer avec plus de savoir et d'intelligence que par le passé, *les véritables causes des invasions
des Normands.* C'est un bonheur de l'époque, bien plus qu'une
preuve de mérite chez l'historien. Nous essaierons d'en présenter un résumé rapide.

La durée, l'acharnement même de ces invasions, pendant un
siècle entier, prouvent qu'elles ont été dominées par des causes
puissantes, et qui ont plus ou moins agi suivant les circonstances.

Quelles sont ces *causes vraies et puissantes?* J'indiquerai une
double division : 1° les *causes générales et constantes*, ayant
leur source dans l'état religieux et social, dans le caractère,
les mœurs et les passions des Normands; 2° les *causes particulières et intérieures*, relativement à la France, et qui ont
rendu ces invasions plus fréquentes, ou en ont assuré le succès. Leurs effets ont été irrésistibles, car elles ont été souvent
réunies.

§ 1. Causes générales.

1° *Etat physique du Nord.*

La civilisation a grandi et s'est développée dans l'ancienne Scandinavie, c'est-à-dire dans la Suède, la Norwège
et le Danemarck; mais alors ces pays étaient aussi barbares que les habitants. De vastes forêts, des marécages et
des bruyères; des montagnes couvertes de glaces et de neiges

---

(1) Inventaire de l'histoire de Normandie, Rouen, 1646.

une grande partie de l'année ; peu de terres fertiles et mal cultivées par ces peuples étrangers à l'agriculture, et passionnés pour la vie libre et indépendante de la chasse ; souvent des hivers d'une âpreté et d'une longueur extraordinaire, qui, en épuisant les provisions du passé, détruisaient les espérances de l'avenir, tel est l'aspect qu'ils présentaient. Aussi les annales du Nord parlent-elles fréquemment de famines qui exerçaient de grands ravages. Aujourd'hui même, la Norwège et une partie de la Suède dépendent beaucoup, pour les subsistances, des autres pays de l'Europe. Le commerce les leur procure, mais alors que pouvait être le commerce ? Aussi ces peuples durent-ils de bonne heure recourir à l'inépuisable fécondité de l'Océan. Malgré cette ressource, ils furent souvent en proie à des famines, et de là ce besoin d'émigration vers d'autres climats, qui se traduisit en piraterie et en invasions de territoire. Si l'on en croit une vieille tradition, une loi condamnait à l'exil tous les cinq ans la partie jeune et robuste de la population.

2° *Amour du butin et de la gloire. Caractère des Normands.*

Le besoin avait produit l'habitude de la piraterie ; ce fut bientôt une passion, mais une passion où se reflètent les qualités brillantes et singulièrement énergiques des Scandinaves.

Quand on consulte les monuments nationaux de ces peuples, on voit comment leur religion toute guerrière, leur liberté nationale, et les poésies des Scaldes avaient jeté dans leurs âmes des germes d'héroïsme et de grandeur, que les frimats du Nord n'ont pas empêché de se développer. Odin n'était pas seulement un grand législateur, c'était le dieu des armées, recompensant l'intrépidité guerrière, recevant dans son paradis (Valhalla) les braves qui succombaient sous le fer de l'ennemi, tandis que le séjour des réprouvés était réservé aux lâches, qui, livrés à la mollesse, préféraient une vie tranquille à la gloire des armes et des combats. De là, ce courage intrépide, cette passion d'aventures qui faisait braver tous les dangers, et regarder la mort des guerriers comme le moyen le plus sûr d'arriver à l'immortalité.

Jamais ce peuple n'avait été asservi ; jamais des vainqueurs étrangers n'étaient venus lui imposer des lois, des mœurs, une religion, un langage. Toutes ses institutions avaient pris naissance sur son sol, c'étaient les fruits de son génie naturel ; et de là cette confiance dans sa force, cette énergie et cet orgueil qui l'animait.

La poésie ainsi que la musique célébrait l'héroïsme. Avides de l'immortalité que promettaient les Scaldes, les Scandinaves couraient affronter les dangers des mers les plus orageuses et des climats les plus lointains, cherchant de la gloire et du butin partout où il y avait des dépouilles à enlever ou des ennemis à combattre. Dès l'enfance même et sur le sein maternel, ils étaient bercés par les tempêtes. Les épouses et les mères maniaient avec vaillance et dextérité la hache de bataille; et ces fières Amazones du Nord ne consentaient à former d'union conjugale que sous les auspices de la victoire. Les enfants, qui avaient sucé leur lait, s'échappaient de leurs mains, comme de jeunes aiglons s'envolent de leur aire, et allaient augmenter le nombre des hardis aventuriers qui naviguaient sur l'Océan.

Ceux à qui cette gloire paraissait trop commune formaient des associations particulières, à des conditions très difficiles à remplir. Les guerriers qui y étaient admis, après les épreuves, s'appelaient *Kœmper* ou Champions. Ils étaient voués au service des rois de terre et de mer. Ces liens ne pouvaient être rompus que par la mort. Il fallait des exploits extraordinaires pour arriver à la gloire et à l'avancement. Il leur était défendu d'enlever les femmes et les enfants, de chercher un abri pendant la tempête et de panser leurs blessures avant la fin du combat.

Lorsque l'enthousiasme guerrier des Champions s'exaltait jusqu'à la frénésie, ils prenaient rang parmi les *Berserker*, mot qui signifie *furieux de passion*. Dans ces accès, leur glaive frappait indistinctement amis et ennemis, les êtres vivants, les arbres et les pierres. Un long épuisement suivait ces accès de rage belliqueuse.

A force de tout braver, ces hardis pirates finissaient par braver aussi leurs dieux, sans excepter Odin lui-même, et dans les

chants pleins de verve qui suivaient la bataille, leur héroïsme
s'alliait même à des sentiments d'impiété : « Je n'ai aucune confiance aux dieux ni aux idoles, disait le roi de mer Bardus ; j'ai
parcouru bien des pays, j'ai rencontré des géants et des esprits,
ils n'ont rien pu contre moi ; aussi je ne me fie qu'à mes
forces. »

3° *Attrait puissant du Midi pour les hommes du Nord.*

C'est une observation confirmée par l'histoire, que les invasions des peuples sont presque toujours sorties du Nord pour
se répandre sur le Midi. Cela paraît tenir à une cause physique
qui agit avec une grande énergie. La nature, en effet, dispose
admirablement les hommes dans le Nord à être robustes, patients, courageux; elle leur apprend par une éducation sévère
à supporter, à braver la fatigue et le danger ; elle satisfait à peine
leurs besoins et leurs passions comme pour les irriter, et leur
ouvrir une vaste carrière, en leur offrant dans d'autres climats
un ciel plus doux, des terres plus fertiles, et tous les attraits
d'une vie sensuelle et délicieuse. Au Midi, les fruits exquis et
les vins généreux! au Midi, les mille productions d'un sol inépuisable dans sa fécondité! au Midi, la soie, ornement du luxe,
les belles femmes, l'or et l'argent, symboles de l'opulence!
C'est vers le Midi que se sont tournés constamment les ardents
désirs des peuples conquérants, l'ambition de leurs chefs, rois
ou généraux. C'est sur le Midi que le Nord a toujours pesé et
débordé. Sans doute, bien des causes avaient mis en mouvement tous ces peuples barbares qui, au Ve siècle, envahirent,
ravagèrent, pillèrent, et finirent par se partager l'Empire. Mais,
à part les passions nationales, quel attrait ne devait pas avoir,
pour ces hommes habitués à un climat rude, à leurs vastes forêts, à leurs misérables villages, l'aspect de contrées bien cultivées, d'une fertilité admirable, couvertes de villes opulentes
où languissaient des peuples amollis et corrompus, dont ils
avaient appris à mépriser la faiblesse!
Le même fait s'est reproduit en Asie. Jadis, les Scythes en ont
inondé diverses parties; jadis, les Tatars ont inondé la Chine;

et dans notre siècle les barbares descendants de Timour et de Gengis se pressent haletants autour de la *Péninsule d'or*, comme ils appellent l'Inde dans leur avidité. L'Inde est leur terre de gloire, et la lance tatar y a enfoncé de terribles souvenirs. Ils n'attendent que le son de la trompette russe pour se jeter sur cette proie. Qu'ils apparaissent sur les hauteurs de l'Himalaya, et une épouvantable confusion s'étendra du pied des montagnes jusqu'au cap Comorin.

4° *Ressentiments religieux et politiques apportés par les Saxons réfugiés.*

Il est des évènements qui, dans le long règne de Charlemagne, ne sont que des épisodes; mais la guerre de Saxe en fut la grave affaire. Elle se prolongea pendant 33 ans avec un prodigieux acharnement. Les Saxons ne déposèrent les armes qu'après avoir vu leurs forces épuisées, la fleur de la nation détruite, leurs chefs morts ou convertis au christianisme, leur patrie à jamais enchaînée sous la double puissance des armes et du clergé. On a beaucoup accusé l'ambition de Charlemagne; sa position politique rendait, à mon avis, cette guerre nécessaire. Le mouvement des migrations barbares continuait toujours. Les Slaves, les Avares, les Saxons se poussaient mutuellement vers le Rhin. Pressés au Nord, les Francs étaient en outre exposés au Midi aux invasions des Sarrasins et aux révoltes des Lombards. La victoire et la conquête pouvaient seules fonder quelque sécurité; mais cette longue guerre fut marquée par d'effroyables ravages. Qu'on se rappelle l'invasion périodique de la Saxe, à la suite d'insurrections sans cesse renaissantes, le fer et le feu portés çà et là, le massacre du camp de Werden, le glaive victorieux imposant le baptême, des milliers de familles arrachées à leur sol natal et transplantées dans les déserts de l'Helvétie ou de la Belgique! Un homme, un héros, Witikind, avait résisté vingt ans avec une admirable énergie. Après chaque défaite, il courait chercher un asile en Danemarck, mais il revenait bientôt avec les guerriers réfugiés dans le Nord, peut-être avec ceux même du Nord. Enfin il s'était soumis;

mais après lui des milliers de Saxons protestaient encore, les
armes à la main ; et quand toute espérance de liberté fut perdue, quand ils virent chasser comme des troupeaux vers la
Gaule les débris subjugués de la nation, ils se réfugièrent dans
le Nord pour y chercher à la fois l'indépendance et des ven-
geurs. Le Nord dut en ressentir une commotion électrique.
Même avant que Charlemagne soit dans la tombe, les vaisseaux
danois rôdent menaçants sur les mers et sur les côtes. Ils attendent l'heure, ils cherchent l'occasion de l'invasion et de la vengeance.

§ II. Causes particulières.

Toutes les causes qui suivent ont rapport à l'état intérieur de
la France. Une fois le mouvement imprimé au Nord, ce sont
elles qui ont rendu les invasions plus nombreuses et plus fatales, qui en ont assuré le succès. Qu'on les appelle *causes* ou
circonstances seulement, peu importe ! leur influence est certaine, et elle a été plus ou moins puissante, suivant les hommes,
suivant les périodes de l'invasion.

La position de la France est tout à la fois continentale et ma-
ritime ; c'est ce qui fait sa force ; mais avec l'anarchie ou un
mauvais gouvernement, cela ferait sa faiblesse. Du côté de l'est,
elle n'avait rien à craindre, la Germanie était subjuguée ; mais
elle était vulnérable au midi et sur la vaste étendue des côtes de
l'ouest ; c'est là qu'elle fut attaquée par les Sarrasins et les
Normands. Les conquêtes mêmes avaient épuisé les forces et
l'énergie des Francs ; l'empire s'affaissait de langueur ; l'intérieur
était facile à envahir par les fleuves, ces grands chemins mobiles. Il ne s'agissait que de faire brèche une fois, de prendre
pied ; c'est justement ce que firent les Normands. Leurs espérances et leur audace grandirent rapidement avec le succès, et
ces tributs d'or et d'argent qu'ils arrachaient si facilement à la
lâcheté des princes, à l'impuissance et à la terreur du clergé,
à la faiblesse du peuple qu'on laissait sans défense, produisi-
ront une ardeur singulière et générale chez les pirates. Comme
dans les croisades, on aurait dit que le Nord avait émigré en
masse pour se précipiter sur le Midi.

Le défaut d'espace ne nous permettra d'en retracer qu'un résumé très rapide. L'orateur examine successivement :

1° La position géographique de la France, facile à envahir, la faiblesse générale de l'empire où Charlemagne avait détruit l'ancienne organisation militaire;

2° L'épuisement ou l'extinction de la population des hommes libres, la prédominance du clergé, les désordres produits par les guerres civiles, la sanglante bataille de Fontenay en Bourgogne où succomba l'élite des guerriers de l'Occident;

3° L'accès facile qu'offraient, pour pénétrer dans l'intérieur, les grands fleuves de la France. l'Escaut, la Seine, la Loire, la Garonne; les stations établies par les Normands à l'embouchure de ces fleuves, qu'ils remontaient avec leurs légers bateaux pour piller les bourgs, les villes, les abbayes nombreuses et florissantes qui se trouvaient sur les deux rives; la facilité avec laquelle ils obtenaient d'énormes contributions en or ou en argent, ce qui ne faisait que les rendre plus âpres à la curée.

4° La faiblesse ou la lâcheté des rois qui laissaient les pirates ravager impunément le royaume; l'égoïsme des seigneurs qui, malgré les ordres du prince, ne s'occupaient qu'à élever des châteaux forts et à étendre leurs usurpations de territoire au milieu du désordre général, et surtout l'absence de tout lien national, d'une défense nationale bien organisée dans le peuple; le refus de lui donner des armes, de le diriger contre l'ennemi commun, lorsque, poussés au désespoir, les hommes des villes et des campagnes s'attroupaient et demandaient à combattre; et à ce sujet l'orateur a raconté qu'en 859 le peuple des campagnes s'étant levé pour résister aux Normands, les grands le massacrèrent et le dispersèrent. Quelques exemples d'énergie, tels que la conduite héroïque de Robert-le-Fort à Brisserte, en 866; la résistance victorieuse des bourgeois de Tours peu après; la victoire de Louis III à Saucourt, en 881; la belle défense de Paris par les bourgeois et l'évêque Goslin, en 886, etc., montrent qu'il y avait encore du courage et beaucoup de courage dans la nation, et que des chefs habiles et généreux lui avaient seulement manqué.

L'orateur trace ensuite une esquisse rapide des invasions

des Normands : leur passage rapide dans l'intérieur du pays, où tout en pillant ils recrutent leurs petites troupes des fugitifs, des bandits, des serfs courageux; les expéditions et les exploits du fameux Hastings, le plus terrible des *rois de mer*, le vrai type du caractère des pirates; l'établissement en Neustrie de Rollon ou Harolf, qui dès ce moment ferma la Seine à de nouvelles invasions. Peu d'années auparavant elles avaient également cessé sur la Loire, où un chef Normand avait reçu le baptême et un vaste territoire avec le titre de comte de Chartres et de Tours. M. Chanut termine en ces termes :

Une fois Charlemagne dans la tombe, commencent pour ne plus s'arrêter les invasions et les ravages des Normands. L'anarchie qui dévore la France est leur premier moyen de victoire. Voyez ces navires légers qui sillonnent les flots de l'Océan, et cheminent gaîment, comme disent les Scaldes, à travers la route des cygnes. Bientôt ils ont abordé à l'embouchure de l'Escaut, de la Somme, de la Seine, de la Loire et de la Garonne. Bientôt ils ont remonté le cours de ces fleuves; et le cor d'ivoire des pirates retentit au loin sur les deux rives. A ce signal de terreur, tout s'enfuit à la ville, à l'abbaye voisine, cherchant, mais en vain, un asile près des autels et des reliques des saints. Les pirates, transformés subitement en hardis cavaliers, se dispersent pour le pillage, pénètrent dans les sanctuaires les plus révérés, entraînent comme esclaves les habitants des campagnes, les bourgeois des villes, et regagnant leurs bateaux, se hâtent de descendre le fleuve et de mettre en sûreté leur butin. Quelquefois ils s'acharnent à désoler par leurs ravages toute une province, ou ils s'installent triomphants dans quelque grande abbaye. Alors il faut négocier avec eux, et ils arrachent à la peur des trésors immenses en or ou en argent; mais ils préfèrent de beaucoup l'or, plus précieux sous un petit volume. Un million et demi de notre monnaie fut payé pour la rançon de l'abbé de Saint-Denis.

Ces scènes d'invasion se prolongèrent plus de 80 ans, et, après avoir vu trembler et fuir devant eux les rois de la dynastie Carlovingienne, ils ont pénétré dans les caveaux de Sainte-Geneviève et de Saint-Denis, et là ils ont remué de

vieux cercueils pour avoir le plaisir de jeter au vent les cendres royales des Mérovingiens. Aix-la-Chapelle, cette capitale
établie sur le Rhin comme un monument de civilisation, a été
pillée, saccagée, livrée aux flammes, à la destruction; et le
palais du grand empereur changé en étable par les Normands
est resté désert 8o ans!

Les Espagnols, les Maures d'Espagne et même ceux d'Afrique
les ont vus aborder sur leurs côtes, puis cingler hardiment
vers les mers de Sicile et les côtes de l'Italie, où les attirait
le bruit de magnificence que la ville éternelle faisait encore
dans le monde.

Trois générations successives se sont ainsi jetées du Nord
sur le Midi, avant que la colonie de Rollon s'établît en Neustrie. Charles-le-Simple fit sans doute une chose honteuse en
abandonnant cette belle province, mais la politique et la nécessité l'exigeaient. Dès-lors la Seine fut fermée à de nouvelles
invasions; transformés en propriétaires, les pirates invitèrent
à venir féconder leurs champs les colons fugitifs qui les avaient
naguère abandonnés. La population s'accrut rapidement. Le
gouvernement ferme et habile de Rollon rétablit l'ordre et la
sécurité. Les ruines des villes furent relevées, des châteaux,
des églises bâtis, de nouveaux monastères fondés. Les Normands se confondirent si bien dans l'ancienne population, que
dès la seconde génération les différences de mœurs et de langues s'étaient effacées.

Moins d'un siècle après, le christianisme fut introduit et se
propagea dans le Nord. Il y devint l'instrument le plus actif de
civilisation. Alors s'affaiblit et finit par disparaître ce caractère
si énergique et si aventureux qui avait entraîné les Scandinaves
dans tant d'expéditions audacieuses. Alors d'autres idées,
d'autres mœurs, d'autres passions, d'autres intérêts animent
et caractérisent les hommes du Nord. La piraterie n'est plus le
symbole, la source de la gloire et du butin. Le christianisme
s'élève contre elle et tout exprès pour la combattre. On voit
surgir au XIe siècle, à Roschild, une *confrérie* qui a pour
mission et pour but de faire une guerre à outrance aux pirates. Dès les premières années elle détruisit huit cents ba-

teaux, et en moins d'un siècle son œuvre était accomplie.

M. VILLENAVE : La question posée par l'Institut Historique est celle-ci :

« Déterminer par l'histoire les véritables causes de l'invasion normande sous la seconde race. »

Cette question, renfermée en apparence dans d'étroites limites, a besoin pour être résolue, d'un coup d'œil jeté sur les causes des migrations des peuples. Je n'ai pas la prétention de traiter la question ainsi agrandie : je me bornerai à soumettre au Congrès quelques rapides observations.

On peut assigner trois causes aux migrations des peuples, surtout quand elles se renouvellent, et sont en quelque sorte périodiques.

Ces trois causes sont :

1° Une terre infertile sous un dur et âpre climat, terre d'ailleurs sans industrie et sans commerce;

2° Le malaise d'une population trop nombreuse pour vivre des produits du sol, de l'industrie et du commerce;

3° L'ambition d'un chef audacieux, qui va chercher au loin un pouvoir qui lui est échappé, et qu'il désespère de ressaisir dans sa patrie, ou qui veut fonder un Etat et s'en faire souverain.

Mais, de ces trois causes, la plus influente, celle qui se mêle à toutes les autres, et qui peut seule en assurer le succès, c'est le malaise, la misère des populations, que l'inquiétude et le besoin précipitent dans les malheurs de l'expatriation, et à la suite de chefs aventureux, dans les difficiles hasards de de la conquête.

On peut assigner la même cause aux migrations des hommes et à celles des oiseaux du Nord : c'est l'âpreté du climat qui chassait les uns, comme il chasse encore les autres.

Dans les temps les plus reculés de l'histoire, on voit agir les diverses causes de migrations que j'ai indiquées.

Après le sac de Troie les vaincus n'avaient plus de patrie, et parmi les rois vainqueurs plusieurs avaient trouvé au retour, après dix ans d'absence, leur trône usurpé, leurs domaines envahis. Les uns et les autres durent chercher à s'établir ailleurs : de là les expéditions armées contre le *Latium* et d'autres pays plus ou moins faciles à la conquête. C'est ainsi qu'Énée et Idoménée fondèrent divers établissements loin de leur patrie.

L'état de la civilisation se trouvait alors peu avancé. La terre était couverte de forêts, le soc ne paraissait pas encore inventé, et dans les Gaules, par exemple, quoique les Druides connussent un peu d'astronomie, un peu de médecine et d'agriculture, il n'y eut longtemps ni villes ni palais ; les chefs habitaient des antres et des cavernes ; le gland, les produits de la chasse et de la pêche, étaient la nourriture des peuples : de là, le culte du chêne et celui des étangs sacrés.

Les Gaulois, peuples guerriers et entreprenants, sentirent le besoin de chercher ; loin de leurs forêts et de leurs marais, des cieux plus favorables ; et ils se répandirent en grandes masses armées, en expéditions redoutables sous des chefs au courage aventureux, dans les pays d'Occident et d'Orient. Plusieurs fois ils passèrent les Alpes, s'établirent sur leur versant, prirent Rome et la saccagèrent. D'autres expéditions de Gaulois firent trembler la Grèce et l'Asie ; Delphes se vit menacée, et le royaume de Galatie fut fondé par nos ancêtres, et reçut leur nom.

A cette époque, et longtemps après, le même besoin d'une meilleure existence jeta les Gaulois au service de tous les souverains ; et un ancien historien disait que le monde alors connu n'avait point d'armée sans soldats gaulois (*nullum bellum sine milite gallo*). Et n'est-ce pas la même cause qui fait encore aujourd'hui enrôler les Suisses sous tant de drapeaux étrangers ? Ce qui se passe de nos jours sert à expliquer, dans le silence ou dans les insuffisances de l'histoire, ce qui se faisait autrefois. Ce sont toujours les mêmes causes, et toujours les mêmes effets.

C'était donc le malaise des peuples ou l'ambition de quelques chefs qui les rendait ainsi guerriers, pillards ou conquérants.

Dans la Grèce, ce fut le trop-plein des populations qui en fit sortir, à diverses époques, ces nombreuses colonies dont on a savamment écrit l'histoire, et dont les traces d'origine ne sont point encore effacées.

A mesure que les arts de la civilisation faisaient quelques lents progrès, les populations croissaient plus rapidement, et les besoins de l'existence devenaient plus terribles et plus pressants.

On ne peut assigner une autre cause à ce débordement de peuples, que les Romains avaient quelque raison d'appeler *Barbares*, et qui, se précipitant sans cesse vers l'Occident, menacèrent longtemps et finirent par renverser la domination des Césars, par soumettre les Gaules, l'Espagne, l'Italie, par se répandre jusqu'en Afrique sur le cadavre de l'empire romain, et qui préparèrent dans le long travail des siècles d'autres destinées pour le monde des anciens.

L'Angleterre fut souvent envahie par les peuples du Nord, et subit alternativement la conquête des Danois, des Angles, des Saxons et des Normands.

Ce sont partout, pendant plusieurs siècles, les mêmes peuples qui débordent en occident, et c'est la même cause qui les amène : le malaise dans les régions stériles qu'ils habitaient. Les Huns, les Alains, les Goths, les Avares, étaient Scythes ou Scandinaves, ou Sarmates; les Vandales et les Hérules quittaient les bords de la Baltique; les Saxons étaient, dit-on, sortis du pays appelé aujourd'hui le Holstein; les Bourguignons venaient de la Poméranie, les Saliens de la Westphalie; les Allemands et les Francs, les Ripuaires, les Sicambres et les Frisons, étaient aussi des peuples Germains et émigrants, cherchant des terres plus fertiles, les armes à la main, et souvent eux-mêmes se disputant les pays où leurs enseignes s'entrechoquaient, où la conquête des uns était arrachée par la conquête des autres dans la fureur des combats, ou partagée dans les transactions de la paix.

Et comme les Grecs donnaient généralement le nom de *Scythes*, et les Romains celui de *Barbares*, aux hommes du Nord, il résulte qu'une histoire élucidée de la véritable origine, de la filiation et du mélange de tous ces peuples, Celtes, Slaves et autres, est encore à désirer.

Jusque vers la fin du VIIe siècle de notre ère, les invasions armées des hommes du Nord s'étaient faites, en général, par terre. Les expéditions maritimes n'avaient guère atteint que les îles Britanniques

Au commencement du VIIIe siècle, les frêles vaisseaux des hommes du Nord, qui furent appelés *Normans*, commencèrent à infester les côtes de l'Occident. Charlemagne prévit les dangers qui menaçàient son empire, et, pour les prévenir, il fit du port de Boulogne un établissement militaire; il y éleva un phare et y rassembla des vaisseaux. La puissance de ses armes et la terreur de son nom éloignèrent toute incursion sérieuse des Normands pendant sa vie; mais sous ses faibles successeurs il en fut autrement : les Normands, vrais pirates, qui se disaient rois de la mer, et qui le furent pendant un siècle entier, firent de nombreuses descentes, pénétrèrent dans l'intérieur par la bouche de nos fleuves, multiplièrent leurs rapines et leurs ravages, assiégèrent Paris, reçurent souvent de grosses sommes pour prix de leur départ, et comme appât pour leur retour. Enfin, un de leurs chefs épousa la fille d'un de nos rois, et régna lui-même sur la Neustrie.

Alors la Seine se trouva fermée aux pirates du Nord; alors sans doute cessa d'être ajoutée en France, aux Litanies des Saints, cette singulière prière : *A furore Normanorum libera nos, Domine;* mais cette déprécation à Dieu put long temps convenir encore dans d'autres pays de l'Europe, où les Normands portèrent leurs armes victorieuses et leurs conquêtes, surtout en Angleterre, à Naples et en Sicile.

On connaît l'histoire des conquêtes des Normands. La France a sur ce sujet les savants ouvrages de MM. Depping et Thierry. Ces habiles investigateurs ont consulté les vieilles chroniques de France et de l'étranger. On trouve aussi quelques documents, mais incertains et assez vagues, dans les *Runes,* dans l'*Edda,* dans les *Sagas* et autres antiques poésies du Nord.

Les véritables causes des invasions normandes sous la seconde race, causes dans lesquelles se résument, s'il y en a, toutes les autres, sont d'un côté l'audace née, pour les hommes du Nord, du besoin d'un ciel plus doux, et d'une existence plus facile : car le seul amour du pillage et du butin , qui eût pu déterminer des chefs de bande et des écumeurs de mer , se serait trouvé insuffisant pour entraîner périodiquement des populations nombreuses dans des pays lointains , à travers tous les hasards et tous les dangers , si l'agriculture , le commerce et l'industrie eussent offert à ces masses les ressources et le bien-être qui leur manquaient. L'autre cause des invasions fut la faiblesse des Carlovingiens et le défaut de centralisation du pouvoir , provenant de l'anarchie des grands et du clergé , et du servage des peuples, que ne pouvait guère enflammer l'amour d'une patrie pour eux absente et comme inconnue.

Quand un peuple n'a ni droits à défendre, ni liberté à garder, ce peuple est un instrument faible dans les mains de ses chefs. Les Normands auraient été vaincus et toujours repoussés , si le peuple de France , au lieu de combattre pour des maîtres qui l'opprimaient, avait eu à défendre contre l'invasion ses propres domaines , des lois par lui consenties , son affranchissement et sa dignité d'homme et de citoyen.

Quand les temps furent devenus meilleurs par l'établissement des communes , par les droits de la cité , par les richesses de l'industrie , par la division des propriétés , il ne fut plus question des invasions normandes ; et leurs flottes expéditionnaires, jadis si redoutables , cessèrent de dominer les mers et de troubler le repos de l'Occident. D'ailleurs, le christianisme, introduit chez les peuples du Nord, eut aussi son influence, car, de sa nature, le christianisme est civilisateur; il ouvrit une meilleure direction aux idées chez les peuples, jusqu'alors endormis dans l'ignorance et dans la barbarie. La civilisation amena l'agriculture, les arts industriels, et avec eux les moyens d'existence; et, avec ces moyens satisfaits, l'amour du sol et le désir de la paix.

Revenons un moment, Messieurs, sur les principales causes que j'ai assignées aux migrations des peuples : d'une part le malaise ou la misère, de l'autre, pour quelques chefs, le désir du pillage ou l'ambition de la conquête; ne voyons-nous pas, de nos jours , ces mêmes causes , surtout la première , se montrer et se développer avec une intensité périodique, qui peut expliquer, dans le présent, le passé?

Mais il est, dans notre époque, des migrations pacifiques, consenties, appelées même, et autorisées par une nation encore nouvelle qui a de vastes déserts à peupler, des savanes immenses à fertiliser. Tous les ans, des colonies partent de l'Irlande, de la Suisse, de l'Allemagne, quelquefois même de l'Alsace, pour aller peupler le Nouveau-Monde. Et quelle cause chasse ainsi de leur patrie des familles entières, qui étaient attachées au sol qui les vit naître, et qui, dans le cours de moins d'un demi-siècle, ont triplé la population des États-Unis? Cette cause est la même qui jadis chassa les hommes du Nord de leur territoire, pour leur faire chercher au loin un climat plus hospitalier. Cette cause est la même qui vient de peupler le Texas; la même qui, de nos jours, annonce de nombreuses et prochaines migrations vers les rives africaines où furent Numance et Carthage.

Parmi les causes de migration est aussi l'ambition de quelques souverains, née d'abord de l'inclémence du ciel de l'empire, et de l'attrait de régner sous de plus beaux cieux. N'est-ce pas la pensée qui, depuis un siècle, préoccupe les tzars, et leur montre le Bosphore comme le siège désiré de leur future domination? Et ce rêve des tzars, quelle cause l'a rendu un rêve national, si ce ne sont les steppes et les longs frimats de la Russie?

Mais les temps sont changés; les peuples de l'Occident s'avancent tous les jours dans la civilisation. Il est des nations libres, des rois et des peuples éclairés sur leurs intérêts; et l'invasion du Nord dans l'Asie-Mineure, et dans la ville de Constantin est encore le secret des destinées et l'énigme de l'avenir.

M. DUFEY (de l'Yonne): Les Normands n'étaient pas une nation; ce nom désigne ces bandes de flibustiers, qui, dans tout le cours du Ve siècle et au commencement du siècle suivant, firent d'incessantes irruptions sur tous les points de l'ancienne France.

La cause de ces irruptions ne peut être l'objet d'un problème historique. — Elle était unique. — Leur but était de faire du butin et de se rembarquer avec le produit des rançons et du pillage. — L'invasion de Raoul, ou Rollon, ou Rolf, au commencement du IX° siècle, présente seule un autre but. — Rollon, puissant seigneur de Danemarck, avait été expulsé de son pays. Il lui fallait du butin pour se concilier les aventuriers qu'il s'était associés et une patrie qu'il avait perdue sans retour. — Cette invasion fut la dernière des hommes du Nord. — Je ne parle que des temps anciens. Vous savez qu'elle se termina par le traité honteux souscrit par le pusillanime Charles-le-Simple en 912.

Le roi de France avait une nombreuse armée ; les grands vassaux, les seigneurs laïcs, ceux du haut clergé, les populations s'étaient réunis sous sa bannière et marchaient contre les bandes Normandes. — Tous combattaient *pro aris et focis*. Le prince pouvait réparer un premier échec, tandis que Rollon une fois vaincu allait être obligé d'abandonner son audacieuse entreprise. Déjà Charles était sur les hauteurs de Saint-Denis, toute son armée attendait le signal du combat, quand elle apprit le traité souscrit par lui. La négociation avait été conduite avec le plus profond mystère ; Franco, archevêque de Rouen, dévoué au chef des aventuriers du Nord et conseiller du roi de France, était l'auteur de ce traité. — Il était en même temps le plénipotentiaire des deux parties belligérantes. — On allégua comme compensation la condition imposée à Rollon de se convertir au christianisme, et de faire hommage à Charles le Simple de la riche province dont on lui donnait la principauté, à laquelle fut ajoutée la suzeraineté de la Bretagne. — La condition de se faire baptiser était la conséquence de l'investiture ; et le traité était nul sans la formalité rigoureuse de l'hommage ; et l'hommage ne pouvait être fait sans le serment sur l'Évangile et sur les reliques.

A la tête d'une flotte immense, maître d'une armée dont il avait entretenu le dévouement par le pillage, Rollon avait parcouru successivement l'Angleterre, qu'il avait vaincue et rançonnée après deux victoires ; la Frise qu'il avait rendue tributaire et où il se ménageait un établissement fixe dans le cas très probable où il aurait échoué dans son entreprise contre la France.

Charles-le-Simple avait à la tête de ses colonnes ce même Eudes dont le nom était la terreur des Normands. Ce nom seul valait une armée. — Mais Charles, monarque sans énergie, sans caractère, sans considération, et pour qui une première déchéance justement méritée n'avait été qu'une leçon inutile, demanda la paix avant de combattre, et la demanda à un ennemi qu'il pouvait vaincre.

Aussi habile politique que guerrier intrépide, Rollon avait bien compris toutes les nécessités et tous les avantages de la position qu'il s'était faite. — Son baptême était une de ces nécessités. En adoptant la croyance de ses nouveaux sujets, il évitait une guerre religieuse, il enlevait aux chefs de l'Eglise orthodoxe, et qui étaient en même temps hauts et puissants seigneurs temporels, tout prétexte d'hostilité. — Il avait compris aussi que ses officiers et ses hommes d'armes, riches des dépouilles de l'Angleterre, de l'Allemagne et de la France, n'éprouvaient plus que le besoin de jouir en paix de leur part de butin. — Il n'eut pas de peine à les transformer en châtelains et en cultivateurs. — Il les attacha à leur nouvelle patrie par le lien si puissant de la propriété. — Tout le vaste pays, concédé par le honteux traité de Saint-Clair, fut divisé en autant de lots qu'il y avait de Normands; le partage se fit au cordeau (*funiculo*). Toutes les prévisions de Rollon se réalisèrent. Les deux peuples se réunirent par des alliances domestiques et par le besoin commun de paix et de sécurité.—Le chef, généreux envers ses compagnons de guerre, bienveillant avec le peuple conquis, fut juste envers tous. — Plus de guerre de châteaux, plus de pillages! et, tandis que, dans toutes les autres parties de la France, les grands et arrière-vassaux, les simples châtelains guerroyaient à outrance les uns contre les autres, la paix, la justice régnaient dans le nouveau duché de Normandie. Les historiens contemporains citent un trait qui, même en le supposant très exagéré, prouve que Rollon connaissait mieux qu'aucun prince de son époque les véritables principes d'un bon gouvernement. Un bracelet d'or fut, disent-ils, suspendu pendant trois ans à un arbre, et sur la voie publique, sans que personne osât le prendre. — Il est possible que cette anecdote ne soit qu'un conte. — Mais d'autres faits de l'administration de Rollon, et dont l'authenticité ne peut être sérieusement contesté, le rendent au moins très vraisemblable.

Les conséquences de cette concession d'une seule province ont eu une grande influence sur l'avenir de l'Europe. — La postérité de Rollon régna en Angleterre et en Italie, et posséda en pleine souveraineté les plus belles provinces de France. — Des générations entières ont péri dans de longues guerres; la France, trahie, vendue par ceux-là même qui devaient la défendre, a été souvent envahie, mais jamais conquise. — La révolution communale du XIIe siècle n'était que le premier acte d'une autre révolution plus large et plus importante. — La lutte fut meurtrière et terrible; elle sera la derniere; la Normandie, après avoir été huit cents ans le domaine d'un prince étranger, a été réunie à la France dans le XIVe siècle — Il n'y a plus de Normands, de Bourguignons, de Bretons, de Picards. — Il n'y a plus en France que des Français. — Les efforts de quelques esprits, pour perpétuer l'empire des vieux préjugés par le souvenir des noms de localités de la vieille France, ne prouvent que des regrets et de l'impuissance.

M. Gérard. Mon but, en prenant part à cette discussion, n'est pas tant de réfuter les opinions émises par les orateurs qui m'ont précédé, que d'ajouter, si je le puis, de nouveaux éléments de certitude à la question qui vous occupe.

Je commencerai par examiner les sources auxquelles il convient de puiser pour découvrir les causes de la migration des Normands, et je discuterai ensuite les diverses opinions mises en présence.

M. Prat a exprimé le regret de n'avoir pu consulter les monuments runiques et les Eddas. C'est la connaissance imparfaite de leur véritable nature qui est cause de l'importance historique qu'on leur attribue faussement.

Les runes, auxquelles les auteurs scandinaves, tels que les deux Magnus, Rudbeck, Verelius et Gjoransson, attribuent une haute antiquité, sont évidemment d'origine beaucoup plus récente ; et j'alléguerai en faveur de cette opinion l'insuffisance de l'alphabet rnnique à représenter les tours de la langue islandaise. Cependant, le premier soin d'un peuple qui adapte à sa langue des signes graphiques est de les approprier à la nature de son idiôme ; il vaut donc mieux croire, d'accord avec Hrabanus Magnus, archevêque de Mayence au IXe siècle, que les runes, généralement répandues dans la Germanie et la Sarmatie, appartenaient originairement aux Marcomans, ou aux peuples parlant la langue gothique, puisque ces caractères sont d'accord avec leur système phonétique.

Il n'existe ensuite en runique aucun monument de quelque importance, et le Soliloquium Marianum, qui est le seul ouvrage écrit dans ces caractères, est trop récent pour qu'on en puisse rien conclure en faveur des runes. Il ne nous reste donc que des inscriptions tumulaires qui nous livrent des noms d'hommes et de pays, mais rien de plus. La teneur ordinaire de ces inscriptions (qui sont plus abondantes en Suède qu'ailleurs, et presque toujours postérieures au christianisme, ce que l'on reconnaît a la croix qui y est jointe), est la suivante : « Geirvi et Imula firent élever cette pierre à *la mémoire* de leur père Onunt, mort en Orient avec Gunarr. » Encore ne faut-il admettre qu'avec une grande circonspection les noms de localités, et la plus grande incertitude règne sur le véritable sens qu'on doit y attacher. Ainsi, nous ne pouvons accorder aux monuments runiques qu'un intérêt secondaire.

On est dans la même ignorance sur la nature des Eddas. Il existe effectivement deux ouvrages de ce nom, mais on pense que la première Edda, ou celle de Sœmundr Sigfuson, est une réunion de divers ouvrages dont l'antiquité est évidente, mais qui étaient sans doute détachés dans le principe, tels que la Voluspa ou la Cosmogonie Odinique, mêlée de prophéties sybillines ; l'Havamal, ou la morale d'Odin ; et les trente-trois premières Dœmisagas, toutes mythologiques. La seconde Edda, celle de Snorro Sturleson, comprend également les Dœmisagas, auxquelles il en a ajouté d'autres ; elle est terminée par un Art Poétique. Comme sources historiques pures, les Eddas ne doivent pas être consultées; et leur étude ne peut jeter aucun jour sur la cause des expéditions des Normands.

Les véritables sources, à peine explorées jusqu'à ce jour, et dépréciées par des écrivains qui ne les avaient sans doute pas lues, sont les Sagas. Il y a, il est vrai, beaucoup de choix à faire dans ces monuments précieux; car les uns sont purement mythiques, et parconséquent plus curieux qu'utiles; les autres sont semi-historiques, et l'on n'y doit puiser qu'avec réserve, et seulement en les conférant avec les sagas authentiques, dont le nombre est très grand, et qui font connaître dans tous leurs détails les mœurs, les institutions et l'histoire des peuples du Nord. C'est donc à l'étude de ces monuments importants qu'il faut s'appliquer si l'on veut écrire l'histoire de ce peuple, et découvrir les causes probables de leurs migrations vers le Midi.

Je vais maintenant passer rapidement en revue les causes auxquelles on a attribué les incursions des Normands, et j'exposerai ensuite celles que je suppose avoir été les véritables.

La première cause invoquée comme toute-puissante est l'accroissement excessif des populations et le manque de subsistances. Cette opinion me semble inadmissible d'abord, parceque chez les peuples primitifs, c'est-à-dire sans commerce et sans industrie, l'accroissement de la population est en raison directe de la somme des subsistances; parconséquent, il était impossible que les Normands se fussent accrus à un tel point que la famine les eût forcés d'émigrer. S'il en avait été ainsi, les migrations des peuples du Nord auraient été périodiques; et cependant, un demi-siècle après l'introduction du christianisme, les invasions cessent presque entièrement : cependant, le christianisme n'avait pas rendu le pays plus fertile, le climat plus doux, et modifié les lois de la multiplication des Scandinaves; mais il avait changé leurs mœurs. Avec la religion d'Odin avait disparu leur caractère national; les marchands et les pèlerins avaient remplacé les guerriers. Je citerai parmi ces derniers Eric le Bon, qui mourut dans l'île de Chypre, Waldemar IV et Eric de Poméramie. Les courses maritimes ont changé de but; ce sont alors des pèlerins armés, pillant par excès de zèle les villes des païens. Tel nous voyons Rognwald des Orcades, qui dans un pèlerinage, rançonnait chemin faisant les navires païens qu'il rencontrait, croyant par cette action se rendre agréable au Seigneur.

L'exposition des enfants étant permise chez les peuples Scandinaves, ainsi qu'on le voit dans le Gunlaud Ormstunga-saga, il était facile de prévenir l'excès de multiplication de la population.

C'est à tort qu'on a cru à l'éloignement qu'inspiraient aux Scandinaves les contrées septentrionales; on connaît l'attachement de tous les peuples pour les lieux qui les ont vus naître; et l'amour du sol natal était porté très loin chez les Normands, qui retrouvaient au foyer national les chants énergiques de leurs scaldes et leurs traditions enivrantes; aussi, fallait-il des causes bien puissantes pour les porter à l'émigration.

Un examen réfléchi des mœurs scandinaves et des évènements dont l'Europe était le théâtre à l'époque de leurs invasions, pourra nous conduire à la connaissance des causes qui les ont amenées.

Les Scandinaves étaient animés d'un enthousiasme guerrier qui leur faisait dédaigner les périls et les poussait aux entreprises les plus audacieuses. Leur religion, loin de les exhorter à la vie paisible et agricole, exaltait les exploits des héros; et les joies du Valhalla n'étaient réservées qu'à ceux qui mouraient dans les combats. Le Niflhein, séjour d'Hila, était le partage des lâches, et l'on réputait tels ceux qui mouraient dans leur lit. Aussi, pour éviter cette mort odieuse, ils s'ouvraient les veines avec leur épée, ce qu'ils appelaient tracer des runes à Odin.

Les livres odiniques recommandaient aux Scandinaves de visiter les pays étrangers, comme l'unique moyen d'acquérir de l'expérience; et cette coutume était si fréquente qu'un même mot, *keimskr*, signifiait à la fois ignorant et sédentaire. Partout on retrouve des traces de cet amour des voyages; aussi un Islandais n'osait-il se présenter à la cour des rois de Norwège, s'il n'avait parcouru les pays étrangers et étudié les mœurs des nations qui les habitaient. Les découvertes des Islandais, publiées récemment par la société des antiquaires du Nord , montrent jusqu'à quel point ils avaient perfectionné la navigation et témoignent de leur intrépidité.

Ce penchant au cosmopolitisme, réuni à l'amour des combats, ne pouvait manquer de faire des Scandinaves un peuple envahisseur. L'activité militaire était leur élément; et nous les voyons préférer au repos dans leur patrie le service des princes étrangers. Ces célèbres varègues, qui fondèrent sous Rurik, leur chef, le colossal empire de Russie, et qui étaient évidemment des Scandinaves, composaient la garde des empereurs grecs; et les premiers rois d'Angleterre invoquèrent plus d'une fois le secours de ces braves aventuriers.

Ils attachaient un grand prix à l'opinion que les étrangers pouvaient avoir d'eux ; aussi n'étaient-ils pas de simples pirates combattant pour se gorger de butin , mais de barbares guerriers pratiquant par goût et avec orgueil le dangereux métier des armes.

La position géographique des Scandinaves, leur caractère entreprenant exalté par le fanatisme religieux, l'état d'agitation des populations septentrionales qui débordaient à la fois sur tous les points et semblaient se trouver trop à l'étroit chez elles, ainsi que la facilité de la conquête, paraissent des motifs suffisants aux incursions des Normands en France ; mais je n'y vois que des causes d'invasion et non d'émigration; et je pense qu'il en existe une qui domine toutes celles que je viens d'énumérer.

Pendant toute la période des invasions normandes, c'est-à-dire depuis le VIe siècle jusqu'au commencement du XIe, les populations asiatiques refluaient vers l'occident; et le nord de l'Europe était leur première station ; là elles se disputaient des pays déjà sillonnés par des masses barbares qui les avaient précédées. A la même époque, Charlemagne faisait refluer vers le Nord les Saxons (il faut entendre par ce nom les peuples qui habitaient le Mecklembourg) épouvantés par son sanglant propagandisme. Les Normands, populations mêlées qui ne partaient sans doute du Danemark que comme d'un lieu de rassemblement, faisaient à la fois des incursions dans les îles Britanniques, en Finlande, en Russie, en Esthonie et sur les bords orientaux de la Baltique, en France et en Groënland, tandis que leurs navigateurs, sillonnant les mers comme pirates ou comme marchands, visitaient l'Espagne, la Grèce, l'Asie, et poussaient leurs navires jusqu'en Amérique. Certes, dans ces débordements simultanés, il y a quelque chose de plus que l'agitation anormale d'un peuple turbulent et pillard; et l'on ne peut qu'y voir les derniers flots des populations septentrionales, obéissant à la loi qui les poussait vers le Sud. Si cette loi, constatée à toutes les époques de l'histoire, n'est pas connue dans son principe, elle n'en est pas moins évidente.

En me résumant je dirai que la question proposée par l'Institut Historique n'a été résolue qu'hypothétiquement, sans que les opinions alléguées aient été appuyées sur des preuves historiques; parconséquent elle doit être remise au concours et l'on n'arrivera à des résultats satisfaisants que lorsqu'on aura suffisamment étudié les sources que j'ai indiquées et qu'on y aura joint la connaissance parfaite des évènements contemporains qui ont exercé quelque influence sur le déplacement des populations.

M. Auguste Savagner, ancien élève de l'école des Chartes, professeur d'histoire en l'Université :

Il m'a semblé que la question n'a pas été traitée complètement. Il ne s'agissait pas de déterminer seulement les causes des incursions des Normands en France ou sur le sol germanique, ou même en Italie, mais aussi les causes qui devaient faciliter ces incursions dans l'empire de Charlemagne. On a signalé des causes hypothétiques comme des causes complètement prouvées depuis peu; ainsi, on a indiqué comme cause première un excès de population qui n'a pas dû exister, parceque, dans ce climat' inculte, la vie était aventureuse, et la population n'y pouvait prendre un grand développement. Mais une cause qu'on a omise, c'est que les peuples de la Scandinavie étaient réellement d'origine germanique, qu'ils parlaient même la langue germanique, sauf quelques variations. Il y avait cependant des différences essentielles à indiquer pour l'organisation sociale. Nous n'avons aucun document sur la succession des propriétés particulières chez les Germains. Le droit d'hérédité existait chez les Scandinaves; les propriétés foncières étaient transmises du père au fils aîné; quant au puîné, chassé de bonne heure de la maison, il était obligé de chercher des aventures et d'acquérir souvent, par le pillage, des richesses qui lui donnassent une position égale à celle de son aîné; c'était là une cause à indiquer. Il aurait fallu aussi établir un parallèle entre les émigrations précédentes des différents peuples barbares avec celle des hommes connus sous le nom de Normands. M. H. Prat a présenté les travaux de la pêche comme la première occasion de la piraterie; cette opinion, ne repose que sur des considérations bien vagues; il n'a pas indiqué la part qu'ont pu prendre d'autres peuples germains, plus rapprochés du centre de l'Allemagne, à l'expédition des Normands. N'est-il pas vraisemblable que les Saxons, dont l'origine est confuse, comme les Frisons, n'aient pas fait le même métier de pirates qu'ont fait postérieurement les Normands? Les Scandinaves ne s'appuyaient-ils pas sur les Saxons, sur les Frisons et sur les peuples non conquis encore par Charlemagne? S'il était démontré que ces expéditions se firent entre les deux peuples, la question changerait de face; ce serait alors, au lieu de simples incursions de pirates, une sorte de protestation, à leur façon, de tous les peuples septentrionaux contre l'envahissement de l'empire des Francs, contre ces mœurs nationales germaniques transportées sur terre étrangère? Si l'on consulte les chroniqueurs allemands du Xe au XIIIe siècle, et si l'on compare la position des Saxons avec celle des Thuringiens, il est certain que la question ne paraîtra pas hasardée et obtiendra un certain degré de vérité historique.

En général, lorsqu'on a à traiter d'un événement, il faut l'envisager sous trois points de vue, la cause ou l'occasion, le développement et le résultat. J'ai indiqué la cause dans cette nécessité des cadets de se faire une position par la piraterie; alors les moyens de développement se trouvent dans une institution analogue à celle que nous voyons chez les Germains, à

celle des corps de compagnons dont parle Tacite. Il dit que,
lorsque la nation est en temps de paix, et qu'elle ne trouve aucune occasion de faire la guerre par elle-même, les hommes
les plus ardents se joignent à un chef qui propose une expédition pour son propre compte, sans que la nation y soit inté-
ressée ; ce chef exerce alors toutes les fonctions de général
d'armée, et en a tous les pouvoirs ; mais lorsqu'il s'agit des intérêts du pays, du partage des terres, de changement de
croyance, il est obligé de consulter ses compagnons et de se
soumettre à leur opinion. Ici, il s'agit de brigandage par
terre, d'expéditions continentales, mais ce n'est qu'une
transformation du même principe qui se présente chez les
Normands.

Il en est de même pour les institutions ; on observe chez les
Normands un phénomène semblable à celui qu'on observe chez
les Germains : ces bandes guerrières qui semblent ne vivre que
de pillage, une fois assises sur le sol, se civilisent, relèvent les
villes, cultivent la terre, fondent un empire ; les Normands à
peine établis en Angleterre, les assemblées nationales se produisent comme chez les Francs. Cette anecdote de Rollon, suivant laquelle on pouvait suspendre des bracelets précieux
dans une forêt sans que personne y touchât, montre que ces
pirates n'étaient pas dépourvus de toute culture morale. Il
aurait donc fallu parler des résultats de ces expéditions des
Normands, et examiner leur influence sur la législation et sur
la science ; on trouverait aussi que la poésie moderne française
en est sortie entièrement. Quant aux monuments runiques,
aux eddas scandinaves, nous en savons tous la valeur, l'é-
poque de leur composition et les traditions germaniques qui
s'y rattachent. Les véritables documents sont dans quelques
chroniqueurs qu'on cite ordinairement parcequ'on en trouve
des passages indiqués, mais on les lit rarement dans leur entier. L'un des plus remarquables est le moine Witikind,
dans lequel on voit les Saxons se partager le territoire Thurin-
gien comme Didon qui entoure la citadelle de Porcia d'une
peau de bœuf ; c'est peut-être la seule indication historique.
Quant à l'usage de célébrer les exploits des grands héros par

la poésie, vous le trouvez chez les Germains ; les Bardes ne sont autres que les Scaldes ; cette poésie n'est pas née à l'occasion de la piraterie des Scandinaves sur les terres occidentales, mais elle l'a précédée.

En résumé, la question n'a pas été posée ni discutée d'une manière générale ; on a trop peu examiné les causes extérieures de l'invasion des Normands, et pas du tout les causes intérieures ; enfin, on a négligé les résultats de cette invasion sur la langue, sur la poésie et sur le développement de l'esprit humain.

M. GÉRARD soutient et démontre à l'aide de preuves nouvelles l'utilité des sources qu'il a indiquées ; il ne repousse pas les documents allemands ; mais, quelle qu'en puisse être l'importance, il soutient qu'ils ne peuvent faire répudier les ouvrages historiques des Scandinaves.

En invoquant le témoignage de Jornandès, historien des Goths, M. Savagner a eu recours à un bien faible appui. Les Goths, quoique d'une race originairement commune aux Scandinaves, ont toujours eu une existence distincte ; et leur influence sur les évènements de l'Europe ne peut être confondue avec celle qu'ont eue les Normands.

La parole est à M. AUGUSTE SAVAGNER sur cette question : *La science de la diplomatique a-t-elle fait quelques progrès depuis les Bénédictins ? Quels moyens conviendrait-il d'employer pour en développer et propager les principes ?*

Messieurs, dit M. Savagner, le sujet que nous nous proposons de traiter n'a pas sans doute le mérite d'une complète nouveauté ; d'autre part, il n'offre rien de piquant, rien qui de prime abord plaise à l'esprit, rien qui puisse émouvoir les passions.

La diplomatique, si on peut l'appeler une science, est une science bien sèche et bien aride ; c'est comme l'inscription d'un vieux tombeau, aussi froide et aussi inanimée que la pierre sur laquelle elle se trouve gravée. Quel est le but de la diplomatique en effet? Lire de vieilles écritures qui ne frappent l'œil du vulgaire que par leur bizarrerie; déchiffrer de vieux actes conçus en termes étranges et surannés, remplis des formules de deux jurisprudences, l'une vieille, l'autre naissante, indiquant des usages barbares, écrites dans un style qui n'appartient à aucune langue et auxquelles il faut bien pourtant trouver un sens, voilà l'idée que l'on se fait ordinairement de cette science, ou plutôt de cet art que l'on appelle *Diplomatique*.

Restreinte à la déchiffrature des écritures du moyen-âge, à la connaissance de la formation et de la configuration des lettres et des abréviations, à l'explication des actes par les simples notions que ces actes eux-mêmes fournissent, à des détails purement généalogiques, chronologiques, à de simples détails de familles ou de très petites localités, la diplomatique a pu paraître, et a paru à beaucoup d'esprits, une étude superflue, propre seulement à la satisfaction de quelques intérêts privés ou de quelques vanités de famille. L'usage que pendant longtemps on en a fait n'a que trop justifié cette opinion. Celle-ci est encore tellement dominante, que, dans notre pays si disposé aujourd'hui à favoriser toute espèce d'étude, et surtout les études historiques, nous avons vu l'une de nos assemblées législatives ne pas comprendre l'utilité d'une École des Chartes, refuser les fonds modiques demandés pour le soutien de cette école, et forcer le gouvernement à recourir à des expédients pour ne point laisser périr cet établissement, pour le maintenir même dans l'état d'imperfection où il se trouve, et ne point priver tout-à-fait la France d'une institution qui lui est propre et qui, si elle était convenablement développée, ne tarderait pas à devenir une des hautes écoles de l'Europe et une école réellement nationale.

Il importe donc de combattre et de détruire la fausse idée que l'on se fait de la diplomatique; il importe d'assurer à cette branche d'étude le rang qu'elle doit occuper parmi les sciences subsidiaires de l'histoire, de faire connaître parconséquent sa véritable nature, ses procédés, son application.

La diplomatique n'est pas une science d'écrivain public, elle

ne consiste pas dans la connaissance d'une lettre morte et sans
valeur; on appréciera toute son importance par sa véritable définition. Elle est l'art de juger sainement, à l'aide de tous les secours que nous fournit la critique, les anciens actes publics, particuliers ou privés. Or, il n'est pas un homme éclairé qui ignore
que la connaissance des actes publics de toutes les époques
est l'âme des bases fondamentales de la science historique;
qu'en vertu de l'axiome le plus incontestable de cette science,
*l'autorité d'un acte public est supérieur à celle d'un écrivain
privé;* qu'en un mot, une histoire qui ne serait pas appuyée sur
des actes publics serait frappée du vice le plus grave, du défaut
d'authenticité, du défaut de vérité, du défaut de certitude.
Et comme l'histoire d'un peuple, ou de plusieurs peuples, dans
son acception philosophique, ne se compose pas seulement
des relations publiques, mais aussi des relations de la vie intérieure, les actes privés ont également une grande importance
en ce qu'ils font connaître les relations privées, les mœurs propres d'une nation; en ce qu'ils donnent le secret d'une foule
d'usages; en ce qu'ils servent à expliquer et à compléter les
faits donnés par les annalistes et les historiens, éclaircissent des
prétentions ou des droits, donnent les moyens de rétablir des
faits à peine indiqués par les auteurs; et enfin en ce que souvent ils suppléent au silence des autres monuments. On a toujours, et avec raison, attaché une grande importance à l'étude
des manuscrits sur lesquels ont été imprimés les chefs-d'œuvre
de l'antiquité grecque et romaine; on a comblé d'éloges et
d'honneurs les savants qui, par leurs connaissances linguis-
tiques, ont épuré et rétabli les textes, qui ont mis leur siècle et
les siècles suivants à même de lire, de comprendre et d'apprécier les magnifiques ouvrages des historiens de tout ordre, des
orateurs, des poètes, des philosophes, des polygraphes, des
beaux siècles d'Athènes et de Rome. On a senti de quelle utilité
l'intelligence de ces livres admirables serait pour le développement de l'esprit humain; mais croit-on qu'à ces connaissances se borne la science de l'histoire? Croit-on qu'il soit même
nécessaire de connaître les ouvrages, les documents anciens sur
lesquels se fonde l'histoire des nations de l'Europe moderne?

Personne sans doute ne soutiendra une semblable hérésie. Mais après la décadence des lettres dans l'empire romain, l'art d'écrire l'histoire disparut presque entièrement; on ne trouve plus d'Hérodote, de Thucydide, de Xénophon, plus de Salluste, de Tite-Live, de Tacite, plus même de Velléius, de Florus, de Suétone, de Valère-Maxime; on trouve encore moins d'érudits comme Diodore de Sicile, comme Denis d'Halicarnasse, ou d'esprits encyclopédiques comme Aristote, comme Pline; et pourtant de grands faits se sont accomplis. Le monde occidental a été refait; les nations ont été renouvelées; d'autres mœurs se sont introduites. Ces événements avec la suite des siècles ont amené l'état actuel du monde. Niera-t-on qu'il soit nécessaire d'étudier l'origine et la formation de cet ordre de choses? Non, assurément. Or, où trouvera-t-on les éléments de cette étude? dans les ouvrages d'écrivains crédules, simples, souvent ignorants, tels que Grégoire de Tours et tant d'autres; dans des biographes et des agiographes, dans des textes de lois, dans des actes isolés émanés de l'autorité publique, conclus entre des particuliers soumis à une jurisprudence et à des formules qui ne sont plus celles de l'ancien monde, écrits dans un latin qui ne ressemble en rien à la langue de Cicéron; dans des poètes dont la poésie n'est pas celle de Virgile; dans une foule de documents écrits, en tout ou en partie, dans des idiômes barbares; surtout dans les nombreuses variétés de la langue teutonique. Certes, il n'est pas plus facile de rétablir le texte des matériaux que nous venons d'indiquer, que d'épurer celui des auteurs classiques des siècles antérieurs. Cette complication d'idiomes, cette étrangeté de forme, ce défaut d'écrivains supérieurs, cette absence de toute philosophie, ce manque d'ensemble et de généralisation augmentent les difficultés; et ces hommes qui ont su nous présenter d'une manière lucide et intelligible quelques-uns des vieux monuments de l'histoire du moyen-âge n'ont pas un mérite moindre que les hommes qui nous ont donné les éditions les plus pures des grands écrivains de l'antiquité. J'irai plus loin, et je ne craindrai pas d'affirmer que l'interprétation des monuments légués par le moyen-âge a nécessité des connaissances plus profondes,

des études plus variées, le triomphe de plus grands obstacles, que l'interprétation des monuments légués par la belle et régulière antiquité; et pour ma part je placerai hardiment les glossaires de Ducange à côté du Thesaurus des Étienne.

Si l'on se rend bien compte des connaissances préliminaires qu'exige l'étude de la diplomatique, on sera bien plus disposé à dignement apprécier le mérite des hommes qui ont créé cette science et qui l'ont développée. Puis, en continuant le parallèle que nous avons indiqué entre eux et le commentateur des auteurs de l'antiquité, on ne pourra s'empêcher de reconnaître aux diplomatistes un mérite égal. Pour les écrivains de l'antiquité en effet, les grammairiens de l'école d'Alexandrie, les Cicéron, les Quintilien, les Varron et tant d'autres, même Suidas, même Servius, surtout Macrobe, nous offrent des éléments de critique dont nous ne trouvons les analogues chez aucun auteur du moyen-âge pour les historiens ou polygraphes pos térieurs au quatrième siècle de l'ère chrétienne. Quant à la législation, partie si essentielle des études historiques, tout le moyen-âge nous offre-t-il, pour le droit féodal, pour le droit civil, pour le droit municipal, pour le droit criminel même, pour l'état des terres et des personnes, un ensemble de dispositions et d'explications aussi clair, aussi complet que les notions transmises par l'antiquité sur les constitutions des états grecs et sur les rapports intérieurs de la société hellénique, par les codes romains et par les débris des ouvrages des jurisconsultes de l'empire, depuis les premiers siècles de l'ère chrétienne jusqu'au temps de Justinien? Sans doute les monuments que nous venons de signaler offrent de grandes difficultés et d'immenses lacunes, mais ce désordre n'est point comparable à celui que nous rencontrons dans les monuments de la législation du moyen-âge proprement dit, et cette proposition ne rencontrera aucun doute si l'on se rappelle qu'à l'exception des codes si obscurs des lois barbares et des formules de Marculfe, ou des constitutions impériales relatives à la féodalité en Italie, le droit féodal n'a commencé à être écrit que longtemps après ce qu'on a appelé la renaissance du droit romain, longtemps après que le système féodal lui-même était détruit, lorsque la féodalité n'était plus une institution politique, et que de ses débris on cherchait seulement à constituer un corps de dispositions destinées à fixer la relation de quelques hommes privilégiés avec des hommes sans privilèges.

Jetons maintenant un coup d'œil sur les objets qu'embrasse la diplomatique.

Elle doit examiner combien au moyen-âge il y a eu d'espèces d'actes, à quelle époque se rapporte plus particulièrement chacune de ces espèces, ce qu'on entend par originaux et copies, et comment on peut les distinguer.

Elle doit chercher quelles formules générales et particulières constituent les divers actes; quand ces formules ont commencé ou cessé d'être employées.

Elle doit déterminer les différentes manières de dater, et les notes chronologiques les plus importantes.

Elle doit fixer les règles de critique que peuvent fournir certaines dénominations, certaines indications de dignités, et l'emploi de titres honorifiques.

Elle doit dire sur quelles matières on a écrit aux diverses époques, de quels instruments et de quels corps on s'est servi pour tracer les caractères.

Elle doit donner des modèles et des règles de critique pour les écritures des différents âges. Elle doit traiter spécialement des sceaux et des armoiries. Elle doit donner des règles particulières relatives aux manuscrits, non plus en feuillets détachés, mais en livres; et pour cette partie, il faut qu'elle s'appuie, sous un certain rapport, sur les connaissances générales de l'histoire des arts du dessin; car elle doit signaler le rapport d'époque entre l'écriture même du manuscrit, et l'exécution même des peintures, arabesques et vignettes, qui peuvent l'accompagner. Elle doit de plus résumer les principales notions du style numismatique et du style lapidaire au moyen-âge; enfin elle doit fixer l'ordre à établir dans les dépôts de documents historiques, et préciser les qualités nécessaires à tout garde de ces dépôts, comme aussi les secours dont celui-ci doit s'entourer.

Ce court exposé des objets qu'embrasse la diplomatique porte en lui-même l'indication de toutes les études nécessaires au diplomatiste. Il doit avoir des notions suffisantes d'histoire générale et particulière, de chronologie, d'archéologie du moyen-âge, de géographie et même de topographie. Il doit avoir une instruction littéraire complète; connaître l'origine, la formation, les variations successives, les modifications locales des principales langues européennes, anciennes et modernes. Il doit avoir fait des études assez étendues de législation générale et comparée. Il doit surtout connaître à fond, et dans toutes ses phases, le droit féodal réduit ou non en système. Peu d'hommes réunissent ces conditions; elles paraîtront peut-être trop sévères aux hommes qui ne voient dans la diplomatique que la connaissance d'un instrument, qu'une science tout-à-fait subsidiaire, ou plutôt qu'une espèce d'art mécanique, destiné à fournir les moyens de lire matériellement les documents que nous a légués le moyen-âge. Mais, bien qu'elles puissent effrayer beaucoup d'esprits, on les reconnaîtra toutes nécessaires, si l'on voit dans la diplomatique, non-seulement cet art dont nous venons de parler, mais aussi la science de l'interprétation, une science véritablement critique, destinée à fournir à l'historien, non pas des documents bruts, mais des documents complètement élaborés, sur le sens desquels reste le doute le plus restreint possible, et qu'il puisse employer avec toute confiance, en toute connaissance.

Malheureusement, l'opinion qui renferme la diplomatique dans ses bornes les plus étroites est la plus générale, parceque les bénédictins eux-mêmes, créateurs de cette science, ne l'ont pas étendue beaucoup au-delà, sinon dans leur pensée, du moins dans leurs ouvrages; et, s'il faut se résigner à ne pas lui accorder une importance plus grande, les hommes qui pensent que depuis les derniers travaux des bénédictins la science diplomatique n'a point fait de progrès, ont malheureusement raison. En effet, on ne lit pas mieux aujourd'hui les actes que ne les lisaient ces savants religieux; mieux que personne, ils possédaient les connaissances matérielles relatives à l'écriture et aux principales différences des langues; mieux que personne encore, ils possédaient les notions chronologiques et généalogiques; mieux que personne enfin, ils avaient pour presque toute l'Europe les notions les plus positives de topographie, et mieux que personne ils pouvaient les avoir, parceque les plus riches couvents, et d'immenses propriétés territoriales, disséminés sur tous les points, leur appartenaient dans le monde chrétien. La facilité d'acquérir toutes ces notions manque aujourd'hui à la plupart des hommes qui s'occupent d'histoire; ils n'ont ni la fortune indépendante des moines bénédictins, ni la faculté de disposer, sans déplacement, d'archives immenses répandues dans presque toutes les localités. Nous irons même plus loin, et nous dirons qu'aujourd'hui le talent de lire matériellement les anciennes écritures est beaucoup moins répandu qu'il ne l'était au moment de la suppression des ordres monastiques en France. Avant 1789, en effet, l'état des terres et des personnes était entièrement fondé sur le droit féodal; dans toutes les alliances, dans toutes les discussions de propriétés, dans presque tous les procès qui touchaient aux rapports civils des habitants du royaume, et surtout aux intérêts de la noblesse et des communes, il fallait recourir à ces actes anciens, écrits du cinquième au quinzième siècle; ces actes constituaient les véritables titres du clergé en général, des ordres monastiques en particulier, des familles plus ou moins illustres, des communes, des villes, des moindres villages.

Les magistrats et les gens de lois devaient discuter la valeur de ces titres, les comparer entre eux, parconséquent pouvoir les lire avant tout, afin de motiver par eux leur jugement. Les familles, comme les villes, les conservaient donc soigneusement, tantôt par vanité, tantôt par intérêt réel. Aussi, chaque province ou chaque subdivision importante du royaume, chaque corps ou chaque corporation religieuse ou civile, chaque commune, chaque ville, avait son archiviste Cet archiviste n'était pas historien sans doute, il ne cherchait pas à faire tourner au profit de la science les titres dont il était le dépositaire, mais du moins il savait les lire et les copier matériellement. D'autres **hommes venaient ensuite, et ces hommes ne furent pas rares dans les trois derniers siècles, qui les commentaient et les fai-**

saient servir au développement de la science historique. Les baillis des plus petits seigneurs, les curés des moindres villages, la plupart même des maîtres d'école, savaient plus ou moins bien déchiffrer les chartes et diplômes, parcequ'ils y avaient un intérêt matériel, un intérêt pécuniaire. La révolution est venue, elle a renversé la législation ancienne; en détruisant le droit féodal, elle a fait disparaître, dans presque tous les cas, la nécessité judiciaire des chartes et diplômes. L'archiviste, tel qu'on l'entendait jadis, a cessé d'être un homme nécessaire pour les intérêts des communautés et des particuliers; le but de leurs études est devenu un objet de pure érudition ; l'archiviste n'est pas toujours devenu un savant, il est devenu rare. Ainsi, pour rentrer dans les limites de la question telle qu'elle a été posée, il est certain que la diplomatique, quant à son objet matériel, quant au nombre de personnes qui l'étudient sous ce rapport, non-seulement n'a point fait de progrès depuis les travaux des derniers bénédictins, mais qu'elle est même tombée en décadence. En effet, si l'on excepte les vieux débris des congrégations religieuses, et quelques-uns de leurs disciples qui ont figuré à l'Institut de France depuis sa fondation jusqu'en 1820, si l'on excepte aussi quelques savants modestes et avancés en âge, qui, durant les mêmes périodes, ont fait quelques travaux sur les divers points du territoire, la diplomatique était presque morte en France sur son sol natal, lorsque Louis XVIII créa l'école royale des Chartes. Cette école elle-même n'a pas eu d'abord une longue durée, elle n'a fourni qu'un petit nombre d'élèves; elle a dû s'éteindre devant les préjugés honorables, sans doute, mais funestes à la science, des publicistes de l'opposition de quinze ans et des assemblées législatives de la restauration. Et comme en France les plus petites causes contribuent quelquefois à d'importants résultats, nous pouvons supposer qu'une chanson fort spirituelle de notre Béranger n'a pas eu une médiocre part à la disparition de la première école des Chartes. Nous n'en gardons pas rancune à l'illustre poète, nous avouons même que chaque jour encore les élèves de l'école des Chartes ne se rappellent pas sans plaisir la chanson qui leur a fait tant de mal. L'école des Chartes ne fut rétablie que sous le ministère de M. de Labourdonnaie, quelques mois seulement avant la révolution de juillet.

Si maintenant on accorde à la diplomatique toute l'étendue que nous lui reconnaissons, on doit reconnaître qu'elle a fait de grands progrès, par cela seul que l'on a mieux compris l'importance des études historiques, et que ces études elles-mêmes ont pris d'immenses développements. La connaissance philosophique des langues a marché d'un pas constamment progressif ; on a étudié mieux qu'on ne l'avait jamais fait les moindres dialectes, les moindres patois. La chronologie a également acquis des notions plus exactes et plus sûres ; on s'est mis à reconstituer, autant qu'il a été possible, dans ses moindres détails, la géographie du moyen-âge ; les principes généraux de la science des lois sont devenus plus vulgaires, les sciences sociales ont aussi marché en avant, ou plutôt se sont véritablement créées. Elles se sont rattachées par un lien désormais indissoluble à l'histoire ; les progrès mêmes de toutes ces sciences ont pénétré tous les esprits de la nécessité de soumettre les documents sur lesquels elle s'appuie à un nouvel examen. Pour arriver à cet examen, il faut pouvoir les lire et les interpréter ; de là l'importance toute nouvelle donnée à la diplomatique ; de là, cette ardeur de tant d'hommes qui, dès le début de leur carrière scientifique, s'attachent à la recherche, à la transcription, à l'interprétation des anciens manuscrits, et des chartes et diplômes. Cette disposition de nos jeunes savants, encouragés par leurs prédécesseurs et leurs maîtres, n'a pu produire encore tous les résultats qu'on en doit attendre ; mais enfin on a de justes espérances ; il faut qu'elles ne soient pas trompées.

Ici, nous arrivons à la seconde partie de la question posée par l'Institut Historique. Il s'agit d'indiquer les moyens les plus propres à décider les nouveaux progrès de la diplomatique. Ces moyens sont les suivants :

1° Composition d'ouvrages élémentaires, méthodes, glossaires, tables chronologiques, géographiques et généalogiques ;

2° Réforme complète de l'école des Chartes ; fondation d'écoles analogues dans quelques départements ;

3° Carrières diverses et honorables assurées aux élèves des écoles des Chartes.

4° Nouvelles classifications à introduire dans les dépôts d'archives; publication des pièces les plus importantes conservées dans ces archives et des catalogues des pièces moins importantes; continuation plus active des travaux commencés par les bénédictins.

Nous développerons à la prochaine séance le résultat auquel on pourra arriver par ces travaux.

TROISIÈME SÉANCE.

(MERCREDI 19 SEPTEMBRE 1838.)

Présidence de M. le comte d'ALLONVILLE.

M. AUGUSTE SAVAGNER continue la lecture de son mémoire sur *la Science de la Diplomatique*.

J'ai besoin de toute votre indulgence; plus j'avance dans la question, plus je sens combien elle est aride, combien il est difficile de lui donner quelque attrait. Jusqu'ici j'ai eu à exposer des considérations générales sur l'importance de la diplomatique, tâche facile et je dirai presque agréable pour un homme d'études spéciales. J'ai eu à constater ensuite les progrès que la diplomatique avait pu faire depuis les travaux des derniers bénédictins; là j'ai cru devoir établir une distinction entre la manière dont la diplomatique était jadis envisagée et celle dont elle l'est encore aujourd'hui par beaucoup d'esprits, et son véritable point de vue.

A la suite de cet examen, j'ai cru pouvoir reconnaître que, selon son acception vulgaire et bornée, la diplomatique n'avait point fait de progrès et avait même sous un certain rapport perdu du terrain; que, si au contraire on la considère sous ce point de vue philosophique qui est reconnu maintenant à toutes les sciences, elle a fait de notables progrès.

Dans toute cette partie de la question, j'ai marché avec quelque assurance, parceque j'avais à constater des faits sur l'appréciation desquels tout le monde est probablement à peu près d'accord; la nature seule du sujet et la difficulté de le revêtir de formes propres à me concilier votre attention m'ont causé un embarras dont, je le reconnais, je me suis médiocrement tiré.

Je dois rechercher maintenant par quels moyens on pourrait décider les progrès nouveaux de la diplomatique. Ici il faut de la hardiesse, il faut presque de la témérité à un homme sans expérience administrative, sans influence sur les décisions du pouvoir et n'occupant dans la société qu'une position très obscure, pour faire en quelque sorte la leçon aux hommes chargés de diriger nos écoles, de soutenir et de réorganiser nos divers établissements scientifiques. Si quelque chose peut me faire pardonner cette témérité, c'est peut-être une pureté d'intention qui n'est qu'une vague excuse, ce serait assurément le triomphe de quelques-unes des idées que j'aurais émises; mais ce que vous ne me pardonnerez peut-être pas, c'est l'ennui qu'un semblable travail entraîne avec lui presque nécessairement et dont vous avez déjà subi les conséquences.

Le premier moyen propre à activer le progrès de la diplomatique serait la composition d'ouvrages élémentaires et manuels.

Ces ouvrages sont de diverses sortes : au premier rang il faut placer les traités de la science. Avons-nous un bon traité de diplomatique? un traité non-seulement complet et savant, mais commode aussi, d'un usage facile, écrit dans un style clair et précis, soumis à une méthode rationnelle et rigoureuse? Je ne le pense point.

Dom Mabillon, véritable créateur de cette science, en a indiqué les divisions générales, en a signalé les règles premières, mais ne l'a pas appuyée sur tous les raisonnements, sur tous les exemples, sur tous les moyens accessoires nécessaires. Son ouvrage, imprimé en un immense in-folio, est écrit en latin, inconvénient fort grave même pour ceux qui ont de bons yeux et qui n'ont pas oublié tout-à-fait le latin qu'ils ont appris au collége. Les bénédictins DD Tassin et Toustain, donnèrent, longtemps après Mabillon, un nouveau traité de diplomatique, et celui-ci est le plus complet de tous ceux qui existent, de tous ceux probablement qui naîtront d'ici à longtemps. Mais indépendamment de son étendue (et notez qu'il n'a pas moins de six forts vol. in-4°) cet ouvrage manque de méthode et d'ordre. Tout y est jeté pêle-mêle, et sans la table des matières il est impossible de s'y reconnaître.

Le dictionnaire de diplomatique de dom de Vaisne est, de tous les ouvrages qui existent sur la matière, celui qui répondrait le mieux au but que nous avons indiqué. En effet il a résumé non-seulement les travaux de Mabillon et des deux bénédictins, mais aussi ceux d'une foule de savants qui ont traité séparément quelques points de la diplomatique. Mais il est incomplet sur plus d'une partie. Son style est vieux et suranné, les planches qui accompagnent son ouvrage sont détestables et insuffisantes en nombre; tout ce qui ne touche pas aux règles proprement dites de la diplomatique, tout ce qui regarde les notions accessoires et explicatives de la diplomatique est incomplet et souvent inexact. D'ailleurs ce n'est jamais avec un dictionnaire que l'on peut se former une idée générale d'une science, saisir ses divisions, établir le lien qui unit entre elles toutes ces divisions et remonter par là à sa valeur philosophique. Je ne parlerai point de l'*Archiviste Français* et de quelques autres ouvrages analogues, prétendus traités élémentaires, qui manquent de sens, de méthode, quelquefois de science. Je dois signaler seulement un petit traité d'Oberlin, plein de clarté, de méthode, mais incomplet et rédigé en latin. Je ne dirai rien des ouvrages publiés ou entrepris depuis peu. Le bien que je pourrais en dire ne serait pas toujours cru, le mal que j'en dirais serait regardé comme le résultat d'une mesquine jalousie, et dans tous les cas on se rappellerait que depuis cinq ans je m'occupe aussi d'un *Manuel de Diplomatique,* que ce manuel est attendu avec impatience par l'Institut Historique et que pourtant il n'est pas encore terminé. Il le sera dans le cours de l'hiver.

Après les méthodes viennent les dictionnaires ou glossaires. Pour la diplomatique plusieurs sont indispensables; nous avons de précieux glossaires grecs-latins, complément de la collection byzantine par Ducange. Nous avons du même auteur un glossaire de la moyenne et de la basse latinité, plus précieux et plus utile pour les archivistes français que son glossaire grec. Il a été revu et complété par les bénédictins, il a été suppléé par Carpentier; il forme, je crois, dix vol. in-fol.; et l'interprétation est donnée en latin, de même que dans l'abrégé qu'en a fait Adelung en 6 vol. in-8°.

Certes ce ne sont point là des ouvrages manuels; ils sont de plus, comme les traités des bénédictins que nous avons indiqués, d'un prix très élevé; un glossaire de Ducange avec son supplément se rencontre difficilement au prix de 300 f. L'abrégé d'Adelung est rare, presque introuvable; il en est de même des traités de diplomatique. Celui de Mabillon coûte 25 ou 30 fr., celui des bénédictins de 150 à 200 fr., le dictionnaire de dom De Vaisne de 20 à 25 fr. La cherté de tous ces livres est réellement un des obstacles les plus grands à la propagation des connaissances diplomatiques.

Pour revenir aux glossaires, nous pensons qu'il faut rédiger un ouvrage nouveau de ce genre, donner l'interprétation en français et restreindre le livre de Ducange et ceux de ses continuateurs en 2 vol. in-8° tout au plus. Je vous fais observer, en passant, Messieurs, que, malgré leur vaste étendue, les dictionnaires de Ducange et autres sont loin d'être complets.

L'un des savants les plus modestes et les plus laborieux des départements, un homme que la science a perdu naguère, l'ancien conservateur des archives et directeur de l'école des chartes de Dijon, le respectable M. Boudot, a recueilli plus de trois mille mots qui ne se trouvent dans aucun glossaire. J'ai eu quelques instants ce travail entre les mains et j'ai été agréablement surpris de la précision et de la clarté des interprétations et du bonheur avec lequel mon vieux et digne ami avait expliqué une foule d'usages locaux dont la dénomination même semblait oubliée ou perdue. Si jamais il se trouvait un éditeur assez bien disposé en faveur de la science pour entreprendre la publication d'un nouveau glossaire de la moyenne et de la basse latinité, je ferais tous mes efforts pour obtenir de la famille de M. Boudot ou de ses légataires le travail dont je viens de parler.

Il y a déjà dix ans que, pour mon usage particulier, j'avais commencé avec M. Teulet, mon ami et mon camarade à l'école des Chartes, un abrégé du glossaire de Ducange, et j'avais poussé pour ma part ce travail au-delà des cinq premières lettres de l'alphabet. Depuis longtemps interrompu et commencé avec des notions insuffisantes, ce travail doit être recommencé sur de nouveaux frais.

L'Institut Historique a pris l'engagement de donner à la science un nouveau manuel de diplomatique; je prends ici l'engagement de lui soumettre un plan complet d'un glossaire de la moyenne et de la basse latinité et de solliciter de lui que, de même qu'il l'a fait pour le manuel de diplomatique, il désigne une commission pour l'exécution de ce nouveau travail.

L'Institut Historique sait que mon temps, mon peu d'expérience, le peu de connaissances que j'ai pu acquérir sont entièrement à sa disposition, et que partout où il ne faut que du zèle et des efforts j'ai l'habitude de me présenter au premier signal.

Voilà pour le glossaire latin; mais il faut de plus un glossaire de toutes les nuances de la langue française depuis son origine jusqu'au moment où elle a pris son caractère classique. On sait par quels immenses travaux Lacurne de Sainte-Palaye avait préparé un semblable glossaire.

Le premier volume, grand in-folio, a seul été imprimé. Presque tous les exemplaires en ont été détruits. L'ouvrage entier est en manuscrit à la Bibliothèque royale. Il est donc hors de la portée de presque tous les hommes qui s'occupent de diplomatique, et fût-il imprimé, son format, le nombre considérable de ses volumes, le nombre restreint d'acheteurs, rendraient d'une part son usage incommode, et de l'autre en élèveraient singulièrement le prix.

Nous avons, il est vrai, le dictionnaire de la langue romane par M. Roquefort, auquel on pourrait joindre aussi son dictionnaire étymologique de la langue française composé avec M. Champollion Figeac; mais tout le monde sait que le premier de ces ouvrages n'est pas toujours exact, et que, de plus, il est extraordinairement incomplet, malgré le supplément qu'y a joint plus tard l'auteur.

Il faudrait aussi profiter des travaux faits sur les divers dialectes usités en Allemagne et sur la langue anglo-saxonne. Une foule d'actes relatifs à la France nécessitent la connaissance de ces dialectes, lors même qu'ils seraient écrits en latin.

Il est inutile de démontrer la nécessité de tables chronologiques, géographiques et généalogiques. Les travaux de cette nature sont extrêmement multipliés; il s'agirait seulement d'en faire un choix convenable dans de justes limites. Pour la géographie historique de la France, les difficultés seraient énormes; ce n'est qu'une association de savants, répandus sur presque tous les points du territoire, qui peut les vaincre. Nous terminerons ici nos indications sur l'enseignement écrit de la diplomatique, et nous passons au second moyen d'activer les progrès de cette science; ce moyen est une nouvelle organisation d'une *École royale des Chartes.*

Nous avons fait pressentir déjà la position précaire où se trouve cette école. Ici je dois rechercher si elle réunit les conditions nécessaires pour devenir une école réellement utile, et, dans le cas où elle serait imparfaite, je dois indiquer les moyens qui, selon moi, seraient le plus propres à lui donner l'importance qu'elle doit avoir.

L'école des Chartes, rétablie par M. de Labourdonnaie vers la fin de 1829, se compose de cours préparatoires pour les élèves candidats et de cours spéciaux pour les élèves pensionnaires. La durée totale de ces deux espèces de cours est de trois années. L'élève, entré à l'école des Chartes avec un diplôme de bachelier, en sort, s'il en est digne, avec un brevet d'*archiviste paléographe.* La première année, les cours se bornent à la déchiffrature et à l'explication des mots. A la fin de l'année s'ouvre un concours, à la suite duquel une commission de l'Académie des inscriptions et belles-lettres nomme un nombre déterminé d'élèves pensionnaires à 800 fr. de traitement. Ces élèves pensionnaires suivent des cours de diplomatique, théorique et pratique. A la fin de leurs études ils obtiennent à la suite d'un examen le brevet dont nous avons parlé, et ont droit aux places vacantes dans les dépôts d'archives des départements, si toutefois ils peuvent se faire présenter par l'autorité locale.

Maintenant, d'après l'organisation actuelle de l'école des Chartes telle que je viens de la résumer, il résulte, d'une part, qu'elle n'embrasse pas d'une manière assez générale l'enseignement de la diplomatique, qui n'est rien sans les connaissances historiques proprement dites.

Ces connaissances, elle ne doit pas les supposer chez les élèves qui se présentent, car ceux-ci n'offrent pour garantie de capacité sous ce rapport qu'un diplôme de bachelier ès-lettres, et l'on sait la valeur de ce diplôme.

Elle ne doit pas les supposer, parceque l'élève ne peut faire valoir que ses études de collège, et l'on sait combien, malgré les efforts des professeurs, l'étude de l'histoire est encore imparfaite dans ces établissements; on sait de plus que dans les collèges où cet enseignement se fait avec le plus de talent et de succès, il ne peut être qu'élémentaire, et n'est suivi que par un très petit nombre d'élèves; on sait encore qu'un grand nombre de collèges universitaires sont dépourvus d'un enseignement historique; et pourtant je ne pense pas que si, avec moi, on admet le sens le plus vaste appliqué à la diplomatique, l'on puisse nier l'importance des études historiques pour un élève de l'école des Chartes.

D'autre part, l'enseignement, tel qu'il existe dans cette école, restreint comme il l'est au matériel de la science, ne séduit pas l'imagination d'un bien grand nombre de jeunes gens; tant de sécheresse les rebute; ils travaillent sur une matière morte qui ne peut recevoir une âme que si on l'environne de larges études d'histoire et de philosophie.

Je prévois une objection à ce que je viens d'exposer. Les élèves de l'école des Chartes, me dira-t-on, sont libres, ils ne sont point casernés; ils peuvent, indépendamment des cours spéciaux de leur école, suivre les cours des facultés ou du collège de France. Sans doute, mais ces cours ne rempliraient nullement le but que l'on doit chercher à atteindre. En effet ils ne constituent point un ensemble de science régulier et méthodiquement déroulé pendant une suite de plusieurs années. Aucun professeur n'y fait une véritable histoire complète, nourrie de faits. Tous choisissent pour sujet un point de détail de l'histoire, une fraction plus ou moins importante ; et ils la choisissent selon l'idée du moment sans s'inquiéter de la rattacher aux généralités de la science, sans avoir souci de la mettre en rapport avec le cours de l'année précédente ou de préparer par elle le cours de l'année qui suivra. C'est là un grand vice. De tels cours ne sont point un enseignement. Ils forment plutôt une série de lectures académiques fort savantes, sans doute, et fort remarquables sous plus d'un rapport, mais qui ne peuvent donner à l'auditeur l'idée générale d'une science si importante. Ils peuvent plaire à l'homme de lettres ou à l'homme du monde ; mais je ne vois pas quel avantage positif peut avoir un élève de l'école des Chartes à se déplacer, à quitter sa bibliothèque ou ses archives pour aller entendre de semblables exercices oratoires, de semblables déclamations ; je ne vois pas non plus quel avantage il peut tirer d'un cours prolongé une année entière sur la géographie héroïque des Grecs, sur le voyage des Argonautes ; quel avantage il peut tirer d'un cours d'histoire des Phéniciens, fait par le professeur d'histoire moderne, ou de je ne sais quelle fraction de l'histoire moderne traitée par le professeur d'histoire ancienne.

Pour qu'un établissement d'instruction publique obtienne des résultats satisfaisants, il faut que sa marche soit régulière et logique. On ne doit point y sauter d'un objet à l'autre et effleurer à peine quelques points de prédilection. L'élève doit en sortir avec un ensemble de connaissances sévère, méthodique, le seul qui puisse le mettre en garde contre les idées fausses. On le voit, hors de l'école des Chartes, l'élève n'a aucun moyen d'étudier sérieusement l'histoire, il est abandonné pour cette étude à lui-même, et il n'a pas toujours la force et les moyens de s'imposer ce surcroît de travail. Il est donc nécessaire de compléter l'école des Chartes en lui donnant un professeur d'histoire.

Mais que dira-t-on, si nous démontrons que dans une école spécialement destinée à fournir des professeurs à l'université, et par conséquent des professeurs d'histoire, on ne donne aux élèves aucune espèce de notion diplomatique ; à l'école Normale on n'étudie l'histoire que dans les livres et dans les imprimés, on en sort incapable de lire un manuscrit ou une charte. À qui pourtant les connaissances diplomatiques sont-elles plus nécessaires qu'à l'homme qui, désormais, veut faire de l'histoire l'étude de toute sa vie; qui doit s'y livrer non plus pour lui-même, mais pour l'enseigner aux autres; qui enfin sera probablement amené tôt ou tard à écrire sur cette science? Si donc un cours d'histoire est nécessaire aux élèves de l'école des Chartes, un cours de diplomatique ne l'est pas moins à ceux des élèves de l'école Normale qui se destinent à l'enseignement de l'histoire. Il y aurait donc un avantage immense à supprimer la section historique à l'école Normale, et à créer non plus une simple école des chartes, mais une école de hautes études historiques, dans toute leur étendue, dans toutes leurs applications; et de cette école, surtout, sortiraient et les professeurs d'histoire, et les archivistes, et les conservateurs de monuments nationaux.

Ce serait une école unique au monde, une école qui ajouterait encore à notre gloire en assurant à notre pays d'inappréciables avantages. On arriverait en même temps par là à ouvrir aux élèves de l'école des Chartes des carrières diverses et honorables. Leur perspective ne serait plus bornée aux 1200 fr. d'appointements d'un commis de bibliothèque ou d'un archiviste de département. Au lieu de dix à quinze élèves, on en verrait accourir beaucoup. L'émulation serait portée à son dernier point; les concours seraient brillants; les chaires d'histoire seraient partout dignement occupées; les travaux scientifiques ordonnés par le gouvernement, je ne dis pas avec plus de conscience, mais souvent avec une connaissance plus complète de la matière; et ces études historiques, dont tout le monde reconnaît aujourd'hui la haute utilité, feraient en peu d'années.

d'immenses progrès. Pendant le temps d'étude même des élèves de l'école des Chartes, on pourrait, à leur aide, introduire dans les dépôts d'archives de Paris une classification nouvelle, publier les pièces les plus importantes conservées dans ces archives et faire le catalogue des pièces d'un moindre intérêt. Une prime serait donnée à l'intelligence et au travail ; et de cette manière encore on contribuerait à augmenter le nombre des hommes qui se livrent à la diplomatique.

Parmi les élèves de l'école des Chartes, on choisirait ceux qui se distingueraient par leur capacité, la variété de leurs connaissances, leur assiduité au travail, et on les placerait sous la direction des membres de l'Académie des inscriptions et belles-lettres chargés de continuer les travaux laissés inachevés par les bénédictins.

M. Auguste Vallet, élève de l'école des Chartes : Mesdames et Messieurs, lors de la première séance, un jeune professeur de nos collègues, en prenant place à cette tribune, vous déclarait qu'il renonçait pour sa part à cet antique us oratoire qui consiste à implorer du bout des lèvres une indulgence dont on croit fort bien *in petto* pouvoir se dispenser. Il se contenta de vous rappeler qu'un usage des anciennes universités exigeait que les plus grands parlassent les derniers, afin que les plus petits eussent quelque chose à dire. Vous avez accueilli avec bienveillance cet exorde qui rappelait cet autre ancien adage scholastique, savoir que : *modestie est la plus belle compagne de sapience ;* et vous avez libéralement octroyé ce qu'on savait si bien obtenir sans le solliciter. Pour moi, Messieurs, je ne saurais tenir le même langage. L'ordre se trouve renversé à mon égard ; j'arrive le dernier. Je viens d'ailleurs vous soumettre non pas un mémoire écrit, mais seulement quelques paroles improvisées sur des notes réunies à la hâte ou déjà publiées. C'est donc bien sincèrement et bien sérieusement que je me recommande, en commençant, à votre bienveillante indulgence.

Messieurs, le sixième et dernier volume du magnifique ouvrage des deux bénédictins, le *nouveau Traité de Diplomatique,*

parut en 1765. De pareilles pyramides d'érudition ne s'impro-
visent pas tous les jours. Il y avait alors soixante ans environ
que le *De re diplomaticâ* de Mabillon avait été mis en lumière.
De longues années devaient s'écouler avant que ces deux livres
qui ne s'excluent pas, mais se suppléent mutuellement, fussent
honorablement remplacés.

En effet les nouvelles productions auxquelles donnèrent lieu
la diplomatique et la paléographie du moyen-âge, bien loin
d'éclipser ces deux brillants ouvrages, n'en offrent, au point de
vue de la science, que de pâles reflets. Tels sont :

La *Diplomatique-pratique* ou *Traité de l'arrangement des archives et trésors des chartes*, ouvrage nécessaire aux commis-
saires à terriers, aux dépositaires des titres des anciennes seigneuries, etc., etc., par M. Le Moine, archiviste du chapitre
de la métropole de Lyon, etc. *Metz*, un vol. in-4°, 1765.

L'Archiviste françois, ou *Méthode sûre pour apprendre à ran-
ger les archives et déchiffrer les anciennes écritures;* ouvrage
orné de 52 planches gravées; seconde édition revue et corrigée
par M. *Battheney,* archiv. et féodis. Paris. Le Clerc. 1775, in-4°.

Cet ouvrage avait déjà paru trois années auparavant, avec
quelques légères altérations, incorporé dans celui de M. Le
Moine, et sous le titre de *Supplément à la diplomatique-pratique par M. Le Moine,* contenant une méthode sûre pour déchiffrer, etc. etc.; avec 53 planches, par MM. *Battheney* et *Le
Moine,* archivistes associés. *Paris*, Despilly, 1772, in-4°.

Le Livre des Seigneurs ou *le papier terrier perpétuel*, par
Boissy, in-4°, 1776.

Ces divers ouvrages sont à proprement parler des manuels
du titrier au XVIIIᵉ siècle, et non des traités de diplomatique.

Mais après l'achèvement du *nouveau traité*, l'ardeur infatigable des bénédictins ne devait pas se ralentir. Déjà la savante
congrégation se préparait à compléter l'œuvre commencée par
DD. Lobineau et Félibien, pour Paris; D. Vaissette, pour la
Provence; D. Calmet, pour la Lorraine; D. Lobineau, pour la
Bretagne; etc. etc. Ambitieux soldats de la science, ils s'étaient
déjà partagé la France tout entière dont ils méditaient la conquête; conquête pacifique et qui pourtant n'est, vous le

savez, Messieurs, ni sans périls, ni sans gloire. La science historique allait donc recevoir de nouvelles lumières par la publication de tant de documents précieux, lorsque la révolution française vint interrompre ces doctes travaux et dispersa tout
ensemble, et les savants religieux, et les matériaux qu'ils avaient
réunis... Messieurs, soyons lents à crier anathème. La science
nous apprend que l'honneur et la vérité, comme le plaisir, ne
sont pas toujours déposés, sous la main, dans le calice ouvert
de la rose, mais qu'il faut souvent les chercher à travers des
ronces et des épines !

Certes, l'époque où les Lafayette et les Montmorency dépo-
saient sur l'autel de la patrie leurs titres de noblesse n'est pas une
époque inféconde pour l'histoire ; et n'oublions pas que, dans
ce temps, où l'épée déchirait des parchemins poudreux, gages
décriés d'institutions poudreuses, la jeune France déposait
aussi dans ses nouvelles archives, avec les bulletins de cent
victoires, l'acte de baptême de sa nationalité ! Ainsi se passèrent les temps de la convention, du directoire et de l'empire.
Alors, selon l'expression d'un spirituel écrivain de nos collègues, on n'écrivait pas l'histoire, on en faisait.

Les hommes, qui à cette époque, se livraient aux études profondes des documents historiques, se distinguent visiblement
par un caractère à part et vigoureusement trempé, qui les portait à suivre opiniâtrément, en dépit du torrent du siècle, le vœu
d'une nature et d'une aptitude particulières. Ainsi se présentent
à mon esprit MM. Daunou, noble et curieux mélange du studieux
oratorien et du tribun populaire ; Augustin Thierry, le disciple
le plus heureux et le plus *accepté* d'un grand homme, qui, lui
aussi, comme madame de Staël, fit la guerre à l'empereur pour
le compte de la postérité, Cl. H. de Saint-Simon. Ainsi m'apparaît
enfin M. A. Monteil, cet autre persécuté, cet autre huguenot
de la science. Pendant cette période, le petit nombre de savants qui conservaient le feu sacré de la véritable histoire se
servaient à eux-mêmes d'instituteurs, de guides spéciaux et de
bibliothèques vivantes. Pour compléter la courte liste que je
vais citer, afin d'être agréable aux bibliographes, je suis obligé
de faire une digression sur le territoire étranger :

— *I papiri diplomatici raccolti ed illustrati d'all' abbate Marini*. Roma, 1805, in-folio.

— *Escuela paleographica* por Andres Merino. Madrid, 1780, in-folio.

Tels furent à peu près les seuls travaux qui, dans l'espace de vingt-cinq ans, parurent sur la diplomatique.

Mais bientôt, expiant le crime d'avoir voulu dérober le feu sacré, le Prométhée des temps modernes fut cloué sur son rocher de Sainte-Hélène. Le remords, sous la forme d'un Anglais, lui déchira les entrailles; mais plus heureux que le Prométhée de la fable antique, il mourut.

La restauration arriva. Ce fut alors, par toute l'Europe, comme une recrudescence universelle de tous les élans pacifiques. Au cliquetis des armes, aux échos du canon qui se répondaient d'une extrémité du continent à l'autre, succéda la bruyante rumeur d'un vaste atelier intellectuel. Vous avez présents au souvenir, Messieurs, les nombreux et importants travaux que mirent au jour, dans ces temps, les Raynouard, les Weiss, les Walkenaër, les Villenave, les Guizot, les Simonde de Sismondi, les Michaud; et, si la mémoire me manque pour compléter cette nomenclature, que votre vue me vienne en aide! jetez les yeux sur cet auditoire même : l'Institut Historique ne s'honore-t-il pas de compter, parmi ses membres les plus fervents, parmi ses fondateurs, la plupart des gloires émérites de cette époque? Au milieu d'un retour aussi brillant et aussi manifeste vers les études de l'histoire, une science sans laquelle il n'y a pas d'histoire possible ne pouvait pas manquer d'attirer l'attention des hautes intelligences. Je n'énumérerai point ici les diverses tentatives que l'on fit en France dans les vingt dernières années pour régénérer la diplomatique et la paléographie françaises. Je ne vous entretiendrai pas non plus des ouvrages que la studieuse Allemagne vit éclore dans son sein. Je me contenterai de mentionner en passant la *Palæographia critica* d'Ulrick Frédéric Kopp (Mannheimii, 1817, 2 volumes in-4°); ouvrage précieux ponr élucider le curieux problème que nous présente l'écriture tironienne, cette antique sténographie, léguée par un affranchi de Cicéron au moyen-âge, et dont l'érudition des Carpentier, des Toustin et de leurs successeurs, n'a point encore pu soumettre l'explication à des règles solides et claires. Mais je ne puis me dispenser de dire un mot d'un livre publié récemment sous les auspices mêmes du gouvernement.

Vous savez, Messieurs, qu'il y a plusieurs années M. Guizot, alors ministre de l'instruction publique, résolut de faire rédiger un nouveau traité de diplomatique, destiné, si ce n'est à perfectionner l'œuvre des bénédictins, du moins à rajeunir et à mettre à la portée d'un plus grand nombre de lecteurs les notions qu'elle contient. Ce travail important fut confié à un homme de zèle, de dévouement et de conscience, bien plus que d'expérience et d'habileté spéciale. L'ouvrage, qui se compose de deux énormes volumes, est actuellement terminé; le tome premier vient de paraître sous ce titre : *Éléments de Paléographie*, par M. Natalis de Wailly, chef du bureau de la section administrative des archives du royaume, in-4° maximo. Paris, Imprimerie royale, M. VIII^c XXXVIII, tome Ier. Prix: 25 francs.

Mon intention n'est pas d'analyser en détail ce travail, qui se recommande au reste par des qualités brillantes. Je me bornerai à vous citer la phrase suivante empruntée à la préface même des *Éléments*, et qui résume toute la critique que je pourrais en faire.

« ....On attendait de moi un simple précis du *nouveau Traité*
« *de diplomatique*; il aurait fallu que ce précis fût court, mé-
« thodique et autant que possible, complet. Je ne me dissi-
« mule pas qu'un traité de plus de mille pages doit nécessaire-
« ment paraître fort long; ma seule excuse est que le *nouveau*
« *Traité de diplomatique* en renferme quatre fois autant. »

Qu'il me soit permis d'ajouter à ce propos une seule observation, c'est que par le fait de la différence du format une page des *Éléments* équivaut à peu près à deux pages du *Nouveau traité*, ce qui trouble entièrement le rapport sur lequel l'auteur contemporain appuie sa justification. Ces arguments bien simples, et qui ne touchent en rien à la part de mérite qui revient à M. de Wailly, m'autorise néanmoins à ne pas craindre d'affirmer que son œuvre, ainsi qu'il le confesse, n'a point répondu au vœu de M. Guizot, qui exprimait un besoin de la science. Ce besoin, Messieurs, l'Institut Historique l'avait compris aussi, et l'avait mieux compris en traçant le programme d'un *manuel* simple, concis, bon marché, qualités bien humbles et bien prosaïques, je l'avoue, mais plus utiles peut-être aux véritables progrès de la science que d'autres plus élevées et moins sûres.

Je viens d'essayer, Messieurs, de répondre à la question proposée par la première classe :

La science de la diplomatique a-t-elle fait quelques progrès depuis les bénédictins? Quels moyens conviendrait-il d'employer pour en développer et propager les principes?

J'ai tenté d'apporter une solution au premier terme de cette question, et j'ai déjà indiqué en partie comment j'entendais la solution du dernier. Pour cette première partie j'arrive, comme vous voyez, Messieurs, par une route différente, à la même conclusion que le savant professeur auquel je succède à cette tribune. En effet, de ce précis succinct de l'histoire de la diplomatique par la bibliographie, il est facile, ce me semble, de déduire cette affirmation que, sous ce rapport, *la science n'a point encore fait de progrès depuis les bénédictins.* Quant aux autres points de vue sous lesquels on peut poser cette question, la manière approfondie dont ils ont été envisagés par le préopinant me prescrit à cet égard le silence. Je me contenterai donc d'appuyer son opinion et d'adhérer à ses conclusions dans leur sens le plus absolu.

Il me reste maintenant à répondre par quelques mots au second terme et à compléter le peu que j'avais à dire sur cette matière.

Messieurs, il existe ou plutôt il pourrait exister un autre moyen de développer les principes de la diplomatique et surtout de les propager. Ce moyen consiste en une école spéciale de cette science. Ici encore les considérations que vous a présentées M. le professeur Savagner me dispensent de développer devant vous une pensée qui déjà vous est en partie connue. Le plan de réforme applicable à une école de ce genre, aujourd'hui subsistante à l'école des Chartes, qu'il a soumis à

votre appréciation, vous a déjà initiés indirectement à l'organisation actuelle de cette institution, aux imperfections qu'elle
présente et aux remèdes qu'il conviendrait selon lui d'y apporter. Permettez-moi de suivre encore une voie parallèle à
celle du précédent orateur, et de vous offrir, en vue de la question qui nous occupe, quelques détails directement relatifs à
l'état actuel de cette école précieuse et généralement ignorée.
Ces détails sont extraits d'un répertoire de toutes les piofes-
sions, actuellement sous presse, et qui paraîtra bientôt. Je
les emprunte à l'article *École des Chartes* dont je suis l'auteur.

A l'aide de quelques citations, l'orateur retrace rapidement
l'histoire de cette école depuis sa fondation première, qui date
de 1821, jusqu'à nos jours. Il rattache à deux causes le peu de
services qu'elle a rendus, malgré le nombre de ses élèves qui
n'a jamais cessé de s'accroître à partir de sa réorganisation en
1829. Ces causes sont à ses yeux 1° l'insuffisance de la législation par laquelle elle est régie ; car cette législation consiste
en une simple ordonnance déjà fort incomplète et impraticable
dans l'origine, et qu'une autre ordonnance de 1835 est venue
mutiler encore ; 2° l'inexécution des articles applicables et non
abrogés de cette même ordonnance. L'orateur insiste principalement sur cette observation, dont la justesse est formellement reconnue par les réorganisateurs de 1829 ; c'est que la
première condition de vie et de prospérité pour l'école des
Chartes est d'ouvrir une carrière à ses élèves.

Espérons, dit en terminant M. Aug. Vallet, que ce fâcheux
état de choses aura bientôt son terme. Fasse Dieu que ce vœu,
revêtu de la gravité que lui donne non pas la bouche qui les
prononce, mais l'assemblée qui l'écoute, parvienne sous d'heureux auspices à ces hautes régions où se font les destinées du
monde savant ! Puisse-t-il arriver par la porte d'ivoire à l'esprit du ministre actuel de l'instruction publique ! puisse-t-il
éveiller sa sollicitude et lui fournir une nouvelle occasion de
bien mériter de la science !

M. Aug. Savagner : Messieurs, je ne rentrerai pas dans la

question elle-même. Elle a été, je crois, suffisamment élucidée. J'ajouterai seulement quelques observations à ce que vient de nous dire M. Vallet.

Ce n'est point, comme on l'a prétendu, M. Guizot qui a songé le premier à créer un Manuel de Diplomatique. L'Institut Historique y avait songé avant lui. Je n'ai point à parler des *Éléments de Paléographie;* l'ouvrage n'est pas terminé; il ne peut donc encore être jugé, et il m'appartient moins qu'à tout autre de prononcer ce jugement, puisque je m'occupe d'un travail sur la même matière. Mon opinion pourrait être regardée comme le résultat de préventions plus ou moins justes.

M. Savagner termine par quelques observations sur l'organisation de l'école des Chartes, et sur l'incertitude du sort réservé aux élèves après de longues et pénibles études.

M. Dufey (de l'Yonne) : Tout a été dit et bien dit sur les circonstances qui ont précédé, accompagné et suivi la création de l'école des Chartes. Sa première organisation était incomplète, et ne pouvait rien pour le progrès de la science historique. Un caprice l'avait fait naître, un caprice la détruisit; et son rétablissement avec les mêmes défauts, les mêmes lacunes, les mêmes vices d'organisation, n'offre à l'avenir de la science aucune garantie.

Lors de sa première suppression, quelques amis de la science, que leur position sociale, leur fortune et leurs talents éprouvés mettaient à même de fournir aux frais d'une nouvelle école des Chartes, et d'en comprendre toute l'importance, se réunirent pour réaliser ce projet vraiment patriotique. Je fus chargé d'en dresser le plan. Le nombre des élèves était fixé à douze; la durée des cours à trois ans; chaque élève recevait la première année 1,000 francs, 1,100 la seconde, 1,200 la troisième. Un fonds de réserve était établi pour les dépenses imprévues et les gratifications aux élèves les plus laborieux et les plus intelligents; tous devaient être choisis dans la classe plébéienne; les fondateurs avaient pensé qu'on ne pouvait espérer de succès réels qu'en appelant à cet enseignement des jeunes gens qui auraient leur avenir à faire. Deux professeurs, l'un d'his-

toire, l'autre de paléographie, étaient à la tête de l'enseignement. Ils avaient été choisis parmi les notabilités savantes de
l'administration de la grande bibliothèque de la rue de Richelieu et des Archives. Le choix était fait et accepté. Mais au moment de l'exécution on fut effrayé des obstacles, on craignit
d'*élever autel contre autel* et de subir l'humiliation d'un refus
formel d'autorisation. On résolut d'attendre des temps meilleurs. Ce plan réunissait toutes les conditions d'existence et
d'utilité indiquées dans le mémoire de M. Savagner pour l'organisation d'une bonne école des Chartes.

Tel était l'état des choses, lorsqu'en 1827 je fis un voyage à
Bruxelles pour y consulter les manuscrits des anciens ducs de
Brabant. M. Vandeveyer, alors bibliothécaire du roi, me parla
d'un projet d'école de paléographie. Une commission de l'Institut des Pays-Bas avait été chargée de présenter un plan d'enseignement spécial. La commission n'avait encore rien arrêté.
M. Vandeveyer me pria de communiquer à cette commission
le projet que j'avais élaboré sous les auspices de M. Daru. J'en
rédigeai en forme de lettres les principales dispositions. Cette
communication me valut les félicitations et les remerciements
des académiciens.

Quelques mois s'étaient écoulés sans que j'eusse entendu
parler de l'Académie belge et du ministre de l'intérieur, lorsqu'une lettre de M. Daru m'apprit les singulières modifications
qu'avait subies mon plan. Il me suffira d'en indiquer une seule.
L'ordonnance royale confère à l'élève qui aura découvert et
déchiffré le manuscrit le plus important, le titre et les prérogatives d'historiographe du royaume des Pays-Bas. Un sot
heureux pouvait devenir l'historien officiel de la nouvelle monarchie. La disposition de mon plan, qui n'admettait que des
élèves plébéiens, avait été rejetée sans discussion.

En deçà comme au-delà des frontières, en France comme
en Belgique, il n'y a point d'école des Chartes, dans la véritable acception du mot, mais une école de paléographie d'ailleurs très incomplète.

Jamais cependant l'art de déchiffrer et surtout d'apprécier
les documents historiques des temps anciens ne fut plus né-

cessaire. L'Italie a ses fabriques de fausses médailles, l'Égypte ses manufactures de momies. Dans ce siècle d'égoïsme et de spéculation, des industriels plus cupides qu'éclairés spéculent sur l'engouement des contemporains pour les choses du moyen-âge. On fabrique impunément à Paris de fausses chartes, de faux manuscrits; on est parvenu à imiter avec succès les formules, les enluminures, les textes des calligraphes des temps antérieurs à l'invention de l'imprimerie. La mode est venue en aide aux spéculateurs. Meubles, bâtiments, colifichets, tout doit porter le caractère du moyen-âge. Et à une époque plus ou moins éloignée, les futurs archéologues prendront le boudoir de nos grandes dames et de nos riches courtisanes pour le *parlouer d'Odette de Champs-Divers* ou d'*Agnès Sorel,* et la tête d'un *dandy* du balcon de l'opéra pour celle d'un preux ou d'un varlet du temps des premiers Valois. Les amateurs, toutefois, hâtons-nous de le dire, n'ont pas encore porté la manie de l'imitation jusqu'à l'habillement complet, à la chaussure et à la cuisine. Le haut-de-chausse du grand siècle n'a point détrôné jusqu'à présent le pantalon d'origine révolutionnaire; le soulier à la poulaine n'a pas remplacé les bottes et l'élégant brodequin, et notre grand art culinaire n'a pas subi l'invasion de l'oxycrat, de l'hydromel et de la chipolata. Mais ce qui est plus sérieux et plus grave, la marche rétrograde dans les arts et les modes a été contagieuse pour la littérature, pour les mœurs, pour les institutions. Tout est remis en question, et sous ce dernier rapport le septicisme nous a refoulés par-delà le quinzième siècle.

Je m'arrête. Je pourrais développer mon opinion sur les conséquences de ces déplorables écarts sans sortir de la question, mais je serais forcé d'entrer dans le domaine des hautes considérations politiques, et je dois respecter les sages prescriptions du réglement et du programme du Congrès.

M. LEUDIÈRE, professeur à l'Athénée royal de Paris, lit un mémoire sur *Moyse de Khorène, historien de la grande Arménie.*

Moyse de Khorène, dit M. Leudière, fut un de ces hommes

studieux qui dans les beaux siècles du christianisme s'imposaient de laborieux travaux, se condamnaient même à rester
longues années sur les bancs des écoles, perdus dans la foule
des auditeurs, afin de devenir de grands maîtres. Il fréquenta
les écoles les plus renommées, parcourut la Syrie, l'Égypte et
la Grèce, et poussa même ses courses scientifiques jusqu'à
Rome, qui jouissait déjà d'une prééminence marquée dans
toute la chrétienté. De retour en Arménie vers le milieu du
cinquième siècle, il mit à profit les trésors de science qu'il
avait amassés, et contribua plus que personne à l'illustration
de sa patrie. Les enfants d'Haïg ne parlent encore qu'avec un
noble orgueil de leur grand Moyse. Malgré les occupations de
l'épiscopat, il composa plusieurs ouvrages, entre autres une
Rhétorique à la manière des Grecs (1), et l'Histoire de la grande
Arménie, qui est son plus beau titre de gloire. Il parvint à une
extrême vieillesse, partagé entre les travaux littéraires et les
soins du ministère évangélique. « Je suis vieux, dit-il quelque
part, et tout occupé de traduction. »

Il y eut à cette époque un grand mouvement littéraire en Arménie, alors que la barbarie couvrait déjà l'Occident, alors que
les célèbres écoles de la Grèce allaient se fermer. Plusieurs Pères
de l'Église, Platon et Aristote furent traduits. La Bible l'était déjà. Ainsi, l'idiôme se formait, se fixait à jamais. Il a toujours été
pour l'Arménie la langue de l'Église; honneur si opiniâtrement
refusé à tant d'autres langues; et l'on peut affirmer hardiment que
la Bible arménienne est une des plus correctes qui existent, grâce
aux ressources que présente la langue pour tout rendre avec la
plus grande exactitude. Tel ne serait pas l'arménien d'après Volney, qui se croyait un homme profond, un érudit et surtout un
philosophe. « Qu'est-ce, s'écrie-t-il, que cette langue d'Haïg
dont on parle depuis quelque temps? Moyse de Khorène, le
plus ancien écrivain de l'Arménie, qui vivait au quatorzième
siècle, avoue qu'avant lui il n'y avait absolument rien; l'écri-

(1) On trouve dans cet ouvrage un fragment assez considérable des *Pé-
liades*, tragédie d'Euripide. Ce fragment, d'autant plus précieux que la pièce
d'Euripide est perdue, a été traduit en latin et se trouve dans une note de
la Chronique d'Eusèbe (Mil. 1818), page 43.

ture même n'existait pas. » L'époque où vivait Moyse n'est pas, n'a jamais été un point litigieux. Il vivait, et nous osons dire, il florissait au cinquième siècle de l'ère chrétienne ; et il ne faut pas être fort érudit pour le savoir. L'erreur de Volney est donc incompréhensible, dans un homme surtout si sévère, si implacable pour les fautes d'autrui. En second lieu, l'aveu prêté à l'historien de la grande Arménie est une nouvelle erreur ou une supposition gratuite. Voici le passage auquel Volney fait allusion, selon toute probabilité. C'est au chapitre III du premier livre, où Moyse reproche vivement à ses ancêtres leur insouciance pour tout ce qui tient à l'intelligence et aux travaux de la pensée. « On dira peut-être : s'ils n'ont point laissé d'annales, c'est qu'il n'y avait alors ni écriture, ni littérature, c'est qu'il n'y avait point d'interruption, point de trève entre les combats. Mais cette opinion n'est pas fondée ; l'écriture existait chez les Perses et chez les Grecs : c'est au moyen de l'écriture que furent réglés les intérêts particuliers des villages, des cantons et même de chaque maison, les différents et les traités généraux, dont les nombreux registres se trouvent encore aujourd'hui chez nous. » Tout ce qui ressort de ce passage important, c'est que les caractères arméniens ne datent pas d'une époque fort ancienne, et qu'avant leur invention (1) on faisait usage des lettres persanes dans les cantons qui confinaient à la Perse, des lettres grecques, dans le voisinage des pays grecs, et des lettres syriaques, dans toute la partie méridionale de l'Arménie (2).

Quant à l'importance de l'arménien pour les temps reculés, quelques exemples remarquables l'établiront mieux que tous les raisonnements. Xénophon, dans son Analyse, dit positivement que chez les Perses *paradis*, παραδεισός, signifie *jardin*. On compulserait vainement tous les livres zends, pehlwis, parsis et persans ; mais la langue d'Haïg nous donne *bardez*, *pardez*, jardin. D'après Hérodote, Xénophon et Strabon, σαγαρίς

(1) Par saint Mesrob, au commencement du Ve siècle. Moy. 5-53.

(2) Diodore, 19 ; Moy. 5-54 et 36. Il dit positivement que l'Église, avant l'invention de l'alphabet arménien, employait les lettres grecques.

7

(securis), *hache d'armes*, est un mot persan. Or, aucune des langues successivement parlées en Perse ne contient ce mot, qui appartient à l'arménien sous cette forme, *sagr*, *hache*. Force nous est de supprimer les développements que ne comportent pas les limites d'un mémoire; nous ne pouvons pourtant pas nous dispenser d'indiquer en peu de mots quelle mine féconde l'étude rationnelle de l'arménien doit ouvrir aux linguistes, et de signaler en passant quelques-unes des erreurs étranges qui sont échappées aux hommes regardés comme les plus habiles à comparer les langues, pour en faire ressortir les ressemblances et les nombreux rapports. Depuis quelques années la linguistique a vu son domaine s'étendre presque à l'infini par les investigations infatigables des savants; elle a fait naître chez les générations contemporaines d'immenses espérances, sans que nous sachions encore jusqu'à quel point le résultat répondra à l'attente générale. En effet, les hommes éminents par leur érudition qui se sont le plus occupés de cette importante partie des connaissances humaines, en ont fait rarement une application utile à l'histoire, et personne n'a su encore coordonner les nombreux matériaux que nous possédons. Les ouvrages les plus remarquables ne présentent point de système arrêté et précis; tout y est décousu, scindé, incohérent. Enfin on a engagé la linguistique dans une sorte d'impasse d'où il importe de la faire sortir au plus tôt. Je ne sais quel génie de l'Inde a tracé autour des linguistes un cercle infranchissable. L'Inde et la Germanie, la Germanie et l'Inde, l'allemand et le sanscrit, voilà toute la philologie, tout se réduit aux langues indo-germaniques; et ce n'est que par grâce que le grec et le latin se trouvent compris dans cette imposante catégorie.

Ainsi, d'une question posée par la science, on a fait une simple question d'amour-propre national; on est arrivé à l'absolu, à l'idée fixe; et Dieu sait ce qu'il faut attendre de semblables dispositions toujours si funestes à la recherche de la vérité. Pauvre espèce humaine! on ne quittera donc jamais un système sans tomber dans un autre que l'on poussera jusqu'à ses dernières conséquences, jusqu'à l'absurde! Tour-à-tour toutes les langues seront dérivées de l'hébreu, du celtique, du sanscrit et même du russe ; car pour quelques-uns le russe aussi est la langue universelle. Nous convenons sans peine que le sanscrit est une admirable langue ; ce que nous contestons, ce que nous nions hautement, c'est que l'idiôme savant de l'Inde donne raison de tout en linguistique, et qu'il puisse suppléer à toutes les autres langues.

Le sanscrit n'est pas le dernier mot de la science philologique. A défaut du sanscrit, cherchons dans la langue d'Haïg, cet idiôme si méprisé des savants qui ne le savent pas, des ressources nouvelles, inattendues pour la linguistique. Les mots suivants m'ont semblé assez curieux à citer :

ARMÉNIEN.	LATIN.	FRANÇAIS.
hink	quinque	cinq
hod	odor	odeur
gat (gatil)	gutta	goutte
balad	palatium	palais
arjat	argentum	argent
hour (feu)	uro	brule (je)
amen	omnis	tout
adem	odi	hais (je)
ad	odium	haine
hav	avis	oiseau
lois	lux	lumière
lar	lorium	courroie
ahl	alius	autre
al	s-al	sel
hav	avus	aïeul
nou	nurus	bru
medal	metallum	métal, mine
k-ini	v-inum	vin
iul	oleum	huile
kan	canistrum	corbeille
geron	cera	cire
arorem	aro	laboure (je)
arôd	aratrum	charrue
lapem	lambo	lape (je)
mnam	maneo	demeure (je)
mok	magus	mage
oudem	edo	mange (je)

ARMÉNIEN.	LATIN.	FRANÇAIS.
geras	cerasum	cerise
ganep	cannabis	chanvre
nargiz	narcissus	narcisse
osdre	ostrea	huître
pog (phog)	phoca	veau-marin
goup	cupa	grand vase (cuve).

Si l'arménien peut largement fournir son contingent à la linguistique, il peut encore servir à éclaircir et même à résoudre des questions historiques d'un haut intérêt. Dans son *Jugurtha* Salluste a reproduit, d'après le roi Juba, une antique tradition sur l'origine des Numides et des Maures. Cette tradition portait que des Perses, des Arméniens et des Mèdes, qui avaient suivi en Espagne un chef du nom d'Hercule, s'étaient retirés en Afrique après la mort du héros qui les avait entraînés sur ses pas, et que, par la suite des temps, ils étaient devenus, les uns les Numides, les autres les Maures, mot qui n'est qu'une corruption du mot Mèdes (1). On pense bien qu'un tel texte, que je suis forcé d'abréger, dut être une bonne fortune pour les commentateurs. Aussi, dans les grandes éditions de l'historien latin, les annotations, les scolies, les gloses foisonnent de manière à satisfaire le plus exigeant de nos voisins d'outre-Rhin. Les De Brosses, les Bochart, et *tutti quanti*, ont donné carrière à leur génie essentiellement annotateur. Mais enfin a-t-on trouvé une solution à cette espèce de problème historique? Tout ce qu'on peut dire, c'est qu'on en a cherché une, et voici la conclusion d'un fort savant homme qui a bien voulu nous donner récemment une excellente édition de l'émule de Thucydide. De Mède à Maure il y a trop loin, dit-il; il vaut donc mieux rapporter, avec l'illustre Bochart, le mot Maure au phénicien Mauharim, qui signifie *à l'extrémité du monde*. Sans doute pour des savants qui croient savoir le phénicien, et Bochart et De Brosses s'en piquaient, tout s'explique par le phénicien et le punique, de même que pour Le Brigant il n'y avait que du celtique dans le monde entier.

(1) Jugurtha, 18.

Voilà donc le récit du pauvre Juba, qu'un grand écrivain avait jugé digne d'être consigné dans une composition sérieuse, réprouvé, et impitoyablement retranché de l'histoire. Bienheureux si quelque petit Voltaire ne vient pas reprocher durement au royal historien de n'insérer dans ses ouvrages que des contes frivoles, dignes tout au plus de l'attention des enfants et des vieilles femmes. Il est pourtant cruel de supprimer avec une légèreté moqueuse et un dédain superbe les traditions des peuples, particulièrement quand elles ne se trouvent point chargées de certains détails merveilleux qui les rendraient nécessairement suspectes. Qui nous donnera la connaissance des temps primitifs, si nous repoussons avec cet insultant mépris ces sortes de mémoires religieusement transmis des pères aux enfants? Quelle nation a entretenu dès son origine des officiers publics chargés d'enregistrer ses faits et gestes et d'écrire ses annales? En pareil cas il est donc convenable de n'agir qu'avec mesure et circonspection, dans la crainte ou d'admettre avec une crédulité blâmable des faits ridicules et impossibles, ou de rejeter sans aucune raison plausible des traditions curieuses qui pourraient bien se trouver un jour conformes à la vérité. Dans la question qui vient de se présenter, ce qu'avait méconnu une érudition inintelligente et présomptueuse, la haute philologie l'admet et le confirme pleinement. Effectivement, en arménien *Mède* se dit *Mar*, et de *Mar* à *Maure* il n'y a pas loin, pas plus loin que de Sauromate à Sarmate, mots presque partout confondus.

Ce que je vais ajouter nous touche de plus près et nous intéresse plus vivement, car il s'agit de notre histoire en prenant ce mot dans un sens étendu. On avait entassé textes sur textes, dissertations sur dissertations, on avait bâti conjectures sur conjectures, systèmes sur systèmes sans arriver à rien de bien satisfaisant au sujet des Bretons et des Celtes. Enfin, on s'avisa un beau jour (les bonnes pensées viennent toujours tard) de demander aux habitants du pays de Galles comment ils s'appelaient, et ils répondirent *Kymri*; ce mot, jeté tout-à-coup au milieu de la discussion, la fit un peu avancer; on rapprocha les *Kymri* des Cimbres, et l'on se rappela un passage de Tacite où ce prince des historiens assure que la langue des Cimbres est fort analogue, fort semblable à celle des Bretons. Puis on fit intervenir Posidonius, cité par Strabon, cité par Plutarque, déclarant que Cimbres et Cimmériens c'était tout un. Ainsi, d'un seul bond, on passa de la Bretagne à la mer Baltique, et de la Baltique aux bords du Pont-Euxin. Enfin, les Bardes consultés déposèrent qu'eux et leurs compatriotes venaient d'Asie; ce sont là, il faut en convenir, de bien précieuses indications. M. Amédée Thierry les a très bien présentées dans son excellent ouvrage sur les Gaulois. Qui de nous, en lisant cet intéressant chapitre, ne s'est senti transporté d'un violent désir de trouver quelques autres renseignements, et de compléter, s'il était possible, une démonstration à peine ébauchée? Voici ce que nous ont appris à ce sujet l'érudition et la philologie que nous ne séparons pas.

Le Syncelle dit que Gomer fut le fondateur des Cappadociens, et F. Josèphe assure qu'il fut le père des Celtes. — Contradiction palpable, me dira-t-on; ne nous pressons pas. — Quel rapport peut-il y avoir entre les Cappadociens et Gomer? — Aucun, si l'on s'en tient au mot grec, qui a partout prévalu; les Grecs, nous le savons, avec leur esprit inconstant et mobile, ont jeté le trouble dans l'histoire; que si l'on demande à un peuple voisin comment s'appelle la Cappadoce des Grecs, les Arméniens nous répondront que c'est le pays, la maison (le mot est remarquable) des Kamir, ou Kamrah. Leur langue ne présente pas d'autre terme; et dans la Bible arménienne, Gomer est nommé Kamer, jamais autrement. Ainsi le Syncelle est justifié, et les Cappadociens sont le même peuple que les Cimmériens, qui s'étaient étendus le long des côtes de la Mer Noire; ce sont nos Kymri, sans aucun doute. Maintenant, Josèphe, si vertement tancé par le savant Pelloutier, est-il si loin de la vérité, en affirmant que Gomer est le père commun des Celtes (1)? Celtes et Bretons, en remontant un peu haut dans

(1) Le texte de Josèphe est remarquable et paraît supposer ce que nous indiquons plus bas: « Gomer fut le père des Gomares que les Grecs appellent maintenant Galates ». Il faut aussi rapprocher les Gomares des Kamirs ou Kamrah (des Arméniens), des Cimmériens (des Grecs) et des Kimri.

l'histoire, ont assurément une origine commune ; et la linguistique est là pour en fournir la preuve au besoin. Si donc M. Thierry, à la fin de son introduction, avance, sans citer aucune autorité, que les Gaulois avaient poussé leurs colonies jusqu'en Cappadoce, on peut lui faire remarquer qu'il ne se trompe qu'en prenant le berceau d'un peuple pour une colonie de ce même peuple, ce qui est encore une manière de renouer le fils des traditions. D'ailleurs il est arrrivé à des peuplades de retourner vers leur première patrie, dont elles avaient conservé un vague souvenir ; et les Galates, qui se rappelaient confusément d'avoir habité au pied du Taurus, y retournèrent après de longs siècles, et contemplèrent de nouveau cette montagne fameuse dont leur langue seule donne l'étymologie : *tor* (taur), montagne.

Hâtons-nous d'arriver à notre historien. Moyse adresse son livre à Isaac Pakradouni (Bagration), à la demande duquel il s'était chargé d'écrire l'histoire de leur commune patrie. Cette famille des Bagratides était déjà considérable en Arménie, où il y avait tant de grandes et puissantes maisons. Les Bagratides eurent dans la suite une plus brillante destinée ; ils parvinrent au trône d'Arménie qu'ils occupèrent pendant à peu près cinq cents ans. Une autre branche a régné en Géorgie jusqu'à ces derniers temps. Qui n'a entendu parler enfin du général Bagration, au service de la Russie pendant les guerres de l'empire ?

Quoi qu'il en soit, les Bagratides devinrent bientôt si puissants qu'on faisait remonter leur origine jusqu'à Haïg, que les Arméniens regardent comme leur fondateur. Moyse réfute ces fables absurdes, bien qu'il parle à Isaac Bagration qui semblait intéressé à les accréditer. Ce trait fait honneur à l'historien, et prouve qu'il cherche plutôt à dire la vérité qu'à flatter les puissances, selon le génie oriental. Dans un autre endroit il parle de son pays avec la plus grande modestie : « Nous ne sommes, dit-il, qu'une nation peu nombreuse, resserrée dans

Enfin, chose singulière, au moyen-âge, un voyageur qui visita la Crimée trouva un grand rapport entre la langue qu'on y parlait et l'anglais et l'allemand. *Voy*. Vulc. Lit. Got.

d'étroites limites, faible et souvent assujétie. » Il devait ajouter, et il ajoute en effet : « Notre pays n'en a pas moins été le théâtre de mille actions d'éclat dignes de l'histoire. » Cet écrivain est certainement un homme de bonne foi, qui ne veut rien rapporter qu'autant que les faits lui paraissent exacts. S'il se trompe, c'est que ses guides l'induisent en erreur; il témoigne en mille endroits de sa répugnance à insérer dans ses récits des bruits populaires, des traditions fabuleuses. S'il les mentionne, ce n'est évidemment que pour faire plaisir à l'illustre personnage pour lequel surtout il écrivait son livre. Loin, d'ailleurs, de nous en plaindre, applaudissons à cette heúreuse circonstance qui nous a révélé une foule de choses curieuses sur un pays tout-à-fait inconnu. Ces chants populaires, pour lesquels la philosophie de Sainte-Croix manifeste un si superbe dédain parcequ'il les a pris pour des cantiques, ne font-ils pas partie de l'histoire? « Que ces récits, dit l'historien en les rapportant, soient vrais ou faux, que nous importe? c'est pour t'instruire de tout ce que rapportent la tradition et les livres que je passe tout en revue dans cet ouvrage, afin que tu connaisses toute la sincérité de mes sentiments à ton égard. » Telles sont les dispositions de l'écrivain que Sainte-Croix ne craint pas d'accuser d'avoir supposé des documents historiques. Peu de mots suffiront pour justifier complètement Moyse, qui va nous indiquer lui-même la source où il a puisé ses attachants récits.

Valarsace (qui régnait en Arménie vers le milieu du second siècle avant notre ère)... après avoir organisé son royaume, désirant savoir quels avaient été ses prédécesseurs, s'il succède à des princes magnanimes ou à des princes sans vertu, choisit un Syrien, Maribas de Gadine, homme instruit, très versé dans les lettres grecques et chaldéennes, et le députe avec de riches présents vers son frère Arsace (roi des Parthes), pour le prier d'ouvrir ses archives royales à l'envoyé..... Arsace-le-Grand reçoit la lettre (elle est rapportée dans Moyse) des mains de Maribas de Gadine, et s'empresse de lui faire ouvrir les archives royales de Ninive; car il se félicite de voir que son frère, à qui il a remis la moitié de son empire, ait conçu une si noble pensée. Maribas de Gadine, en examinant tous les livres, en trouve un écrit en grec, sur lequel, dit-il, était cette inscription : *Ce livre, qui contient l'histoire des anciens temps, a été traduit du chaldéen en grec par l'ordre d'Alexandre*..... Maribas de Gadine, après avoir extrait de cet ouvrage l'histoire véridique de notre nation, la porte écrite en caractères grecs et syriaques, à Nisèbe, au roi Valarsace. Ce prince, regardant cette histoire comme l'objet le plus précieux de son trésor, la met dans son palais pour y être conservée avec grand soin, et en fait graver une partie sur la pierre : « Assuré d'après l'autorité de ce monument de la réalité et de l'ordre des évènements, à ta demande, nous en reproduisons ici l'histoire. »

Une telle exposition, je le demande, est-elle franche, précise, explicite? Est-ce là le langage d'un faussaire, d'un imposteur? Fit-on jamais mieux connaître les matériaux qu'on a eus à sa disposition, les titres et les documents historiques qu'on a consultés? Quand un homme, dans le cours de sa narration, en appelle sans cesse aux antiques traditions et aux chansons que tout le peuple sait par cœur, peut-on douter de la bonne foi, de la véracité de l'historien? Mais, dira Sainte-Croix, tout l'ouvrage de l'historien arménien repose sur les archives royales de Ninive; et bien certainement Ninive n'existait plus depuis longtemps. — Que Ninive existât encore ou n'existât plus à l'époque de Maribas, c'est une question assez difficile à résoudre. Deux siècles plus tard, Strabon, et Pline, plus jeune que Strabon, ne s'expriment pas à ce sujet d'une manière assez nette et assez positive. Mais admettons la chose pour constante et indubitable, Moyse n'a-t-il pas pu dire les archives de Ninive au lieu des archives d'Assyrie? (il les appelle ailleurs archives chaldéennes.) En outre, n'avait-on pas pu les transporter ailleurs? En tout cas, l'existence de ces archives ne peut être révoquée en doute, puisqu'elles étaient traduites en grec; et nous ferons remarquer en passant que toutes les archives, tant royales que sacrées, l'avaient été par les soins d'Alexandre et de ses successeurs, fait important qui ne nous a été révélé que par Moyse de Khorène, lequel en informe, tout au commencement de son livre, Isaac Pakradouni. C'est là qu'avaient puisé les Abydène, les Céphalion, les Alexandre, historiens cités par Josèphe, par Eusèbe, par Moyse lui-même.

Qu'on ne nous fasse point un reproche d'avoir attaché trop d'importance à combattre, à détruire la flétrissante inculpation dirigée contre Moyse par Sainte-Croix; l'auteur de *l'Examen critique des historiens d'Alexandre* jouit encore de quelque réputation parmi les savants; les plus hautes convenances nous imposaient cette tâche facile; mais vraiment, sans le respect profond que nous professons pour les hommes érudits, il nous en eût bien coûté de traiter sérieusement un critique assez étourdi pour reprocher à l'historien de la grande Arménie de confondre Haïg avec Japhet, quand celui-ci, dans un seul endroit, appelle Haïg Japétien, c'est-à-dire descendant de Japet ou Japhet; un homme assez distrait pour confondre Gathmos, petit-fils d'Haïg, avec le phénicien Cadmus, qui ne paraît sur la scène du monde que plus de cinq cents ans après! Laissons là ces misérables, ces ridicules objections, et entrons d'un pas ferme dans l'immense carrière qui s'ouvre devant nous.

Quel est ce charme indéfinissable qui nous transporte sur les bords enchanteurs du Tigre et de l'Euphrate? Quel est cet attrait puissant et invincible qui nous force à remonter aux anciens jours? D'où vient cette curiosité avide et impatiente pour tout ce qui a trait à la première origine de l'espèce humaine? Avec Moyse de Khorène, avec la chronique d'Eusèbe, que nous possédons enfin tout entière, grâce à la traduction arménienne, il y aura un beau travail à faire sur ces temps primitifs, sur ce terrible cataclysme dont les anciens peuples ont gardé le souvenir, sur la fameuse tour, sur la dispersion des hommes, sur la dénomination des peuples, sur la chronologie de ces siècles reculés; mais en ce moment portons, concentrons nos regards sur la grande Arménie, sur l'antique Ararat.

En Arménie, toutes choses datent d'Haig-le-Grand. Ici ce n'est point une vaine jactance, une fable inventée par l'amour-propre national. Haïg au reste n'est point un Dieu, ce n'est pas même un héros dans le sens que les Grecs attachent à ce mot; c'est tout simplement un homme célèbre, un homme vigoureux et robuste, un guerrier redoutable qui fit sentir même

aux Assyriens la force et la pesanteur de son bras. Le merveilleux n'est donc pas là; il y a de grandes choses qui ne surpassent pourtant pas les forces d'un simple mortel. Le moyen
de ne pas croire à la bonne foi, à la véracité d'un historien,
d'un historien oriental qui raconte d'une manière si raisonnable et si simple le point de départ d'une nation célèbre! Hé-
sitez-vous, toutefois; les preuves, les témoignages vont s'enchaîner de telle sorte que vous ne pourrez pas résister longtemps. En effet, comptez pour rien Moyse, Maribas, les antiques souvenirs : anéantirez-vous la langue du peuple dont
nous parlons? Dans cet idiôme, le pays compris à peu près entre
le Caucase, la mer Caspienne, le Taurus, l'Euphrate et la Mer-
Noire, se dit Haïk; les hommes qui l'habitent, Haïgs ou Haï-
ciens; et depuis quand les langues ne sont-elles plus des monuments vivants, des monuments éternels de l'histoire? De
plus, les Perses et les Syriens appelaient les mêmes hommes
Armenigbs, et cette dénomination ne peut venir que d'Arme-
nagn, fils d'Haïg, même au témoignage d'Abydène; les Grecs
les ont nommés Arméniens, à cause d'Aram, descendant d'Haïg
à la sixième génération; d'après le même historien, les ascen-
dants nous conduisent exactement au même point. En effet,
Haïg est fils de Thorgom, Thorgom donné par Eusèbe et le
Syncelle comme père des Arméniens; Thorgom, que les Géor-
giens regardent comme leur premier fondateur; Thorgom, que
le prophète Ézéchiel désigne sous le nom de Thogorma. Voilà
certainement un ensemble de faits tellement liés les uns aux
autres que le doute devient impossible, et cependant quelle
antiquité! Il n'y a que trois générations entre Japhet et Haïg.
Ce dernier paraît avoir résidé quelque temps à la cour de Bel;
mais trop fier pour se plier à tous les caprices du despote, Haïg
passe en Arménie avec tous les siens, et ne néglige rien de ce
qui peut contribuer à une vigoureuse défense, car la guerre
est imminente, et Bel effectivement ne tarde pas à paraître à
la tête d'une armée redoutable. Selon Moyse, Haïg, entouré
de ses fils, marche intrépidement au-devant de son ennemi et
le tue de sa propre main. Sous les faibles successeurs de Bel,
les princes d'Arménie fondent partout des établissements, se

fortifient et s'étendent sans cesse. Arménag, Armaïs, Gélam, qui se succèdent, sont représentés comme des hommes avides de fatigues et de dangers. Plus belliqueux, plus illustre encore fut Aram; il eut à repousser des troupes nombreuses qui se disposaient à envahir l'Arménie du côté de la Médie. Bien en prit aux enfants d'Haïg d'avoir à leur tête un guerrier si valeureux et si redoutable. L'Assyrie, après quelques princes sans courage dont l'histoire n'a conservé que les noms, voyait enfin sur le trône un prince digne de ses hautes destinées.

Ninus, qui bâtit Ninive, surpassa tellement ses prédécesseurs en puissance et en gloire, que presque tous les historiens le regardent comme le fondateur de l'empire des Assyriens. Diodore le fait marcher en Arménie, où ses armes auraient triomphé de Barsane, roi de cette contrée. Il ne se trouve point de nom semblable dans l'histoire de la grande Arménie. Selon Moyse, c'est toujours Aram qui gouverne ce pays, Aram que Ninus regarde d'un œil jaloux, et qu'il ménage par prudence. A cette époque un homme jeta l'épouvante dans tout l'Orient. C'était une espèce d'aventurier nommé Barshame, qui réunit sous sa main puissante des troupes nombreuses et ravagea la Médie et la partie septentrionale de l'Assyrie. Le brave Aram, qui craignait sans doute pour ses états, se précipita à la tête de ses Arméniens sur Barshame, le défit et le tua, probablement de concert avec les Assyriens; ce qui a pu donner lieu au récit de Diodore, qui aura pris Barshame pour un roi d'Arménie. L'infatigable Aram, déjà maître de la grande et de la petite Arménie, s'y trouve à l'étroit et porte ses armes à l'Occident, fait des conquêtes dans le pays des Kamirs, fonde les villes de Mazak (si connue depuis sous le nom de Césarée de Cappadoce), et forme ce que les Grecs nommèrent la première, la seconde, la troisième et même la quatrième Arménie, dénominations qui indiquent l'établissement successif des Arméniens dans ces provinces, où Aram introduisit d'autorité la langue d'Haïg. C'est là un conquérant bien habile, bien profond pour ces temps reculés.

Ara-le-Beau n'eut pas, à beaucoup près, un règne aussi long et aussi glorieux que celui de son père Aram. Il lui en coûta cher pour avoir méprisé les faveurs de Sémiramis. Il périt dans un combat que lui livra cette reine célèbre, à laquelle Moyse reproche les crimes affreux que les historiens ont fait peser sur sa mémoire. Cette victoire fut fatale à la reine d'Assyrie sous tous les rapports. Ce fut la source de longs chagrins, d'amers regrets pour son cœur trop sensible; ce fut aussi le commencement de sa perte. Les sites pittoresques de l'Arménie, l'air si pur et si frais qu'on y respirait dans la saison brûlante, séduisirent Sémiramis, qui y bâtit une ville avec une magnificence qui rappelait celle de Babylone. La reine aimait à y passer l'été au milieu d'une cour voluptueuse. Un personnage puissant, profitant de l'absence de Sémiramis, lui suscita de grands embarras; et Ninyas, le seul de ses enfants qu'elle eût épargné, saisit cette occasion pour délivrer la terre d'une femme méprisée pour ses infâmes débauches, détestée pour ses crimes atroces. Le personnage dont nous venons de parler n'était autre, si nous en croyons Moyse, que le mage Zoroastre, de Médie. Le récit de Moyse sur le règne de Sémiramis et sur sa fin tragique est tellement clair, est si bien suivi, que Volney, le douteur Volney, l'adopte sans restriction, et rejette l'opinion insoutenable de Hyde et d'Anquetil, qui, sur les témoignages si suspects, si incohérents, si inexplicables des Parses, faisaient vivre Zoroastre sous le règne de Darius fils d'Hystaspe. Volney montre très bien, par plusieurs passages d'Hérodote, que les Mages, dont Zoroastre fut le fondateur, etaient très puissants longtemps avant le règne de Darius; mais ce que Volney aurait dû faire, et ce qu'il n'a point fait, nous devons l'essayer; c'est de mettre Moyse d'accord avec les autres historiens.

Tous s'accordent sur l'antiquité de cet homme si célèbre. Céphalion, Trogue-Pompée, Paul-Orose le font contemporain de Sémiramis; et en cela leur récit est conforme à celui de Moyse de Khorène. Il y a dissentiment entre eux seulement en ce que les historiens dont nous parlons représentent Zoroastre comme vaincu et tué par Sémiramis ou par Ninus, tandis que, selon l'auteur arménien, il se trouve à la cour de Sémiramis, qui se repose sur ce sage du soin de gouverner Ninive et l'Assyrie. N'est-il pas possible que l'on ait confondu la mort du célèbre mage avec sa défaite? C'est très vraisemblable; et il paraît même, par la discussion à laquelle s'est livré Moyse, que Céphalion parlait seulement d'une victoire remportée par Sémiramis sur Zoroastre. S'il en est ainsi, si Zoroastre, roi ou prince de Médie (et non de Bactriane, comme le rapporte à tort Justin), a été vaincu, mais non pas tué, par la reine d'Assyrie, on comprend très bien qu'il put, grâce à son habileté et à sa sagesse, inspirer une grande confiance à la reine et parvenir au poste éminent où il fut élevé en effet, d'après Moyse. Dans cette supposition, il aurait exercé sous Ninyas une très grande influence, et fait prévaloir aisément ses institutions religieuses. De cette manière tout s'explique, tout est clair; au lieu que dans toute autre hypothèse c'est une espèce d'énigme dont il est impossible de rendre raison d'une manière tant soit peu satisfaisante.

A partir de Ninyas, l'histoire d'Assyrie ne nous offre qu'une longue suite de rois; celle d'Arménie n'est pas moins stérile jusqu'à Sardanapale. Je me trompe; il est, avant cette époque, un évènement mémorable qui a aussi retenti dans l'Orient : je veux parler du fameux siége de Troie. Sous le règne de Teutamos, vingt-sixième roi d'Assyrie depuis Ninyas, le roi d'Arménie Zarmair alla au secours de Priam (assiégé par les Grecs) à la tête d'une petite armée d'Éthiopiens, et périt de la main d'un héros grec. Où êtes-vous, spirituel Voltaire? Que de railleries piquantes vous auriez lancées contre ce pauvre Moyse, si niaisement crédule? Quels cris d'indignation vous eussiez poussés ensuite contre les imposteurs de tous les pays? Pour nous, qui aimons mieux faire péniblement des recherches que de déclamer à notre aise, nous avons trouvé que d'autres historiens parlaient aussi d'un corps d'Éthiopiens envoyé à Priam par le roi d'Assyrie. Diodore, Céphalion sont unanimes là-dessus; Platon même en parle comme d'un fait dont il ne doute pas.

L'histoire se ranime et prend un aspect dramatique, quand le Mède Arbace (Varbace) prend l'énergique résolution d'affranchir son pays du joug honteux des Assyriens. L'Arménie

contribua puissamment à la victoire des Mèdes sur Sardanapale, que Moyse appèle *Thon Gongoleros*, ou *Konkoleros*.
L'Arménie retombe ensuite dans un profond repos, que nous
ne connaissons que par le silence de l'histoire, laquelle, à deux
anecdotes près, ne nous fournit que des noms propres jusqu'au siècle de Cyrus. Le roi Tigrane, dont le nom ne retentit
pas sans gloire, même dans les écrits de Xénophon, joue alors
un rôle brillant. Nous regrettons vivement de nous voir dans
l'impossibilité de retracer en peu de mots l'intéressant récit de
Moyse, pour une époque si mémorable, dont les évènements
sont présentés d'une manière contradictoire par les plus graves
historiens.

La monarchie persane fondée et solidement établie, nous
rencontrons, pour la troisième fois, une grande lacune. A peine
même le bruit du colosse persan, s'écroulant sous les coups
redoublés du fils de Philippe et d'Olympias, fut-il entendu
dans la terre d'Haïg, qui ne fit que changer de maître et n'eut
que médiocrement à souffrir des sanglantes funérailles que les
successeurs d'Alexandre firent à cet incomparable conquérant.
Quand les Arsacides se furent rendus indépendants, l'Arménie
devint florissante, et parvint à un haut degré de puissance et
de gloire sous Tigrane-le-Grand, sous Ardace, sous Kosrov
(Cosroës), qui fut un capitaine renommé et poursuivit jusque
dans l'Inde le fils de Sassan, Ardace, destiné à se rendre maître de l'empire des Perses après l'avoir arraché aux Parthes.
Mais, outre quelques années de bonheur et un petit nombre de
règnes glorieux, les Arméniens n'eurent pas se féiter deàlic
leur fortune; et du moment où les Romains mirent le pied sur
le sol asiatique et que la faiblesse d'Antiochus les jeta, en quelque sorte, face à face avec les Parthes, on dut prévoir pour les
enfants d'Haïg des difficultés sans nombre, des dangers immi-
nents, d'épouvantables malheurs. Il y a cinq à six siècles fertiles en grands évènements, sur lesquels Moyse jette un grand
jour sans les expliquer d'une manière nette et précise : nous
n'en dirons pas un mot aujourd'hui. Cette lutte éternelle entre
deux peuples puissants, ces guerres meurtrières et toujours renaissantes dont les Arméniens furent les instruments et sou-

vent les victimes, se refusent à toute analyse : elles exigeraient des développements d'autant plus étendus que cette partie de l'histoire d'Orient est fort embrouillée et qu'il n'est pas facile toujours de concilier les différents historiens entre eux.

Cherchez le pays qu'ont habité les peuples qui ont eu leur civilisation, qui ont laissé quelques souvenirs dans l'histoire de l'humanité : vous le retrouverez peut-être les livres à la main ; mais certainement vous ne le reconnaîtrez pas. Que sont devenus les Chaldéens et leurs étonnantes découvertes, les Assyriens et leur puissance colossale, les Mèdes et leur luxe effréné, les Perses avec leurs admirables lois et leur habile politique ? Où sont même les Grecs et les Romains avec leur brillante civilisation, leurs arts merveilleux et leur sublime littérature ? Tout cela a disparu, il ne nous en reste que de précieux débris. Seuls, les Arméniens sont à la fois peuple ancien et peuple moderne ; seuls, les Arméniens habitent toujours la terre d'Haïg leur fondateur ; seuls, ils voient leurs deux mers qui baignent leur territoire, l'une au couchant, l'autre à l'aurore ; seuls, ils peuvent contempler ces grands fleuves si célèbres dans les annales du monde, le Gour (Cyrus), et l'Araxe, le Tigre et l'Euphrate, qui arrosent toujours leurs fertiles plaines. Toutes les langues se sont plus ou moins modifiées, presque toutes ont été profondément altérées par le mélange d'idiômes étrangers et barbares ; plusieurs ont complètement disparu et n'existent plus que dans les livres : seul, l'arménien est resté intact, exempt de tout alliage impur ; c'est encore aujourd'hui la langue d'une assez nombreuse population ; elle se parle encore dans une contrée plus vaste que la France. Placés entre les régions brûlées et les pays glacés du Nord, sous un climat tempéré, sur la limite de la barbarie et de la civilisation, en contact perpétuel avec les peuples dominateurs, ils ont été témoins et spectateurs de leurs triomphes et de leur chute, partageant quelquefois la gloire des vainqueurs, contribuant souvent au renversement d'une puissance devenue insupportable par ses ruineuses exactions et sa cruelle tyrannie. Ils ont de cette manière assisté à toutes les phases de la civilisation asiatique. Ils ont contemplé l'enfantement des sociétés antiques, et, par un privilége unique, ils ont vu se former les sociétés modernes. Or, les sociétés modernes remontent, comme on sait, au christianisme, que les Arméniens furent des premiers à embrasser.

Une religion qui devait émanciper les femmes et les enfants par le mariage et le baptême, affranchir les esclaves par la communion, une religion sublime, une religion toujours pure et sainte, bien qu'on cherche incessamment à la rendre solidaire des passions humaines, une religion haute comme les cieux, profonde comme les abîmes, vaste comme le monde, venait d'apparaître, sans que les sages, les grands et les rois s'en fussent doutés. Leurs yeux malades n'avaient point aperçu poindre à l'horison cet astre, encore environné de nuages, qui devait répandre un si vif éclat, jeter tant de feux à son midi. Une étroite philosophie, une orgueilleuse sagesse ne comprendra jamais l'admirable folie de la croix. Le riche, esclave de son or, est tout ébloui du luxe et de la magnificence qui l'environnent. Les hommes en crédit, les hommes puissants, ivres de la grandeur, ne peuvent adorer d'autres dieux qu'eux-mêmes. Les philosophes et les docteurs, les magistrats et les princes étaient loin de soupçonner qu'un homme simple et pauvre, accompagné de quelques Galiléens, ignorants et grossiers comme leurs compatriotes, fût destiné à changer la face de la terre et à conquérir le monde, lui qui devait infailliblement être immolé à la rage de ses cruels ennemis. Le christianisme, par sa nature, s'adressait donc aux âmes simples et pures, aux hommes de bonne volonté, aux pauvres, aux malheureux ; et toutefois il fit, tout d'abord, la conquête d'un roi, mais d'un roi étendu sur un lit de douleur, en proie aux plus cruelles souffrances, n'attendant plus rien du secours des médecins, réduit à douter de sa propre puissance, et, ainsi que le pauvre et le malheureux, forcé de chercher des espérances au-dessus de cette terre, et de n'attendre que d'une puissance surnaturelle le remède aux maux affreux qu'il endurait.

Abgar, roi d'Arménie, victime d'une longue et douloureuse maladie qui ne lui laissait aucun espoir de guérison, ayant entendu parler de Jésus et des grandes choses qu'il opérait en Israël, lui députa comme à un envoyé céleste, comme au Fils de Dieu. Nous serions blâmable de ne point reproduire le charmant récit de Moyse ; le voici :

« Au retour, les députés arméniens vont à Jérusalem voir le Sauveur, notre Christ, attirés par le bruit de ses miracles. Devenus eux-mêmes témoins oculaires de ses prodiges, ils vont ensuite les rapporter à Abgar. Ce prince, saisi d'admiration, croit véritablement que Jésus est bien le Fils de Dieu, et dit : « Ces prodiges ne sont pas d'un homme, mais d'un Dieu. Non, « il n'est personne d'entre les hommes qui puisse ressusciter « les morts, il n'y a que Dieu qui ait ce pouvoir ». Abgar éprouvait dans tout son corps des douleurs aigües qu'il avait gagnées en Perse, il y avait déjà plus de sept ans ; nul, parmi les hommes, n'avait pu trouver remède à ses maux ; Abgar adresse une lettre de supplication à Jésus, qu'il conjure de venir le guérir de ses douleurs. Voici cette lettre :

Lettre d'Abgar au Sauveur Jésus. « Abgar, fils d'Arshame, prince de la terre, à Jésus, sauveur et bienfaiteur des hommes, qui a apparu dans la contrée de Jérusalem, salut.

« J'ai ouï parler de toi et des cures merveilleuses opérées par tes mains, sans remèdes, sans plantes ; car, comme on le dit, tu fais que les aveugles voient, que les boiteux marchent, que les lépreux recouvrent la santé ; tu enlèves toutes les infirmités, tu rends la santé aux malheureux affligés de maladies longues et invétérées, tu ressuscites même les morts. A cette nouvelle, j'ai conclu que tu es un Dieu descendu du ciel pour opérer ces merveilles, ou Fils de Dieu, puisque tu as une telle puissance.

, « Je n'ai donc point hésité à t'écrire, et à te prier de daigner venir et de me guérir des maux qui m'affligent. J'ai ouï dire aussi que les Juifs te persécutent et veulent te livrer aux tourments ; j'ai une ville petite mais agréable, elle peut nous suffire à tous deux. »

« Les messagers, porteurs de cette lettre, rencontrent Jésus à Jérusalem, fait confirmé par ces paroles de l'Evangile : « Quelqués-uns d'entre les païens viennent trouver Jésus (1); mais ceux qui avaient des instructions, des paroles à porter, n'osant parler à Jésus, s'adressent à Philippe et à André, qui redisent tout à leur maître. » Le Sauveur n'accepte pas alors l'invitation qui lui est faite, mais il veut bien honorer Abgar d'une réponse ainsi conçue :

Réponse à la lettre d'Abgar. L'apôtre Thomas écrit à ce prince par ordre du Sauveur. « Heureux celui qui croit en moi sans m'avoir vu ! car il est écrit de moi : *Ceux qui me voient ne croient point en moi, et ceux qui ne me voient point, croiront et vivront.* Quant à ce que tu m'as écrit, pour m'inviter à me rendre près de toi, il faut que j'accomplisse ici toutes les choses pour lesquelles j'ai été envoyé à Jérusalem ; et, après les avoir accomplies, je monterai vers celui qui m'a envoyé ; puis, je t'enverrai un de mes disciples pour guérir tes maux, pour te donner la vie à toi et à tous ceux qui sont avec toi. »

«Anan, courrier d'Abgar, ajoute Moyse, lui rapporte cette réponse, ainsi que le portrait du Sauveur, qui se trouve encore aujourd'hui dans la ville d'Edesse. »

Ce portrait, qu'on regardait comme n'étant pas fait de main d'homme, fut longtemps célèbre en Orient. L'auteur de la géographie attribuée à Moyse de Khorène mentionne ce portrait comme se trouvant encore dans la ville d'Ourrha ou Edesse. Le Syncelle, qui vivait au huitième siècle (2), tient le même langage. Nous avons pour Jésus-Christ un type qui remonte à une haute antiquité, sans que nous sachions jusqu'à quel point il retrace fidèlement les augustes traits du Fils de l'homme. M. Raoul Rochette, qui s'est livré à de longues recherches à ce sujet, pense que ce type remonte aux Gnostiques, hérétiques des premiers siècles, qui rendaient une espèce de culte aux

(1) Ces paroles se trouvent dans l'Evangile selon saint Jean, 12-22. A l'exception de Moyse, personne n'a pu fournir la moindre indication sur les hommes dont il est ici question. Une chose assez remarquable, c'est que Jésus répond à Philippe et à André que *l'heure est venue pour le Fils de l'homme d'être glorifié.*

(2) Evagrius et Cédrène en font aussi mention.

images représentant les grands hommes, au premier rang desquels ils plaçaient Jésus-Christ. Il serait curieux de s'enquérir
auprès des Arméniens s'ils ont conservé quelque souvenir de
ce portrait fameux et de s'assurer si les nôtres ont un rapport
quelconque avec celui d'Edesse.

Après l'Ascension, Thadée, l'un des soixante-dix disciples,
alla, par ordre de l'apôtre Thomas, en Arménie, et fit grande
sensation à Edesse. Abgar le fit venir, embrassa la foi chrétienne
et fut guéri. Toute la ville suivit l'exemple de son roi. La mission de Thadée en Arménie, c'est-à-dire dans un pays idolâ-
tre, la conversion d'un roi dès l'apparition du christianisme,
étaient choses remarquables et méritaient bien quelque attention de la part de ceux qui ont écrit la vie des saints. Cependant, ouvrez l'ouvrage de Godescar, l'oracle de ces sortes d'é-
crivains, vous ne trouverez rien de positif, rien de précis sur
ces faits importants; l'auteur même ne peut pas dire si Thadée, qui réussit si bien dans la terre d'Haïg, était un apôtre ou
un des soixante-dix disciples. Les documents pourtant ne manquent pas : à défaut de Moyse, Eusèbe pouvait être consulté (1),
Eusèbe, qui raconte tout dans les plus grands détails, qui rapporte les deux lettres que nous avons données d'après Moyse,
qui ajoute à la fin qu'il a trouvé ce qu'il vient d'écrire dans les
archives d'Edesse et qu'il l'a traduit du syriaque.

Abgar, rempli d'ardeur et de zèle, écrit aux princes d'Orient
pour leur faire connaître son bonheur; il écrit aussi à son
maître Tibère pour le prier de châtier Ponce-Pilate, qui a eu
la lâcheté d'abandonner Jésus à la fureur des Juifs. Il rappelle
tous les prodiges arrivés à la mort de cet homme juste, bien
que Tibère en ait été informé par Pilate; et il manifeste le
désir de voir Jésus adoré dans tout l'univers par ordre de l'empereur. Tibère répond qu'en vain il l'a proposé au sénat. Cette
correspondance est d'autant plus curieuse et intéressante qu'elle
ne se trouve pas dans Eusèbe et qu'elle donne raison à Tertullien des inculpations dirigées contre lui. On sait que cet élo-
quent écrivain, dans un ouvrage où il jetait la pierre aux païens,

_____

(1) Le Syncelle a reproduit ce même récit, d'après Eusèbe probablement.

aux Juifs, aux Chrétiens dissidents, à tout le monde, avait avancé un fait qu'aucun historien parvenu jusqu'à nous ne mentionne; ce fait est attesté et expliqué par Moyse, qui ne connaissait nullement les écrits de Tertullien.

A la conversion d'Abgar se rattache un fait important et diversement interprété; la reine Hélène, sa femme, se retira à Jérusalem après la mort de ce prince, ne voulant pas, dit Moyse, habiter parmi les adorateurs des statues. Hélène avait de grandes richesses : elle les employa généreusement à soulager le peuple pendant une famine horrible qui éclata sous Claude. La reconnaissance des habitants de Jérusalem lui érigea un magnifique tombeau, digne d'être compté parmi les merveilles du monde. Il était à quelque distance de la ville, du côté de l'Orient. Les Romains respectèrent toujours ce superbe mausolée. Il existait encore du temps de Moyse qui l'avait vu; il n'avait point été dégradé pendant les horreurs du siége de Jérusalem; il fut également épargné dans la guerre d'extermination qu'Adrien fit aux Juifs. Le célèbre Pausanias, qui connaissait surtout la Grèce, qu'il a décrite d'une manière si attachante, avait étudié beaucoup d'autres pays, puisqu'il parle en termes élogieux de ce somptueux monument, et le compare au fameux tombeau du roi Mausole qui se trouvait à Halicarnasse en Carie. Eusèbe et Josèphe le mentionnent également ; mais l'historien des Juifs n'est pas d'accord avec Moyse et Eusèbe sur la conversion d'Hélène, qu'il regarde comme attachée à la loi et à la religion des Juifs. L'erreur de Josèphe est excusable et facile à expliquer; ce qui l'est moins c'est que Scaliger ait prétendu que l'auteur des Antiquités Judaïques avait raison et Eusèbe tort. Nous avons assez de témoignages qui prouvent le désintéressement, le détachement parfait des premiers chrétiens : mais que les enfants d'Israël aient jamais renoncé à la possession de leurs biens, c'est ce qui ne résulte d'aucun document historique qui nous soit parvenu.

Cependant les rois sont comme les jours, qui se succèdent sans se ressembler. Abgar mort, son héritage fut partagé; son fils Anan régna à Edesse, et Sanadroug, son neveu, devint maître de l'Arménie. Tout change de face, les nouveaux rois abjurent

la foi du Christ, et donnent des martyrs à l'église naissante. Il
faut être juste envers ces princes : ils n'agirent pas ainsi de leur
propre mouvement ; ils furent entraînés à ces mesures violentes
par une force devenue supérieure au pouvoir royal.

En Arménie comme partout, les riches et les grands n'avaient
vu qu'avec horreur la religion nouvelle ; si elle y trouva d'abord
une honorable hospitalité, si elle fut abritée dans un magnifique palais, ce ne fut qu'une exception passagère, et les choses
reprirent bientôt leur cours naturel. L'aristocratie, profitant de
la faiblesse des princes, fit proscrire les sectateurs du Christ,
en quelque endroit qu'on les rencontrât. Ils étaient déjà nombreux quand la persécution se manifesta. Thaddée, après avoir
planté la croix à Edesse et y avoir consacré un pasteur, Adée
(confondu avec Thaddée dans presque tous les écrivains ecclésiastiques), s'était avancé vers le Nord où il avait fait de nombreux prosélytes. Barthélemy aussi avait courageusement travaillé au grand œuvre dans les mêmes contrées ; et par ses
sueurs et ses veilles il avait enfanté au Christ, selon l'expression de saint Paul, de fervents adorateurs. Le christianisme fut
donc implanté en Arménie, il y prit racine ; et il n'en fut pas
de la terre d'Haïg comme de la Perse, comme de l'Inde, ou je
ne sais quelle atmosphère corrompue et méphytique étouffa
tout d'abord ce précieux germe. Plus on retrancha de rameaux
de cet arbre vigoureux, plus il dut faire croire à un développement ultérieur, au point de couvrir d'un ombrage salutaire ce
pays destiné à de si affreuses calamités, et par sa fâcheuse position, et par son organisation vicieuse.

Ce ne fut pourtant que vers la fin du troisième siècle que la
foi se ranima en Arménie. Un homme puissant par sa parole
et par ses œuvres, soufflant pour ainsi dire sur ces ossements
desséchés, sut leur rendre une vie nouvelle. Krikov (1) fut un
véritable apôtre : son nom a retenti glorieusement jusque dans
nos contrées ; et l'Arménie l'a surnommé son grand Illumina-
teur. Avant lui la religion chrétienne n'existait plus dans ce
pays qu'à l'état latent : saint Grégoire, d'une naissance presque

(1) Grégoire.

royale (puisqu'il était de l'illustre race des Balavi), fit briller la croix d'un éclat nouveau et la fit arborer des grands et des satrapes d'Arménie, de cette aristocratie si fière et si farouche qui l'avait au commencement si énergiquement repoussée. La révolution fut complète et durable du vivant même de Krikov ; le signe du salut entra de nouveau et plus glorieusement que la première fois dans le palais du roi ; et depuis cette époque l'Arménie est chrétienne.

Un changement si inattendu ne s'opéra pourtant pas aussi subitement, aussi facilement qu'on serait porté à le croire. Saint Grégoire et ses successeurs rencontrèrent de grands et sérieux obstacles, ils éprouvèrent souvent une vive résistance, et il leur fallut livrer de nombreux combats ; quelques-uns même périrent à la peine ; mais leur trépas fut semblable à celui d'Épaminondas : s'ils succombèrent, leur cause triompha.

Dans un pays tout aristocratique, les pouvoirs religieux durent être constitués aristocratiquement. C'est une chose digne de remarque, que le patriarchat d'Arménie devint héréditaire dans la famille de Krikov : la seule exception était l'indignité de l'héritier présomptif, à raison de sa conduite immorale et scandaleuse. A la vérité on ne parvenait ordinairement à cette haute dignité que dans un âge avancé ; et, d'après le récit de Moyse, il est impossible de savoir d'une manière exacte si le nouveau chef de l'église d'Arménie était tenu de se séparer de sa femme immédiatement après sa consécration. Ce qui n'est pas douteux, c'est que saint Grégoire en avait donné l'exemple ; sa femme s'était retirée dans un couvent.

Dans ce mémoire trop long déjà, nous n'avons pu qu'indiquer d'une manière imparfaite aux linguistes une mine inconnue, une mine riche à exploiter ; il nous a été interdit de faire connaître par de justes développements toutes les ressources, toutes les richesses de la langue d'Haig, de cette langue si ancienne et si bien conservée, si curieuse à étudier, dont l'importance a été devinée et pressentie par le génie le plus extraordinaire de ce siècle. Lord Byron s'appliqua à l'étude des lettres arméniennes ; il sut distinguer cette littérature sévère et vraiment classique, cette littérature si remarquable par sa simplicité et sa grandeur, qui contraste d'une manière si tranchée avec les autres littératures de l'Orient. Celles-ci se font remarquer surtout par le délire de l'imagination, par tous les faux ornements du mauvais goût, par une emphase et un grandiose sans force et sans grandeur réelle; c'est un style étrangement bariolé comme l'habit des Asiatiques, c'est une richesse de mauvais aloi, une stérile abondance; ce sont des comparaisons basses et déplacées, des métaphores choquantes et bizarres, presque partout une enflure, une affectation détestable. Les Arméniens, ingénieux et pénétrants comme les peuples du Midi, simples, graves et sobres comme les nations du Nord, ont adopté un style tout différent. On voit qu'ils se sont formés à l'école de la Grèce et qu'ils ont pris pour modèles les plus éloquents pères de l'église grecque, si riche en grands et admirables écrivains.

Que ne nous a-t-il été donné de faire suffisamment connaître cette nation éternelle, dont l'histoire commence aux premières pages de l'histoire de l'humanité; cette nation généreuse et hospitalière qui donne une nouvelle patrie aux Chananéens chassés de leur pays par les Hébreux; aux enfants de Sennachérib forcés de quitter Ninive à cause de leur parricide; qui reçut et abrita des Juifs et des Alains!

Que ne nous est-il permis de retracer d'une manière fidèle la vie intime de ce peuple ignoré, les luttes intestines dont il eut tant à souffrir, qui causèrent presque tous ses malheurs et amenèrent sa décadence! Nous ne pouvons nous défendre de reproduire les éloquentes paroles de Moyse, empruntant la lyre lugubre de Jérémie pour déplorer le triste état où il voit sa patrie réduite, à l'époque fatale où le sceptre fut arraché aux Arsacides, et où la famille de saint Grégoire fut dépossédée de la dignité patriarchale, temps de misères, de désordres et d anarchie. Ce morceau a été traduit avec une rare élégance par M. Le Vaillant de Florival.

« Je te plains, Arménie, dit Moyse de Khorène, je te plains, contrée supérieure à toutes les contrées septentrionales, car ils te sont ravis, ton roi et ton pontife, l'âme de tes conseils et l'auteur de tes lumières. La paix est troublée, le désordre s'enracine, l'orthodoxie est ébranlée et l'hérésie s'affermit, se fortifie par l'ignorance.

« Je te plains, église d'Arménie, l'éclat de ton sanctuaire est obscurci, flétri; tu es privée de ton pasteur et du compagnon de ton pasteur. Je ne vois plus le troupeau spirituel paître dans la verdoyante prairie, le long des ondes du repos; je ne vois plus ce troupeau rassemblé dans le bercail, où il serait préservé de la dent des loups; je vois les brebis dispersées dans des lieux sans clôture, dans des lieux remplis de précipices.

. . . .

« Ainsi, église désolée, tu es restée sans soins, sans appui, par l'effet de ton veuvage; et nous, malheureux enfants, nous sommes privés de la surveillance paternelle; car il n'en est pas de nous comme autrefois des Hébreux; et notre misère est plus grande que ne fut la leur. Moyse a disparu, et Josué ne vient point en sa place nous conduire dans la terre de promission..... Élie a été enlevé, et Élisée n'est point resté avec le double Esprit pour oindre Jéhu; mais Azaël a été invité, pressé, de venir exterminer Israël; Sédécias a été emmené en captivité; et il ne se trouve nulle part un Zorobabel pour restaurer sa puissance. Antiochus, par la violence, nous force d'abandonner les lois de nos pères, et Mathathias ne s'oppose point à cette tyrannie; la guerre nous a environnés, et Machabée ne nous sauve pas. Aujourd'hui, tout est combat au-dedans, effroi au-dehors; l'épouvante nous vient des païens; les guerres, des hérétiques; et il n'est plus au milieu de nous, ce sage conseiller qui donnait d'utiles avis et disposait au combat.

« O désolation! ô triste et déplorable histoire! comment aurai-je le courage de supporter tant de maux? Comment donner quelque assurance à mon esprit et à ma langue, et trouver quelques paroles à dire à mes pères pour la naissance et les soins qu'ils m'ont donnés; car je leur dois l'existence, j'ai été élevé à l'ombre de leurs sages enseignements; puis ils m'ont envoyé croître sous d'autres maîtres : et, lorsque encore ils espéraient mon retour, lorsqu'ils se disposaient à se glorifier de ma sagesse, de ma science acquise, voici qu'au moment où nous espérions célébrer des noces dans l'énivrement de la joie, où nous allions entonner les chants d'allégresse, ce sont des cris plaintifs au lieu de joyeux épithalames, ce sont de douloureux gémissements que je me vois réduit à faire retentir sur une tombe!!! Je n'ai même pas eu la triste consolation d'arriver à temps pour le voir (saint Isaac), pour lui fermer les yeux, entendre ses dernières paroles, recevoir sa dernière bénédiction!!! . . . .

« Qui désormais cultivera notre instruction? Qui se réjouira des progrès du disciple? Qui parlera ce langage de la joie paternelle, prenant sa part de triomphe dans le triomphe de ses enfants? Qui réprimera l'insolence de ceux qui se sont élevés contre la saine doctrine, de ces hommes qui, détruisant toutes choses par leurs paroles envenimées, corrompent beaucoup de livres, comme l'a dit un ancien, et pervertissent un grand nombre de docteurs..... Qui leur fermera la bouche par l'autorité de la réprimande? Qui nous consolera par quelques mots de louanges? Qui mettra une mesure à une audacieuse loquacité et à un obstiné silence?

« En pensant à tous ces sujets de douleurs, je m'abandonne aux larmes, aux soupirs, aux gémissements lugubres!... Sur qui dois-je pleurer? sur mon jeune et malheureux roi, que dans leurs conseils pervers ils ont fait tomber du rang suprême, ce prince infortuné qui avant la mort du corps subit la mort que donne l'infamie, et se voit précipiter du trône?..... Dois-je pleurer mon père, ce saint pontife aux sublimes pensées, qui portait partout les accents d'une parole accomplie avec laquelle il disposait, il gouvernait tout, et saisissant les rênes, il dirigeait les personnes et réprimait les langues insensées et téméraires? Dois-je pleurer sur moi-même, moi, à qui manque son esprit, abandonné dans le malheur et l'affliction? Dois-je pleurer celui qui m'a donné le jour, celui qui était une source de science arrosant la justice, et un torrent repoussant l'impiété? Ou bien dois-je pleurer sur moi, qui me dessèche et me flétris, dévoré de la soif d'instructions rafraîchissantes? Dois-je pleurer sur mon pays, réduit à cet état de misère? Dois-je pleurer sur mes malheurs à venir? Qui racontera avec nous ces désastres, en partageant notre tristesse? Qui nous aidera, en s'associant à nos souffrances, à redire nos communes douleurs ou à les graver sur la pierre des monuments? Lève-toi, Jérémie, lève-toi, et dis dans tes lamentations prophétiques les malheurs que nous devons éprouver encore! Prédis les docteurs ignorants et infatués d'eux-mêmes, accaparant l'honneur du sacerdoce sans y être appelés de Dieu, élus par l'intrigue de l'argent et non par le choix de l'Esprit saint, avides d'or, dévorés par la jalousie; prédis les loups déchirant ce troupeau confié à ces pasteurs inhabiles! les religieux hypocrites pleins d'orgueil et de vanité, aimant les honneurs plus que Dieu même; les bénéficiers superbes, prononçant des jugements, s'occupant de discours futiles, paresseux, haïssant les sciences et les travaux de la pensée, pleins d'ardeur pour les amusements frivoles; les disciples sans zèle pour s'instruire, pressés de s'ériger en docteurs. . . . . »

QUATRIEME SÉANCE.

(VENDREDI 21 SEPTEMBRE 1838).

Présidence de M. le docteur C. BROUSSAIS.

La parole est à M. MOREAU DE DAMMARTIN sur cette question : *Quelle a été l'origine des formes alphabétiques anciennes et modernes? Quels rapports existent entre ces formes et celles des hiéroglyphes égyptiens et des clés chinoises?*

Mesdames et Messieurs, dit M. Moreau de Dammartin, les orateurs qui nous ont précédé, quoique savants de profession, se sont présentés à vous comme des malades ayant besoin de ménagement; ils ont cru devoir solliciter toute votre indulgence. Nous qui ne sommes ni orateur ni savant de profession que devons-nous faire? Protester contre une telle manie; oui,

Messieurs, dans la persuasion où nous sommes, que, du choc
des opinions jaillit la vérité, nous osons réclamer toute la sévérité de votre jugement.

Vous n'en doutez point, Messieurs, les questions sur lesquelles nous avons l'honneur d'appeler votre attention ne sont
point du nombre de celles sur lesquelles il soit facile d'improviser un travail. Le nôtre, que nous regrettons d'être forcé de
resserrer, est le résultat de plusieurs années de recherches;
c'est l'exposition sommaire de vingt-deux tableaux comparatifs d'alphabets anciens et modernes; exposition dans laquelle l'origine de chacun de ces caractères est clairement indiquée.

Vous y trouverez, Messieurs, que ces caractères, sans en
excepter les clés chinoises et les hiéroglyphes égyptiens, ont
été puisés à une source commune, c'est-à-dire qu'ils sont tous
dus à l'astronomie.

Nous dirons en d'autres termes que les éléments dont se
composent les alphabets employés à la représentation de la parole doivent leurs formes à l'expression linéaire de certains
groupes d'étoiles pris dans la sphère des constellations arabes;
et que ces groupes, que les peuples ont circonscrits d'une infinité de manières au moyen de lignes, permettent d'expliquer
l'innombrable quantité de formes dont ces caractères ont été
revêtus.

Nous pensons que les nombreuses données contenues dans
ces explications jetteront quelque jour sur la source des traditions astronomiques, sur ce qu'il y a de mystérieux dans le
monde ancien et dans les monuments des temps primitifs.

Il n'est pas besoin de remonter à l'origine des sociétés pour
expliquer celle des alphabets; il suffit de poser en principe
qu'une nation (Egyptienne très probablement), voisine du tropique (si l'on en juge par les constellations australes qui devaient raser l'horison du peuple inventeur), et dès longtemps
adonnée à l'inspection des astres, remarqua dans la sphère
étoilée certains groupes d'étoiles successivement parcourus par
des astres mobiles, espèce de voie à laquelle on donna le nom
de Zodiaque, à cause des animaux symboliques dont elle fut

peuplée, pour marquer la division duodécimale naturellement indiquée par le cours de la lune eu égard à celui du soleil.

Chacune de ces divisions, subdivisée par tiers, donna lieu aux trente-six décans, ou à trente-six méridiens principaux, dont on détermina la place au moyen de quelque étoile fixe par laquelle ils passaient; méridiens qu'on ne put rappeler à la mémoire que par la circonscription exacte des groupes d'étoiles propres à les désigner; de même que, pour donner un nom à chacun de ces groupes, on dut les comparer à quelque objet physique d'un rapport plus ou moins sensible. On eut donc ainsi trente-six constellations extra-zodiacales, dont vingt-deux affectées à l'hémisphère supérieur, et quatorze à l'hémisphère inférieur. De ces premiers, douze furent employés (chez les Chinois, par exemple) à désigner les douze heures du jour, ou les stations journalières du soleil; les dix autres, à désigner les dix jours compris entre chacun des méridiens. Dans la suite, ces symboles servirent à représenter une série de chiffres quelconque, car le calcul précéda l'écriture et lui fraya la voie.

Nous n'inférerons point de là, Messieurs, que les lettres hébraïques ou d'autres soient des chiffres transformés en signes phonétiques, mais bien que leurs types, étant une collection de génies symboliques célestes, attachés successivement aux divisions de la sphère, ont dû, selon leur rang, représenter une valeur numérique. C'est ainsi que les dix premières lettres ont servi, plus tard encore, de type à l'arithmétique dénaire des Arabes.

Comme chacun de ces vingt-deux symboles célestes avait, dans la langue parlée, un nom commençant par une intonation plus ou moins différente, il put devenir le caractère représentatif de cette intonation; c'est ainsi, du moins, que paraît s'être formée l'écriture alphabétique.

La nature de la langue chinoise fit prendre à son écriture une autre direction; ainsi, la sphère étoilée une fois peuplée d'êtres symboliques, qui avaient dans la langue parlée un nom monosyllabique; l'image même de cet être, ou souvent encore une copie du groupe d'étoiles dont il était l'équivalent, servit à la représentation et de cet être et de ce monosyllabe. Aussi verrons-nous que ces vingt-deux groupes d'étoiles, placés sur les vingt-deux premiers méridiens d'une sphère céleste, à partir du vingtième degré du Capricorne, et remontant ensuite vers le Sagittaire, etc., ont prêté leurs formes, non-seulement aux vingt-deux caractères des divers alphabets orientaux, et aux nombreux signes phonétiques égyptiens qui leur correspondent, mais encore à vingt-deux caractères chinois, images des deux cycles (celui des jours et celui des heures) qui leur correspondent également. Ceci nous met sur la voie de l'origine des signes qui entrent dans la composition complémentaire des clés chinoises, des alphabets des autres nations, et même de ceux qui sont encore inconnus ou indéchiffrés.

Parcourons rapidement la liste comparative des groupes célestes, classés d'après le système chinois, répondant exactement à la classification hébraïque :

1° Le tseu (2059)(1), premier caractère du cycle chinois, répond au aleph des Hébreux, à l'alpha des Grecs; il doit comme eux ses formes variées à la constellation de la Grue, voisine du Poisson austral, de la sphère orientale;

2° Le tcheou chinois (13), le beth hébreu et le B latin, empruntent les leurs à la tête du Bélier des Signes, paranatellon au Capricorne.

3° Le yn chinois (2146), le ghimel hébreu et le G latin, à la constellation de la grande Ourse;

4° Le mao chinois (1030), le daleth hébreu et le D latin, au Triangle boréal;

5° Le chin chinois (10987), le hé des Hébreux et le éta grec, à l'Autel austral et au Sagittaire;

6° Le ssé chinois (2396), le vau hébreu et le F latin, à la queue du Scorpion des Signes;

7° Le ou chinois (999), le zain hébreu et le Z latin, au pentagone du Cocher celeste;

(1) Ces chiffres indiquent et indiqueront dans tout le cours de ce mémoire ceux sous lesquels on trouve chaque caractère dans le dictionnaire Chinois-Français de Basile de Glemona, publié par M. de Guignes.

8° Le hoey chinois (4059), le het hébreu et le he grec, à un groupe voisin de l'Autel austral ;

9° Le chin chinois (6172), le thet hébreu et th grec, au groupe du Reene sous Cassiopée et au Cercle polaire arctique;

10° Le yeou chinois (11277), le iod hébreu et le I latin, au quadrilatère de la petite Ourse et aux étoiles voisines du Pôle;

11° Le çu chinois (3172), le caph hébreu et le K latin, à la Chaise de Cassiopée;

12° Le hay chinois (81), le lamed hébreu et le L latin, à la constellation du Loup du Centaure;

13° Le kia chinois (6172), le men hébreu et le M latin, à la constellation du Bouvier;

14° Le Y chinois (50), le noun hébreu et le N latin, au lien austral des Poissons et d'un groupe voisin ;

15° Le ping chinois (18), le samech hébreu et le ch grec, au groupe intérieur du carré de Pégase;

16° Le ting chinois (2), le ain hébreu et le O latin, à la tête du grand Chien, ou à Sirius, et aux étoiles voisines;

17° Le meou (3170) chinois, le phe des hébreux, le pi grec et le P latin, à la constellation du Corbeau;

18° Le ki chinois (2394), le tzad hébreu et le ts grec, au col de l'Hydre céleste coupé par l'équateur;

19° Le keng chinois (2512), le quoph hébreu et le Q latin, à la coupe des constellations;

20° Le sin chinois (10969), le resch hébreu et le R latin, à la tête de l'Hydre;

21° Le gin chinois (1760), le sin hébreu et le S latin, au Lièvre d'Orion.

22° Le kouey chinois (6479), le tau des hébreux, derniers caractères des collections chinoises et hébraïques, empruntent enfin les leurs à la constellation de la Lyre et du Vautour.

Ces explications, qui s'appliquent également aux hiéroglyphes phonétiques correspondant aux lettres hébraïques, grecques, ou latines, confirment pleinement les interprétations de M. Champollion le jeune, si digne des regrets des savants.

Vous comprendrez, Messieurs, l'importance des inductions que l'on peut tirer de nos principes touchant l'origine des clés chinoises, des lettres hébraïques, des hiéroglyphes phonétiques et figuratifs égyptiens, etc. Ces inductions ne se bornent pas aux symboles précités ; elles s'étendent aux traditions antiques, aux monuments mystiques, allégoriques, etc., de divers peuples anciens. Elle se rattachent à l'origine fabuleuse de quelques personnages qui figurent dans les temps antéhistoriques de la Chine et dans la mythologie des Égyptiens et des Grecs.

Nous citerons la mosaïque de Palestrine, monument dans lequel nous avons vu deux tableaux, l'un, supérieur, image de la sphère des constellations; l'autre, inférieur, espèce d'almanach symbolique de l'année civile;

Le monument curieux à plus d'un titre, gravé sur un rocher de Taunston dans l'Amérique septentrionale, et dans lequel nous avons reconnu un thème astronomique ou un hémisphère céleste supérieur, et le tracé linéaire de plusieurs constellations de la sphère orientale;

La pierre babylonienne, du cabinet des médailles, dans laquelle nous avons reconnu un zodiaque oriental accompagné de quelques paranatellons;

Le bas-relief, dit de l'apothéose d'Homère, espèce d'élagabale ou pierre du soleil, offrant les douze mois personnifiés dans Apollon, les neuf Muses, Jupiter et Janus, et plus bas la célébration des Cronies, ou fêtes du temps révolu;

La première planche de l'histoire du Mexique par figures, dans laquelle nous avons reconnu un hémisphère supérieur et les dix constellations à formes humaines de la sphère arabe; personnages considérés là comme princes fondateurs de l'empire mexicain, et ayant tous des noms qui s'expliquent facilement par la langue grecque, ou plutôt par les noms de ses génies mythologiques.

L'étude que nous avons faite du jeu des tarots égyptiens nous ayant conduit à découvrir l'analogie qui existe entre ses vingt-deux atouts ou cartes figurées, et les vingt-deux caractères alphabétiques orientaux tirés de la sphère céleste orientale et rangés dans le même ordre, nous avons dû joindre à chacun de nos tableaux l'explication d'une de ces cartes.

Cycle chinois des heures ou des douze chin (10987), *servant à la description des douze premières lettres des alphabets orientaux.*

Premier Tableau. (Aleph hébreu.) La lettre A, premier caractère des alphabets anciens et modernes, répond au tseu chinois (2059), premier caractère du cycle des heures. Ces différents caractères doivent leurs formes diverses à des tracés de lignes circonscrivant les étoiles dont se compose la constellation de la Grue, voisine du Poisson austral de la sphère orientale.

En général, l'inspection de nos tableaux comparatifs fera mieux comprendre qu'une longue explication les changements de formes qu'ont subis les caractères à diverses époques et chez les différents peuples (1).

On verra dans le premier de ces tableaux que le tseu chinois, prononcé *si* au Japon, et signifiant *filiation*, *fils*, *enfant*, *nourrisson*, a pu, dans ses formes antiques, répondre au hiéroglyphe égyptien *ci*, *enfant;* on verra comment cet enfant, assis sur le lotus au zodiaque circulaire de Dendra, y est le symbole du soleil naissant; comment l'oie, animal au long col comme la grue, a pu devenir le hiéroglyphe homophône de ce dernier; comment l'ibis, également au long col, a pu prêter ses formes au aleph hiéroglyphique, et comment enfin les autres formes ont pu en être déduites.

Une forme complexe du tseu chinois (2063 *bis*, Klaproth) offre la clé tchouen des fleuves, torrents (2380). Le vase du Verseau, formé de trois étoiles et d'où s'échappe un fleuve, explique l'origine de cette clé, source elle-même des aleph égyptiens, persépolitains, thibétains, arméniens, illyriens, etc.

La clé tseu, simple ou complexe, mais recouverte de la clé mian des combles, fondements, etc. (2065, 2076), signifie *caractère*, *lettre*, *produire;* il était bien naturel que le caractère initial d'une collection de signes phonétiques se chargeât de ces valeurs; c'est toujours par les noms des premiers éléments de ces collections qu'elles ont été désignées.

(1) Les tableaux circulent dans l'assemblée.

Les diverses difections données à l'écriture ont dénaturé une partie des lettres. Cette diversité, dont on n'a pu jusqu'ici donner de bonnes raisons, s'explique par la manière dont on a lu les signes célestes, soit à mesure qu'ils se levaient à l'horison ou les uns au-dessus des autres, à la manière des Chinois, soit dans le sens que le soleil les parcourt, ou de droite à gauche, soit en les lisant sur un planisphère ou de gauche à droite, soit enfin en boustrophédon, ou comme les bœufs labourent, ce que l'on doit entendre des Ourses célestes qui semblent labourer autour du pôle, l'une à droite et l'autre à gauche.

La valeur attribuée au aleph hébreu, *bœuf*, *voie*, *institution*, paraît indiquer que l'alphabet fut composé à l'époque où le Taureau était équinoxial, c'est-à-dire il y a environ 4,400 ans.

Ce taureau est celui qui servait de monture au dieu soleil invincible ou au Mithra des Perses, et très probablement au Lao-tseu des Chinois, le Roo-si des Japonais.

La mère de Lao-tseu, errante comme Danaé, conçut son fils par l'influence d'une grande étoile ; il naquit sous un prunier, dont il porta d'abord le nom *ly* (4086), et auquel on ajouta le mot *eulh*, oreille (8337), à cause, dit-on, de la grandeur démesurée de ses oreilles. Mais le nom de Persée vient du *Persea* (prunitera arbor), et les ailes dont on orne sa tête équivalent à des oreilles. Lao-tseu est comme Persée, armé d'un harpé ou sabre recourbé à deux tranchants. Il est comme Mithra et Persée, sur un bœuf aérien, symbole du taureau céleste.

La première carte du tarot qui répond à la première lettre hébraïque offre l'image d'un escamoteur faisant des opérations magiques à l'aide de la baguette des Mages ou baste, d'où vient le nom de bateleur. Ce bateleur offre une des formes revêtues par Persée, et les bords énormes de son chapeau sont dus aux étoiles qui ont fourni et les ailes du Persée grec et les oreilles du Lao-tseu chinois. La baste est motivée par le groupe qui surmonte le triangle boréal, et dont la direction indique sur le méridien l'étoile de la ceinture de Persée, dont on a fait la muscade à escamoter, mise dans la main gauche du bateleur.

Cette baste, dans les hiéroglyphes, représente l'idée *oueri*, *beri*, *aîné*, *premier*, *chef*, *commandant*. Elle a paru être une bourse à M. Champollion.

Deuxième Tableau. (Beth.) Les beth alphabétiques et le tcheou chinois (13), symbole de la deuxième heure, prennent leurs formes des étoiles de la tête du Bélier des signes; ils ont donc pour but de désigner le méridien qui sépare le Bélier des Poissons, lequel méridien, passant par la jambe du bootès, a donné lieu à tirer des étoiles de cette jambe plusieurs beth hiéroglyphiques.

Il est à remarquer que de la constellation du Bélier on obtient la figure parfaite d'un bélier accroupi. Cette forme n'a point échappé aux anciens; le bélier de la pierre de Taunston en Amérique offre une contexture à peu près semblable, ce qui n'empêche point sa partie supérieure de présenter la forme exacte d'un tcheou chinois antique.

Remarquez encore, Messieurs, que les Égyptiens ont représenté la consonnance B par un bélier parfait, ou par une tête de bélier, ou par des cassolettes dont la forme singuliere est due aux étoiles de la tête du Bélier céleste.

La deuxième carte du tarot représente une femme ayant la tête au milieu d'un voile carré, et tenant un livre. Ne serait-ce point Andromède, dont l'histoire est liée à celle de Persée? et l'étoile de la tête d'Andromède faisant partie du quadrilatère de Pégase ne motiverait-elle pas le voile?

Troisième Tableau. (Ghimel.) La grande Ourse explique les ghimel alphabétiques et la clé chinoise tao (740) des épées, glaives, couteaux, etc.

Le yn dans ses formes complexes fait allusion aux deux Ourses séparées par une flèche symbolique, image du colure qui les divise, et explique la valeur *épée* donnée au tao. C'est cette épée qu'on voit en main de l'animal typhonien remplaçant la grande Ourse au zodiaque circulaire de Dendra.

Dans la distribution des lettres sur les méridiens de la sphère celeste, celui qui est attribué au ghimel passe par les pieds de devant de la grande Ourse; aussi les étoiles dont ils sont formés ont-elles fourni les patères hiéroglyphiques, images du ghimel.

Les Hébreux traduisent ghimel par chameau, mais cet animal, à cause de sa conformité avec le *zébu*, bœuf asiatique, tenant lieu, sous le nom de yabous, de la grande Ourse dans la mosaïque de Palestrine, a pu y être employé concurremment. C'est ainsi que le Bootès, gardien des Ourses, est quelquefois surnommé le Chamelier.

Quatrième Tableau. (Daleth.) Le daleth alphabétique et le mao chinois (1030), symboles de la quatrième heure, doivent leurs formes au triangle boréal placé en tête du Bélier céleste. Ce triangle, qui dans le planisphère égyptien de Kircher est intitulé *porta Deorum* (parceque là s'opère le passage des astres de l'hémisphère inférieur à l'hémisphère supérieur), explique la valeur attribuée au daleth hébreu, *janua, porta, fores,* et au *mao* chinois, *portes ouvertes.*

Le mao explique les daleth doubles de certains alphabets; son dédoublement a fourni la clé tsie (1026), *retrancher, diviser,* valeur qui s'explique par la position du triangle, eu égard au point initial des signes.

Cinquième Tableau. (Hé.) Le chin chinois (10987), image de la cinquième heure, est un caractère complexe qui tire ses formes de l'Autel austral, voisin de l'arc du Sagittaire, lequel a fourni le hé des Orientaux et la clé chinoise kong (2614) des arcs dont les formes anciennes offrent un arc parfait, et dont une variante prononcée yn (2616) est donnée comme équivalent du chin ou de la cinquième heure. Le *cinq* arabe, pris comme les hé de l'arc du Sagittaire, se confond avec les formes antiques du kong chinois.

Sixième Tableau. (Vau.) Le vau, sixième lettre hébraïque, et le ssé chinois (2396), symbole de la sixième heure, doivent leurs formes aux étoiles de la queue du Scorpion, dont la disposition en ligne courbe confirme la valeur *crochet,* attribuée au vau des Hébreux. Ce groupe explique tous les vau alphabétiques et hiéroglyphiques, etc.

Septième Tableau. (Zaïn.) Le ou chinois (999), symbole de la septième heure, et le zaïn, septième lettre hébraïque, prennent leurs formes des étoiles principales du Cocher céleste, et désignent le méridien qui passe par l'étoile de l'extrémité de la corne du Taureau des signes, laquelle fait partie du pentagone du Cocher.

La position de ce groupe, qui tient le milieu du ciel, explique les diverses valeurs attribuées aux caractères qui y ont puisé leurs formes : ainsi le *ou* chinois est rendu par midi, milieu du jour.

La constellation du Cocher, dans laquelle on place tous les personnages mythologiques qu'on suppose avoir été les inventeurs des chars ou les conducteurs du char du soleil, est aussi celle qui a servi de type au char de l'Osiris triomphant représenté sur la septième carte du tarot. Nous attribuons à la même constellation les hiéroglyphes symboliques hebai, traduits par *congrégation*, *panégyrie*, dont la partie inférieure offre le vase neb, traduit par *curios*, seigneur, hiéroglyphe devant ainsi ses formes aux trois étoiles inférieures du pentagone du Cocher. Nous lui attribuons encore les coffres de la représentation, ou corbeilles mystérieuses, dans lesquelles on plaçait l'enfant et le serpent symboliques confiés à la garde des filles d'Erechtée, c'est-à-dire aux Hyades, filles du cocher Érichton. Nous pouvons encore citer la tour de Danaée, la tour ou Maison-Dieu, représentée sur la seizième carte du tarot, où l'on voit une tour qui répond à la corbeille de la représentation, une couronne inclinée qui répond au couvercle de la corbeille, et un rameau d'or rappelant le serpent qui s'en échappe. Au pied de la tour on voit les Gémeaux, dont la chute rappèle celle de Phaéton, une des formes du Cocher, canevas sur lequel a eté brodée l'histoire d'Hippolyte fils de Thésée, et celle du prince égyptien Rampsinit ou Ramsès, dont le trésor, renfermé dans une tour, est dérobé par les fils de l'architecte qui l'a bâtie, lesquels, au rapport d'Hérodote, volent le prince et se précipitent du haut de la tour. Nous citerons encore l'histoire plus singulière rapportée par Vigénère, lequel, traitant de divers alphabets, s'exprime ainsi. « Il n'y a guère

d'apparence d'avoir attribué un alphabet à Virgile le philosophe, dont il se raconte des fables trop ridicules , comme
d'avoir été laissé suspendu dans une corbeille à mi-étage d'une
tour fort haute, par une dame à qui il voulait faire l'amour; mais,
pour s'en venger, il fit éteindre par son art tout le feu qui était
dans Rome, sans qu'il fût possible d'en rallumer si on ne l'allait
chercher ès parties secrètes de cette moqueuse, et encore le mal
était de ne pouvoir le communiquer l'un à l'autre, parceque
soudain il s'amortissait; avec semblables rêveries pour entretenir les vieilles et les petits enfants. » Le même auteur s'étonne
de ce que certains caractères alphabétiques ont pu être nommés géomantiques, la géomantie étant, dit-il, « la projection
de quelques points guidés par la constellation qui règne, lesquels points sont réduits ensuite en des lignes accommodées à
des figures dont on tire les prédictions selon l'art. » Ce passage
curieux, véritable définition de l'origine des lettres, confirme
trop notre theorie pour que nous nous soyons dispensé de le
rapporter.

La constellation du Cocher explique le hiéroglyphe figuratif
image des combats, offrant deux bras armés, l'un d'un bou-
clier et l'autre d'un glaive, rappelant la valeur du zain hébreu,
trait, armes, glaive; le groupe de la main droite explique le
pedum hiéroglyphique, la houlette des bergers, le bâton pastoral des Grecs, la crosse des évêques, etc. Nous y trouvons
l'origine du tsy (3), ou chiffre *sept* des Chinois, de la clef yang
des chèvres (8183). Mais le Cocher porte une chèvre et ses
chevreaux. Il est surnommé Haiok, Eega, Aix, la chèvre, et
Hiksos, le pasteur de chèvres, nom porté par la dynastie des
rois pasteurs égyptiens. Il est le même que le dieu Pan, protecteur des jardins et des troupeaux. Il est le même encore que
le fabuleux empereur Fou-Hy, fondateur de la Chine, où l'on
suppose qu'il règna cent quarante ans, et à qui on attribue
l'invention du zodiaque, de l'alphabet, du calendrier, la connaissance de l'agriculture, de la vertu des plantes, de la musique, etc. On lui attribue aussi les koua, ou les huit symboles, comme on attribue au Thot égyptien les huit lettres
divines.

Les formes qu'on attribue à Fou-Hy sont celles du Cocher céleste, des cornes, une tête de bœuf, des pieds terminés en serpents, etc. Si le Cocher est lié au quadrilatère de Pégase, orienté comme les quatre parties du monde, Fou-Hy voit sur le dos d'un dragon-cheval les traces dont il forme les koua, orientés également, et c'est ce qu'on appelle le *ho-tou*, ou la table sortie du fleuve, du lac profond, image de l'Hypocrène.

Une dernière preuve de l'identité du Cocher céleste comme type de Fou-Hy, c'est l'image de ce dernier, dont les formes, singulièrement caractérisées, s'expliquent par un simple tracé de la constellation, où se retrouvent sa figure écrasée, sa barbe triangulaire, les protubérances de son crâne, etc.

Huitième Tableau. (Het.) Le het, ou aspiration forte, tire ses formes d'un groupe de huit étoiles situées entre l'Autel et le Triangle austral. Le oey chinois (4061), symbole de la huitième heure, et qui offre les idées d'arbre fleuri ou d'arbre à fruit, peut être comparé au triple rameau dont le tableau supérieur de la mosaïque de Palestrine offre une image fort curieuse, image dont le groupe du het et le Triangle austral sont le type essentiellement mystique. Cet arbre porte pour fruit un cynocéphale, emblème du soleil naissant : aussi en Chine le caractère lieou (4188), composé de la clef mo, des arbres et du mao, image du Triangle boréal employé ici par analogie avec le Triangle austral, est-il traduit par salix (saule); c'est aussi le nom d'une constellation australe de la sphère chinoise, qu'on dit être de huit étoiles, et qui ne peut être ainsi qu'une désignation de notre groupe du het.

La huitième carte du tarot est Thémis ou la Justice, qui, à l'imitation de la Vierge céleste, mère du soleil, tient une balance.

La neuvième carte est l'Hermite ou le Sage, qui, la lanterne en main, cherche un homme en plein midi.

A-t-on examiné jusqu'à quel point on peut ajouter foi à ce que la tradition raconte de Diogène le cynique? Ne serait-il que la personnification d'un génie céleste? Le neuvième décan égyptien, au zodiaque circulaire de Dendra, offre l'Autel aus-

tral surmonté du cynocéphale, image du triangle, et couronné du disque solaire. Le nom de Diogène, la colonne qui
accompagne son tombeau et sur laquelle est un chien, sa part
du soleil qu'il demande pour toute grâce à Alexandre, le phare
d'Athènes, surnommé la lanterne de Diogène, phare imité de
l'Autel austral, placé aux cieux par la Nuit pour annoncer, disait-on, aux navigateurs les dangers qu'ils avaient à redouter;
tout cela ne concourt-il pas à démontrer une analogie suivie
entre le personnage grec et la partie de la sphère que nous lui
comparons?

Neuvième Tableau. Le chin chinois (6173), symbole de la
neuvième heure, est formé de la clef tien (6170) des champs,
formée elle-même de la clef hoey (1109) des objets enclos, circonscrits. et du chi (993) ou chiffre dix, devant, tous, leurs formes au cercle polaire arctique et aux colures qui s'y coupent à
angle droit. C'est là aussi le type des thet orientaux, traduits par
tête, élévation ; c'est aussi celui de la clef tché, *des chars*, prise
du cercle polaire, et des deux Ourses, surnommées le Grand et
le Petit Chariot. Ce tché, réuni au yeou (1089), *des vases*, que
nous verrons être dû au quadrilatère de la Petite-Ourse, est
traduit par *char léger*. On ne pouvait certes employer ici un caractère plus rationel.

Un grand nombre d'amulettes identiques aux chin de la
neuvième heure offrent, toutes, le pôle et les Ourses plus ou
moins défigurés.

La dixième carte du tarot est la Roue de fortune, image
encore du cercle polaire. Aussi les deux Ourses et Céphée y
sont-ils attachés. La déesse de la Fortune, par cette raison, ne
peut être que Cassiopée, attachée, comme Céphée son mari,
au cercle polaire. Cette roue, dans l'histoire du Mexique par
figures, devient l'attribut du Bouvier, ordinairement considéré
comme gardien du pôle et des Ourses.

Dixième Tableau. Le yeou chinois (11277), image de la
dixième heure, tire ses formes du quadrilatère de la Petite-Ourse,
duquel on obtient un vase dont le sommet est indiqué par deux

étoiles placées dans la direction de l'étoile polaire; et c'est des étoiles voisines de cette dernière que viennent les iod alphabétiques. Le point dont on accompagne les iod modernes est dû à l'étoile polaire même, le point par excellence, le pôle supérieur toujours visible, fixe et immuable point d'appui des mouvements célestes, la raison universelle des Chinois. Ce tao (1 1 1 7), dont l'expression glyphique offre la réunion des symboles *mouvoir*, *origine*, a dû, chez les divers peuples, être représenté, peint et dépeint sous toutes les formes imaginables; et, pour ne citer que le zodiaque circulaire de Dendra, il nous a suffi de projeter sur le papier les étoiles qui environnent le pôle boréal, pour y trouver la constellation Choph ou la Cuisse, et le petit animal qui l'accompagne, le Chacal, qui y remplace la Petite-Ourse et qu'on trouve employé comme iod hiéroglyphique. L'espèce de soc de charrue employé aussi comme iod, sur lequel est appuyé le Chacal, explique les systres, attributs d'Isis; et un iod en forme de raquette à long manche, comme le vase chinois yeou, explique le vase que l'on trouve souvent réuni au systre dans les monuments égyptiens.

Onzième Tableau. (Caph.) Les coph alphabétiques et le çu chinois (3172), symbole de la onzième heure, doivent leurs formes à la constellation de Cassiopée, qui explique aussi les nombreux siéges d'Isis, prononcés hécé ou isi en Égypte. La clef ko (3168), *des lances*, et celle y (2604), *tirer des flèches*, qui entrent dans la composition du çu, sont une image du colure voisin. Le but général du çu et des caph alphabétiques est d'indiquer l'étoile du coude droit de Cassiopée, placée immédiatement sur le méridien affecté au caph dans notre distribution des lettres sur les méridiens célestes.

La onzième carte du tarot est intitulée la force : c'est une femme ouvrant la gueule d'un lion accroupi. Cette figure s'explique par le coucher des mains de Cassiopée, qui amène sur l'horison la gueule béante du Loup du Centaure, le Lion marin de la sphère égyptienne.

Douzième Tableau. (Lamed.) La douzième et dernière heure

chinoise est représentée par le caractère hay (81), répondant aux lamed des alphabets orientaux.

Les mêmes hiéroglyphes étant employés à la représentation du lamed et du resch, M. Champollion ne put reconnaître lesquels de ces caractères étaient réellement ou des resch ou des lamed. Ici l'examen des groupes respectifs, types de ces deux caractères, nous permettra de les ramener à leur véritable origine. Par exemple, le hay chinois, équivalent de notre ll double ou mouillé, doit ses formes au Loup du Centaure ou au Lion marin égyptien. Le lion hiéroglyphique est donc le type naturel du lamed; la tête de l'Hydre céleste explique tous les resch alphabétiques; un long serpent représente les hiéroglyphes lamed et resch. C'est donc ce dernier qu'il représente plus particulièrement.

Le but des lamed est d'indiquer l'étoile de l'épaule du Centaure traversée par le méridien du Lamed.

Un lamed zoomorphique publié par les bénédictins offre un animal le cou pris dans un arbre fendu; il fait certainement allusion au lever du loup du Centaure lorsqu'il a la tête séparée du corps par le cercle horisontal.

Le caractère de justice inhérent au Centaure explique le lamed dalmatic à forme de balances, et le groupe d'étoiles qui domine celle de l'épaule permet d'expliquer le sceptre de la déesse égyptienne de vérité et de justice, Tmé, la Thémis des Grecs.

Cycle chinois des Kan ou des dix jours (2485), servant à l'explication des dix dernières lettres orientales.

A la suite du cycle des douze heures a été placé le cycle des dix jours, décade antique fort célèbre en Égypte, sous le nom de Décans, lesquels au nombre de trente-six partageaient la sphère en séries de dix degrés ou de dix jours.

Le premier kan, prononcé kia (6172), signifie *premier, cuirasse, filet à long manche;* il répond aux men des alphabets orientaux sans avoir la même origine, car c'est un caractère symbolique pris du cercle polaire et du colure qui passe par la main d'Ophiucus, tandis que les men alphabétiques et hiéro-glyphiques sont tous pris du Bootès. Au lever de ce dernier, le cercle polaire et le méridien septentrional, image du kia chinois, sont convenablement orientés; alors l'Ingéniculus est renversé et paraît être suspendu par les pieds au pôle de l'écliptique; c'est donc cette apparence que l'on trouve dans la douzième carte du Tarot, intitulée *le Pendu*, où l'on voit un homme pendu par un pied, et ayant l'autre jambe ployée à l'instar de l'Ingéniculus. Deux massues, attributs d'Hercule, accompagnent ce pendu.

Le Bootès est le type de Janus et de Saturne armé de sa faux cruelle; c'est lui qu'on voit représenté sur la treizième carte du tarot, sous la forme d'un squelette fauchant des épis et des têtes couronnées, ce qui explique l'origine de la fatalité attachée au nombre 13, car c'est sous ce décan que s'effectue le passage des astres des signes supérieurs aux signes inférieurs.

Le Bootès explique le rami triplicies, ou triple rameau égyptien, symbole de l'année, ainsi que plusieurs caractères chinois, tels que la clef mo (4059), *des arbres;* le ho (7113), *des moissons;* le choui (4831), *de l'eau*, rappelant la valeur hébraïque du men; la clef louy (8305), *des houes, des charrues;* le seng (6155), *de la naissance;* le caractère nieou (5643), *bœuf*.

Il nous permettrait d'expliquer au besoin les gestes attribués par les Chinois à leur fabuleux empereur Hoang-ti, nom composé du caractère hoang (13111), *de la couleur jaune ou rouge*, que nous rendons par *orange*, identique à *hoang* fortement aspiré, ou en rétablissant la lettre R inconnue aux Chinois; le second est ty (2491), esprit ou génie du ciel, qui convient bien à Bootès, qui ne doit l'épithète de *hoang*, ou orange, couleur de feu, qu'à la couleur orangée de sa principale étoile arcturus.

On attribue à Hoang-ty l'invention d'un char indiquant les points cardinaux, et l'on y a vu l'invention de la boussole dont se serait servi Hoang-ty pour combattre un prince révolté dans l'intérieur même de l'empire; car ce char indiquait non seulement le Midi, mais encore la route que tenait l'insurgé. La boussole, si tard qu'elle ait été portée en Chine, a pu prendre le nom de char céleste qu'elle devait remplacer. Ici nous pourrions rétablir l'étymologie du mot boussole, qui vient de *bous*, *bœuf*, donné aux Ourses célestes, et non point de *pyxis* ni *buxus*, boîte, ni de l'italien, *bossolo*, boîte, indépendant de *bossola*, boussole.

Comme le Bootès amène sur l'horison le navire Argo, Hoang-ty est l'inventeur des barques. Comme il est le premier des kan divisés en dix branches, Hoang-ty divise son empire en dix provinces divisées chacune en dix départements, chaque département en dix arrondissements renfermant chacun dix villes dont le total devait être ainsi 10,000 ! ! !

Pouvons-nous sans hésitation joindre ici quelques mots sur un personnage qui semble n'avoir point d'égal dans le monde? Nous voulons parler de Confucius. Ses admirateurs publieront qu'il n'y a point d'histoire à l'abri d'un système d'explication aussi désastreux. Qu'importe, s'ils sont forcés de reconnaître la justesse des idées qu'une froide raison nous a suggérées ?

Kong-tseu naît comme le soleil au solstice d'hiver. Un animal fabuleux et unicorne (le Monocéros de la sphère grecque) paraît dans le jardin de la maison où naquit le philosophe. A l'instant de sa naissance, deux dragons furent vus dans les airs (le dragon du pôle et le serpent d'Ophiucus); cinq vieillards entrent ensemble dans l'appartement de la mère ; cinq constellations à formes humaines sont visibles au moment du lever du soleil ; une musique céleste se fit entendre (tout est céleste dans cette histoire).

Le portrait de Kong–tseu n'est autre chose qu'un tracé d'étoiles qui expliquent les moindres particularités de la gravure ; sa coiffure est formée de la couronne boréale ; l'aiguille qui la traverse y est singulièrement motivée ; il en est de même de la forme extraordinaire de sa figure, dont la couleur noire est due non à la fumée des lampes qui brûlent devant son effigie, mais à l'absence d'étoiles, sinon celles du contour. La tablette à écrire qu'il tient, est prise, comme l'Abacus égyptien, des étoiles de la tête du serpent d'Ophiucus.

Kong-tseu reçut en naissant le nom de Kieou (17), d'une colline visitée par sa mère pour obtenir la fecondité; et cette colline est le mont Ménale, placé aux pieds de la Vierge céleste. Cette montagne sert de base au portrait du philosophe ; et les étoiles de cette montagne céleste expliquent le kieou chinois, ancien et moderne , et le hiéroglyphe traduit par montagne solaire. Nous ne nous arrêterons point aux 3,000 disciples de Kong–tseu, dont 72 plus instruits, 12 attachés à sa personne, à ses neuf sœurs, ses deux belles-sœurs et à sa femme, images des neuf Muses et des trois Grâces, qui complètent la série des mois ; l'analyse de ses noms , de ceux de sa famille , seraient encore le sujet de nouvelles lumières.

Un groupe placé au potrail de la Licorne, et travesti en pierre de jade dans cette histoire fabuleuse, explique non-seulement la clé chinoise chi (6824), *des pierres*, mais encore le déterminatif égyptien des minéraux et des pierres.

Quatorzième Tableau. (Noun.) Le deuxième kan chinois prononcé y (5o), *unité, premier, nœud, joindre*, est dû, ainsi que les *noun* alphabétiques, au nœud du lien austral des Poissons. Les noun hiéroglyphiques sont pris d'un groupe voisin qui explique également les coiffures royales égyptiennes. Les liens des Poissons et le carré de Pégase donnent les formes de la clé pao (929), enveloppent la clé yu (12774), *des poissons ;* la clé ho (5381), *du feu*, etc. Cette partie de la sphère céleste, chose remarquable, explique des tableaux allégoriques, considérés jusqu'ici comme fantastiques. Tels sont l'antre de Coricie, de l'apothéose d'Homère, le tableau connu sous la dénomination de Marchande d'Amours d'Herculanum, des colonnes hermétiques égyptiennes complexes, et accompagnées d'oiseaux, de grenouilles et autres symboles mystiques. Ainsi, nous voyons un même groupe d'étoiles, celui dont Algénib fait partie, donner des noun à forme de vases , des coiffures, symboles des deux hémisphères , des limaçons hiéroglyphiques ; nous le voyons se transformer en arc et en carquois d'Apollon , en cage renfermant un amour, en bâton d'Hermès ; et toutes ces figures sont autant d'images de l'état languissant du soleil avant l'équinoxe du printemps.

Quinzième Tableau. (Samech.) Le ping chinois (18), image

du troisième kan, répond au samech hébreu. Ils doivent l'un et l'autre leurs formes au quadrilatère de Pégase, qui fournit aussi des clés chinoises, parmi lesquelles nous citerons le *y* (600), *pénétrer;* le kiong (628), *couvrir;* le méou (1082), *des objets angulaires;* le jeou (7105), *de la légèreté;* le oûang (8391), *des filets,* etc., etc. Un grand nombre d'autres symboles sont tirés du groupe intérieur du carré de Pégase.

La quinzième carte du tarot représente Typhon, ou le diable et deux diablotins enchaînés, s'expliquant par la constellation du Serpentaire qui a prêté ses formes à Sérapis, Esculape, Pluton, au Laocoon, à des statues antiques désignées sous la dénomination de Pêcheurs africains, de Sénèque au bain; ce dernier ayant les pieds dans un vase, à l'instar du Typhon du tarot.

Seizième Tableau. (Ain.) Le ting chinois (2), quatrième kan, le ain hébreu et la lettre O des modernes, prennent leurs formes diverses des étoiles de la tête du grand Chien, qui servent à découvrir le méridien affecté au ain hébreu, et éloigné de Sirius de deux signes entiers.

Il est à remarquer que les lettres phéniciennes se distinguent souvent des autres par la pureté de leur expression; ainsi les cinq étoiles du groupe du ain y sont désignées par autant d'aspérités qui font de ce caractère un pentagone irrégulier identique au groupe celeste. Ajoutons que la dix-septième carte du tarot est intitulée l'étoile, et représente Sirius environné des planètes dont il ouvre la marche.

Dix-septième Tableau. (Phé.) Le meou chinois (3170), image du cinquième kan, le pi des Grecs et le phé des Hébreux prennent leurs formes de la constellation du Corbeau. Le méridien affecté à ces caractères en est éloigné de deux tiers de signes; mais il passe par le Phénix, qui a fourni les phi ou ph de certains alphabets, les oméga grecs, les etc. latins, et un grand nombre d'autres symboles que nous sommes forcé de passer sous silence. Nous observerons seulement que cette constellation a fourni des symboles à l'Orient, où elle n'est point visible, et que cela seul suffirait pour prouver que l'Égypte est le berceau de l'astronomie et des lettres. Nous pourrions ajouter que tous les symboles orientaux ont leurs correspondants en Égypte, et qu'il n'en est point ainsi de ces derniers.

La proximité entre la Grue, qui a fourni les aleph, et le Phénix, qui explique les oméga grecs, nous rappellent à la formule orientale (*Je suis l'alpha et l'oméga*, *le commencement et la fin*), et à l'*etcetera* des latins, pris au même groupe que l'oméga.

Le dieu égyptien à forme de vase, Canobus, s'explique par le Poisson austral placé entre la Grue et le Verseau son prêtre ; aussi, ce dernier fournit-il le hiéroglyphe (ouab), *prêtre*, *homme pur*.

Dix-huitième Tableau. (Tzad.) Le ki chinois (2394), image du sixième kan, répond au tzad hébreu et au psy grec. Le méridien que nous leur avons assigné traverse le corps de l'Hydre céleste, non loin de l'étoile du Cœur, et c'est des étoiles voisines que sont tirées les formes et du kan et des tzads alphabétiques, hiéroglyphiques, etc., et des psy grecs leur équivalant. Les mêmes groupes expliquent les formes de la clé chinoise sin (2772), *du cœur* et de *ses affections ;* le py (951), *des spatules ;* le kouey, *des tortues* (13298), si complexe, d'une partie du long Loung, *des dragons* (13287), dont les formes antiques sont surmontées de deux cornes motivées par deux groupes de trois étoiles qui dominent l'équateur, de ces cornes qui ont si fort intrigué l'auteur de la lettre de Pékin, qui y voyait la clé jin, *de l'homme*, répétée deux fois.

Les étoiles dites les vertèbres de l'hydre sont celles qui fournissent le tzad hébreu traduit par *les côtes*. Elles entrent, avec quelques autres, dans la composition des serpents hiéroglyphiques djator, ou plutôt tzadri, le rampant ; de phoph, ou paophi, l'apophis des grecs, serpent Géant percé de quatre flèches expliquées par le groupe d'étoiles.

Le psy grec, originairement formé d'un arc et d'un trait, est pris comme le tzad des vertèbres de l'hydre ; il rappelle la forme simple de la clé chinoise sin, *du cœur*, et c'est cet arc qu'on voit en main d'un personnage placé sous l'Hydre au zodiaque circulaire de Dendra.

Un serpent hiéroglyphique, qui tient le milieu entre le djatri et l'image du fey cophte, se charge de la valeur du dj ou du j français; il est pris du serpent d'Ophiucus qui se trouve sous le méridien du iod ; mais les formes linéaires du même groupe ont fourni un caractère symbolique lu par M. Champollion, s, t, p, n, *éprouvé* (ou approuvé par), *mets*; ces lettres qui constituent le mot stéphanos, donné à la couleur boréale qui couvre notre groupe, ne permettent-elles pas de traduire cette formule par (couronné par) immortalisé? Ce serpent, d'ailleurs, entre dans la formule exprimant l'idée (toujours vivant).

Nous regrettons de ne pouvoir vous entretenir des rapports que nous avons cru apercevoir entre certains monuments et les traditions sur Ophiucus et son serpent, entre les noms respectifs de ces monuments, ceux des constellations et ceux même des lieux où sont élevés ces monuments. Nous citerions le rocher Agleston, en Angleterre, ou pierre d'Agle; de l'arabe hajia, un serpent, l'anguis des latins; le ston hinge (chorea gigantum) de Salisbury; cette double enceinte de pierres énormes dont le nom n'a point d'autre origine et autour de laquelle dansaient en rond les adorateurs du ciel matériel pour imiter le mouvement des astres ; l'Angleterre elle-même, Angland, placée sous la protection de saint Georges, vainqueur d'un dragon, et dont une autre dénomination Brut, Britania, paraît se confondre avec le roth des Rouennais, peuple qui avait son histoire de la gargouille à l'imitation des chevaliers de Rhodes.

Dix-neuvième Tableau. (Quoph.) Le keng (2512) chinois, ou septième kan, répond au quoph hébreu; ils doivent, l'un et l'autre, leurs formes aux étoiles de la Coupe.

Le quoph est traduit par *révolution*, *circuit*. On lui donne aussi la valeur *singe* ou *clepsidre*, *horloge d'eau*, qui divise le jour en heures. Or, il est à remarquer qu'en Chine, le ken, ou jour, est divisé en heures et que le caractère qui le représente est partie intégrante du keng et dû, comme lui, à la Coupe céleste.

La Coupe explique beaucoup de caractères égyptiens, tels que le hie, *du mouvement, des chemins;* le djice, *de la hauteur;* un sceptre orné de vases opposés, traduit par *vengeur, soutien,* etc. Elle explique le caractère chinois kieou (943), *alliance,* si singulier dans ses formes antiques.

Vingtième Tableau. (Resch.) Le huitième kan, prononcé sin (10969), répond au resch hébreu. La tête de l'Hydre est le type de ces caractères et de leur équivalent, comme la clé hy (7355), *de l'exaltation,* partie intégrante du sin; on voit ici la raison de la valeur *tête, élévation,* attribuée au resch hébreu. Cette même tête de l'Hydre a fourni encore, non-seulement les hiéroglyphes rho, *bouche;* re ou rha, *soleil;* mais encore les clés chinoises keou (1109), *bouche,* et jy, *du soleil* (3864), se confondant avec les premiers dans leurs formes antiques.

Les sept étoiles de l'Hydre ont conduit à en faire une hydre à sept têtes. La valeur numérale du rho grec en a fait une hydre à cent têtes.

Vingt-unième Tableau. (Shin.) Le neuvième kan, prononcé jin (1760) en Chine et zin au Japon, répond au shin hébreu. Le lièvre d'Orion, qui explique ces caractères, en explique un grand nombre d'autres, tels que les clés chinoises ssé (1759), *docteur;* yo (5883), *des pierres précieuses;* ouang (58846), *roi,* etc.; les signes égyptiens sa, *suivre, être attaché;* pé, *ciel;* ousch, *obscurité,* etc. Il est à observer que le shin hiéroglyphique, chargé de la valeur (ou) du double w anglais, est souvent représenté par un lièvre parfait, dont l'équivalent au zodiaque circulaire de Dendra est un serpent à longs replis qu'explique merveilleusement le groupe céleste. Ajoutons qu'Orion et son lièvre ont fourni beaucoup de symboles à la science héraldique, surtout en ce qui tient aux colliers d'ordres de chevalerie et aux sujets des médaillons qu'ils supportent. Ainsi le lièvre d'Orion est transformé en porc-épics, en cygne, en hermine, en géneste, en éléphant, en ours de Saint-Gal, etc., tous posés sur la terrasse de sinople, émaillée de fleurs dans les ordres de ces noms; il fait allusion au jardin

10

hiéroglyphique, image du shin égyptien. Nous y trouvons encore les ordres de l'étoile, ou de rigel; de l'épée (saiph algebbar), ou l'épée du géant Orion; ordre qui réunit les trois couronnes rappelant les trois rois, ou les trois mages, désignés sous le nom de Gérion, en Espagne, prince-roi à trois têtes.

Vingt-deuxième Tableau. (Tau.) Le kouey chinois (5479), image du dixième et dernier kan, répond au tau, vingt-deuxième et dernier caractère hébreu. Le méridien que nous lui avons assigné traverse la constellation de la Lyre ou du Vautour qui explique tous les tau alphabétiques, hiéroglyphiques, etc., y compris les bras hiéroglyphiques, porteurs ou d'un triangle ou d'un lituus, bâton augural dont nous trouvons ici la forme.

Le temps nous manque pour dire tout ce que nous savons du lituus. Bornons-nous à remarquer que les augures ne s'en servaient pour *diviser le ciel et tirer des présages du vol des oiseaux,* que parceque son type céleste est sur le méridien qui partage lui-même le ciel, en passant par les deux pôles et non loin des trois oiseaux célestes, fameux par leurs pronostics: le Cygne, l'Aigle et le Vautour.

Le groupe du Vautour explique la croix ansée des Égyptiens, les caractères chinois ta, *de la hauteur;* yao (1802), *docile;* chi (6798), *vrai, manifester;* thian (1798), *ciel;* kuen (5699), *chien,* etc.

Le kouey, dans ses formes antiques, rappelle le cercle polaire que traversent les colures désignés par des fleuves, lesquels s'entrecoupent à angle droit; image que l'on retrouve au sommet du monument babylonien du Cabinet des médailles.

C'est dans cette partie du ciel que les Chinois placent leur raison universelle suprême; c'est de là que la Chine prit tout naturellement les noms de thita-hia (1798-8), *dessous du ciel,* et de tchoung-koue (26-1539), *empire du milieu.* Aussi voyons-nous dans la division par yu, de la Chine, en neuf provinces concentriques (ce qui à la lettre est impraticable) une copie du système astrologique oriental où la terre est placée au centre des neuf cieux gardés par les anges, archanges, dominations, etc., comparable à une sphère divisée par les cercles des latitudes.

La vingt-unième carte du tarot est intitulée le Monde et offre les quatre animaux célestes des points cardinaux, c'est-à-dire l'Aigle, le Lion, le Taureau et le Cheval Pegase.

La vingt-deuxième carte intitulée le Fou est prise de l'insensé Orion; l'animal qui l'accompagne est Syrius ou le Chien céleste; l'un et l'autre sont rappelés dans le valet de pique des cartes modernes, considérées à tort comme étant de nouvelle invention.

Le Fou du tarot, expliqué merveilleusement par les étoiles d'Orion, a les plus grands rapports avec Ulysse qui, aussi, fut ou contrefit l'insensé; qui, aussi, avait un chien à qui on attribue la mort de Palamède (ou du Serpentaire opposé à Orion, de ce Palamède qui, sous le nom de Cadmus, est considéré comme l'inventeur de l'alphabet grec). Mais rappelons ici qu'on attribue à Palamède l'invention de quelques lettres grecques sur la dénomination desquelles les auteurs ne s'accordent pas; que le Serpentaire couvrait quatre méridiens affectés dans notre distribution des lettres vau, zaïn, het, thet, et que c'est justement sur ces caractères que roule la tradition; que si on en ajoute d'autres, ce sont le samech, le ain, le phe et le tzad, ou leurs équivalents grecs phi, chi, psi, oméga, éloignés respectivement des premières d'un quart de la sphère. Le groupe des Hiades, nommé quelquefois les trois Grues, a fourni le y psilon des Grecs également attribué à Palamède. Aussi voit-on Ulysse se moquer de lui en disant qu'il ne devait pas se vanter d'avoir inventé une lettre que les grues forment en volant.

Voilà, Messieurs, l'exposé des notions que nous avons cru devoir soumettre à votre jugement éclairé, trop heureux si vous les trouvez dignes de vos méditations, et si vos suffrages approbateurs et surtout vos conseils nous mettent à même de pousser plus loin nos recherches.

M. F. Chatelain a la parole sur cette question: *La bibliothèque d'Alexandrie a-t-elle été incendiée par O'mar? ou cette fameuse bibliothèque n'existait-elle plus au temps de la conquête du lieutenant du calife ?*

Messieurs, dit M. Châtelain, il y a des erreurs tellement enracinées qu'elles passent dans ce monde pour des vérités historiques, parceque des esprits quelquefois graves, mais souvent peu réfléchis, en maintiennent l'autorité pour corroborer des faits qui se passeraient volontiers de cet appui. Telle est l'erreur répandue sur O'mar, ce prétendu brûleur de la bibliothèque d'Alexandrie. Nous nous rappelons que, sous le ministère Villèle, dans sa défense pour le *Courrier Français*, un avocat, qui n'était point encore pair de France, se servit utilement de l'erreur accréditée pour jeter à pleines mains, dans une péroraison fort remarquable d'ailleurs, le sarcasme et l'opprobre sur O'mar, le flétrissant *coram populo* des épithètes d'incendiaire, de barbare, d'ennemi né de toute pensée libérale. Les journaux, comme de coutume, renchérirent sur l'avocat ; et la défense du *Courrier Français* fut, dans la bouche de Mᶜ Mérilhou, un foudroyant réquisitoire contre O'mar qui, de nouveau, fut mis au banc de la civilisation.

Nous protestâmes alors contre ce que nous regardions et que nous regardons encore comme un blasphème historique ; mais la presse en ce temps-là avait trop de luttes à soutenir pour s'occuper de ces questions.

Maintenant que des jours plus calmes sont venus, et que le goût des études sérieuses a pris une extension nouvelle, la presse a senti le besoin d'aller puiser dans les archives du passé pour éclairer le présent au profit de l'avenir. Disons-le en passant, l'Institut Historique n'est pas resté étranger à ce progrès de la sociabilité humanitaire, et les travaux consciencieux de ses membres ont jeté un éclat assez vif pour aller réveiller un ministre de l'instruction publique, et lui faire créer officiellement ce fameux traité de diplomatique dont la pensée a pris naissance dans notre Institut. Si nous venons de nouveau évoquer ce fait, c'est que nous qui, aujourd'hui, avons entrepris la rude tâche de démolir un mensonge, nous savons ce qu'il en coûte pour arriver à trouver la vérité. A l'Institut Historique donc l'honneur d'une initiative scientifique qu'on s'efforcerait en vain de lui ravir.

J'arrive à la question proposée:

Ici l'orateur, s'appuyant sur le travail consciencieux et profond de M. Auguis, député, membre de la Société royale des Antiquaires de France, nous peint Alexandrie d'abord toute païenne, puis philosophe et mystique, bientôt demi-juive et berceau du christianisme, ensuite musulmane de différentes sectes, devenir enfin théophilantrope en vertu de la liberté des cultes et des opinions qui lui portèrent 30,000 prédicateurs plus éloquents que ses Mamelucs. Mais l'Alexandie de Bonaparte n'était plus l'Alexandrie de Ptolémée, ni même celle d'O'mar. Le nouveau conquérant n'y trouva aucun vestige de cette célèbre bibliothèque, objet de tant de regrets.

On s'accorde à penser qu'elle a été réduite en cendres lors de la prise d'Alexandrie par les Arabes mahométans. Ce fait a été combattu par quelques écrivains.

Qui n'a entendu parler de l'importance et des richesses d'Alexandrie, fondée par le conquérant de l'Inde? Qui de nous ignore que le premier des Ptolémées, Lagus, sur l'avis de l'émigré athénien, Démétrius de Phalère, y fonda une Société, type de nos académies modernes?

Dans le quartier du *Bruchion*, tout près du port, s'élève à sa voix un magnifique musée, et il y place la grande bibliothèque que Tite-Live appelle l'ouvrage de la libéralité et de la munificence des rois.

Sous Lagus, successeur de Philadelphe, cette bibliothèque contenait 400,000 volumes; il fallait un local plus vaste; une seconde bibliothèque s'ouvre à une assez grande distance de la première dans le temple de Sérapis, dit le *Serapeum*. Longtemps elles furent surnommées *la mère et la fille*. César ayant incendié la flotte égyptienne, le feu se communiqua au *Bruchion*, et la bibliothèque *mère* fut consumée. Il n'est depuis lors question que de la *fille* ou du *Serapeum*.

Augmentée successivement par les Ptolémées, accrue par Cléopâtre de 200,000 volumes de la bibliothèque du roi de Pergame, la bibliothèque d'Alexandrie, qui contenait 700,000 manuscrits, fut, disent Ammien-Marcellin et Aulu-Gelle, brûlée dans la guerre de César, non à dessein, mais par la faute des soldats.

Suivant M. Auguis, les deux historiens ont tort. Ammien confond même plus tard le Serapeum et le Bruchion dont César n'a détruit que quelques édifices. Consultez, en effet, Suétone ; il vous montrera Domitien envoyant prendre des copies à Alexandrie. Il y avait donc encore là une bibliothèque. On sait, d'ailleurs, que le Serapeum ne fut détruit que par Théodose, 391 ans après Jésus-Christ.

Mais la bibliothèque ne fut point anéantie, et la preuve, c'est qu'Orose, faisant vingt-cinq ans plus tard son voyage d'Alexandrie, assure y avoir vu des armoires pleines de livres. D'accord avec Sénèque, il porte à 400,000 le nombre des volumes brûlés par César. Or, nous venons de voir qu'il y en avait 700,000. Restent donc 300,000 livres, au moins, qui ont échappé au désastre.

Après Orose, qui vivait au milieu du Ve siècle de notre ère, plus un mot de la fameuse bibliothèque. Les écrivains chrétiens avaient bien à s'occuper d'autre chose.

En 636 ou en 640, les troupes du calife O'mar, sous les ordres d'A'mrou, prennent Alexandrie ; et, pendant dix siècles, le même silence règne sur ce vaste dépôt des connaissances humaines.

Enfin, en 1660, à peu près, apparaît Edward Pococke, un savant d'Oxford, arrivant de l'Orient, tout chargé de manuscrits arabes, et publiant la traduction latine d'un fragment du médecin A'boulfaradje, dans lequel, entre autres choses, on lisait que le savant grammairien Jean, d'Alexandrie, s'étant rendu auprès d'A'mrou, à la suite de la conquête de la ville, pour lui demander les livres de philosophie qui s'y trouvaient, le lieutenant du calife se serait empressé d'écrire à son chef, dont il aurait reçu cette réponse : Ou ces livres s'accordent avec le livre de Dieu, et alors le livre de Dieu suffit ; ou ils le contredisent, et alors il ne faut pas les conserver. Venait ensuite l'ordre de les anéantir. A'mrou les fit en conséquence distribuer dans les différents bains de la ville afin qu'ils servissent à les chauffer. De cette manière, ils furent tous, en une demi-année, consumés par le feu.

Personne ne songea à contester la vérité de ce récit ; il fut admis de prime abord dans l'Europe entière ; et désormais, à partir du collége, il sera bien convenu qu'O'mar a brûlé la bibliothèque d'Alexandrie.

Et qui n'eût ajoûté foi à la version d'A'boulfaradje, en voyant plus tard le professeur Paulus découvrir à la bibliothèque Dodléienne un manuscrit d'un autre médecin arabe, A'bdolla-thyf, plus ancien qu'A'boulfaradje, et vivant vers 1200, manuscrit dans lequel il est dit positivement que la superbe bibliothèque d'Alexandrie a été livrée aux flammes par A'mrou, de l'aveu du grand O'mar, à qui Dieu fasse miséricorde.

M. Auguis, et après lui M. Châtelain, s'efforcent de justifier sur ce point le calife O'mar et son lieutenant A'mrou, *non par amour des Sarrasins, mais par amour de la vérité.*

Le Bruchion, disent-ils, détruit depuis le règne d'Aurélien, c'est-à-dire au moins 900 ans avant A'bdollathyf, n'était plus qu'un espace désert couvert de ruines. L'opinion généralement admise, dit Renaudot (*Histoire des Patriarches d'Alexandrie*), a quelque chose de fabuleux et de suspect comme tout ce qui nous vient des Arabes. Et Querci, les deux Assemani, Villoison, Gibbon, et feu notre collègue M. le comte Reinhart, partagent sur ce point le sentiment de Renaudot.

Consultez Gibbon ! il vous apprendra que deux historiens, nés en Egypte, ne parlent pas du fameux incendie. Et pourtant l'un, Eutychius, le patriarche d'Alexandrie, vivait 300 ans après l'arrivée des Sarrasins, et il a raconté fort en détail l'histoire du siége et des événements qui l'ont suivi. L'autre, Elmakyn, auteur d'une *Histoire des Sarrasins*, écrivain très véridique, qui rapporte avec les moindres circonstances la vie d'O'mar et la prise d'Alexandrie, se tait également sur le fait qui nous occupe. Ce silence serait-il explicable si le fait était vrai ? Et puisque deux savants qu'une pareille perte devait affliger n'en disent mot, ne s'ensuit-il pas que le fait est controuvé ?

Et, d'ailleurs, pouvons-nous balancer un instant entre deux historiens dont l'un écrit sur les lieux à une époque assez rapprochée de l'évènement, et dont l'autre raconte, six siècles après, sur les confins de la Médie ?

Dans Eutychius et dans Elmakin, A'mrou rend compte au calife de la prise d'Alexandrie. Il y a trouvé 4,000 palais, 4,000 bains, 40,000 juifs taillables, 400 théâtres, 12,000 jardiniers vendant des légumes. Comme on le voit, pas une baraque, pas un juif, pas un jardinier n'est oublié, et il n'y est rien dit de la fameuse bibliothèque ! Elle n'existait donc pas à cette époque.

Deux écrivains, à peu près contemporains d'O'mar, Jean Philoponos et Ammonius Hermeas, dans leurs commentaires sur Aristote, parlent de la grande bibliothèque comme d'une chose qui a été, mais qui n'existe plus depuis longtemps.

A'boulfaradje, le grand accusateur de ce pauvre O'mar, ne fixe pas le nombre de livres qui, selon la version, auraient été brûlés. Il dit seulement que, pendant six mois, ils chauffèrent les bains de la ville, et nous avons vu qu'il y avait 4,000 bains. Mais les rouleaux des anciens n'étaient pas comparables à nos in-folios, et la portion de chaque bain sur ce pied-là ne pouvait pas être bien considérable.

Et puis, voyez le singulier combustible ! de vieux parchemins et du papyrus ! Il y avait là de quoi asphixier la ville entière.

Il est bien prouvé, je pense, par tout ce qui précède, que la célèbre bibliothèque qu'Orose avait vue en 415 n'existait plus en 640. Voyons maintenant comment elle a dû être détruite.

Qu'on se rappelle les troubles, les éternelles guerres dont l'Egypte fut le théâtre depuis les premiers empereurs romains ! Sous Commode, le Serapeum souffre un incendie, mais tout n'est pas détruit; le génie malfaisant de Caracalla détruit le musée. Aurélien démolit le Bruchion, prend Alexandrie, livre la ville au pillage. Théodose-le-Grand, poussé par l'évêque Théophile, réduit en cendres le Serapeum, l'an de J.-C. 391. Le zèle aveugle des premiers chrétiens anéantit livres, monuments, tout ce qu'ils croient pouvoir perpétuer le culte des idoles.

Arrive le second Théodose, aussi bibliomane que les Ptolémées, et qui s'approprie vraisemblablement tout ce qui reste.

S'il y a encore des débris de tous ces œuvres de l'esprit humain, que deviennent-ils durant la guerre que se font, dans les murs d'Alexandrie, Cyrille et Oreste? Et durant les soulèvements qui troublent le règne de Marcian, les moines n'en enrichirent-ils pas leurs asiles? les empereurs n'en firent-ils point passer à Constantinople et dans les autres villes où ils établissaient des écoles? Tout ce qui survit au commencement du IXe siècle est disséminé en Egypte; et Léon l'Africain rapporte que le calife Mamhoud envoya en Syrie, en Arménie, sur les bords du Nil, diverses personnes pour rassembler et acheter tous ces précieux livres. Sous Héraclius, les Perses pillent Alexandrie. Surviennent enfin les Arabes, qui ne purent, comme l'on voit, retrouver l'antique bibliothèque, à moins qu'elle n'ait été sauvée par miracle; et rien n'établit ce miracle.

Qui que ce soit qui l'ait détruite, les vers ou le feu, l'incurie ou le fanatisme, il est un fait à peu près certain, c'est que, si elle eût résisté à tant d'assauts, nous aurions probablement un Aristote complet, les œuvres de Ménandre, tout ce qui nous manque d'Eschyle, d'Eurypide, les poèmes d'Empédocle et de Stésichore, une multitude d'écrits philosophiques de Théophraste, d'Epicure et de cent autres.

Quoi qu'il en soit, tout en déplorant la disparition de la célèbre bibliothèque, il y a peu à regretter ce qu'A'mrou a pu brûler, si tant est qu'il ait brûlé quelque chose. Mais nous avons, je pense, suffisamment démontré, par les savantes recherches de M. Auguis, qu'alors il n'existait plus rien de la belle collection des Ptolémées. Quant aux écrits produits par le gnotisme, l'arianisme, le monophysitisme, le monotélitisme, qui devaient s'y trouver, s'il s'y trouvait encore quelque chose, nous sommes de l'avis de l'antiquaire français et de l'historien Gibbon: il y a peu de larmes à verser sur l'anéantissement du dépôt de toutes ces querelles superstitieuses ou fanatiques; et si ces livres-là ont servi à chauffer des bains, c'est peut-être là seule occasion où ils aient été utiles à l'humanité.

En résumé, dit M. Châtelain, et dans notre intime conviction, la réhabilitation de la mémoire d'O'mar doit être le résultat des recherches que nous livrons à l'appréciation de l'Institut

Historique ; et le mensonge quasi-officiel de l'incendie de la bibliothèque d'Alexandrie, par le calife, bien qu'ayant pour lui les *on dit* de quelques siècles, ne doit pas moins s'effacer devant le grand jour de la vérité historique.

M. J. ARMAND DE LESCALOPIER a la parole sur cette question : *De quelle utilité peuvent être pour l'histoire les poèmes des premiers âges d'une nation ?*

Messieurs, dit M. de Lescalopier, parmi les questions sur lesquelles le programme de ce congrès appelle vos investigations et votre examen, il en est une qui m'a particulièrement frappé par son importance : cette question est celle-ci : De quelle utilité peuvent être pour l'histoire les poèmes des premiers âges d'une nation ? — Mais, Messieurs, quelque intérêt que m'inspirât une pareille question, je ne pouvais me dissimuler qu'elle m'offrait une trop vaste carrière pour qu'il fût possible à ma faiblesse de la parcourir entièrement. C'est un monde tout entier qu'une pareille question ouvre devant mes pas; et, conformant mon ambition à l'exiguité de mes moyens, j'ai l'intention de n'explorer qu'une petite partie de cet univers intellectuel et de déterminer avec vous de quelle utilité peuvent être pour l'histoire les poèmes que, dans leurs premiers âges, produisirent les Hébreux, les Grecs et les Scandinaves.

Les conquêtes philosophiques, qui sembleraient menacer l'avenir de la poésie, donnent une nouvelle importance à celle des âges primitifs. En la faisant sortir de son domaine, ces conquêtes ne font qu'ajouter à son empire; elles nous montrent comment, après avoir éclairé le berceau des peuples les plus célèbres, cette poésie, se ravivant tout-à-coup au moment où on la croît éteinte, projette ses flammes tant sur le passé que sur l'avenir, illumine, colore et vivifie la série des évènements dont se constitue la vie politique et morale des nations. De tous les exemples que l'on pourrait choisir pour démontrer cette grande et importante vérité, il n'en est aucun qui la manifeste sous un jour plus éclatant que l'exemple qui nous est offert par le Pentateuque. Entre tous les monuments litté-

raires qui ont concouru au développement intellectuel des
sociétés humaines, on n'en trouve pas un dont la date authentiquement fixée lui assigne une antiquité antérieure à celle du
Pentateuque. Que l'on secoue la poussière des bibliothèques,
que l'on parcoure les ouvrages les plus importants, tels que
les œuvres des philosophes chinois, que l'on place vers l'an
6oo avant J.-C.; que l'on ouvre les cosmogonies persanes, qui
ne remontent pas au-delà de la même époque; que l'on s'a-
dresse aux poèmes brahmaniques d'une antiquité bien plus
reculée, mais dont la date ne saurait encore être fixée, même
approximativement, et l'on verra que pas un seul poème ne
peut assigner authentiquement à son existence une durée aussi
longue que celle du Pentateuque. On ne trouvera pas non plus
un seul de ces ouvrages où la poésie se révèle avec plus d'é-
vidence et de sublimité que dans le livre au moyen duquel le
législateur des Hébreux nous raconte l'histoire du genre humain depuis l'œuvre des six jours jusqu'à la promulgation de
la loi écrite.

Qu'est-ce, en effet, que la poésie? La plus haute manifestâ-
tion de la pensée humaine ayant pour but de nous signaler les
rapports à l'aide desquels la raison humaine et la puissance
divine sont constituées à l'égard l'une de l'autre. Que l'on exa
mine avec attention quel fut le but de tous les poètes, et l'on
reconnaîtra qu'ils n'en ont point eu d'autre. La poésie lyrique
fut employée à célébrer en *Dieu* la puissance créatrice et conservatrice, et, parconséquent, à lui rendre hommage comme
au *Créateur* de l'univers et comme à son conservateur. La poésie lyrique dut, par ce motif, servir d'interprète à l'exposition
des divers systèmes cosmogoniques que, pour expliquer l'existence du monde, imagina la muse des anciens temps, c'est-à-
dire tous les philosophes antérieurs à Pythagore. En louant le
Créateur du monde comme le conservateur de son ouvrage, la
poésie lyrique dut enseigner l'action de la *Providence* sur les
sociétés en général, et sur chaque homme en particulier. Elle
apprit donc à l'humanité tantôt à bénir cette action, tantôt à
la craindre, et toujours à la respecter. L'épopée alla plus loin;
prenant les notions religieuses où la poésie lyrique les avait

laissées, l'épopée entreprit d'expliquer l'action *providentielle*
de la *Divinité* sur l'humanité : elle y réussit autant que cela lui
était possible, soit par des inductions tirées des cosmogonies
les plus répandues, soit en attribuant à la *Divinité* les fonctions de législateur et de juge, soit enfin en la faisant participer à nos passions, en lui assignant dans les vicissitudes humaines une intervention manifeste, incessante et nécessaire.
Tels sont, dès les premiers âges de l'antiquité, les éléments
constitutifs de toute poésie. Que l'on relise maintenant le Pentateuque, et l'on reconnaîtra, à n'en pouvoir douter, qu'il n'est
pas un seul de ces éléments qui soit étranger à ce grand et
admirable ouvrage. Aussi, pour nous comme pour tous ceux
qui voudront bien admettre les faits que nous venons d'énoncer, et qui nous paraissent incontestables, le Pentateuque se-
ra-t-il le plus beau poème qu'ait légué à notre admiration la
littérature des temps primitifs. — En appliquant au Pentateuque tout ce que nous venons de dire de la poésie en général,
nous reconnaîtrons que cet ouvrage porte évidemment l'empreinte de chacun de ces caractères. Comme la lyre des anciens
temps, il nous raconte d'abord la création et l'attribue à *Dieu*,
dont il célèbre ainsi la puissance créatrice.

Il nous dit ensuite quelle est l'action *providentielle* que ce
Dieu exerce sur l'humanité, par les soins qu'il donne à la perpétuité de la race humaine qu'il garantit du déluge dans la
personne de Noé et de ses enfants. — Jusqu'à ce moment cette
action est générale; elle se spécialise un instant pour s'appliquer aux patriarches et au peuple élu qui leur doit son origine,
mais pour se généraliser plus tard, puisque l'élection de ce
peuple choisi a pour but final la réhabilitation du genre humain. Les exemples ne nous manqueraient pas si nous voulions indiquer sous combien de faces différentes le Pentateuque nous a montré la puissance créatrice et conservatrice de la
Divinité. Ce n'est pas seulement par le fond des idées, comme
nous venons de le dire, que ce poème appartient au genre lyrique, c'est encore par la forme. Qu'on se rappelle l'admirable
cantique chanté par les Hébreux au sortir de la mer Rouge, et
le magnifique discours que Moïse, près de mourir, adresse aux

Israélites; puis que l'on juge si, entre tous les poèmes lyriques anciens ou modernes, le Pentateuque ne saurait prendre la première place. — Comme l'épopée, le Pentateuque assigne au *Créateur* de toutes choses les fonctions de législateur et celles de juge. N'est-ce point, en effet, le premier acte de législation dont il soit parlé dans les annales du monde, que la défense faite à nos premiers parents? N'est-ce pas le premier jugement que celui par lequel fut châtiée l'infraction de cette défense?

Dieu revêt encore dans le Pentateuque le caractère de juge, soit lorsqu'il punit les prévarications de l'univers par un immense déluge, soit lorsqu'il livre à une pluie de feu les cinq villes pécheresses, que remplace aujourd'hui le lac Asphaltite.

Le caractère de législateur est encore celui par lequel *Dieu* se manifeste dans le Pentateuque, lors de la loi verbale qu'il impose à Noé, quand il astreint Abraham et ses enfants au rite de la circoncision ; lorsqu'il promulgue la loi mosaïque au milieu des foudres du Sinaï ; et surtout lorsqu'il dicte à Moïse ces deux Codes immortels, chefs-d'œuvre de législation, et qui nous sont parvenus sous le titre de Lévitique et de Deutéronome. Enfin, l'intervention *divine* dans les affaires humaines est constatée par le Pentateuque, et caractérisée par cet ouvrage. Premièrement, comme manifeste : car ce n'est point à l'aide de moyens cachés que *Dieu* conduit l'homme et qu'il le dirige depuis Adam jusqu'à Moïse ; c'est en se montrant au grand jour, en parlant, en agissant lui-même, en dérogeant, pour l'accomplissement de ses desseins, aux lois générales qui régissent le monde physique. Secondement, comme incessante : l'action divine ne se ralentit pas un instant d'un bout à l'autre du Pentateuque ; à peine sont révolus les âges cosmogoniques, où le seul rôle qui existe est rempli par la *Divinité*, que cette *Divinité* se montre à nos premiers pères, se révèle à leurs descendants, agit sur leur postérité, soit pour punir le mal passé, soit pour prévenir celui que les âges futurs auraient à craindre, soit enfin pour répandre sur le présent l'influence de sa justice ou de sa charité. Troisièmement, comme nécessaire : dans les conditions où se trouvait la *Divinité*, soit avant, soit après la création, son action était indispensable à l'accomplissement et à la conservation de l'œuvre des six jours ; elle était indispensable à la réhabilitation de l'homme déchu par une première désobéissance ; elle était indispensable pour empêcher la corruption universelle sans porter atteinte à la liberté morale ; elle était encore indispensable à la constitution d'une société d'élite d'où surgît le *Réparateur* promis aux siècles à venir. Vous le voyez donc, Messieurs, ou il faut renoncer à trouver de la poésie chez quelque nation que ce puisse être, et en nier absolument l'existence, ou il faut convenir que tout ce qui caractérise la poésie en révèle la présence dans le Pentateuque, et nous montre cet antique ouvrage comme l'œuvre la plus complète et la plus sublime qui ait été enfantée par la poésie.

Examinons maintenant de quelle utilité est le Pentateuque pour l'histoire du monde en général, et en particulier pour celle des Hébreux. Cette utilité se manifeste à nos regards sous trois aspects différents : Premièrement, sans cet ouvrage, nous ignorerions l'histoire des premiers âges du monde ; secondement, nous ne connaîtrions pas la première période historique de l'existence des Hébreux ; troisièmement, l'histoire de ce peuple, depuis son établissement dans la terre promise jusqu'à sa dispersion par Titus, serait pour nous inintelligible.

Et, d'abord, l'histoire des premiers âges du monde nous serait inconnue sans le Pentateuque. Quelques écrivains, je le sais, nous ont transmis des documents sur cette première période ; mais la plupart, tels que ceux de Sanchoniaton, Manéton, Bérose, Orphée et Hésiode, n'ont échappé qu'en partie aux injures des siecles ; et ce sont bien moins des annales suivies que quelques feuillets épars qui ne nous ont laissé que des notions incomplètes et sans liaison. Quelques autres, tels que Manou, Lao-Tseu, Confucius et Zoroastre, ont noyé, dans un amas de fables, le peu de connaissances historiques qu'ils nous ont conservées, et semblent même s'être plu à les rendre méconnaissables Le Pentateuque, lui seul, renferme sur l'histoire une somme de données bien supérieures à celles qui sont contenues dans les autres ouvrages du même genre, lors même que l'on ferait abstraction des faits surnaturels et dogmatiques consignés dans le livre de Moïse. Il y a plus, si les autres ou-

vrages cosmogoniques nous ont appris quelque chose, s'ils ont
pour nous une valeur intellectuelle et morale, c'est seulement
parceque, frappée des reflets du Pentateuque, leur lettre
morte s'est ravivée à cette clarté après une signification, et nous
est devenue intelligible.

Deuxièmement, sans le Pentateuque, la première période de
l'existence des Hébreux nous serait parfaitement inconnue.
Cette vérité n'a nul besoin de démonstration; car, quel est
celui qui ne voit que dans tout le reste des annales hébraïques
nous ne trouverions que quelques notions éparses, impuis-
santes à nous faire connaître et apprécier l'origine de ce peuple
extraordinaire, les motifs de sa constitution politique et le
secret de sa conservation au milieu de tous les périls qui con-
juraient à chaque instant sa ruine et semblaient la rendre inévitable?

Qu'est-ce, en effet, que cette histoire? le récit des desseins
providentiels et de la conduite que *Dieu* a tenue par rapport au
peuple hébreu. Retranchez le Pentateuque, et vous ignorerez
la cause de ces conseils. Les motifs qui ont déterminé la conduite de *Dieu* vous sont parfaitement inconnus; vous n'aurez
appris ni la déchéance du genre humain, ni sa corruption, et
Dieu vous apparaîtra comme n'ayant eu aucune raison de se
choisir un peuple d'élite. Vous ignorerez, en outre, le but humanitaire qu'il s'est proposé dans le choix de ce peuple, et vous
ne concevrez pas la haute importance qu'il attache au maintien
des Hébreux dans la pratique de sa loi. Enfin la chute de Jérusalem, sa destruction et la dispersion de ses enfants ne sera plus
qu'un fait historique comme tant d'autres, et non pas le juste
châtiment infligé à un peuple déicide. D'après ce que nous venons de dire, on ne saurait révoquer en doute la haute importance du Pentateuque par rapport à l'histoire des Hébreux, et
la nécessité absolue d'un tel ouvrage pour se former une idée
sur ce peuple extraordinaire. Moins indispensables que l'œuvre
de Moïse, les livres de Job, de Tobie et de Ruth sont pourtant
d'une grande utilité à quiconque veut s'instruire des mœurs,
des usages, des coutumes, des cérémonies hébraïques. Quel
que soit l'avis que l'on adopte sur le premier de ces ouvrages,

que l'on fasse de Job le contemporain de Moïse ou celui de Nabuchodonosor, le livre où sont décrites les infortunes de ce patriarche n'en donne pas moins des notions précieuses sur le caractère national des peuples de l'Arabie. C'est surtout pour eux que la date est peu importante, puisque, éminemment stationnaires, ils sont encore de nos jours ce qu'ils étaient aux temps anciens.

Ce que Job est pour la nationalité arabe, Tobie l'est à son tour pour la nationalité israélite. C'est là le véritable type de l'Hébreu pratiquant la loi *divine*, et n'en connaissant que les prescriptions.

Enfin, vient à son tour cette charmante églogue de Ruth qui, en nous donnant, comme Tobie, des détails circonstanciés sur les mœurs des Hébreux, renferme encore un document essentiel à la généalogie de David.

Cent ans environ après la mort de Moïse, apparut dans la Thrace un homme dont s'est emparé le polythéisme et qui l'a transformé en demi-dieu. — Orphée fut chez les Grecs la plus haute personnification de la poésie primitive, et voici ses enseignements :

« Avant la création du monde, *Dieu* était uni au chaos et s'y trouvait joint d'une façon si complète que toutes choses, tant le passé que l'avenir, étaient renfermées dans son sein. Ainsi toute espèce de nature reposait-elle en lui de toute éternité! A une époque déterminée ce *Dieu* enfanta la matière et tout ce qui existe. Ainsi émanèrent de lui les dieux, les déesses, le soleil, la lune, les étoiles et la création tout entière. Parconséquent toutes les créatures participent à l'essence *divine* par voie d'émanation; elles sont des parties de la *Divinité;* elles en sont les membres et il n'existe rien qui ne porte l'empreinte *divine*. Il y a donc dans chaque partie du monde une partie de la *Divinité;* aussi, est-ce avec juste raison que ces parties sont regardées comme des dieux! Il existe une essence *divine* qui, découlant de sa source première, est présente partout et seule est la puissance qui préside à l'administration de l'univers. Parconséquent, comme toutes choses ne procèdent pas seulement de *Dieu,* mais encore résident en lui, il en résulte une multi-

tude de divinités. Ce sont ces dieux qu'il faut honorer parceque la nature humaine ne saurait atteindre à la *Divinité* souveraine, cachée, invisible et inaccessible à notre intelligence. La
forme, ou la figure *divine*, ne saurait être imaginée puisque
Dieu est répandu dans l'universalité des êtres, et que cette
universalité seule peut reproduire son image. Comme tout
vient de *Dieu*, de même tout ce qui en est émané doit retourner en lui; et telle est la souveraine béatitude que les hommes
religieux doivent obtenir après leur mort. Il existe donc des
purifications et des ablutions nombreuses, afin que, rendue
plus pure, l'âme puisse retourner à sa source originelle. C'est
dans ce but que sont employés les mystères et les initiations. »

D'après ce document précieux et peut-être le plus complet
que le polythéisme nous ait transmis sur lui-même, on ne saurait, ce me semble, révoquer en doute son origine égyptienne
et son extrême affinité avec les doctrines brâhmaniques. Dans
la religion d'Orphée, comme dans celle des Brahmes, le pan-
théisme est formulé de la manière la plus précise :

Tout vient de *Dieu*, tout est *Dieu*, tout retourne à *Dieu*.

De là, l'inévitable nécessité des expiations, pour rendre de
plus en plus digne de retourner à sa source *divine* l'âme qui
en est émanée. Quant aux moyens par lesquels s'obtiennent ces purifications, ils sont entièrement égyptiens; ce sont
les initiations et les mystères. Enfin, comme un *Dieu* suprême
et incompréhensible paraissait trop au-dessus de la faiblesse
de l'homme, Orphée, comme les Egyptiens et les Hindous, dé-
duit de son système une multitude de divinités secondaires
qui ne sont autre chose que les forces de la nature déifiées.
La communauté d'origine entre la religion primitive des Grecs,
celle des Egyptiens et le culte des Hindous, est donc manifeste
et nous démontre à quelle antiquité remonte l'influence de
l'Orient sur notre Europe.

Fils ou disciple d'Orphée, Musée fut l'imitateur de sa poésie
et le conservateur de ses doctrines ; il a donc participé à l'œuvre historique accomplie par Orphée, il l'a popularisée et trans-
mise à ses successeurs, Homère et Hésiode.

11

De lyrique qu'elle avait été jusqu'alors, la poésie devint épique à l'apparition d'Homère. Ce grand poète, résumant ce qu'Orphée et Musée avaient enseigné, mit en action la théogonie de ces deux lyriques; il fit descendre parmi les hommes les dieux secondaires que ses deux prédécesseurs avaient inventés, et personnifia sous le nom de Jupiter l'essence divine qu'Orphée avait préposée à l'administration du monde. Ainsi Homère a continué la chaîne des traditions Orphiques; et sous ce rapport il a rendu un service immense à l'histoire intellectuelle de la Grèce. Il n'a pas été moins utile, peut-être même l'a-t-il été davantage, à chacune des cités helléniques, puisqu'il en a conservé les origines historiques, il en a décrit les circonscriptions territoriales, il en a indiqué les alliances ou les tendances hostiles, préparant par là les éléments qui devaient entrer dans la constitution de la période historique qui allait commencer après lui. A qui veut effectivement se rendre compte des affections ou des antipathies de ces diverses cités, il suffit de jeter un coup d'œil sur les œuvres d'Homère; là se trouve presque infailliblement la solution de ces divers problèmes nationaux.

Suivant la tradition la plus commune et en même temps la plus authentique, après Homère vint Hésiode, poète théologien; il s'attacha plus directement encore que son prédécesseur à raviver les leçons d'Orphée, mais en y joignant des traditions venues de l'Asie par le Nord. Ce fut ainsi qu'il compléta les documents historiques dont Orphée n'avait connu ou voulu faire connaître que la moitié. Le lyrique de Thrace avait en effet formulé ses croyances d'après celles qui lui étaient venues de l'Orient; le poète d'Ascra y joignit l'histoire des générations humaines en commençant par celles que l'Orient vit fleurir dans un état d'innocence plus ou moins pur, et qui, à cause de cela, furent divisées en deux âges : l'âge d'or et l'âge d'argent. A ces deux générations Hésiode en ajoute une troisième, celle qui constitue l'âge d'airain. A la description qu'il fait des hommes qui vécurent dans cette période, on reconnaît facilement ces races cyclopéennes, désignées tour-à-tour sous les noms de Titans, de Pélasges, d'Aborigènes, de Scythes, auxquels leur lutte contre les colonies de l'Orient mérita le titre d'ennemis des dieux, et qui furent surnommés Géants à cause de leur taille extraordinaire. Après ce troisième âge vient le quatrième ; c'est celui des héros à qui leur valeur et leur piété valurent les honneurs divins. Ce sont ceux qui exécutèrent les deux siéges de Thèbes et mirent à fin la guerre de Troie. A la mort de ces héros commence le cinquième âge, l'âge de fer qui est celui où vit Hésiode.

On le voit, peu de poètes ont réuni sous un seul point de vue et dans un court fragment plus de documents historiques que ne l'a fait Hésiode ; et toutefois ces renseignements ne sont pas les seuls qu'il nous ait transmis : c'est à lui que nous devons encore la conservation de l'admirable mythe de Pandore, allégorie charmante qui semble avoir voulu reproduire pour les sages et voiler aux yeux du vulgaire la tradition d'une désobéissance primitive, d'une faute originelle, cause de tous les fléaux qui ont envahi l'univers. Cette allégorie semble avoir eu aussi un autre but : celui de reporter la pensée des Grecs vers ce Prométhée, cet antique souverain du Caucase qu'ils avaient donné pour père à Deucalion, dont les tribus, après celles des Pélasges, vinrent pour la deuxième fois peupler la Grèce par le Nord.

Aux temps où l'Italie n'était encore grecque ni par sa langue ni par ses habitants, elle eut une histoire locale et des chants nationaux comme toutes les autres terres du monde. Mais deux grands fléaux se sont attachés à ces antiques documents et les ont entièrement défigurés. Ces fléaux furent le désir de l'imitation et la flatterie. L'harmonieux courtisan d'Octave, Virgile, s'empara des vieilles traditions historiques, les appropria au but général de son énigme et s'en servit comme moyen d'exaltation en faveur de la grandeur romaine qu'il n'élevait aussi haut que pour en faire un trône à la maison des Jules. Élégant imitateur des Grecs, Ovide mélangea avec esprit leurs ingénieuses inventions avec les récits historiques que lui fournissaient les traditions de son pays. Il suivit les errements helléniques dans la manière dont il reproduisit les faits qui s'étaient passés dans l'antique Italie. De ce spirituel labeur sortit une œuvre pleine d'agrément et de grâce, mais dans laquelle l'imagination avait éteint le flambeau de l'histoire. Ce n'est donc ni dans Ovide ni dans Virgile que nous pouvons retrouver les vestiges des anciennes traditions de l'Italie.

Une source nous restait encore; l'ambitieuse politique du sénat romain eut soin de la dérober à tous les yeux. C'était le recueil des chants apportés, dit-on, à Tarquin par la Sibylle d'Erythrée. Tenus dans une soigneuse obscurité, et consumés par l'incendie qui dévora le Capitole, ces chants devaient contenir un grand nombre de traditions populaires, et auraient donné sans doute de précieux renseignements sur les antiquités grecques, si intimement unies aux origines romaines. Mais la connaissance de ces livres était concentrée dans un trop petit nombre d'individus pour qu'elle se perpétuât après qu'ils eurent été détruits. Vainement s'efforça-t-on de suppléer à un si grand dommage; les ouvrages du même genre que le sénat romain envoya chercher à Erythrée ne furent que des apocryphes, grossière contrefaçon qui attesta plutôt qu'elle ne répara la grandeur d'une telle perte.

Si la voix des Sibylles s'est éteinte dans le Midi et dans l'Orient, en a-t-il été de même dans le Nord? Nullement. Une tradition celtique persuadait aux habitants de l'Europe septentrionale qu'un Esprit *divin* reposait chez les femmes, dévoilait l'avenir à leur intelligence et leur révélait les destinées que la *Providence* réserve aux races humaines. Ces Sibylles du Nord furent connues pour la plupart sous les noms de Valida, Véla, Velléda, Vola ou Voluspa; et ce sont ces deux derniers noms que nous trouvons au titre du recueil mythologique le plus important que la Scandinavie nous ait légué.

Il est inutile de rappeler ici ce que personne n'ignore relativement aux races gothiques, qui, à la mort de Mithridate-le-Grand, furent refoulées par les Romains dans le Nord de l'Europe, où elles s'établirent sous la conduite d'Odin et du sage Mimir, son conseiller.

Tout a été dit sur la religion de sang et de carnage que le chef de cette peuplade barbare institua et sanctionna par une mort volontaire. C'est sur cette religion que sont fondés les chants intitulés *Voluspa*, et que la prophétesse Vola est supposée chanter dans l'assemblée des dieux.

Trois grands faits historiques sont constatés par ces chants. Premièrement, la création de l'homme par la *Divinité*. Secondement, un état de bonheur et d'innocence qui a régné dans les premiers âges du monde et duquel la race humaine est déchue. Troisièmement, l'existence d'un cataclysme universel quia fait périr une race d'hommes gigantesque et dépravée.

Trois faits dogmatiques ont été également conservés dans le récit cosmogonique de la Vola. Premièrement, la reconnaissance d'une *Trinité divine*. Secondement, la réhabilitation du monde par la mort d'un *Dieu* souverainement juste et bienfaisant. Troisièmement enfin, la croyance d'un jugement dernier qui, rendant à chacun selon ses œuvres, fondra sur des vertus et des vices réels le bonheur ou le malheur de l'humanité.

Quant aux faits historiques que la Vola a constatés, la démonstration n'en sera pas difficile. « Un jour, les fils de Bor, Odin, Wili et Né, trouvèrent en se promenant deux troncs de bois informes ; c'était un frêne et un aulne ; Odin leur donna le souffle ; un autre, l'intelligence ; un autre, le sang et un beau visage. Et ainsi furent formés l'homme et la femme. »

Ainsi, c'est aux trois grandes divinités qui régissent l'univers que le premier homme et la première femme doivent leur origine.

« Après que le monde, les géants, les dieux, les nains et les hommes ont été formés, commence le grand cycle de la destinée des êtres créés. Odin charge les dieux de présider au sort des hommes ; ils vivent un temps au sein du bonheur et de l'abondance. C'est l'âge d'or des dieux. »

Mais cet âge d'or n'est pas de longue durée ; l'ennemi des dieux, le géant Loki, déchaîne contre eux toutes ses fureurs ; et des fléaux sans nombre inondent la race humaine. Voilà bien ce bonheur primitif suivi d'une déchéance fatale dont toutes les annales du monde ont conservé le souvenir.

« Mais Odin et ses frères ont soif du sang des pervers ; un déluge de ce sang survient dans lequel périssent les géants de la Gelée ; un seul se sauve avec sa famille et c'est le père de la nouvelle race des géants. »

Malgré le fait imaginaire assigné par les Scandinaves au déluge universel, on n'en voit pas moins résulter de leurs récits la croyance à un immense cataclysme, et c'est là tout ce que nous voulions démontrer.

Les faits dogmatiques sont également le résultat des croyances scandinaves. Nous avons déjà vu que les trois grands dieux de ces peuples étaient frères, qu'ils agissaient simultanément, et qu'ils s'étaient tellement partagé les attributs de la puissance créatrice, qu'ils ne pouvaient l'exercer que collectivement, puisque de l'un provenait l'existence; du second, la pensée; et du troisième, la forme. C'était là, on ne peut en douter, la seule manière dont des peuples aussi grossiers pussent se figurer la *Trinité divine*, et c'était même déjà beaucoup pour eux de la concevoir ainsi. « Balder et son frère, de la main duquel il avait reçu le coup mortel, reviennent des sombres demeures d'Héla s'asseoir en paix dans les salles renouvelées d'Odin. »

Si ce n'est absolument là la confession du dogme de la réhabilitation humaine, on conviendra du moins qu'il y en a comme un reflet et une sorte de pressentiment. Mais ce qu'il y a de plus manifeste encore, c'est la rénovation du ciel et de la terre, identique, quant au fond des idées, avec celle qui nous est annoncée par nos livres saints.

« Alors elle vit la terre admirablement verte, de nouveau sortir de la mer; elle vit les cascades se précipiter, et, au-dessus, voler l'aigle, qui guette les poissons du haut des rochers. Alors les moissons croîtront sans être semées; tout malheur sera détruit : Balder viendra et bâtira la belliqueuse demeure d'Odin, le palais sacré des dieux....... Elle vit s'élever un palais plus beau que le soleil, sur le haut Gimli; là, habiteront les bonnes races à jamais heureuses. »

Messieurs, me voici arrivé au terme de la carrière que je m'étais prescrite; j'ai eu l'honneur de faire passer sous vos yeux les principaux ouvrages poétiques qui, chez les peuples les plus célèbres de l'antiquité et chez ceux qui ont pu influer sur notre civilisation moderne, se sont fait remarquer par le génie et la puissance des traditions. Ces traditions, nous les avons tour-à-tour retrouvées aussi vivaces que fécondes dans les chants de la Vola, dans les mythes d'Hésiode, dans l'épopée homérique, dans les préceptes de Musée, dans les hymnes orphiques, et dans les récits cosmogoniques de Moïse.

A vous maintenant, Messieurs, de venir en aide à ma faiblesse, d'éclairer mon inexpérience et de faire jaillir d'une savante discussion les enseignements que mon âge ne m'a pas permis de vous offrir.

CINQUIÈME SÉANCE.

(LUNDI 24 SEPTEMBRE 1838.)

Présidence de M. le chevalier ALEXANDRE LENOIR.

La discussion est ouverte sur le mémoire de M. F. CHATELAIN, relatif au *prétendu incendie de la bibliothèque d'Alexandrie par le calife O'mar.*

M. LEUDIÈRE : L'auteur du mémoire a présenté sous forme absolue le passage de Plutarque relatif à la bibliothèque d'Alexandrie; je crois qu'il a été trop loin; il y avait des distinctions à établir. Plutarque dit que les ennemis de Marc-Antoine l'accusèrent d'avoir livré à Cléopâtre jusqu'à deux cent mille volumes. A cette accusation la postérité doit-elle ajouter une foi entière? Une accusation faite dans un temps de guerre civile est-elle toujours bien fondée?

Paul Orose dit que la bibliothèque existait encore de son temps (vers le Ve siècle), que les livres se trouvaient dans les temples, dans des armoires, et il ajoute : « On dit que beaucoup de ces ouvrages ont été dispersés par les *nôtres* (les Romains). » D'autres volumes, suivant cet historien, auraient été apportés d'ailleurs pour remplacer ceux qui manquaient. Ces deux passages ne présentent-ils pas quelque contradiction? Je ne sais, pour ma part, jusqu'à quel point cette bibliothèque était intacte lors de l'invasion musulmane, mais il devait y avoir encore beaucoup d'ouvrages. Quant aux bains qu'ils auraient servi à chauffer pendant six mois, on ne dit pas qu'ils y aient été exclusivement employés; et il est probable qu'on avait bien d'autres combustibles sous la main.

M. Étienne Quatremère a trouvé de nouveaux textes arabes qui confirmeront ou contesteront l'autorité des anciens. Nous en attendrons la publication pour prendre un parti et pour discuter, non plus sous forme dubitative, les textes anciens qui se rapportent à ce fait.

M. Fresse-Montval cherche à disculper les chrétiens de l'accusation d'avoir brûlé la bibliothèque d'Alexandrie; il pense que les Arabes, peu amis des progrès et des lumières, en étaient seuls capables.

M. Auguste Savagner. La destruction de la bibliothèque d'Alexandrie doit remonter à l'époque de la lutte des néoplatoniciens avec les chrétiens des IIIe et IVe siècles. On connaît l'esprit de zèle aveugle et l'ignorance qui caractérisèrent longtemps les moines d'Egypte. On connaît aussi le scandale des désordres religieux dont Alexandrie fut le théâtre. Or, si vous considérez ce qui se passe de nos jours, quand Rome attentive s'attache à détruire les ouvrages qu'elle regarde comme contraires à la propagation de ses doctrines, vous ne pouvez douter que les mêmes causes, aux IIIe et IVe siècles, aient produit les mêmes effets, et que les moines de ces temps barbares aient cru voir une obligation sacrée dans l'anéantissement des livres qui contrariaient leur esprit de propagande. De ce nombre étaient certainement les écrits d'histoire et de philosophie de la bibliothèque d'Alexandrie. Ensuite, aucune indication positive n'autorise à signaler les Arabes comme auteurs de cette destruction.

La discussion est ouverte sur le mémoire de M. Moreau de

Dammartin, relatif aux *formes alphabétiques des différents peuples*.

M. Leudière félicite M. Moreau de Dammartin de n'avoir pas reculé devant les nombreuses difficultés que présentait le sujet de son Mémoire. Il ne croit pas cependant qu'il faille appliquer à l'origine de l'écriture le système astronomique déjà tenté pour expliquer l'origine des cultes. Les connaissances astronomiques supposent déjà celles de la géométrie, de la sculpture, du dessin. Comment aurait-on acquis ces sciences avant d'avoir pensé à inventer les caractères graphiques? Le système de M. Moreau tient par un lien imperceptible, mais réel, à cette préoccupation qui voit partout des mythes et des symboles, et qui confisque l'histoire au profit de la mythologie.

L'auteur aurait dû parler de deux écritures opposées qui se sont produites dans l'humanité, l'écriture idéographique et l'écriture phonétique; et, parmi les alphabets, il lui eût fallu examiner si tous présentaient les mêmes formes pour les mêmes caractères, signaler enfin les modifications, les altérations que ces formes ont subies. Dans tous les cas, il est bien difficile d'arriver à une conclusion satisfaisante au milieu de la grande diversité que présente la comparaison des alphabets anciens.

M. Aug. Vallet présente quelques objections relatives au passage dans lequel M. Moreau de Dammartin voit parmi les ours, les hermines et autres animaux héraldiques, la constellation d'Orion. Il conteste également l'interprétation de l'auteur du Mémoire en ce qui touche le *valet de pique* des cartes à jouer. Enfin, il reproche à M. Moreau de Dammartin d'avoir simplement avancé que « *l'invention du jeu de cartes est plus ancienne qu'on ne pense*, » sans avoir appuyé d'aucune preuve cette assertion contradictoire.

M. G.-Louis Domeny de Rienzi : Je commencerai, Messieurs, par rendre justice à l'érudition de M. Moreau de Dammartin, et au talent dont il a fait preuve dans son savant Mémoire.

Nous sommes peu habitués à d'aussi bonnes fortunes sur des sujets si ardus. Aussi le travail de M. Moreau est-il du petit nombre de ceux qui restent acquis à la science, et dont tôt ou tard elle fait son profit.

Deux orateurs cependant ont attaqué certaines parties de ce Mémoire. D'après M. Leudière, il y aurait beaucoup d'inexactitudes dans les rapports que M. Moreau découvre entre les alphabets de certaines langues orientales qu'il a étudiées. Je regrette, Messieurs, que, pour justifier l'auteur du Mémoire, il me faille entrer dans des détails fort arides, fort ennuyeux sur la filiation de ces langues et sur leurs formes alphabétiques. Vous excuserez, j'en ai l'espoir, une position que je ne me suis point faite.

Il arrive souvent que les orateurs qui se présentent pour engager la discussion sur des Mémoires lus dans cette enceinte, n'ont pas la matière qu'ils veulent traiter bien coordonnée, bien liée dans leur tête. A peine ont-ils eu le temps de s'y préparer, surpris qu'ils sont par de nouveaux aperçus, et souvent par des points tout-à-fait inattendus que la discussion fait jaillir ; telle est ma position, Messieurs. Cependant, je ne puis me regarder comme tout-à-fait étranger à la question qui s'agite, parceque j'ai voyagé moi-même quatorze ans dans les contrées où l'on parle les langues qui font l'objet du savant discours de M. Moreau de Dammartin.

Les assertions de l'honorable M. Leudière, qui a aussi fort étudié la question, sans doute, m'ont semblé quelquefois manquer de fondement, surtout dans les points où il se trouve en opposition avec M. Moreau.

Pour le combattre davantage, il nous faudrait comparer ensemble tous les alphabets de la famille *indo-germanique* et celui de la nation chinoise. De pareils détails nous entraîneraient beaucoup trop loin. Vous y verriez que des rapports frappants existent par filiation entre les caractères orientaux et ceux des peuples de l'Occident.

Je laisse de côté la question des caractères cunéiformes, dont l'explication est encore si peu avancée. Vous en avez ici sous les yeux un specimen fort remarquable dans cette empreinte d'un monument babylonien, que M. Moreau de Dammartin doit à l'obligeance de M. Létronne, et dont il a fait hommage à notre Institut. Je passe aux caractères indous.

Leur antiquité, Messieurs, me semble la plus irrécusable et la mieux constatée. Nul doute pour moi que le *Devanagari*, le caractère alphabétique sacré, comme le nomme le Sanscrit, ne soit le type et la souche de tous les autres signes graphiques employés chez les différents peuples comme alphabets. C'est le plus parfait comme le plus ancien de tous, et un examen attentif vous fera sans cesse découvrir les rapports les plus frappants entre ce caractère et tous ceux de l'Orient. Les Phéniciens avaient emprunté aux Indous leur alphabet. Les Égyptiens y trouvèrent les éléments de leurs caractères démotiques, et les Hébreux ceux de leur écriture. J'avouerai cependant que les caractères cunéiformes, ces sortes de coins si semblables les uns aux autres que vous voyez ici, ont bien peu d'analogie avec l'*aleph*, le *gimel*, le *daleth*, dont M. Moreau de Dammartin, puis M. Leudière, vous ont parlé ; mais nous ne sommes pas encore assez instruits sur la forme et l'ordonnance de ces signes graphiques, nous n'en possédons point d'assez nombreux exemples pour nous prononcer sur leur origine primitive.

Quant aux objections de M. Vallet, elles témoignent certainement beaucoup de science et de sagacité ; mais je suis forcé de reconnaître qu'elles ont totalement deplacé la question, et que le blason avait fort peu affaire ici pour éclairer la question de l'origine des caractères alphabétiques.

M. LEUDIÈRE : L'honorable M. de Rienzi ne me semble pas avoir assez appuyé sur les objections que j'avais faites à M. Moreau de Dammartin. Il a donné son assentiment au système de notre savant collègue, mais il a peu combattu le mien, et c'est ce dont il s'agissait ici. En effet, qu'avais-je dit, si ce n'est qu'il y a inexactitude à attribuer à l'astronomie, c'est-à-dire à la forme des constellations, l'origine des caractères graphiques, parcequ'il me semble difficile que les hommes aient pu tout d'abord les calquer sur les étoiles et sur les formes que leurs groupes dessinent au firmament ? Trouvera-t-on par exemple que les 56 caractères indous aient beaucoup d'analogie avec la forme de la grande Ourse, avec celle du Bouvier d'Orion, avec toute autre figure astronomique? Enfin, quoique je n'aie point parcouru les Indes comme M. de Rienzi, qu'il me permette de m'étonner de le voir attacher si peu d'importance aux caractères cunéiformes, source aujourd'hui de si grands débats dans le monde savant!

Tous les caractères cunéiformes ne sont nullement identiques. Les inscriptions de Persépolis n'ont point le même aspect que celles de Babylone. Et d'ailleurs ne sait-on pas aussi depuis plus de 150 ans qu'il existe des lettres cunéiformes en Suède et en Norvége? Certainement les runes dont on a tant parlé se rattachent à ce genre d'écriture. Anquetil-Duperron l'a savamment démontré. Il est vrai que nous ne sommes guère plus avancés pour cela; tous les systèmes dont le but est l'explication des cunéiformes se contredisent; et nous sommes toujours dans la même ignorance sur leur valeur.

Tout ce que j'avais à dire, Messieurs, et je me résume, c'est qu'à mon avis il est au moins hasardeux de chercher à tirer de graves conclusions d'une analogie que rien ne démontre entre les caractères graphiques et les figures astronomiques. L'esprit humain est de sa nature vagabond; et rien n'arrête la folle du logis quand la fantaisie lui prend de se lancer dans le champ sans limites des hypothèses.

M. DE RIENZI se lève pour répondre à M. Leudière.

M. MOREAU DE DAMMARTIN, qui avait d'abord demandé la parole, la cède à M. de Rienzi, et déclare renoncer à défendre plus longtemps son mémoire pour ne pas prolonger la discussion.

M. DE RIENZI : M. Leudière a semblé dire tout-à-l'heure que j'avais confondu les caractères zend et les caractères cunéiformes. Il me fait trop peu d'honneur, ou bien il ne m'a pas compris. J'ai parlé au contraire de leur différence, et j'ai établi la filiation des langues *zend*, *pelhvi* et *parsi*, en descendant jusqu'au persan actuel.

M. Leudière confond encore les caractères runiques et les caractères cunéiformes. Ils diffèrent complètement, c'est un fait acquis à la science. Je finis en adressant de nouveaux éloges

au savant travail de M. Moreau ; et je le félicite d'avoir complètement triomphé de ses adversaires par son seul silence.

La discussion est ouverte sur le mémoire de M. de L'ESCALO-
PIER, relatif à *l'utilité pour l'histoire des poèmes des premiers
âges d'une nation.*

M. MARTIN, de Paris : Le mémoire de M. de L'Escalopier sur les
poèmes primitifs ne laisse rien à désirer sous le rapport de l'orthodoxie, mais il n'en est pas de même sous celui de la science
historique, car l'auteur s'est appuyé sur beaucoup de faits que
l'érudition moderne a rangés avec raison parmi les traditions
fabuleuses ou controuvées.

Sans doute, le Pentateuque est un des plus beaux poèmes
de l'antiquité, c'est aussi un des documents les plus précieux
sur l'état primitif de quelques nations ; mais, pour soutenir sa
prééminence sous le rapport littéraire comme sous le rapport
historique sur tous les autres poèmes et documents de l'antiquité, l'auteur a fait trop bon marché de ceux-ci, les considérant comme des plagiats ou comme d'informes compositions.
Je ne crois pas qu'il faille, au profit d'un seul peuple, contester
la grandeur et l'ancienneté de tous les autres, ni devant le génie
de Moïse faire courber tous les autres génies des temps antiques. Laissons à chaque peuple comme à chaque individu l'originalité et la propriété de ses œuvres, et ne réduisons pas
les premières civilisations du monde, celles de la Baby-
lonie, de l'Égypte, de l'Inde, de la Chine, à l'espace étroit
de la chronologie biblique. Moïse lui-même était plus juste,
lorsqu'en présentant aux Égyptiens des réglements et des
connaissances, fruits de longues élaborations et de réformes
successives, il reconnaissait ainsi leur priorité sur sa nation,
en tous points, excepté en religion, car pour ce dernier point
il s'en tenait au culte plus naïf et aussi plus pur des Hébreux,
lesquels avaient conservé fidèlement le souvenir du dieu de
leurs ancêtres, de Jéhovah, que tous les peuples Syriens et Chaldéens adoraient en commun.

En effet, la Genèse met le nom de Jéhovah dans la

bouche des prêtres et des chefs syriens qui avaient des relations avec les patriarches hébreux, et cela dans des termes qui ne laissent aucun doute sur cette communauté de religion. C'est même ce qui facilita l'établissement provisoire des Hébreux en Palestine lorsqu'ils y furent poussés par le grand cataclysme qui les chassa d'Arménie. Mais les prêtres et les chefs chaldéens semblèrent avoir gardé pour eux seuls la connaissance et l'adoration d'un dieu unique, laissant au peuple, pour l'abrutir et mieux le soumettre, le culte des idoles et la pratique d'horribles superstitions. Eh bien ! ce Dieu fut relevé par Moïse dans sa généralité; tous les Hébreux furent initiés à sa connaissance; il leur défendit même toute image de ce Dieu, car il savait que de l'adoration de Dieu par une image on passe trop souvent à l'adoration de cette image seule. C'est là ce qui distingue la réforme de Moïse des réformes antérieures ou contemporaines.

M. de L'Escalopier a représenté les livres de Job et de Tobie comme empreints d'une poésie antique pleine de sublimité. Ici l'on regrette que l'auteur ait dédaigné l'étude des travaux de l'exégèse moderne. Des philologues distingués ont démontré jusqu'à l'évidence que les poèmes de Job et de Tobie sont d'une composition bien postérieure à la date qu'on leur assigne communément.

Cette observation s'applique encore aux prétendus poèmes d'Orphée que l'auteur a cités comme empreints des opinions religieuses et philosophiques des Grecs primitifs. Il est reconnu maintenant que les vers attribués à Orphée sont de la fabrique des Alexandrins, qui, pour rallumer la foi païenne qui s'eteignait insensiblement devant les lumières naissantes du christianisme, s'avisèrent de ressusciter des poèmes et des théogonies qu'Orphée et d'autres poètes grecs mythologiques étaient censés avoir créés. Au reste, il suffit de comparer les idées renfermées dans ces compositions avec celles des auteurs Alexandrins eux-mêmes pour en reconnaître la véritable origine.

Dans sa comparaison du Code de Manou avec celui de Moïse, l'auteur a voulu rabaisser le mérite du premier pour mieux faire ressortir celui du second; sans doute, comme le Pentateuque,

le Manavâ-Dharma-Sastrâ a subi à diverses époques beaucoup
d'interpolations et d'additions ; le merveilleux aussi y joue un
grand rôle ; toutes les compositions antiques ont eu le leur ; mais
ce code, tel qu'il est, constitue le plus précieux monument que
nous possédions sur l'ancienne civilisation de l'Inde. A côté de
prescriptions bisarres et minutieuses, il en est beaucoup qui
semblent avoir été inspirées par une morale très élevée, et qui
sont exprimées dans un langage rival de la plus belle poésie.

On invoque la révélation en faveur du Code de Moïse, mais
toutes les réformes, toutes les législations anciennes n'ont
passé aussi qu'à titre de révélation. Aussi bien que Moïse,
Zoroastre, Manou, Numa, Confucius et autres, auraient vu
échouer leurs nobles entreprises s'ils les avaient présentées
comme des œuvres purement humaines; ils savaient bien qu'il ne
suffisait pas d'avoir de l'habileté et du génie pour éblouir leurs
grossiers contemporains, mais que la religion leur ferait obtenir ce que l'envie, l'ignorance ou l'orgueil auraient pu leur refuser. Ceux mêmes qui dans la suite changèrent ces premières
législations suivant l'exigence de leur temps, devaient prouver
qu'ils y étaient autorisés par une inspiration d'en haut ; il fallait
que Jésus-Christ fût Dieu pour retoucher l'œuvre de Jéhovah.

Je sais bien que le savant qui adopte ce système ne satisfait
le sectateur d'aucune religion ou d'aucune réforme antique ;
mais lui seul par son impartialité rend une justice égale à leurs
auteurs, lui seul peut évoquer la mémoire de ces grands
hommes et leur dire : Vous avez tous par la méditation élevé
votre intelligence au-dessus de l'intelligence de vos contemporains ; vous avez par un long et pénible travail préparé à vos
semblables une vie plus morale et plus douce; pour atteindre
le but de votre philantropie vous avez fait abnégation de vous-
mêmes, de votre repos, de votre bonheur et souvent de votre
vie ; vous êtes tous dignes de la reconnaissance et de l'admiration de la postérité ; vous êtes tous des hommes divins !

M. Eugène de Monglave. Mesdames et Messieurs, la question
à résoudre est celle-ci : *De quelle utilité peuvent être pour l'histoire les poèmes des premiers âges d'une nation ?* Une double

voie s'ouvre aux orateurs qui affrontent cette tribune. Ou, résumant les matériaux connus, ils les lient à une synthèse plus ou moins heureuse, et en tirent des conséquences plus ou moins favorables à la question posée ; ou, se réduisant au rôle plus modeste d'investigateurs, ils fournissent aux autres, dans un rayon circonscrit, des matériaux ignorés ou peu connus que leurs travaux les ont mis à même de rencontrer sur leur route. Les premiers de ces orateurs sont les vrais architectes de la pensée historique, les autres n'en sont que les obscurs manœuvres ; c'est dans cette dernière catégorie que je me rangerai.

M. de L'Escalopier, dans un discours remarquable, vous a entretenus des poèmes des Hébreux, des Grecs et des Scandinaves. Je descendrai dans le moyen-âge, et je vous dirai, pour ma part, quelques mots des chants de ces peuples méridionaux qui, dans notre France, couvrent l'espace compris entre le versant occidental des Alpes et le point où les Pyrénées s'en vont mourir sur les grèves de l'Océan.

Et, d'abord, gardons-nous de confondre les chants nationaux et les chants populaires. Les premiers sont des poèmes guerriers ou politiques, de peu d'étendue, composés généralement par nos contemporains à l'usage de ces fréquentes révolutions, crises de notre corps social, qui viennent périodiquement faire trembler le sol sur lequel nous marchons. A cette classe appartiennent le *God save the king* et le *Rule Britannia* des Anglais, la *Chasse sauvage de Lutzow*, la *Marseillaise*, le *Chant du Départ*, l'*Ode à Kosciusko*, la *Tragala* et l'*Hymne de Riego*, les hymnes constitutionnels du Portugal, de l'Italie, du Brésil et des républiques américaines. Ce sont, en général, des productions modernes signées d'un auteur que cet éclair poétique et musical révèle souvent à ses compatriotes. Les deux chants constitutionnels du Portugal et du Brésil ont été composés et mis en musique par l'empereur dom Pedro. La mission de toutes ces odes nationales, nées des passions du moment, est de crier aux armes, de célébrer la victoire, de rallier les vaincus. Plus tard elles serviront à l'histoire.

Le chant populaire, lui, n'a aucune relation directe avec tel ou tel paroxisme donné du patriotisme. Fils dévoué de la patrie, remontant à des temps qui ne sont plus, il en révèle les mœurs, il en conserve les coutumes. C'est souvent l'arche dépositaire des plus précieux souvenirs d'une nation ; il n'oublie ni les croyances, ni les traditions, ni les conquêtes des aïeux. C'est la *Saga* scandinave, le *Runne* finnois, la *Dumka* russe, le *Crako-wiak* polonais, la *Saltarelle* napolitaine, le *Yole* tyrolien, le *Kuhrichen* des Alpes. Reflet du passé, il en colore l'histoire ; et l'écrivain qui de nos jours le dédaigne n'a pas compris sa mission.

Il est aussi certaines chansonnettes (et ici je vais paraître bien puéril sans doute, mais les mères et les sœurs qui m'entourent m'excuseront), il est des chansonnettes dédaignées qui se rattachent peut-être à des données historiques. Je veux parler de ces rondes au bruit desquelles jouent les enfants, non-seulement dans nos différentes provinces, mais souvent encore à l'étranger et bien loin de chez nous. Quand j'entends ces voix enfantines répéter : *J'irai dans ton champ, La tour, prends garde, Nous n'irons plus au bois, Quand Biron voulut danser*, je ne sais qui me pousse à chercher dans ces couplets sans art les débris défigurés de quelques ballades chevaleresques, une lueur perdue des institutions du moyen-âge, un dernier retentissement de ces tournois, de ces siéges de castels, de ces cours d'amour, de ces passe-temps de nobles châtelaines qui occupaient une si grande place dans la vie de nos ancêtres. Notre Béranger ne croyait point apostropher de graves archivistes, à peine échappés du berceau, quand il disait à toutes ces têtes blondes et rosées :

> Chers enfants, chantez, dansez !
> Votre âge
> Echappe à l'orage.

Je diviserai le midi de la France en Provence, Catalogne, Languedoc, Gascogne, Béarn, et pays des Basques ou plutôt des *Escualdunacs*.

Qui de vous, Mesdames et Messieurs, n'a entendu parler de la langue romane, cette fille gracieuse de l'idiome des maîtres du monde, qui lutta longues années contre notre français tudesque, conquit un instant les deux tiers de notre patrie, et que quelques pédants crottés du ci-devant Querci ont voulu proscrire dernièrement au nom de Bossuet et de Racine qu'ils ne comprennent pas? Un siége d'honneur lui fut offert à notre premier congrès de 1835. Je ne reviendrai pas sur son origine et sur sa richesse. Qu'il suffise de nous rappeler qu'elle constitue l'instrument harmonieux dont se sont servis les troubadours, ces élégants poètes du moyen-âge, qui sont aussi de précieux historiens, et sur lesquels feu Raynouard, l'auteur des *Templiers*, et notre excellent collègue et ami M. le chevalier Alexandre Du Mège, de Toulouse, ont réuni tant de matériaux intéressants. Toute l'histoire de la Provence, une grande partie de celle du Languedoc sont là.

Le Catalan, montagnard alerte, élancé, à l'œil vif, chante aussi; et souvent un filet de pêcheur gaze à peine son couplet grivois. Mais il n'oublie pas dans son poème sauvage la patrie qu'il chérit avant tout. L'histoire nationale a sa strophe dans chaque composition. Souvent même la composition entière n'est qu'un chant en l'honneur de quelque grand événement national. Témoin cet hymne qui fut chanté, en 1543, dans les rues de Barcelone, quand, les fenêtres pavoisées, les pavés jonchés de fleurs, on y promenait en triomphe, précédé de la bannière azurée de la Vierge, un marin, Blasco de Garay, fils de José de Garay, lieutenant de Pizarre au Pérou. Pourquoi ces honneurs inouis rendus à cet homme? C'est qu'il a proposé à Charles-Quint une machine qui fera voguer les vaisseaux, en temps calme, sans rames ni voiles, à l'aide de roues attachées à babord et à tribord. C'est que les expériences viennent d'avoir lieu avec un plein succès sur le navire de deux cents tonneaux, *la Trinité*, en présence du gouverneur, du trésorier, du chancelier et de l'intendant de la province.

Hélas! toute cette joie populaire tomba bientôt. On jeta à Garay un cadeau de quelques maravédis. On lui remboursa bien ou mal ses avances et sa machine; puis ses bois furent oubliés au fond de l'arsenal. Les têtes fortes de Madrid avaient craint que la chaudière qui faisait mouvoir l'appareil ne vînt à éclater et n'occasionnât de graves accidents. Deux siècles et demi plus tard l'industrie anglaise faisait à l'Espagne et même à la France l'aumône des premiers *bateaux à vapeur.*

Si de la Catalogne nous passons dans le Languedoc, la Guyenne, la Gascogne, oh! quels beaux chants nationaux se presseront encore autour de nous, demandant leurs lettres de bourgeoisie à l'histoire! Sur les traces de notre collègue et ami, M. Mary-Lafon, jetons-nous un instant dans ce chemin rouge de sang que durent suivre les rois de France pour enfermer le Midi dans le cercle de fer de la monarchie absolue. La moitié du chemin fut faite en compagnie des Anglais, tantôt les poussant, tantôt poussés par eux.

A la tête des barons méridionaux repoussant la ligue infernale, apparaît un de ces hommes de cœur qui grandissent au milieu des crises, et qui déploient leur génie comme une bannière aux yeux des peuples étonnés, mais ardents à les suivre. Bertrand de Born, brave patriote, voyait en frémissant d'indignation, comme tout Méridional, son pays foulé aux pieds des étrangers : son front était humide de honte sous le joug anglais ; il savait que partout le peuple du Midi cachait dans le cœur sa haine pour les envahisseurs de Londres ou de Paris. Le premier, il cria guerre aux hommes du Nord! — Défendons le pays de nos pères! à nous sans partage la terre qui nous a vus naître! — Guerre et combats à ces barbares de la langue saxonne ou tudesque! et alors demandant à la langue nationale ses accents les plus mâles et les plus passionnés, il lança comme manifeste ses fameux sirventes aux peuplades d'Oc:

> Puisque Combor, Ventadour et Ségur,
> Puisque Turenne et Gourdon et Monfort
> Jurent la ligue avec le Périgord,
> Que les bourgeois ferment à clé leur mur!
> C'est bel et bon qu'aujourd'hui je me mêle
> D'un sirventois pour les encourager,
> Car désormais au diable ma tourelle,
> Si je ne puis y rester sans danger!

> Ah! Puyguilhem, ah! Clarens et Gragnel,
> Et Saint-Astier, quels titres! quel honneur!
> Qui veut l'entendre, écoute mon appel!

Brave Angoulême, illustre est ta valeur.
Marchand forain cachant son attelage
Perd les deniers, rien ne prend s'il a peur ·
Bien mieux vaut gloire et petit héritage
Qu'un grand empire acquis par déshonneur !

AUX BARONS.

Un sirvente je fais de ces mauvais barons.
Plus jamais d'eux jamais ne m'ouïrez parler ;
Je les excite assez! Avec mille éperons,
En puis-je forcer un à courir ou trotter ?
Ils se laissent ainsi , lâches, déshériter.
Soient-ils maudits de Dieu ! Qu'ont-ils donc à songer
Nos barons ?

Ces sirventes s'adressant, pour les rallier contre l'ennemi commun, à tous les membres de la ligue méridionale, parcoucouraient l'Aquitaine avec une rapidité magique ; les châteaux et les cloîtres les chantaient avec enthousiasme , les chaires en étaient pleines; partout on les répétait dans les villes, dans les communes. Le caractère national , si impressionnable et si vif, s'enflamma en disant ces refrains avec son impétuosité ordinaire. De tous côtés on prit les armes; un sirvente , une chanson devint le levier de l'insurrection la plus populaire et la plus patriotique. Malheureusement le jeune Henri traîta avec Richard , son frère, et abandonna la confédération du Midi à ses propres forces. Malgré sa désertion , la guerre fut continuée et soutenue deux ans avec acharnement. Ce ne fut qu'après avoir rencontré la plus opiniâtre résistance que Richard put arriver à une soumission ; mais, battu par le nombre et par la trahison, la lance à la main, Bertrand de Born va triompher en reprenant sa harpe. Son âme vigoureuse et fière exhale sans ménagement le mépris que lui inspire la lâche conduite d'Henri au court mantel.

LE SIRVENTE DU PRINCE.

Pour faire mon sirvente il ne faut que j'attende
Qu'avec tout mon talent je le dise et répande.
Hélas ! j'en ai raison si nouvelle et si grande !

Voici le jeune roi qui cesse sa demande
A Richard, le vouloir de son père le mande !
    Il est bien forcé, n'est-ce pas ?
Puisque, seul des Henri, tu n'as lieu ni commande,
    Sois le roi des malvatz !

Car ce n'est qu'un malvatz, celui qui vit d'offrande,
De solde, de pitié, de honteuse provende ·
Souffrant que la livrée à son épaule pende,
Un prince imite mal le marquis de Bellande,
Mal, le brave Guilhem, conquérant de Mirande,
    Immortels par tant de combats.
Allez, ô Poitevins, puisqu'il ment, qu'il truande,
    Ne le regardez pas !

Ce n'est pas en dormant qu'on prend le Cumberlande,
Qu'on se fait roi de Londre et qu'on gagne l'Irlande,
Qu'on se proclame duc de la terre normande,
Qu'on s'empare d'Angers, de Mont-Saurel, de Cande,
Qu'aux vaillants Poitevins l'honneur vous recommande,
    Ni qu'en maître on étend le bras
Sur Bordeaux, en prenant Gascogne avec sa lande,
    Et les tours de Bazas !

Plût à Dieu qu'à Geoffroy, qui tient Brésiliande,
    La naissance eût donné le pas :
Que lui, comte loyal, rangeât sous sa commande
    Les duchés, les états !

A cette ardente diatribe, le sang d'Alienor s'émut dans les veines du jeune Henri; il rougit d'avoir abandonné les défenseurs de sa mère, et, n'osant affronter le sirvente de Bertrand de Born, il revint combattre pour sa cause. Les comtes d'Angoulême et de la Marche, les vicomtes de Turenne et de Limoges le joignirent avec leurs troupes. Au premier bruit de sa marche, le vieil Henri passe les mers et court droit à lui; le prince lui échappe, se dirige sur la chapelle de Saint-Amadour et la dépouille de tous les trésors dont l'avait enrichie son père. Le père, à cette nouvelle, redouble de diligence; tout fut inutile, il ne rencontra qu'un messager d'agonie.

Le prince Henri, mourant à Martel, le lui avait envoyé; il ne demandait plus que le pardon de son père, et la faveur funèbre de rendre le dernier soupir dans ses bras. Le roi, craignant un piége, n'écouta pas le messager; et celui-ci, en revenant, trouva le rebelle couché sur la cendre et enveloppé du cilice. Il mourut à vingt-huit ans, dans la maison d'Etienne Fabri. Géraud, l'évêque de Cahors, lui ferma les yeux. Cette mort fit avorter encore une fois les nobles projets de Bertrand de Born.

Plus tard, il essaya de les reprendre. C'était trop tard. Alors se renouvela un trait national qu'on n'avait pas vu depuis six siècles, mais qui, en 1203 de même qu'en 768, fut d'un fatal augure pour la liberté du Midi. Comme le vieil Hunold, qui avait mis son épée dans les mains plus jeunes de Vaïfar et s'était enseveli dans le cloître, Bertrand de Born donna sa harpe à son fils, et, pour ne pas voir l'asservissement de sa patrie, il se couvrit la tête du froc des moines! O brave Bertrand de Born! s'écrie M. Mary-Lafon, tes ossements dorment inconnus sous quelque ruine de monastère. Pas une pierre mortuaire qui redise ton nom; en vain je l'ai cherchée sur les collines et dans les bois d'Haute-fort; j'ai appelé en vain cette poussière perdue qui fut autrefois le brave, l'illustre Bertrand de Born, rien ne m'a répondu.

Quittant la Guyenne pour nous diriger vers les Pyrénées, nous verrons accourir à nous ces *Estrées Béarnaises*, si célèbres dans le moyen-âge, et dont les premières eurent pour auteur Gaston Phébus et ses contemporains, et les dernières Jeanne d'Albret, la forte mère d'Henri IV, et les dames de sa petite cour de Pau, le modèle alors de toutes celles de l'Europe. Puis, plus près de nous, l'étendard, au blazon de la vache, déployé sur nos têtes, nous suivrons au combat les célèbres bandes béarnaises, et nous répèterons leur chant de guerre qui pendant trois siècles fit pâlir les Espagnols. Enfin, pour clore cette poétique époque. nous aurons les délicieuses chansons de Despourrins, que le peuple de ces vallées et de ces montagnes répète en chœur, et dont les grands théâtres lyriques de l'Europe ont retenti plus d'une fois. Là les grands enseignements historiques se pressent; et il devait être bien mal inspiré le lourd évêque Marca, quand il composa ses soporifiques annales du Béarn sans daigner une fois puiser à ces sources poétiques.

A côté des Béarnais je vois se dresser les Basques ou Escualdunacs, ces fiers descendants des Cantabres, jetés à l'extrémité
occidentale de l'Europe comme un monument antique entre la
France et l'Espagne, entre les Pyrénées et l'Océan, séquestrés
du monde entier par leurs mœurs, leur langue, leurs usages ;
sourds au bruit des empires qui s'écroulent, et immobiles et stationnaires à côté des progrès de la civilisation.

Leur langue est une des plus extraordinaires qui existent ;
elle se rapproche des langues sémitiques et des langues orientales et pour les sons et pour le mécanisme. Des savants la re-
regardent comme antérieure à la latine et peut-être à la grecque, comme contemporaine de l'hébraïque et mère de l'espagnole. Elle est simple, naturelle, riche, abondante. Non-seulement les substantifs, mais les adjectifs et les pronoms s'y
déclinent et s'y conjuguent. Chaque déclinaison a vingt fois
plus de cas que la déclinaison latine, car chaque article, chaque
préposition se traduit par une nouvelle désinence. Chaque
verbe radical se conjugue jusqu'à vingt-trois fois avec des dési-
nences nouvelles produites par les personnes, les temps, les
modes, les régimes directs et indirects.

Mais, si le Basque est ingénieux dans ses combinaisons, il
n'est ni harmonieux ni sonore comme on l'a prétendu. Les accents de l'Italie ne se pressent point sur les lèvres de ce peuple.
Cependant il y a dans ses inflexions, dans ses gestes et jusque
dans son attitude quand il parle, quelque chose de bizarre et de
fier qui n'exclut pas la grâce et qui vaut mieux que les périodes
étudiées. Dans ses danses, dans ses chants, voyez comme tous
les corps s'agitent ! les éclats, les gloussements de voix se croi-
sent ; les échos y répondent, les improvisations se choquent,
c'est un délire ; ces hommes ne semblent plus toucher à la terre.
Ce cri national des Escualdunacs qu'il faut avoir entendu pour
s'en faire une idée, se nomme *irrintcina*, de *irri*, rire, et *inciina*
soupir ; il exprime une gaîté folle, lascive, le transport du plaisir à l'idée de la jouissance qu'on attend et dont on savoure l'a-
vant-goût. Dans quelques cantons des Alpes on l'appelle *incina*.
Silius Italicus en parle.

Mais c'est surtout en passant par la bouche des femmes que

cette langue se dépouille de son âpreté. Demandez au voyageur si elle lui a paru sauvage, lorsqu'en présence des grandes scènes de la nature, au milieu de ces délicieuses vallées que mille *gaves* arrosent, au pied de ces blocs immenses suspendus sur sa tête, il a écouté parler ces villageoises à l'œil noir, au teint animé, au sourire gracieux, à la prononciation langoureuse et chantante. Entendez ces voix qui montent vers le ciel comme l'encens de ce peuple aérien ! arrêtez au passage ces pensées mélancoliques, ces peintures orientales !

Dieu, c'est *Jaungoicoa*, le Seigneur d'en haut ; la nuit, *gaba*, l'absence, la privation de la lumière ; le soleil, *eguskia*, le créateur du jour ; la lune, *ilhargia*, la lumière pâle, la lumière morte ; le trépas, *heriotza*, la maladie froide.

Les chants de presque tous les peuples montagnards sont lents et monotones. Il semble que le fracas s'éteigne à mesure qu'on gravit, et que les mélodies humaines et célestes cherchent à se confondre en s'approchant. Les Escualdunacs ont peu écrit ; ils ne se nourrissent presque que de traditions verbales. Parmi les poésies qui se sont ainsi conservées de génération en génération, on cite un poème assez étendu sur la religion des Cantabres, des chants guerriers et allégoriques, quelques chansonnettes, supérieures peut-être en naïveté à celles de Métastase, et des romances populaires qui datent, d'après M. de Humboldt, de l'invasion des Romains, et qui ne sont pas inférieures aux plus beaux chants nationaux des Grecs modernes. Viendra peut-être un Macpherson qui les recueillera. Le souvenir des preux de Charlemagne est présent à l'imagination des bergers pyrénéens ; toutes les ballades du pays sont empreintes de leurs vaillants exploits : on montre ici au voyageur les jardins enchantés d'Armide, là plus de vingt rochers que le fabuleux Roland a pourfendus de sa durandal ; et pourtant personne dans ces vallées n'a lu ni le faux archevêque Turpin, ni Boyardo, ni l'Arioste, dont on ignore même les noms.

Parmi ces romances chevaleresques des Escualdunacs, une des plus connues est celle qui a pour titre le chant d'Altabiçar, *Altabiçaren cantua*. C'est la fameuse bataille de Roncevaux, racontée par les descendants des vainqueurs. Tout le monde sait que Charlemagne étant allé guerroyer par-delà les Navarres (on ignore si c'était pour les Mores ou pour les chrétiens) rentrait vainqueur en France, lorsque les Sarrasins, selon les uns, les Escualdunacs ou les Vascons, selon les autres, et peut-être les trois peuples à la fois, parurent au sommet des montagnes, firent rouler sur les troupes des fragments de rochers, mirent de toutes parts les Francs en désordre et en firent un épouvantable carnage.

Ce chant, comme tout ce qui n'est pas écrit, a sans doute changé en passant de bouche en bouche; et je l'ai retrouvé avec de nombreuses variantes sur plusieurs points des deux versants. J'en ai vu une copie chez le feu comte Garat, ancien ministre, ancien sénateur et membre de l'Institut de France, un des philologues les plus célèbres de notre pays, un des hommes dont le talent honore le plus les Escualdunacs ses compatriotes. Il la tenait du fameux la Tour-d'Auvergne, le premier grenadier de France, lequel pendant les guerres de la république se délassait de ses fatigues en travaillant à un glossaire en quarante-cinq langues. La Tour-d'Auvergne avait été chargé de traiter de la capitulation de Saint-Sébastien le 5 août 1794; et c'était au prieur d'un des couvents de la ville qu'il était redevable de ce précieux document, écrit en deux colonnes sur parchemin, et dont les caractères peuvent remonter à la fin du douzième ou au commencement du treizième siècle, date évidemment postérieure de beaucoup à celle de ce chant populaire.

Le texte que je vous livre n'est pas exactement le même que celui qu'on a dû trouver dans les papiers de M. le comte Garat. Il se compose du rapprochement des diverses variantes que j'ai pu recueillir. Ces différences sont au reste purement grammaticales; elles n'affectent en rien le sens des mots ni des phrases. Certainement il y a peu de mérite à exhumer un chant oublié, inconnu du plus grand nombre, quelle que soit la supériorité de ce chant; il y a peu de mérite encore à en rapprocher les variantes pour arriver autant que possible à l'exactitude du texte primitif. Mais enfin chacun aime ici-bas à rester le père de ses œuvres, bonnes ou mauvaises; et pour ma part j'avouerai que je ne vois pas sans douleur un autre me ravir mes enfants quels qu'ils soient. *Le Constitutionnel* et *les Débats* ont fait honneur, en 1838, à M. Roseuw Saint-Hilaire de la coordination et de la publication du chant d'Altabiçar. Malheureusement pour M. Saint-Hilaire, dès 1834 l'Institut Historique m'avait entendu lire cet hymne national et l'avait fait imprimer. Cela dit en passant, je reviens à mon ode cyclopéenne :

Un cri s'est élevé
Du milieu des montagnes des Escualdunacs ;
Et l'etcheco-jauna, debout devant sa porte,
A ouvert l'oreille et il a dit : Qui va là ? que me veut-on ?
Et le chien, qui dormait aux pieds de son maître,
S'est levé, et il a rempli les environs d'Altabiçar de ses aboiements.

Au col d'Ibaneta un bruit retentit ;
Il approche, en frôlant à droite, à gauche, les rochers.
C'est le murmure sourd d'une armée qui vient.
Les nôtres y ont répondu du sommet des montagnes ;
Ils ont soufflé dans leurs cornes de bœuf,
Et l'etcheco-jauna aiguise ses flèches.

Ils viennent ! ils viennent ! Quelle haie de lances !
Comme les bannières versicolorées flottent au milieu !
Quels éclairs jaillissent des armes !
Combien sont-ils ? Enfant, compte-les bien !
Un, deux, trois, quatre, cinq, six, sept, huit, neuf, dix, onze, douze,
Treize, quatorze, quinze, seize, dix-sept, dix-huit, dix-neuf, vingt.

Vingt, et des milliers d'autres encore !
On perdrait son temps à les compter.
Unissons nos bras nerveux, déracinons ces rochers,
Lançons-les du haut des montagnes
Jusque sur leurs têtes !
Écrasons-les ! tuons-les !

Et qu'avaient-ils à faire dans nos montagnes, ces hommes du Nord ?
Pourquoi sont-ils venus troubler notre paix ?
Quand Dieu fait des montagnes, c'est pour que les hommes ne les franchissent
pas.
Mais les rochers en roulant tombent ; ils écrasent les troupes ;
Le sang ruisselle, les chairs palpitent.
Oh ! combien d'os broyés ! Quelle mer de sang !

Fuyez ! fuyez ! ceux à qui il reste de la force et un cheval.

Fuis, roi Carloman, avec tes plumes noires et ta cape rouge.

Ton neveu, ton plus brave, ton chéri, Roland est étendu mort là-bas.

Son courage ne lui a servi à rien.

Et maintenant, Escualdunacs, laissons les rochers.

Descendons vite, en lançant nos flèches à ceux qui fuient.

Ils fuient! ils fuient! Où est donc la haie de lances?

Où sont ces bannières versicolorées flottant au milieu?

Les éclairs ne jaillissent plus de leurs armes souillées de sang.

Combien sont-ils? Enfant, compte-les bien!

Vingt, dix-neuf, dix-huit, dix-sept, seize, quinze, quatorze, treize,

Douze, onze, dix, neuf, huit, sept, six, cinq, quatre, trois, deux, un.

Un! il n'y en a même plus un.

C'est fini. Etcheco-jauna, vous pouvez rentrer avec votre chien,

Embrasser votre femme et vos enfants,

Nettoyer vos flèches, les serrer avec votre corne de bœuf, et ensuite vous
coucher et dormir dessus.

La nuit, les aigles viendront manger ces chairs écrasées,

Et tous ces os blanchiront dans l'éternité.

Certes, voilà de la poésie, et de la belle poésie! Voilà de l'histoire, et de la bonne histoire!

En me résumant, je vous dirai que du premier anneau des Alpes au dernier chaînon des Pyrénées, un hymne s'élève sans cesse, et que cet hymne est empreint à la fois de religion, d'amour, de patriotisme et de liberté. De la Méditerranée à l'Océan un grand livre est ouvert à l'investigateur. Sans torturer tous ces beaux poèmes il lui est facile d'en exprimer le suc de l'histoire.

Chants populaires! m'écrierai-je en finissant avec le jeune poète de Wilna, Mickiewitz, chants populaires, arche d'alliance entre les temps anciens et les nouveaux, c'est en vous qu'une nation dépose les trophées de ses héros, l'espoir de ses pensées, la fleur de ses sentiments. Arche sainte, nul coup ne te frappe, ne te brise, tant que ton peuple ne t'a point outragée. O chanson populaire, tu es la garde du temple des souvenirs nationaux, tu as les ailes et la voix d'un archange; souvent aussi tu en as les armes. La flamme dévore les œuvres du pinceau, les brigands pillent les trésors; la chanson populaire échappe, survit, court insaisissable parmi les hommes. Si les âmes avilies ne savent pas la nourrir de regrets et d'espérances, elle fuit dans les montagnes, s'attache aux ruines, et de là redit les temps anciens aux peuples qui les oublient.

M. Alph. Fresse-Montval ramène la question soulevée par M. Martin de Paris dans ses limites chrétiennes. Il proclame le grand fait de la révélation et démontre la divinité de Jésus annoncée par les prophètes, confirmée par les miracles. L'orateur termine sa rapide improvisation par l'éloge des talents et des croyances de M. Lescalopier, qui, dans un âge si tendre, a pu sans trop d'infériorité se placer parmi les vétérans de la science et de l'érudition.

M. Dufey (de l'Yonne) rend hommage aux précieuses communications de M. Eug. de Monglave. Il démontre par des faits que l'existence prétendue du fameux Roland, héros de tant de chants chevaleresques, est fabuleuse et controuvée. Il s'élève avec indignation contre ce moyen-âge dont la jeunesse actuelle poursuit la réhabilitation, et prouve que c'était une époque de bandits et de crimes. Plusieurs grands noms historiques n'obtiennent pas grâce devant son inflexibilité.

Du reste, l'orateur ne nie pas l'utilité, pour l'histoire, des poèmes des premiers âges d'une nation. Il regrette au contraire qu'on ne puise pas plus souvent, et avec plus de discernement surtout, à cette source si longtemps dédaignée.

M. Auguste Savagner se plaint des écarts de la discussion ; il trouve qu'on s'est prodigieusement éloigné du problème à résoudre. En général, selon lui, les orateurs ont tous un grand défaut, celui de trop s'occuper des détails et de négliger l'ensemble. Il voudrait que chacune des questions proposées se reliât à une bonne synthèse. Tout le monde y gagnerait, les orateurs d'abord qui ont le tort grave d'éparpiller leur talent, et le public ensuite qui mérite bien qu'on fasse quelque chose pour lui être agréable.

SIXIÈME SÉANCE.

(MERCREDI 26 SEPTEMBRE 1838.)

Présidence de M. le docteur C. BROUSSAIS.

La parole est à M. RIGAUD (de Nantes), sur cette question : *Le magnétisme était-il connu des anciens ?*

Messieurs, dit M. RIGAUD (de Nantes), nul doute que l'Institut Historique ne demande si le magnétisme animal était connu avant Mesmer ; car, pour le plus grand nombre, les phénomènes annoncés par ce médecin ne remontent pas au-delà de son époque. Autrement, il n'y aurait qu'à citer Hippocrate pour prouver que le magnétisme minéral, l'aimant, *magnes*, était connu dès la plus haute antiquité. Le père de la médecine en parle en termes clairs et précis, ainsi que Galien, Dioscoride, Pline, qui en admet plusieurs espèces.

Pour traiter la question proposée, cette question si pleine d'intérêt et d'actualité, il eût fallu une voix plus exercée que la mienne. Si je n'avais consulté que mes forces, si j'avais été moins téméraire, j'aurais laissé à de plus savants et de plus érudits le soin de rechercher si le magnétisme, jugé et frappé de réprobation il y a déjà cinquante ans par les corps savants de la capitale, de nouveau récemment flétri par l'Académie royale de Médecine, existait avant Mesmer, qui donna son nom à ces phénomènes si curieux ; mais, encouragé par la bienveillante attention et l'indulgence que vous portez aux hommes qui se livrent à l'étude des faits historiques, je viens vous exposer naïvement et sans prétention le résultat du peu de recherches que j'ai faites sur cet intéressant sujet. A d'autres la mission de satisfaire aux lacunes que je n'aurais point remplies, à d'autres à pousser plus loin que moi leurs investigations. Jamais sujet n'eut de détracteurs plus opiniâtres et plus absolus. Jamais question ne rencontra d'admirateurs plus enthousiastes. Assez heureux pour avoir observé quelques faits, sans être moi-même magnétiseur, je viens, dégagé de toute prévention, remplir ici le simple rôle d'historien.

Longtemps, et de nos jours encore, poursuivis par le sarcasme, les hommes qui se sont livrés à la pratique du magnétisme ont été taxés d'imposture; ils ont été considérés comme des jongleurs et des charlatans. Les faits qu'ils proclamaient étaient tellement extraordinaires que l'homme le plus crédule ne pouvait y ajouter foi; et la crainte d'être dupe ou ridicule arrêta, dans l'étude de ces phénomènes, un grand nombre de sceptiques, qui bientôt, en voyant des faits, auraient au moins douté, et du doute seraient peut-être arrivés à une certitude. Ils se seraient montrés d'ailleurs plus réservés dans leurs jugements, et n'auraient point enveloppé dans une proscription générale cet agent mystérieux qui se reproduit dans les songes, le somnambulisme, la prévision et une foule d'affections morbides.

Deux hommes placés haut dans la science, Cuvier et Laplace, dont l'opinion vaut bien pour moi celle de certaines académies, se sont exprimé de la manière suivante :

« Il faut avouer, dit Cuvier, dans ses *Leçons d'Anatomie comparée*, qu'il est très difficile, dans les expériences qui ont pour objet l'action que les systèmes nerveux de deux individus différents peuvent exercer l'un sur l'autre, de distinguer l'effet de l'imagination de la personne mise en expérience d'avec l'effet physique produit par la personne qui agit sur elle. Cependant les effets obtenus sur des personnes déjà sans connaissance avant que l'opération commençât, ceux qui ont lieu sur d'autres personnes après que l'opération même leur a fait perdre connaissance, et ceux que présentent les animaux, ne permettent guère de douter que la proximité de deux corps animés, dans certaines positions et certains mouvements, n'ait un effet réel, indépendant de toute participation de l'imagination de l'un des deux. Il paraît assez clairement aussi que ces effets sont dus à une communication quelconque qui s'établit entre les deux systèmes nerveux. »

L'opinion de Laplace est exprimée en termes plus formels encore. « Les phénomènes singuliers, dit-il, qui résultent de l'extrême sensibilité des nerfs dans quelques individus, ont donné naissance à diverses opinions sur l'existence d'un nouvel agent que l'on a nommé *magnétisme animal*. Il est naturel de penser que l'action de ces causes est très faible et peut être facilement troublée par un grand nombre de circonstances accidentelles. Ainsi, de ce que, dans plusieurs cas, elle ne s'est point manifestée, on ne doit pas conclure qu'elle n'existe jamais ; nous sommes si éloignés de connaître tous les agents de la nature, et leurs divers modes d'action, qu'il serait peu philosophique de nier l'existence des phénomènes, uniquement parcequ'ils sont inexplicables dans l'état actuel de la science. »

Après les paroles de ces deux grandes illustrations, après les faits nombreux cités par une foule d'hommes honorables dont la véracité ne peut être mise en doute, après ceux surtout dont le docteur Pigeaire vient de rendre témoins Montpellier et Paris, il n'est plus possible de nier le magnétisme ; et l'on peut, sans crainte d'être appelé visionnaire, dupe, ridicule, jongleur ou charlatan, s'avouer croyant au magnétisme animal.

Remarquez, Messieurs, que je n'emploie point l'expression de fluide magnétique ; rien ne prouve l'existence de ce fluide particulier. Ce peut être tout autre fluide, l'électrique, le galvanique et même le fluide nerveux. Je me sers du mot *magnétisme* pour désigner tous les phénomènes qu'il produit. Pour moi, le magnétisme existe, je le crois acquis à la science ; mais existait-il et était-il connu avant Mesmer ? c'est ce que nous allons examiner.

Vers 1777, apparut à Paris un médecin reçu en Suisse par une thèse sur l'influence des astres dans la guérison des maladies. Sorti de l'Allemagne, ce pays si plein de mystiques et de penseurs, Antoine Mesmer prêcha un nouvel agent, ayant une action particulière sur les nerfs et capable de produire certains

phénomènes qui parurent tout-à-fait nouveaux. Quelques
hommes se livrèrent à l'étude de ces phénomènes; plusieurs
en devinrent d'exaltés partisans, d'outrés défenseurs, et firent
au médecin badois tout l'honneur de cette découverte. Ils y
attachèrent son nom; l'ensemble de ces phénomènes fut appelé
Mesmérisme.

Il suffisait cependant de jeter un coup-d'œil sur les siècles
passés pour voir que des phénomènes semblables à ceux que
produisait Mesmer avaient existé avant lui, et pour s'assurer
que toute la doctrine à l'aide de laquelle il produisait et prouvait ces mêmes phénomènes, se retrouvait presque pure et dans
les philosophes de l'antiquité et dans ceux qui l'avaient seulement précédé d'un ou deux siècles.

Les anciens croyaient à un fluide universel répandu dans
toute la nature, fluide insaisissable, capable de pénétrer partout, et auquel ils attribuaient l'organisation, la coordination
de l'univers. C'est ce fluide qui, selon eux, est le principe de
toute vie; de tout mouvement; c'est la Divinité même qui pé-
nètre et agite tous les corps, c'est elle qui développe et anime
le corps humain ; c'est l'âme du monde ; et l'âme qui opère les
sensations par l'intermédiaire des organes des sens, n'est qu'une
émanation de la grande âme universelle qui elle-même remplit
toute la nature. Dans le principe de cette philosophie, on reconnaît les atômes de Démocrite et de Platon; la matière subtile de Pythagore, doctrine qu'il tenait probablement des Indiens et des Arabes, chez lesquels il avait séjourné, et qui
la professaient; celle de Zénon, fondateur de la secte des
stoïciens; celle des péripatéticiens. On retrouve encore dans cette
philosophie le système que Spinosa fonda au XVIIe siècle, quand
il dit. Tout ce qu'il y a de matériel dans l'univers n'est qu'une
expansion de la Divinité : Dieu est tout, ou plutôt tout est
Dieu, esprit et matière.— Les astres, les constellations, avaient,
selon ces grands hommes, une influence remarquable sur les productions et sur la guérison des maladies, ainsi qu'on le voit dans
les écrits d'Alcméon et d'Hippocrate. Ces idées furent communes
aux philosophes du XVIe siècle ; les ouvrages de Paracelse et de
Van-Helmont le prouvent assez. Paracelse admettait de la vie dans

toute la nature ; il expliquait les fonctions du corps par l'harmonie des parties des corps avec les constellations ; l'ensemble des astres était le *Macroscome* ou grand monde, et tous les viscères représentant les planètes constituaient le *Microscome* ou petit monde. *Quid scientia aliud quàm astrum!* s'écriait-il d'un ton inspiré. Van-Helmont, nourri de la lecture de Paracelse, se livrait exclusivement à la contemplation de la Divinité, et rapportait tous les phénomènes de l'organisation à une *archée* dont les ferments étaient les agents.

Ces idées furent aussi celles des Rose-Croix, cette secte toute mystique qui attribuait les maladies aux mauvais démons et ne cessait d'avoir recours aux exorcismes ; ce furent celles de Robert Fludd, médecin de Londres, un des plus célèbres de ces enthousiastes ; celles d'un autre Anglais nommé Digby, qui au moyen d'une poudre sympathique prétendait opérer des cures miraculeuses. Cette époque fut toute de magnétisme ; alors on inventa l'alphabet magnétique dont Boétius de Boedt nous a transmis le procédé, et au moyen duquel on pouvait converser en tête à tête avec les personnes les plus éloignées. La tendance au merveilleux de tous ces hommes fut augmentée par le résultat de l'opération de Taliacot.

Mais toutes ces idées d'un fluide universel, de l'influence des astres sur la guérison et la production des maladies, se rattachèrent d'abord, dans l'esprit de Mesmer, au projet de mettre en vigueur les propriétés de l'aimant employé depuis des siècles et chez un grand nombre de peuples dans l'art de guérir. Bientôt il imagina de supprimer l'application des aimants, il se contenta de l'imposition des mains ; et il soutint que des courants d'un fluide passant d'une main à l'autre remplaçaient le fluide minéral ; il s'aperçut que dans quelques cas et chez certains individus, chez les femmes spécialement, il y avait après certaines passes (je me sers ici d'une expression consacrée par la doctrine) des phénomènes particuliers qui se rapportaient à d'autres déjà connus. Il publia ses résultats ; il eut un grand nombre de partisans, un grand nombre de disciples dont quelques-uns devinrent ses ennemis, dont quelques autres obtinrent les mêmes résultats que lui. A l'enthousiasme succéda d'abord le ridicule, mais bientôt on étudia, on aperçut quelque vérité, on vérifia. Des hommes d'un haut savoir, d'une conscience sévère, examinèrent avec attention, arrivèrent eux-mêmes à produire ces phénomènes si singuliers; ils rendirent publics leur croyance et leurs résultats. Dès-lors le magnétisme fut fondé, on le formula en corps de doctrine, on en fit une science.

Vous voyez cependant, Messieurs, que les bases sur lesquelles s'appuyait Mesmer n'étaient point nouvelles, et que le dogme qu'il professait n'était pas de son invention. Mais ces principes puisés chez les anciens avaient-ils été mis en action par eux? connaissaient-ils la pratique du magnétisme? je le crois, et voici les faits sur lesquels je fonde cette croyance.

Les premières traces du magnétisme, je les trouve en Orient, car c'est là qu'il faut presque toujours aller chercher le principe de toutes les connaissances humaines; c'est en Orient, berceau des sciences et des arts, auxquels plus tard l'Occident était appelé à donner un si prodigieux développement, que je trouve certains signes graphiques qui pourraient faire croire que le magnétisme n'était point inconnu de ces peuples. Sur quelques momies et sur quelques obélisques, on aperçoit deux figures dans l'attitude du magnétiseur et du magnétisé, dans la position élémentaire que prescrivait Mesmer, le buste droit, les genoux rapprochés l'un de l'autre, les mains à plat sur les cuisses ou élevées et jointes. Quoique rien ne prouve que cette position fût prise dans l'intérêt du magnétisme pour en produire les phénomènes, il est important de noter ce fait. Aux temples de Memphis, les prêtres guérissaient les malades par l'attouchement et les plongeaient dans une léthargie complète.

Le professeur Kluge, qui s'est livré à des études spéciales sur l'antiquité égyptienne, pense que les gestes que faisaient les grands prêtres d'Éleusis dans leurs cérémonies se rapportent aux gestes actuels des magnétiseurs. Il m'est impossible de préciser jusqu'à quel point cette assertion est véridique; car, malgré les nombreuses recherches d'infatigables investigateurs sur cette antiquité égyptienne, les cérémonies du temple sont restées enveloppées d'un voile épais que la curiosité savante n'a pu encore déchirer. Les initiés ne parlaient pas, ils conservaient religieusement et entouraient de mystères impénétrables à la foule les secrets dont ils devenaient dépositaires. Quoi qu'il en soit, ces deux faits nous restent ; que les hiérophantes guérissaient les malades par l'attouchement et les endormaient, et que la position élémentaire que prenait Mesmer pour produire les phénomènes magnétiques se retrouve dans certains hiéroglyphes tracés sur quelques momies et sur quelques obélisques.

Les anciens Grecs racontaient aussi qu'Esculape guérissait par l'imposition des mains. Apollonius de Thyane, dont les cures furent miraculeuses, expulsait, selon Josèphe, les esprits malins au moyen d'attouchements. Plusieurs rois furent renommés pour guérir de cette manière certaines affections morbides. Au rapport de Plutarque et de Pline, Pyrrhus, roi des Épirotes, guérissait les affections de la rate. Tacite rapporte qu'étant à Alexandrie, deux hommes, l'un aveugle, l'autre perclus d'une main, supplièrent ce prince de les toucher pour les guérir, et que la guérison eut lieu en présence d'un grand nombre de témoins.

Quelques auteurs disent que les empoisonneuses romaines connaissaient l'art de provoquer le sommeil par une imposition des mains ; Plaute a dit dans son Amphytrion : *Quid si ego illum tractum tangam ut dormiat.*

Si de ces époques reculées nous arrivons à des siècles plus rapprochés de nous, nous voyons quelques rois de France imposer les mains pour guérir les écrouelles. En 1665, Valentin Greatrakes faisait des cures merveilleuses par le toucher ; et les témoignages que nous ont laissés Georges Rust, Faireclow, Artélius ne nous permettent guère de douter que ce Greatrakes ne guérît réellement par l'imposition des mains. En 1772 apparut un homme connu sous le nom de *toucheur,* et qui s'appelait Antoine Jacob ; il prétendait guérir par de simples attouchements et par la force de sa volonté. A la même époque, Gassner, en Allemagne, pays d'où quelques années plus tard devait sortir Mesmer, se crut doué de la même vertu.

Longtemps avant eux quelques autres hommes s'étaient dits possesseurs de cette heureuse et bien précieuse faculté. En 1517, Pierre Pomponace, dont les idées philosophiques sont hardies pour le temps où il écrivait, avait publié une dissertation ayant pour titre : *De naturalibus effectuum admirandorum causis, seu de incantationibus liber, Basilea, in-8°*. Il regarda comme chose généralement reconnue qu'il y a des hommes doués de la faculté de guérir certaines maladies par une émanation que la force de leur imagination dirige sur le malade. Il dit aussi que la confiance du malade contribue à l'efficacité du remède, que les enfants sont plus susceptibles d'en éprouver les effets, parceque leurs organes plus faibles opposent moins de résistance, et que l'action se fait sentir d'autant plus que celui qui l'emploie est placé plus près du sujet sur lequel il veut agir et qu'il est mieux disposé.

Vous voyez, Messieurs, dans ces quelques lignes, tous les préceptes élémentaires du mesmérisme. De ce qui précède, nous pouvons déjà conclure que la théorie de Mesmer avait été puisée chez les anciens, et que l'imposition des mains qui fait la base de la pratique du magnétisme remonte à la plus haute antiquité. Examinons maintenant les phénomènes produits, et voyons si ces phénomènes ou d'autres analogues n'avaient point été observés avant Mesmer.

Aujourd'hui, Messieurs, un phénomène constitue presque à lui seul tout le magnétisme ; tous les autres s'y rapportent, ou plutôt ne peuvent avoir lieu sans lui. C'est le somnambulisme, cet état si remarquable dans lequel, l'ouïe et la vue étant complètement suspendus dans leur action, il est cependant permis à celui qui en est l'objet de voir et d'entendre sans le secours de ces deux sens, et d'avoir dans quelques circonstances des prévisions de l'avenir capables de surprendre les plus incrédules. Cet état se montre sans avoir été provoqué par le magnétisme ; il se rencontre aussi toutes les fois que l'homme se trouve exposé à une cause permanente d'exaltation morale portée à un certain degré. Dans ce cas, dit M. Bertrand, son organisation devient susceptible d'éprouver une modification singulière qui donne naissance à des phénomènes physiques ou intellectuels dont l'ensemble est caractérisé par un état particulier que l'on désigne ordinairement par le nom d'extase. Chez tous les peuples où l'imagination l'emporte sur

le jugement, cet état existe de même qu'aux époques de fanatisme où les esprits ont été agités de grandes espérances ou de
grandes cruautés.

Vous connaissez tous, Messieurs, cet état auquel M. Louyer-
Villermay a donné le nom de *somno-vigil,* dénomination plus
exacte puisque les individus ne marchent pas seulement, mais
encore se livrent à toutes sortes d'actions et même à des travaux d'esprit souvent plus parfaits que dans l'état de veille.
Vous connaissez tous l'histoire de cet étudiant qui, pendant
la nuit, corrigeait ses devoirs, bien que ses yeux fussent inac-
tifs, comme le prouvait l'interposition d'un corps opaque entre
cet organe et le papier. Tous les livres d'ailleurs fourmillent
de faits semblables. Cet état se retrouve encore dans certaines
maladies nerveuses, comme la folie, l'épilepsie, la catalepsie;
et suivant Mesmer lui-même ces affections ne sont qu'un somnambulisme imparfait ou dégénéré. Pomme cite un exemple
très remarquable : une demoiselle de dix-neuf ans étant dans
son paroxysme avait le visage riant, une humeur agréable; elle
possédait la faculté de broder, de réciter des vers qu'elle avait
faits. Ce délire était périodique. Dans le délire suivant, elle se
souvenait de tout ce qu'elle avait dit dans le précédent; sa mémoire la servait au mieux, elle redemandait sa plume, son fil,
son aiguille, pour achever les ouvrages ébauchés; rendue à
son état naturel, elle ne savait plus faire un vers.

Les magnétiseurs rapportent un grand nombre de faits dus
au somnambulisme provoqué, au somnambulisme magnétique.

Dans les œuvres de Cabanis je lis le passage suivant : « On
voit dans quelques maladies extatiques et convulsives les organes des sens devenir impressionnables à des sensations qu'ils
n'apercevaient pas dans leur état ordinaire ou même recevoir
des impressions étrangères à la nature de l'homme. Il est de ces
malades qui distinguent facilement à l'œil nu des objets mi-
croscopiques; d'autres qui voient assez nettement dans la plus
profonde obscurité pour s'y conduire avec assurance; il en est
qui suivent les personnes à la trace comme un chien et recon-
naissent à l'odorat les objets dont ces personnes se sont servies
ou qu'elles ont seulement touchées : j'en ai vu, ajoute-t-il,

dont le goût avait acquis une finesse particulière, et qui désignaient ou savaient choisir les aliments et même les remèdes qui paraissaient leur être véritablement utiles, avec une sagacité qu'on n'observe pour l'ordinaire que dans les animaux ; on en voit qui sont en état d'apercevoir en elles-mêmes, dans le temps de leurs paroxysmes, ou certaines crises qui se préparent et dont la terminaison prouve bientôt après la justesse de leurs sensations, ou d'autres modifications organiques attestées par celles du pouls et par des signes encore plus certains. »

On sait que, s'il est possible de se mettre en contact avec un somnambule naturel sans l'éveiller, on le fait converser sur toutes les matières possibles, on peut lui arracher ses secrets les plus cachés sans qu'il se rappelle rien en s'éveillant. En se mettant en rapport avec certaines personnes qui parlent en rêvant, on les fait converser sans que pour cela elles s'éveillent. Dans le somnambulisme provoqué le magnétisé est toujours au pouvoir du magnétiseur. Dans cet état, comme dans les songes et l'extase, quelques personnes ont des pressentiments, des prévisions. L'Écriture sainte admet des songes prophétiques, tels que ceux de Pharaon expliqués par Joseph, ceux de Nabuchodonosor expliqués par Daniel. Il n'est pas une seule personne de l'assemblée qui m'écoute avec tant de bienveillance, qui n'ait eu en songe quelque pressentiment ou qui ne puisse en citer un exemple. Je suis loin de croire que toutes les prévisions soient vraies, mais il suffit que quelques-unes se soient réalisées, et il suffit qu'on retrouve cet état dans le magnétisme pour qu'on doive l'examiner avec attention.

Aristote, Hippocrate, Xénophon, Arétée, Gallien ont signalé cet état. Ils sont tous d'accord sur la faculté qu'ont quelques personnes, soit pendant le sommeil, soit dans certaines maladies, de pressentir les événements futurs. Aristote donne de ces prévisions l'explication suivante : « Pendant la veille, les impressions que nous recevons du dehors, étant très fortes, absorbent notre attention et nous empêchent de sentir les mouvements légers qui se passent au dedans de nous. Pendant le sommeil, au contraire, ces mouvements intérieurs deviennent sensibles. Or, les maladies, comme tous les événements, se préparent à l'avance par de petites causes; et le dérangement par lequel s'annonce une maladie qui doit se développer dans la suite est plus facilement aperçu pendant le sommeil que pendant la veille. »

Cette explication est loin d'être dénuée de sens-commun. Arétée dit que dans les maladies nerveuses, et surtout aux approches de la mort, il se manifeste quelquefois une prévision étonnante. Cette opinion fait le sujet de plusieurs dissertations publiées de 1720 à 1724, par Janitsch, et Albert.

Dans les Mémoires de Marguerite de Navarre, on lit : « La reine ma mère était à Metz dangereusement malade de la fièvre; elle rêvait et était assistée autour de son lit du roi Charles, mon frère, de ma sœur et de mon frère de Lorraine, de plusieurs messieurs du conseil et de force dames et princesses qui, la tenant hors d'espérance, ne l'abandonnaient point. Elle s'écria, continuant ses rêveries, comme si elle eût vu donner la bataille de Jarnac : Voyez comme ils fuient... Mon fils a la victoire... Hé! mon Dieu, relevez mon fils; il est par terre. Voyez-vous dans cette haie le prince de Condé mort?... Tous ceux qui étaient là croyaient qu'elle rêvait; mais la nuit d'après, M. de Losses lui en ayant rapporté la nouvelle : Je le savais bien, dit-elle, ne l'avais-je pas vu avant-hier? »

Jeanne d'Arc, cette fille célèbre, s'étant présentée plusieurs fois devant Beaudricourt, commandant de Vaucouleurs, celui-ci la renvoya la traitant de visionnaire. Pour le convaincre de la véracité de sa mission céleste, elle l'assura que les royalistes venaient de faire une grande perte devant Orléans. En effet, on reçut quelque temps après la nouvelle de la déroute des Français à la journée des Harengs. Elle répétait souvent que le plus funeste malheur lui arriverait si elle continuait la haute carrière qu'elle parcourait avec tant de succès. « Plût à Dieu, disait-elle, que je fusse libre de quitter les armées et de me retirer près de mes parents. » On sait que ces pressentiments fâcheux se réalisèrent; on sait quelle fut sa fin.

Je ne parle point de la prédiction de Jacques de Molay, grand-maître de l'ordre des Templiers, brûlé sur un échafaud en 1313. Elle est connue de tous.

La révolution française a été prévue dans ses causes et dans ses effets. Depuis la prophétie de saint Césaire, évêque d'Arles, mort en 542, jusqu'à la chanson de M. de Lille, officier au régiment de Champagne, en 1776, jamais rénovation sociale n'avait été plus clairement annoncée. Voici les paroles de St. Cézaire, au VIe siècle.

« Les administrateurs de ce royaume seront tellement aveuglés qu'ils le laisseront sans défenseurs.

« La main de Dieu s'étendra sur eux et sur les riches.

« Les nobles seront dépouillés de leurs dignités et de leurs biens.

« Le schisme naîtra dans l'église de Dieu ; il y aura deux époux, l'un vrai, l'autre adultère ; le légitime époux sera mis en fuite.

« Il y aura une aussi grande effusion de sang qu'au temps des Gentils.

« L'Église universelle, le monde entier, déploreront la ruine et la perte de la plus célèbre cité.

« La capitale et maîtresse de la France, les autels et les temples seront détruits.

« Les vierges seront outragées ; elles fuiront de leurs monastères. Les pasteurs seront chassés de leur siége ; l'Église sera dépouillée de ses biens temporels.

« Malheur à toi, ville opulente ! tu te réjouiras de tout ; mais la fin viendra ; malheur à toi, ville de philosophie ! tu te verras soumise. Un roi captif sera humilié jusqu'à la confusion ; mais il reprendra la couronne des lys et détruira les enfants de Brutus. »

Treize années avant la révolution, le père Beauregard fit entendre dans la chaire de Notre-Dame ces étonnantes paroles :

« Oui, Seigneur, vos temples seront dépouillés, vos fêtes abolies, votre nom blasphème, votre culte proscrit. Aux saints cantiques qui faisaient retentir les voûtes sacrées en votre honneur, succèdent des chants lubriques et profanes. Et toi, divinité infâme du paganisme, impudique Vénus, tu viens ici même prendre audacieusement la place du Dieu vivant, t'asseoir sur le trône du Saint des Saints, et recevoir l'encens coupable de tes nouveaux adorateurs. »

Voici quelques couplets de la chanson toute prophétique de.
M. de Lille.

> On verra tous les états
>   Entr'eux se confondre,
> Les pauvres sur leurs grabats
>   Ne plus se morfondre;
> Des biens on fera des lots
> Qui rendront les gens égaux.
>   Le bel œuf à pondre
>   Oh gai,
>   Le bel œuf à pondre!
>
> De même pas marcheront
>   Noblesse et roture,
> Les Français retourneront
>   Au droit de nature;
> Adieu parlements et lois !
> Adieu ducs, princes et rois!
>   La bonne aventure
>   Oh gai!
>   La bonne aventure.

Cette chanson, dont je ne cite que les principaux couplets, se trouve dans les Mémoires de l'abbé Georget et dans ceux pour servir à l'Histoire de 1789.

Après Mesmer, en 1788, la prédiction la plus extraordinaire fut celle de Cazotte à Condorcet, Champfort, Vicq-d'Azir, Nicolaï, Bailly, Malesherbes ; elle se trouve dans les œuvres posthumes de La Harpe. C'est sur la véracité de cette prédiction, qui s'est complètement réalisée, que s'appuie fortement la doctrine magnétique pour prouver la possibilité des faits qu'elle proclame. Elle considère Cazotte comme doué éminemment de la faculté magnétique. Les ouvrages de Puységur et de Deleuze renferment un grand nombre de faits semblables ou analogues à ceux que je viens de rapporter. Cette disposition prophétique ne doit point étonner ; elle est naturelle à l'homme ; et M. de Maistre a soutenu cet axiome d'une manière fort éloquente dans les Soirées de Saint-Pétersbourg.

N'était-ce point un état tout magnétique que celui que présentait la Pythonisse, assise sur son trépied, frappée d'une crise nerveuse, s'écriant convulsivement : *le Dieu ! le Dieu !* puis, à moitié endormie, rendant les oracles ?

Sans doute, il entrait beaucoup de tromperie dans les oracles. Les prêtres d'Apollon, qui animaient la Pythonisse, tenaient à ce que leur secret fût pour tous un mystère. Mais aussi, il est impossible de ne pas croire qu'il y ait eu quelque chose qui ait paru surnaturel. En effet, comment, s'il n'en eût pas été ainsi, les oracles se fussent-ils maintenus si longtemps en crédit ? On peut bien tromper quelque temps un petit nombre d'individus, mais non pas des peuples entiers durant plusieurs siècles. Certains Pères de l'Église ont attribué cette divination de la Pythonisse au diable ; d'autres y ont vu de la magie. Nous, nous croyons y rencontrer un somnambulisme provoqué, un somnambulisme magnétique. Cette opinion est appuyée sur l'état d'assoupissement délirant dans lequel elle se trouvait, état qui ressemble parfaitement à celui qu'éprouvent toujours les personnes qui commencent à s'endormir sous l'influence du magnétiseur. Tous les anciens qui ont observé les prêtresses rendant des oracles ont comparé leur état à celui de vertige.

Au milieu des fêtes des bacchanales, au sein de ces orgies que l'histoire ne rapporte qu'avec dégoût, on voyait des fanatiques en délire agités de mouvements convulsifs et prédisant l'avenir. Cet état se retrouve encore beaucoup plus près de nous chez les convulsionnaires de Saint-Médard.

Presque tous les philosophes de l'antiquité se croyaient inspirés. Si nous nous en rapportons à Xénophon et à Platon, Socrate était sujet à une sorte d'extase ; il était doué d'une sorte de pressentiment, de divination, qu'il appelait son génie, son démon. Suivant la doctrine, c'était une influence toute magnétique.

Un des grands axiomes du Portique donnait à chaque stoïcien sa Junon qui inspirait ses discours, et dirigeait toutes ses actions.

Enfin, comme je l'ai déjà dit, Paracelse, Van-Helmont, Robert Fludd, Kircher, Wirdig, Maxwel renferment toutes les sources du système mesmérien.

N'est-ce point encore du magnétisme que cette attraction qu'on éprouve, à la première vue, vers certaines personnes, que cette répulsion qu'on éprouve à l'égard de certaines autres sans pouvoir en définir la cause? Fracastor, au XVIe siècle, dans un ouvrage *de Sympathiâ et Antipathiâ*, attribue ces deux phénomènes au passage des atomes invisibles d'un corps dans un autre.

N'est-ce point encore du magnétisme que cette exaltation de facultés qu'on produit chez l'homme et les animaux, sous l'influence rhythmique de certain mode musical, soit même sous l'impression d'une volonté ferme? N'est-ce point du magnétisme que cette fascination au moyen de laquelle on arrête, on engourdit quelques animaux, ainsi que les psylles? Certains jongleurs d'Afrique et des Indes opéraient cet engourdissement dès le temps de Lucrèce, au rapport de Lucain. Pline raconte que certains loups d'Italie paralysaient l'usage de la voix dans l'homme par leur seule approche avant même de s'être montrés. Nous avons tous vu Martin entrer dans la loge des tigres et des lions, les fasciner de l'œil et de la voix, et se reposer au milieu d'eux.

M. de Châteaubriand assure avoir vu le serpent à sonnettes pénétrer furieux jusque dans son campement, et se calmer aux sons harmonieux d'une flûte. Vous avez tous entendu parler de l'influence du rhythme musical sur le tarentisme; vous savez tous que, pour se mettre en disposition prophétique, Elisée veut qu'on exécute de la musique; vous savez tous que Mesmer se servait d'un instrument nommé *harmonica*, dont l'influence sur le système nerveux de certaines femmes est excessivement remarquable.

De ce qui précède, Messieurs, sans me faire le champion du magnétisme, sans nier la possibilité de charlatans et de dupes dans ces phénomènes, en me circonscrivant dans ma tâche d'historien, en n'admettant que des faits irrévocables, en ne parlant qu'au nom d'autorités respectables, je crois pouvoir conclure:

1º Que certaines pratiques magnétiques remontent aux siècles les plus réculés;

2º Que cet état d'extase cù il y a disposition prophétique était bien connu des anciens;

3° Qu'on retrouve dans les anciens philosophes et dans les ouvrages de Paracelse, de Van Helmont, Fracastor, Maxwel, toute la doctrine que Mesmer a formulée d'une manière plus précise ;

4° Que la pratique du magnétisme a été appliquée par les anciens à la guérison des maladies ;

5° Que le magnétisme enfin était connu des anciens.

Maintenant, Messieurs, si l'on nous demande la cause de ces phénomènes, admettrons-nous pour les expliquer, comme l'a fait Mesmer, un sens interne, ayant pour siége un centre commun formé par la réunion et l'entrelacement des nerfs dont les extrémités que nous appelons les sens ne sont que les prolongements ? Ce sens interne est-il, comme il le prétend, en rapport avec toute la nature, au moyen d'un fluide subtil qui agit sur lui comme la lumière agit sur nos yeux, mais dans toutes les directions ? Ou bien pensera-t-on que ces phénomènes sont dus au fluide galvanique ou électrique ? Cette dernière opinion a été adoptée par quelques personnes, et elle a été appuyée sur ce que, dans certaines circonstances, l'on a pu tirer des étincelles du corps de quelques individus. Vanswinden a publié, en 1785, à La Haye, un ouvrage en 3 vol. in-8°, ayant pour titre *Analogie de l'électricité et du magnétisme*. Dans ce cas les doigts des magnétiseurs feraient l'office de pointes, qui, en soustrayant le fluide électrique, procureraient quelque soulagement au malade. Ou bien tous ces phénomènes ne seraient-ils pas plutôt des résultats de l'action cérébrale, des conséquences de modifications, de mouvements d'actions et de réactions organiques cérébrales, nerveuses ? car, enfin, pourquoi une émanation du cerveau, ce merveilleux instrument de la création, ne pourrait-elle pas produire ces phénomènes, quand avec un peu de résine, échauffée par le frottement, vous en produisez de si remarquables ? quand avec deux métaux, mis en contact, vous en produisez de non moins dignes d'intérêt ? quand avec quelques grains de poudre vous faites sauter les rochers et portez la mort à distance ? Pourquoi donc deux systèmes nerveux, mis dans de certains rapports, ne pourraient-ils pas produire une modification de ces organes, d'où résulteraient les phénomènes dont nous avons parlé? Cette opinion, émise par Georget, dans sa *Physiologie du système nerveux*, et qui est celle de plusieurs autres auteurs, nous paraît la plus probable.

Enfin, quelle que soit la cause du magnétisme, quelle que soit la manière dont on cherche à l'expliquer, les faits existent, et nous ne pouvons nier des faits dont des hommes d'un scepticisme absolu, ou pleins de conscience et de bonne foi, comme Cabanis et Franklin, comme Cuvier et Laplace, n'ont parlé qu'en termes graves et sévères. Ces faits ont besoin cependant d'être scrutés avec attention, surtout dans leur application à la thérapeutique; il faut les examiner sans prévention, sans cette tendance à croire au merveilleux commune à tant de gens.

Je ne puis mieux terminer ce Mémoire, déjà trop long, que par les paroles de Georget, dont tout-à-l'heure j'ai rapporté l'opinion :

« L'homme sage, l'observateur éclairé, l'ami sincère de la vérité, placé au milieu des controverses, des disputes que font toujours naître les découvertes, les faits nouveaux et qui paraissent extraordinaires, doit, avant de se rendre pour une opinion quelconque, avant de nier ou d'approuver la réalité des faits sur lesquels elle repose, prendre connaissance de toutes les circonstances qui peuvent éclairer son jugement, ne rien négliger pour arriver à ce but. Jusque-là, le doute seul lui est permis; l'incrédulité n'est qu'ignorance et présomption. »

M. FERDINAND-THOMAS, architecte, a la parole sur cette question : *Comment l'architecture égyptienne a-t-elle revêtu sa forme esthétique ?*

Mesdames et Messieurs, dit M. FERDINAND-THOMAS, la reconnaissance était chez la nation égyptienne considérée comme la principale des vertus. Elle apparaît dans la vie privée et dans la vie publique sous les dehors d'une telle piété, qu'on ne doit pas hésiter à la prendre comme l'un des instruments destinés à unir entre eux les anneaux de cette chaîne gouvernementale dans laquelle se trouvait enlacé leur vaste empire. Elle contribua à l'unité qui fit la force et la durée de la haute civilisation à laquelle ce peuple était parvenu. C'est la reconnaissance qui avait déposé dans son cœur les germes de cette sagesse si vantée dans l'antiquité et jusque dans nos livres sacrés. Il faut voir comme il s'empressait d'accomplir ce pieux devoir dans toutes les circonstances de la vie. Cette reconnaissance était immortelle envers les personnes mortes en état de pureté. On conservait leurs corps avec un soin extrême, afin qu'en les voyant leurs enfants gardassent le souvenir de leurs vertus et le désir de les imiter; mais c'était surtout envers Dieu que la reconnaissance trouvait l'occasion de s'exprimer avec l'accent de la plus noble inspiration; rien ne pouvait réprimer ce sentiment en présence de celui qui préside aux destinées du monde, et dont les bienfaits se répandent chaque jour sur le dernier des mortels; l'impie encourait la honte et l'opprobre, et perdait la consolation en mourant de laisser son nom en estime parmi les hommes, le seul de tous les biens d'ici-bas que la mort ne puisse nous ravir.

Ainsi la reconnaissance avait élevé des temples à Phta, comme créateur de l'univers; à Osiris, pour avoir inventé le labourage et l'agriculture; à Mercure, pour avoir découvert les mathématiques, la géométrie et l'arpentage; à quelques autres pour avoir enseigné la médecine, la musique et toutes les sciences propres à rendre la vie douce et commode. On voit par là que le bonheur terrestre préoccupait essentiellement les esprits; mais cette pensée trouvait nécessairement sa source dans le principe matériel que l'on donnait à l'univers. Ce principe était le feu répandu partout. Réuni en globe, c'est le soleil; on lui prête des ailes pour exprimer la rapidité avec laquelle le temps traverse les siècles. Il est constamment groupé avec deux ubœus, ou serpents, nommés aussi agathodœmon, mot que l'on traduit par génie bienfaisant et maître de la nature. On le représente en outre sous diverses formes, source de milliers d'erreurs répandues sur les croyances religieuses des Egyptiens. On a cru découvrir une multitude de dieux là où il n'y avait que les symboles d'un être unique embrassant de son immensité toute la création. Les prêtres, les initiés, tous les esprits éclairés ne voyaient assurément dans ces figures que des métaphores indiquant les divers phénomènes de ce principe dans le jeu de ses actions matérielles ou intellectuelles. Comme les hommes s'élèvent à un plus grand respect pour la divinité, en contemplant les opérations particulières qu'ils lui attribuent, qu'en réfléchissant aux effets qui résultent de l'ordre général de la Providence, il est facile d'expliquer la cause de ces ingénieuses allégories, qui, loin de briser l'unité religieuse, étaient propres au contraire à la fortifier.

Ainsi, Phta, qu'on l'appelle Osiris, Ammon ou Sérapis, était le soleil ou le feu, principe des forces génératrices de la nature. Au printemps on le représentait avec une tête de taureau ou de bélier; au solstice d'été, avec une tête de lion; à l'automne, avec une tête d'homme; et au solstice d'hiver, sous la figure de l'épervier ou de l'aigle.

Sous le nom de Thot, il était l'emblème personnifié de l'intelligence, et de l'élément générateur et suprême de la philosophie sacrée. Pour le désigner d'une manière sensible, le bouc, comme le plus fécond de tous les animaux, lui était consacré.

Enfin, sous la forme d'Isis et d'Osiris, il représentait le principe mâle et femelle.

C'était à cette trilogie, formulée par Phta, Thot et Isis-Osiris, que répondait l'unité religieuse des Egyptiens. Il suffit de citer ces exemples pour démontrer que les autres images et appellations de Vulcain et d'Horus, de Mercure et d'Apis, d'Anubis et de Typhon, ne constituent, prises isolément, que les diverses fonctions attributives d'un même principe, et concourent toutes ensemble à former son identité; d'où l'on peut conclure que les Egyptiens ne se prosternaient point, comme on l'a prétendu, devant des animaux, encore moins devant des plantes. Ce n'était donc que des fictions inventées pour faciliter l'intelligence d'une idée abstraite.

La superstition a pu prendre quelquefois le symbole pour la divinité, honorer des animaux, et par suite des plantes, à cause de certaines vertus qu'on leur attribuait; mais jamais on ne les adora comme des dieux, jamais on ne se prosterna en leur présence; ni l'encens, ni les prières, ni les supplications ne leur furent adressés solennellement.

Il ressort évidemment de ce qui précède qu'en Egypte on n'adorait pas plus le loup, le chat, le serpent, l'épervier, le lotus, le pavot ou l'ognon, qu'on n'adorait la chouette à Athènes, l'aigle à Rome et la souris dans la Troade.

L'unité du culte avait inspiré celle du gouvernement; sa forme symbolique rappelait le même esprit, le même système ; c'était l'ordre régnant sans cesse dans la nature qui avait servi de modèle à l'organisation sociale; aussi, imprima-t-il au front de la nation ce caractère ineffaçable d'immuabilité qu'on retrouve encore dans ses monuments. La royauté, pouvoir suprême, était aussi dans son espèce la représentation vivante de la Divinité. Ses attributs étaient partagés entre les prêtres qui, sous ce rapport, coopéraient suivant leur hiérarchie au fonctionnement de la machine gouvernementale, comme les attributs de la Divinité concouraient dans leur spécialité au mouvement de l'univers. Ils formaient, à l'instar des douze signes du zodiaque, douze collèges présidant à douze nomes, dont l'ensemble constituait l'étendue de l'empire. Chaque collège desservait un temple dans lequel il avait seul le privilège de l'initiation ; tous relevaient ensuite de quatre grands districts sacerdotaux, image des quatre saisons ou des quatre points cardinaux qui avaient pour chefs-lieux Thèbes, Memphis, Saïs et Héliopolis, et dont les sièges étaient occupés par quatre grands-prêtres consacrés, l'un à Anubis ou au chien astronomique, symbole des deux hémisphères ; le second à Mnevis ou au taureau solaire ; le troisième à Mendès, ou au bouc, et le dernier à Apis, ou au bœuf agriculteur. Vous le savez, Messieurs, les grandes cités que je viens de nommer furent tour à tour le centre d'attraction vers lequel convergeait cette imposante hiérarchie. Elles se disputèrent le foyer d'où jaillissaient ces torrents de lumières qui éclairaient alors la surface du globe. On y venait de toutes les contrées pour s'instruire dans l'art de former les hommes. Les plus célèbres de la Grèce, Homère, Pythagore, Platon, Lycurque et Solon y puisèrent les éléments de leur savoir, et Moïse lui-même, le grand législateur, ne se montra si puissant en paroles et en œuvres qu'après avoir été initié dans la sagesse des Egyptiens. « La vraie sagesse, dit Bossuet, se sert de tout; et Dieu ne veut pas que ceux qu'il inspire négligent les moyens humains qui viennent aussi de lui à leur manière. »

Trois ordres composaient la nation, celui des prêtres dont nous avons parlé, celui des militaires et celui des plébéiens. Ils se divisaient en quatre classes ou castes dont chacune correspondait aussi a l'un des douze signes du zodiaque. Ainsi, dans le premier ordre on comptait la classe des interprètes des livres sacrés, celles des mathématiciens, des médecins et des jurisconsultes; dans le second, celles des hermotybiens, des calasiriens et deux autres qui nous sont inconnues; dans le troisième enfin, celles des artisans, des pécheurs, des pasteurs et des courtiers.

Comme on le voit, la trilogie divine se reflétait dans l'État, mais c'était par l'intermédiaire de l'homme qui y puisait la condition de son existence. Trois facultés composaient son organisme, l'*animus*, le *mens* et l'*anima*. L'animus qui conçoit, imagine et désire; le mens qui comprend, pense et veut; et l'anima qui considère les fins, a conscience et détermine. Chacune de ces facultés correspondait à l'un des éléments de la divinité, en telle sorte que l'animus était l'émanation d'Isis-Osiris et l'organe de l'ordre plébéien; le mens, l'émanation de Thot et l'organe de l'ordre militaire; enfin, l'anima l'emanation de Phta et l'organe de l'ordre sacerdotal.

Il résulte de ce qui précède que le lien qui rattachait l'homme à la société, et la société à Dieu, était si étroit et si solide que l'empire des Pharaons paraissait fondé sur un principe indestructible de force et de durée. Il n'y avait qu'une volonté puissante et surhumaine qui pût détruire ce colosse de civilisation. En vain, Cambyse, le barbare Cambyse, essaya-t-il d'arriver à ce but. Il put bien ravager les champs, piller les édifices, attaquer le culte, insulter les prêtres et les autels, et livrer Thèbes, Memphis et les autres villes aux souffrances de ses sanglants outrages; mais il n'eut pas le pouvoir de renverser cette grande œuvre qui resta debout en dépit de ses violences et de celles de ses successeurs. Elle dut survivre à ses tyrans ; elle brilla même d'un nouvel éclat sous les Lagides; mais, quand vinrent les Romains, on la vit s'incliner, tomber et mourir. Sa destinée était accomplie.

Si l'on se prend à méditer sur la fin tragique des nombreux empires qui se sont écroulés tour à tour; si l'on songe à leur gloire et à leur grandeur passée, l'âme triste et abattue cherche en vain à soulever le voile qui dérobe à nos regards l'utilité, le but de ces grandes catastrophes; mais, si à travers les ruines mêmes de ces vastes agglomérations humaines, au milieu des immenses solitudes qui leur ont succédé, nous apercevons çà et là ces masses monumentales, échappées miraculeusement au naufrage, poindre comme des jalons éternels sur lesquels s'appuie la chaîne des temps qui ne sont plus, alors, loin de murmurer, nous nous inclinons avec respect devant les décrets de la Providence, reconnaissant que, si elle n'a pas permis à notre faible intelligence de sonder la profondeur de ses mystères, elle ne cesse pas du moins de veiller sur les besoins de l'humanité, qu'elle ne l'abandonne jamais, et qu'au fort de la tempête elle tient de sa main puissante ce flambeau étincelant de l'histoire qui éclaire les plus secrets replis de la postérité la plus reculée.

Messieurs, dans l'examen qui nous occupe, nous n'entreprendrons pas de vous énumérer les travaux incroyables qui firent des Egyptiens un peuple de géants. Nous ne vous parlerons pas de ces fameuses pyramides, ni de ce fameux labyrinthe qui avait, selon Hérodote, trois mille appartements. Nous ne dirons rien de ces efforts inouis du génie pour élever ces palais impérissables. Nous passerons sous silence cette foule de constructions qui surpassent l'imagination, et dont la description seule exigerait plus de temps qu'il ne nous en est accordé. Nous nous bornerons à vous entretenir du temple; nous nous arrêterons devant cet édifice et nous pénétrerons ensemble dans son enceinte, car c'est là que se résument les mœurs, les usages et la philosophie des Egyptiens ; c'est là que réside cette grande synthèse dans laquelle nous trouverons les causes finales de la forme esthétique de leur architecture.

Le temple, suivant nous, est dans tous les temps et chez tous les peuples civilisés le symbole social sous lequel la Providence se révèle à l'humanité ; c'est donc dans la nature de sa composition et de sa forme que nous devons apprendre à vérifier quel principe a présidé au mouvement des nations. On a vu, tantôt le principe matériel et le principe spirituel dominer alternativement l'un sur l'autre, et tantôt ces deux principes agir également entre eux. Ce dernier état fut celui des Grecs et des Romains. En Egypte, au contraire, c'est la matière seule, le feu, qui embrasse tout, qui engendre, renouvelle, divise, unit et alimente tout.

Ignis ubiquè latet, naturam amplectitur omnem,
Cuncta parit, renovat, dividit, unit, alit.

La civilisation égyptienne ayant parcouru trois phases bien distinctes, celle des Pharaons, celle des Lagides et celle des Romains, nous ne nous occuperons que de la première, car c'est celle qui nous présente le tableau le plus complet d'une société dont l'histoire est encore peu connue, et qui mérite par cela même d'exciter au plus haut degré notre intérêt.

Le temple égyptien formait une réunion de bâtiments distincts se divisant en trois parties principales : la partie publique, la partie centrale et la partie privée. Nous prendrons pour exemple le Memnonium. La partie publique se composait ordinairement du dromos et du péristylos.

Le dromos présentait sur sa face extérieure une construction qui lui servait d'entrée ; elle se composait d'une grande porte et de deux massifs semblables, larges à leur base, plus étroits vers le sommet et de peu d'épaisseur, qui s'élevaient l'un à côté de l'autre bien au-dessus de la porte qui se trouve comprise entre eux. Cette construction s'appelait pylône. En avant siégeaient des statues colossales, puis se dressaient vis-à-vis des obélisques d'une seule pierre. Ensuite venait une avenue de sphinxs, de béliers ou d'autres animaux A l'intérieur, le dromos présentait un vaste espace découvert, orné de colonnes sur les côtés ; il était planté de palmiers et d'arbres fruitiers.

Le péristylos était une grande cour entourée de portiques ayant aussi à son entrée un pylône.

Enfin, la partie centrale était l'hypostylos, immense vestibule où se pressaient une multitude de colonnes ; il dominait en hauteur toutes les autres constructions.

La partie privée comprenait le pronaos, le naos et le sècos ; c'était le temple proprement dit.

Le pronaos était la partie antérieure du temple proprement dit ; c'était une salle qui donnait entrée à d'autres petites pièces latérales.

Le naos était l'enceinte où se trouvait la bibliothèque ; il était isolé par des corridors qui l'entouraient, et qui communiquaient à des appartements.

Le sècos était le sanctuaire, ou lieu le plus reculé ; il se composait d'une niche en granit ou en porphyre d'un seul morceau, contenant la statue de la divinité. Il était desservi par des pièces à côté, puis enveloppé d'un couloir qui se prolongeait secrètement jusqu'au pronaos, en telle sorte qu'on ne pouvait l'aborder sans traverser les lieux qui le précédaient. Enfin, sous ces bâtiments, régnaient des souterrains fort étendus.

En examinant cet édifice on est obligé d'avouer que rien ne répondait mieux au caractère de la constitution égyptienne dans sa division et son ensemble, et que tout était merveilleusement en rapport avec le milieu dans lequel l'homme et la société fonctionnaient. On y trouve à chaque pas les témoignages irrécusables de la croyance au feu, considéré comme principe matériel, générateur, immuable, et d'où découlait tout le système des institutions égyptiennes.

L'architecture y paraît elle-même sous ces formes diverses ; elle est asservie à la matière. La ligne horizontale, formule de cet élément, y joue le rôle principal. C'est peu pour elle de se produire par des moulures taillées soit en creux, soit en relief ; elle a encore recours à la peinture dont le pinceau trace ces longues légendes de hiéroglyphes, superposés dans la hauteur des édifices. Elle domine au faîte des entablements par de vastes plates-bandes. De distance en distance, elle divise le fût de la colonne qu'elle s'efforce de rendre lourde et pesante, et, pour que la perspective des chapiteaux ne l'altère ou ne l'interrompe pas, elle ne permet point à l'architrave de s'y asseoir à nu ; un simple dé carré intervient pour lui laisser tout le développement possible. La ligne verticale, cette ligne spirituelle qui s'élève si hardiment au moyen-âge, est écrasée sous le poids de la matière qui l'étreint et la presse en tous sens. En vain voudrait-elle se dresser, il faut qu'elle subisse sa destinée. Elle inclinera, elle rampera, elle pyramidera comme le feu dont elle est l'expression.

Sous le point de vue générateur, l'art avait rempli sa mission. Les temples étaient des archives vivantes où l'humanité tout entière trouvait de sages enseignements. Chaque muraille offrait une page à des préceptes de morale et de philosophie, à des exemples de vertus, à des images de piété, à des scènes religieuses, à des actions d'humanité. Ici, c'étaient des leçons sur la vie pratique, des récits où l'histoire du passé instruisait l'avenir ; là des emblêmes intéressants qui retraçaient l'empire de la justice et les bienfaits de la médecine; ailleurs, l'astronomie enseignant le cours des astres, distribuant les saisons et réglant les travaux de l'agriculture.

Enfin, sous le rapport de l'immuabilité, l'architecture n'y laissait non plus rien à désirer; sa forme colossale était faite pour braver les injures du temps. La solidité frappait les yeux étonnés par l'épaisseur considérable qu'on donnait aux murailles. On avait soin de lier les unes aux autres les pierres d'une même assise par des tenons taillés en double queue d'aronde. Les cariatides concouraient encore à imprimer à l'architecture un aspect de grandeur et d'indestructibilité remarquable. Ce sont des statues graves dont les figures expriment toujours le repos, et rappellent au spectateur le respect et le recueillement que doit inspirer le lieu qu'elles décorent ; elles ne sont adossées qu'aux piliers qu'elles semblent par leur disposition fortifier de tout le volume de leur masse.

Ces trois caractères se reproduisent aussi dans les autres monuments ; mais c'est le temple qui donne surtout une idée juste de l'art et de la mission qu'il était appelé à remplir. Quand on interroge ce témoin silencieux du passé, il nous montre ces portiques abandonnés, livrés autrefois au mouvement d'une population immense; il nous montre ce peuple de colonnes encore debout, pressées les unes contre les autres, couronnées de chapiteaux différents, désignant le citoyen de chaque ordre, de chaque caste, de chaque corporation, dans l'extase de la prière, et se levant encore vers la Divinité; il nous montre la cité dans le jeu multiple de ses actions. C'est là le siége de la royauté et du gouvernement. On y décrète les lois, on y rend la justice. C'est là que s'agitent les grands intérêts du culte et de l'État; on y célèbre les mystères; on y pratique les sacrifices et les initiations; le peuple s'y rassemble, la politique s'y exerce, les ambassadeurs y sont reçus; on y paie les tributs; et la science, ce feu sacré de la Divinité, y trouve un asile pompeux où elle se développe sous toutes les formes; enfin le corps social, semblable à l'homme, y fonctionne par ses trois organes représentés par le pronaos, le naos et le sècos.

Quelle mission plus noble pour le temple que de devenir l'interprète de la pensée providentielle dans ses attributions et ses fonctions les plus graves! Quel langage plus touchant et d'une portée plus durable que celui qui prescrivait l'accomplissement de tous les devoirs sociaux sous les formes attrayantes de l'allégorie et du caractère symbolique! Oh! combien l'homme ne devait-il pas avoir la conscience de son néant à la vue des nombreuses sentences qui le frappaient et que la voix de Dieu semblait avoir dictées comme des décrets éternels? Mais combien son âme toute palpitante d'émotion devait ensuite grandir à l'aspect de ces constructions gigantesques dont l'enceinte mystérieuse ne lui apparaissait que sous le voile de la sainteté!

Pour bien définir l'esprit du temple égyptien, il faut l'étudier non-seulement dans son ensemble, mais encore dans ses détails; chercher les rapports qui doivent exister entre eux et la pensée dominante qui les a asservis à une forme plutôt qu'à une autre; examiner l'utilité de chaque objet, en connaître la raison, et se défendre de tous préjugés dans l'appréciation des faits.

L'organisation sociale de l'Egypte, étant basée sur le système fixe et général emprunté à l'ordre de l'univers, dut imprimer au culte cet air mystérieux qui convient au Créateur. Dieu n'est accessible aux mortels que par la science et la prière. Qui veut apprendre à le connaître et à le comprendre doit abandonner son esprit à l'étude, au travail, à la piété. C'est ainsi qu'il recueillera cette sagesse qui élève l'homme, en le rendant supérieur à lui-même. L'initiation conduisait à ce but, et l'austérité du temple en rappelait les impérieuses conditions. Celui qui demandait l'initiation, et qui se sentait apte à la recevoir, était assez éclairé pour expliquer le sens mystique que présentaient à ses regards ces constructions sacrées. Il ne pouvait traverser ces longues avenues de sphinxs sans apprendre à leur aspect que le mystère régnait en ces lieux, et que le secret des choses sacrées devait être inviolable. Les deux obélisques venant ensuite brillaient par leur forme et leurs légendes, comme deux flambeaux destinés à éclairer sur ses devoirs celui que la piété conduisait au temple, ou bien c'étaient les langues de feu dont la Providence faisait usage pour se révéler à l'homme qui sollicitait la lumière. Aussi se tenaient-ils debout devant les images de la divinité qu'ils reflétaient sous formes de colosses, voulant montrer par leur immensité la distance qui sépare la créature du Créateur, et l'effort que l'esprit humain doit faire sur lui-même pour monter jusqu'à lui.

A mesure qu'on avançait, on sentait naître au fond de l'âme un trouble involontaire a la vue de ces énormes murailles pyramidales, toutes couvertes de sculptures enluminées, et sur lesquelles, comme a dit Denon, on lisait : POSTÉRITÉ, ÉTERNITÉ. Rien de plus majestueux et de plus imposant que les portes dont la hauteur était prodigieuse; l'homme, chétif insecte, lorsqu'il en franchissait le seuil, croyait déjà éprouver l'influence bienfaisante du feu sacré brûlant sans cesse au milieu de ce foyer intellectuel. Mais c'était l'intérieur de la partie publique qui offrait le spectacle le plus grandiose. Des colonnes à chapiteaux divers, brodés richement de hiéroglyphes, composaient de nombreux portiques qui ne s'ouvraient qu'à certains jours de l'année, lorsque le peuple était admis à y célébrer le culte.

Placez-vous maintenant au milieu du premier parvis sous les palmiers, sous les autres arbres qui l'ombragent. Contemplez la perspective que dessine dans le lointain ce quinconce de colonnes : c'est là l'hypostylos ; on le voit s'élever majestueusement à travers les portes qui se succèdent ; il domine les autres constructions. L'art a épuisé ici toutes les sources du génie pour en faire jaillir la grandeur et la magnificence. Son éclat est celui du soleil auquel les pylônes, images des saisons, semblent emprunter leur lumière. Figurez-vous ensuite les flots de la multitude inondant ces espaces. Figurez-vous la pompe d'un culte éclatant, tout le faste des richesses, et vous n'aurez encore qu'une idée bien faible des solennités religieuses de l'antique Égypte. Jamais, en effet, une vaine curiosité ne guidait le peuple dans l'empressement qu'il témoignait en cette circonstance ; recueilli, silencieux, il assistait aux cérémonies avec le sentiment de la plus fervente dévotion. Un grand nombre de pieuses inscriptions, de saintes allégories, frappaient partout sa vue, et entretenaient son esprit dans cette heureuse disposition ; et si parfois un moment d'oubli ou de distraction allait livrer passage à quelques paroles oiseuses ou bruyantes, Horus, le doigt sur la bouche, lui imposait silence, et ramenait son attention vers son véritable but.

L'hypostylos était le théâtre où se déroulait le grand drame humanitaire. Les trois ordres de l'État y figuraient remplissant le rôle que la destinée leur avait assigné. On y voyait le roi ou le pontife offrant le simulacre de la Divinité à la vénération de la multitude. Il se tenait seul au milieu de l'entrecolonnement principal, sous un espèce de dais colossal, soutenu par deux rangées de colonnes plus grosses et plus élevées que les autres. Ces colonnes, image des ordres supérieurs dominant l'ordre inférieur, prêtaient, réunies en faisceaux, l'appui de leur protection et de leur force à l'action gouvernementale. Placées à côté de colonnes plus petites, elles montraient le rang que chacun occupait dans la hiérarchie. C'était autour de ces dernières que se groupait l'ordre plébéien. Elles étaient plus nombreuses parcequ'elles représentaient la masse de la nation. La cérémonie se passait au milieu des hymnes chantés en musique par des chœurs dont l'écho allait retentir de bouche en bouche. Enfin venait l'heure où se consommait le sacrifice qui unissait l'homme à l'homme, le citoyen à la nation, et la nation à Dieu. Quoi de plus sublime que cette métaphore vivante représentant à la fois une idée simple et complexe, et résumant par sa nature la société entière dans ses rapports matériels et intellectuels ! Ainsi, l'hypostylos était un lieu intermédiaire entre le peuple et la divinité, le seul lieu par lequel ils pussent communiquer, s'entendre et se comprendre. C'était le sensorium où venait se réfléchir le jeu organique de la société, ou bien la synthèse révélant à l'intelligence des mortels la pensée providentielle.

Avançons et franchissons cette porte interdite autrefois aux profanes. Nous sommes dans la partie privée du temple. Vous voyez le pronaos ; c'est le siége de l'animus, cette faculté première qui conçoit, imagine et désire. Il était consacré à l'ordre plébéien qui y puisait ses inspirations en y exerçant les fonctions dont il était investi par la loi.

Poursuivons. Entrons maintenant dans le naos ; c'est le siége du mens, cette faculté mitoyenne qui comprend, pense et veut. Il était dédié à l'ordre militaire qui y brillait de tout son éclat. Satellite de la science, il veillait à la garde de la bibliothèque établie en ce lieu, et dans laquelle étaient déposées toutes les productions humaines. Pouvaient-ils avoir une mission plus honorables ces guerriers dont les armes intelligentes ne s'étaient jamais levées que contre l'ignorance et pour répandre le flambeau de la civilisation dans l'intérêt de l'humanité ?

Enfin, pénétrons dans le sècos ; c'est le siége de l'anima, cette faculté suprème, fluide, émanation de l'âme du monde, qui considère les fins, a conscience et détermine. Ce lieu le plus reculé de l'édifice était le sanctuaire consacré à l'ordre sacerdotal, à cet ordre illustre, source intarissable de tous biens, de toutes vertus, de toutes lumières, et dont la puissance était d'autant plus respectable qu'elle paraissait une émanation de la Divinité.

Messieurs, on voit par cette relation que le temple était l'incarnation vivante de la formule sociale. Plus on fouille dans ses entrailles et plus on est convaincu de cette vérité. L'initiation vient encore à l'appui de ce que nous avançons. Vous savez que c'était une école pratique placée sous l'invocation d'Isis et instituée pour apprendre aux hommes à vivre selon les principes de la raison et de la sagesse. Elle avait trois degrés. Les hommes du peuple ne pouvaient aspirer qu'au premier; les militaires au second, en passant par le précédent; et les prêtres au troisième, en passant par les deux autres. Les militaires avaient droit au troisième seulement lorsqu'ils étaient appelés à régner. On ne pouvait donc appartenir à aucun ordre sans être initié. Les étrangers aussi obtenaient l'initiation; mais dans tous les cas, quel que fût leur rang, quelles que fussent leurs connaissances, ils ne pouvaient parvenir qu'aux premier et deuxième degrés. Ainsi, Thalès, Pythagore, Hérodote n'avaient franchi que deux degrés de l'initiation, dont ils connaissaient les mots sacramentels; mais ils n'en possédaient pas le sens mystique; les prêtres seuls en avaient l'explication, ces mots se rattachant à celui du troisième degré, réservé exclusivement à l'ordre sacerdotal, et leur réunion formant le mystère ou le grand mot gouvernemental, lien de la société et dernier terme de la science.

On recevait dans les souterrains les aspirants. On leur faisait subir, quand il s'agissait du premier degré, un examen sur les notions générales de la science; après quoi ils étaient conduits aux pylônes, c'est-à-dire sur le massif analogue à la saison où l'on demandait l'initiation. Là, avec les instruments nécessaires, on se livrait aux opérations les plus usuelles de l'astronomie; on expliquait le cours des astres, la division des saisons, leur rapport avec les travaux de l'agriculture. Aucun édifice n'était plus propre à cet usage. Leur élévation permettait aux regards d'embrasser l'immensité des cieux. On se sentait comme transporté dans l'espace. L'esprit, frappé d'un tel spectacle, éprouvait le besoin de s'épancher dans le sein de la Divinité; et la prière s'élançait à l'instant vers l'auteur de la nature. On l'invoquait, on le suppliait de répandre sur l'aspirant un rayon de sa divine lumière, pendant que le prêtre achevait de sanctifier par le sacrifice l'œuvre de génération. Ainsi, les pylônes étaient non-seulement des observatoires dédiés aux saisons, mais encore des autels aériens, des interprètes choisis par la religion pour communiquer avec Dieu au moyen de l'initiation. Ils ressemblaient à des pyramides tronquées, mais une pieuse illusion prenait soin de leur enlever ce caractère en les couvrant d'un pyramidion imaginatif brûlant du feu de la science. Vous voyez, Messieurs, que l'allégorie se dessinait encore de la manière la plus ingénieuse dans ces édifices en corrélation la plus intime avec le culte. Leur forme, loin d'être capricieuse, se prêtait merveilleusement à l'idée qu'elle devait représenter.

On entrait ensuite dans les salles ténébreuses des souterrains où l'on devait se purifier par l'eau, symbole de l'animus. Le jeûne, les abstinences, les macérations étaient les épreuves que l'on faisait subir au corps pendant plusieurs jours. On enseignait par là que, la vie étant traversée par toutes sortes de maux, il fallait apprendre à en supporter les souffrances, et que les passions qui en sont les plaies les plus hideuses doivent être réprimées sans pitié, si nous voulons conserver la lumière qui doit nous guider dans le chemin de la vertu. Pour donner une impression plus profonde et plus durable à la portée de ces sentences, on exaltait l'esprit de l'aspirant par toutes sortes de prestiges, par des scènes de trouble et de terreur; et c'était sous l'influence de ces émotions qu'il se disposait à prêter le serment qu'on exigeait de lui.

Quand l'heure de la réception était arrivée, les prêtres quittaient leurs appartements voisins du sècos; ils venaient prendre l'aspirant qu'ils accompagnaient processionnellement. On marchait gravement au milieu d'un chœur dont les chants versaient dans l'âme la plus abondante mélancolie. Arrivé sous l'hypostylos, le cortége s'arrêtait et se rangeait suivant le cérémonial usité. Un nouveau sacrifice se consommait en présence de l'aspirant, qui prêtait serment de ne rien révéler. Alors les portes du pronaos s'ouvraient. On l'introduisait solennellement dans cette enceinte sacrée, où le grand-prêtre lui adressait des exhortations sur les devoirs qu'il avait à remplir, et lui donnait des instructions sur la haute mission dont il était investi. Enfin l'aspirant se prosternait devant Isis-Osiris, et recevait respectueusement en langue démotique l'animus ou la faculté première avec le mot sacramentel du mystère.

Tel était, Messieurs, le mode consacré pour obtenir le premier degré de la sagesse.

Pour acquérir le deuxième degré, il fallait se purifier par l'air, symbole du mens, et traverser les mêmes épreuves qu'on réitérait plusieurs fois ; mais on apportait aux examens plus de difficulté et de sévérité. On était obligé de répondre aux questions les plus ardues de la géométrie, de la philosophie et de l'histoire; il fallait avoir de vastes notions d'astronomie et d'agriculture, ne pas ignorer les principaux éléments de la médecine et posséder même la théorie des arts. On mettait à la disposition de l'aspirant les livres nécessaires à le fortifier dans ces connaissances humaines; et les prêtres dépositaires du feu sacré ne manquaient pas de lui prêter le secours de leur ministère dans des cours, dans des conférences qu'ils faisaient en leur faveur. Après ces exercices, on montait sur la partie du pylône affecté à la saison de l'initiation ; on y sacrifiait en invoquant la lumière. L'aspirant ayant satisfait à toutes les conditions, ayant vu le grand-prêtre terminer les cérémonies ordinaires de l'hypostylos, était conduit au naos en passant par le pronaos. Ces mots : *Remède de l'âme* étaient inscrits au-dessus de la porte d'entrée ; ils le préparaient à recevoir le talisman auquel était attaché le vrai bonheur de l'homme. Il entrait, et sa surprise était grande à la vue de ce dépôt immense des œuvres du génie. Là étaient rangés les ouvrages de mathématiques, les découvertes, produits de l'inspiration céleste. On y apprenait que l'angle pris dans la circonférence du cercle, et appuyé sur les deux extrémités du diamètre, est toujours droit ; et c'est de la démonstration qu'il en trouva après son initiation, que Thalès déduisit toutes les autres propriétés du cercle et résolut tous les problèmes trigonométriques qui donnent la mesure des distances inaccessibles. On y lisait aussi l'énoncé de la fameuse proposition sur l'hypoténuse du triangle rectangle comparée aux deux autres côtes, et dont la démonstration fut publiée en Grèce par Pythagore. Là étaient encore les ouvrages de jurisprudence et de médecine, d'astronomie et d'agriculture; à côté l'histoire de l'Égypte depuis Menès et celles des autres peuples. Plus loin des recueils de dessins figurant les machines qui avaient servi à tirer des carrières, à transporter au loin et à placer dans les nues ces pierres démesurées; les instruments qui avaient été employés à niveler le terrain de l'Égypte, à y répandre les eaux du fleuve, à les élever à d'immenses hauteurs, à les retenir dans de justes bornes; tout ce qu'enfin le génie avait fourni à la guerre soit sur terre soit sur mer.

Les prêtres communiquaient à l'aspirant ce qu'il y avait de plus curieux dans ces ouvrages; ils lui signalaient ce qu'ils renfermaient de plus instructif et surtout de plus indispensable à l'accomplissement du devoir. Ils lui lisaient les préceptes de morale capables d'imprimer à l'esprit la solidité qui l'empêche d'être frivole et au cœur la droiture qui fait l'homme de bien. Ils lui expliquaient les symboles et l'unité de la Divinité envers laquelle ils lui recommandaient une reconnaissance sans bornes. Enfin l'aspirant était conduit aux pieds de Thot, emblême du feu intellectuel; il se prosternait et recevait par l'organe du pontife et en langue phonétique, le mens, la faculté seconde, avec le mot sacramentel qui lui était propre.

Le troisième et dernier degré de la sagesse, c'est-à-dire la grande initiation, s'obtenait à peu près par les mêmes moyens. C'étaient toujours les enfants des prêtres, ceux des rois ou les militaires appelés à la couronne qui en devenaient l'objet. Mais il fallait des examens plus sévères encore; on exigeait des connaissances variées, très étendues, très profondes, surtout dans la spécialité à laquelle on se dévouait. On préludait, comme nous l'avons déjà dit, par un sacrifice offert sur l'un des pylônes ou massif analogue à la saison de l'initiation. On passait par des épreuves successives et de plus en plus rigoureuses. La purification consistait cette fois dans le feu, symbole de l'anima. Quant aux cérémonies de la réception, elles étaient publiques et offraient le spectacle le plus pompeux. On voyait défiler l'ordre militaire s'annonçant par le son de la trompette; deux files de gardes bordaient à droite et à gauche la procession dans toute sa longueur. Trois classes de prêtres, les mathématiciens, les médecins et les jurisconsultes, vêtus de leurs costumes respectifs, marchaient précédés de leurs enfants, dans le même ordre qu'eux et habillés comme eux. Puis venaient un à un d'autres prêtres portant les livres de Mercure. Apparaissait ensuite un prêtre de la première classe du sacerdoce, portant la fameuse table Isiaque appuyée sur sa poitrine. Il était suivi des filles des prêtres, vêtues de la manière la plus riche et la plus élégante. Elles formaient quatre files escortées de gardes, se tenant par le bras, deux à deux. Les prêtresses directrices marchaient au milieu. Puis venait un grand chœur de musique composé de prêtres et de leurs enfants, qui annonçaient le tabernacle d'Isis. Il était porté sur les épaules de huit prêtres, précédé immédiatement par des filles de la seconde classe, les unes exécutant devant le tabernacle des danses légères, les autres faisant brûler des parfums. Le grand-prêtre marchait seul devant le tabernacle, coiffé de la mitre et tenant la crosse. Il était suivi des prêtres de la première classe, interprètes des lettres sacrées. Deux avaient sur leurs épaules un brancard supportant le vase augural; ils étaient suivis de leurs enfants. Enfin arrivaient les aspirants à l'initiation, dont la marche était close par l'ordre plébéien.

On se dirigeait ainsi vers l'hypostylos, où le sacrifice était consommé au bruit des chants de la multitude. De là les aspirants entraient dans le pronaos, accompagné de l'ordre plébéien qui les assistait dans leurs prières. Cet ordre n'allait pas au-delà, il les remettait à l'ordre militaire qui les conduisait jusque dans le naos, où l'on se livrait à de nouveaux exercices religieux. Enfin, l'ordre militaire, sans pénétrer plus loin, remettait les aspirants à l'ordre sacerdotal, qui les introduisait à son tour dans le sècos. A peine entré, le grand-prêtre leur donnait des instructions sur les devoirs du sacerdoce et de l'administration, les entretenait de l'unité de Dieu concevant le monde par son intelligence avant que de le former par sa volonté; il les instruisait de la nature et des divers attributs de son essence, représentés par les symboles; il leur recommandait l'observation des rites, le maintien de la hiérarchie et le danger de toute innovation dans la forme du gouvernement. Alors les aspirants se prosternaient devant Phta en invoquant sa puissance, et aussitôt ils recevaient en langue sacrée l'anima, la faculté suprême avec le grand mot sacramentel dont on leur expliquait le sens mystique.

Messieurs, il résulte de ce qui précède que jamais le temple ne fut plus en harmonie avec la pensée providentielle; l'esthétique générale s'y peint à grands traits; il nous montre la société, l'homme et Dieu tout ensemble réagissant l'un sur l'autre et formant les principaux anneaux de cette chaîne infinie qui unit étroitement la terre au ciel. Il engendre cette coordination puissante sur laquelle viennent s'appuyer la force et la durée de l'empire des Pharaons. Il donne aux mœurs, aux usages, à la religion, à la politique, des caractères corrélatifs que l'art est chargé de reproduire. L'esthétique est donc la loi commune en vertu de laquelle tout doit fléchir et obéir dans l'humanité. Expression de la Providence, il change et se modifie à son gré suivant les époques, le sol et le climat. Il est le centre d'attraction vers lequel viennent converger les rayons d'une même civilisation. Mais pour en déterminer le véritable caractère, il faut puiser à la source de l'architecture, car c'est dans son sein que réside cette formule synthétique des nations. C'est elle qui nous révèle la véritable nature de la constitution des Egyptiens. Elle nous a montré le Feu, dieu matériel, générateur, principe unique de vie, d'intelligence, d'esprit, se manifestant sous la forme multiple du symbole, et principalement sous celles d'Isis-Orisis, de Thot et de Phta. Elle nous a montré l'initiation adoptant trois épreuves de purification, l'eau, l'air et le feu. Elle nous a montré la lumière se produisant par trois langues, la démotique, la phonétique et la sacrée. Elle nous a montré l'homme mu par trois facultés essentielles, l'animus, le mens et l'anima. Elle nous a montré la société agissant par trois organes, l'ordre plébéien, l'ordre militaire et l'ordre sacerdotal. Enfin elle nous a montré le temple disposant de trois sanctuaires successifs, le pronaos, le naos et le sècos. Ce qui donne en résumé cette trilogie :

1º Isis-Osiris+ eau. + lang. dém. + animus + ord. pléb. = Pronaos.
2º Thot   + air. + lang. phon.+ mens + ord. milit. = Naos.
3º Phta   + feu. + lang. sacr. + anima + ord. sacerd. = Sècos.

Par les combinaisons suivantes on obtient six équations d'où découlent les éléments constitutifs de l'unité, savoir :

1° Isis-Osiris + Thot   + Phta   = Dieu.
2° Eau   + Air   + Feu   = Initiation.
3° Lang. dém.   + Lang. phon. + Lang. sacr. = Lumière.
4° Animus   + Mens   + Anima   = Homme.
5° Ord. pléb.   + Ord. milit. + Ord. sacerd. = Société.
6° Pronaos   + Naos   + Sècos   = Temple.

De sorte que nous avons dans le premier cas pour terme final de chaque série,

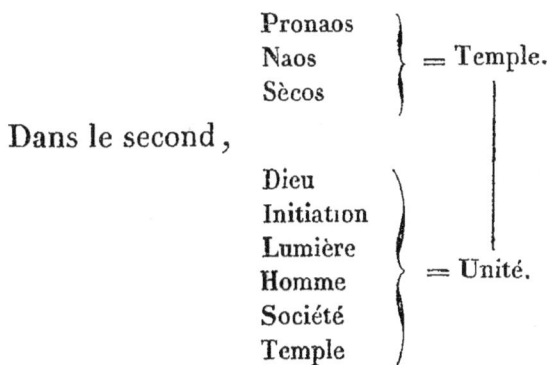

$$\left.\begin{array}{l} \text{Pronaos} \\ \text{Naos} \\ \text{Sècos} \end{array}\right\} = \text{Temple.}$$

Dans le second,

$$\left.\begin{array}{l} \text{Dieu} \\ \text{Initiation} \\ \text{Lumière} \\ \text{Homme} \\ \text{Société} \\ \text{Temple} \end{array}\right\} = \text{Unité.}$$

Il résulte de là que, l'unité dérivant du temple, c'est dans le temple que nous avons dû chercher les causes de la forme esthétique de l'architecture égyptienne. Nous avons fait voir que, procédant d'un principe matériel générateur, immuable, son caractère avait offert nécessairement le signe de matérialité, de vie et de durée qui lui était propre. On en peut juger par les monuments qui restent et qui résistent depuis si longtemps à l'effort des siècles et aux attaques de la destruction. Ne semblent-ils pas n'avoir survécu à tant de vicissitudes que pour accomplir la noble mission qu'ils ont reçue d'instruire les hommes de tous les temps, de tous les pays? Ainsi, après avoir répandu des flots de lumière sur les sociétés qui n'existent plus, ils servent encore à guider la marche du philosophe à travers les ténèbres de l'histoire. Eh! Messieurs, voyez la destinée de quelques-uns d'entre eux. A trois mille ans de distance ils désertent le sol natal, ils franchissent les mers; on les sème dans le monde, ils viennent prêter leur flambeau aux nations lointaines. Les connaissances qu'ils ont transmises servent à les dresser sur nos places publiques; et l'obélisque brille aujourd'hui dans les cités de l'Europe comme autrefois à Thèbes et à Memphis. En vain la barbarie veut-elle frapper ces monuments, héritiers de tant de richesses, la Providence semble les protéger de son égide et les offrir comme gage de sa constante sollicitude envers les hommes. Remercions-la donc d'avoir conservé ces archives vivantes où elle permet à notre intelligence de puiser les trésors d'une sagesse que l'antiquité vénéra et sans laquelle il ne peut y avoir de bonheur sur la terre. C'est sous l'influence de cette pensée que j'ai essayé de résoudre la question que l'Institut Historique a daigné nous proposer, heureux si, inspiré par le feu sacré qui brûle autour de moi, j'ai atteint le but de mes efforts. C'est à vous d'ailleurs, Messieurs, nouveaux prêtres d'Isis, initiés aux mystères des plus hautes connaissances, c'est à vous qu'il appartient d'éclairer un profane qui cherche la lumière dans l'intérêt de la science et de l'humanité.

La parole est à M. Ernest Breton sur la *découverte récemment faite à Rouen du tombeau de Richard Cœur-de-Lion.*

Messieurs, dit M. Ernest Breton, l'histoire a des saints aussi bien que la religion, et, pour leurs adorateurs, leurs reliques ne sont peut-être pas moins précieuses que pour les cœurs pieux les dépouilles sacrées sorties des cryptes des catacombes. Aussi avons-nous vu avec quel intérêt universel a été accueillie la nouvelle répétée par tous les journaux de la découverte du cœur de Richard, du rival de Saladin et de Philippe-Auguste.

C'était surtout dans cette enceinte, parmi vous, Messieurs, dont tous les travaux, dont toutes les pensées, n'ont qu'un seul but, l'étude des temps qui ne sont plus, que cette voix devait retentir et trouver un écho. L'un de nos honorables vice-présidents, le savant traducteur d'Ovide, M. Villenave, exprima, dans une de nos séances particulières, le vœu qu'un rapport détaillé fît connaître à l'Institut Historique toutes les particularités, toutes les circonstances de la découverte de ce trésor. Vous voulûtes bien me charger de cette tâche, et je vais vous exposer le résultat de mes recherches; mais je dois, avant toutes choses, remercier ici M. Adolphe Chéruel, l'un de nos correspondants de Rouen, et l'auteur même de la découverte, M. Achille Deville. C'est à leur complaisance, à leur bienveillant empressement que je dois la plupart des détails que je vais avoir l'honneur de vous soumettre.

Des statues antiques d'or, découvertes dans le Poitou par un paysan, et que le vicomte de Limoges refuse de livrer à Richard, amènent le fils de Henri II aux pieds des remparts de Chaluz, petite ville du Haut-Limousin. Un carreau parti du haut des murailles, lancé par un archer obscur, Bertrand de Gordon, à l'aide d'une de ces armes perfides dont Richard lui-même avait introduit l'usage, frappe le roi au bras; la gangrène envenime la blessure, et bientôt, le 6 avril 1199, le vainqueur de Saint-Jean-d'Acre succombe, ordonnant que ses entrailles, sa cervelle et son sang soient portés à Poitiers, et son corps à Fontevrault, aux pieds des restes de son père. En *remembrance d'amour*, comme s'exprime la *Chronique de Normandie*, en témoignage de l'affection particulière qu'il portait à son beau duché, il lègue son cœur à Rouen, et veut qu'il soit déposé dans cette cathédrale où dorment ses aïeux, Rollon et Guillaume, près de cet autel où lui-même a pris solennellement l'épée ducale.

Ses volontés furent exécutées; et pourtant deux mois ne se sont pas écoulés depuis les temps où vous eussiez en vain cherché le mausolée qui renfermait le cœur du héros. Écoutez ce qu'on écrivait l'année dernière encore :

« Dans le sanctuaire, s'élevaient les tombeaux de Henri-le-Jeune, fils de Henri II, roi d'Angleterre et duc de Normandie, de Richard-Cœur-de-Lion son frère, et de Jean, duc de Bedford, oncle du roi d'Angleterre, Henri V. Que sont devenus ces mausolées? Quelques lignes gravées sur le pavé de l'église annoncent encore la place qu'ils occupèrent; voilà tout ce qui reste aujourd'hui. Chose qu'on croira difficilement, c'est par les mains du clergé même de la cathédrale que ces précieux monuments ont été renversés. Ce fut, disait-il, pour embellir son église qu'il la livra à la pioche du maçon. En 1733, les chanoines ayant conçu le dessein d'exhausser leur maître-autel, et en même temps pour dégager le sanctuaire, brisèrent les tombeaux. Tout fut abattu, dit un contemporain ; on remua le sol jusqu'à la profondeur de quinze pieds. Je trouve à ce sujet, dans les registres capitulaires : « Payé au sieur Cécille, maistre « maçon, pour ouvrage de son mestier par lui fait pour la dé- « molition de l'autel et le pavage du chœur, suivant son mé- « moire et quittance du 26 juin 1734, 509 livres. »

« Cependant les chanoines voulurent perpétuer le souvenir des nobles et antiques sépultures sur lesquelles ils venaient de porter la main. A l'endroit où se voyait la statue de Richard Cœur-de-Lion, couchée en habits royaux sur son mausolée, ils firent graver, sur une des dalles du nouveau pavé l'inscription suivante :

COR

RICHARDI REGIS ANGLIAE

NORMANNIAE DVCIS

COR LEONIS DICTI.

OBIIT ANNO

MCXCIX. »

C'était M. Achille Deville qui traçait ces lignes en 1837, et c'était à lui qu'en 1838 était réservé l'honneur d'exhumer les derniers restes de l'ami de Blondel, du fondateur de Château-Gaillard. Je dis les derniers restes ; car, si la statue de Richard existe bien encore dans une des chapelles de l'ancien monastère de Fontevrault, les cendres ont été dispersées, jetées aux vents par les calvinistes qui, à la fin du XVIe siècle, maîtres de la Normandie, détruisirent en quelques mois tant de sépultures, tant de monuments que le temps avait respectés.

L'inscription indiquant le tombeau de Richard était placée à droite du maître-autel, et cachée par l'estrade de l'archevêque. Aidé et encouragé par M. le préfet de la Seine-Inférieure et par M. l'abbé Fayet, vicaire de la cathédrale, M. Deville fit lever le dallage le 30 juillet dernier, et on commença à fouiller dans les massifs de maçonnerie. Bientôt on aperçut un pan de draperie ; et la statue fut dégagée des matériaux qui avaient été amoncelés sur elle. On continua la fouille, espérant découvrir le cœur ; mais quand le pavé du sanctuaire avait été exhaussé, le mausolée ayant gêné par sa hauteur, le sarcophage avait été supprimé, et, sous la statue qui lui servait de couvercle, on ne trouva rien, bien qu'on creusât jusqu'à une profondeur de dix-huit pieds. Lorsqu'on eut rencontré le sol vierge, il ne paraissait plus rester aucun espoir, et on allait renoncer à continuer les recherches, quand M. Deville eut l'idée d'étendre le cercle de la fouille. On arriva bientôt au soubassement continu qui supporte les colonnes du chœur ; on l'attaqua en face du lieu où était le tombeau, et, le 31 juillet, on reconnut une petite cavité qui contenait une boîte de plomb d'environ dix-huit pouces de longueur sur dix de largeur et neuf de hauteur. Cette boîte était fort oxidée, et le couvercle était entièrement rongé ; au-dedans était une seconde boîte de plomb de neuf pouces de long sur six dans les autres dimensions ; celle-ci était entière et revêtue d'une mince plaque d'argent qui à l'intérieur était bien conservée. Les parois de cette boîte n'avaient point été soudées, de telle sorte que les clous de fer qui les joignaient ayant été entièrement détruits par la rouille, ces parois bien qu'en place ne tenaient plus les unes aux autres. Au fond de la boîte étaient des fragments d'étoffe rougeâtre, et une matière terreuse d'un jaune brun avec quelques parties d'un blanc de craie. Cette poussière, c'était le cœur du Lion !

Et ici, nulle incertitude, nul doute ! Retournez le couvercle de la petite boîte, vous y lirez en caractères du temps : *Hic jacet cor Ricardi regis Anglorum.*

De cette circonstance même que l'inscription ne donne pas à Richard le nom de *Cœur-de-Lion*, que ce prince ne prit jamais lui-même dans ses actes, bien que fier de l'avoir mérité, M. Deville pense pouvoir conclure que cette boîte a été faite immédiatement après sa mort, et avant que le surnom eût été définitivement sanctionné par l'usage.

Nous dirons bientôt ce que nous pensons de la date de la statue, mais peut-être la description de ce monument vous semblera-t-elle plus intéressante en la faisant précéder de celle que M. Deville a donnée de la statue de Fontevrault. Vous y trouverez sans doute la source de quelques rapprochements·, de quelques comparaisons.

« La figure de Fontevrault, dit M. Deville, a six pieds de long ; elle est en pierre, et porte encore la peinture et les dessins du temps. Le prince est représenté couché, la tête appuyée sur un coussin, et dans son costume royal. La couronne qui est ouverte est ornée d'émeraudes et de rubis. Son manteau peint en rouge, tirant sur le rose, et dont la bordure est dorée, est semé de fleurs blanches, et agrafé sur la poitrine. En dessous se dessine à plis serrés une dalmatique bleu-vert, à manches larges et pendantes, et que retient autour du corps une ceinture richement travaillée. La tunique est rouge. Le prince est éperonné et ganté ; il porte les cheveux courts, des moustaches et la barbe mi-longue. Fidèle à la réputation du personnage qu'il avait à représenter, l'artiste s'est appliqué à lui donner un regard farouche. Malgré la raideur du dessin, et une certaine sécheresse de travail, cette statue est extrêmement remarquable pour l'époque ; elle prouve quel progrès les arts avaient fait depuis le XIe siècle, où la statuaire en particulier était descendue si bas. Elle a dû être exécutée dans la dernière année du XIIe siècle, et ne peut être sortie que de l'une des mains les plus habiles du temps. »

La statue de Rouen présente plusieurs différences notables. Quoique un peu plus petite (elle n'a que cinq pieds dix pouces), elle est d'une proportion plus forte. La couronne n'est pas la même ; et le costume ne présente ni gants ni dalmatique. La figure n'a jamais été peinte ; elle est en pierre de liais très dure, et pourtant elle est moins bien conservée que celle de Fontevrault, dont une partie du menton a seule éclaté. A Rouen, le nez, le menton et l'œil droit sont mutilés ; la main droite a disparu entièrement, la gauche est brisée ainsi que les deux pieds. Ceux-ci reposent sur un lion d'assez bon style, qui lui-même est couché sur un soubassement présentant en petite proportion plusieurs animaux, tels que lionceaux, oiseaux, lapins, etc. Les draperies sont bien faites et en bon état ; la tunique, serrée par une ceinture dont l'extrémité retombe sur le devant, est fermée au cou par une riche agrafe carrée de vingt-deux lignes de côté. En dessus est le manteau royal qui vient s'envelopper sur le bras gauche, et dont le pan retombe sur la cuisse du même côté. On voit encore des traces d'une courroie qui l'attachait sur la poitrine ; sur l'épaule droite surtout on en reconnaît une partie assez considérable. Sur le bras droit, les draperies sont à peines sensibles, et l'avant-bras pourrait paraître nu. Il en serait de même du haut de la poitrine, si quelques légers plis n'indiquaient la présence de l'étoffe. Les pieds offrent une chaussure qui laisse le coude-pied découvert, mais s'y rattache par une courroie. La tête repose sur un coussin ; les cheveux, plus longs qu'à Fontevrault, sont ramenés en arrière des oreilles, et bouclés en dehors comme ceux de nos ecclésiastiques. La couronne est ouverte ; le cercle, haut de vingt-six lignes et enrichi de pierreries, est bien conservé ; mais les fleurons n'existent plus que du côté droit et en dessous. Ces diverses mutilations sont l'œuvre des calvinistes et datent de 1562.

Montfaucon, dans ses *Monuments de la Monarchie française*, a donné le dessin de la statue de Richard, et de celle de Henri-le-Jeune, qu'on voyait encore l'une et l'autre de son temps ; mais cette planche n'est pas plus fidèle que toutes celles qui accompagnent cet ouvrage si recommandable d'ailleurs sous d'autres rapports.

M. Deville pense que le tombeau de Richard ne put être exécuté immédiatement après sa mort En effet, ce prince périt en 1199, et la cathédrale de Rouen fut entierement consumée en 1200. Le monument devrait donc porter des traces de l'incendie, et on en chercherait vainement.

D'un autre côté, comment supposer que Philippe-Auguste ait fait élever le mausolée de son rival ? On doit donc fixer l'époque de son érection entre l'an 1200, date de l'incendie, et l'année 1204 où Philippe-Auguste s'empara définitivement de la Normandie. Il est propable, en outre, que le monument est l'ouvrage de l'archevêque de Rouen, Gautier de Coutances, qui fut régent de l'Angleterre pendant la captivité de Richard, qui l'avait accompagné à la croisade, qui fit partie des ôtages livrés à

Henri VI pour sa rançon, qui fut enfin le plus fidèle de ses servi-
teurs pendant toute sa vie, si l'on excepte un moment d'erreur.

Le tombeau de Richard offre donc un double intérêt sous le
rapport historique et artistique, puisque sa date et son origine
sont aussi certaines que sa destination. La statue est déposée
dans la cathédrale au pied du tombeau des d'Amboise, et l'on
doit relever le mausolée. Quant au cœur, la décision qui devra
intervenir n'est point encore prise; en attendant, il est renfermé sous trois clefs dans une des armoires de la sacristie.

Je pense, Messieurs, que vous partagerez le désir que j'ai
exprimé à Rouen de voir déposer cette précieuse relique au
Musée d'antiques de cette ville. La confier de nouveau à la terre,
ne serait-ce pas anéantir le fruit d'une si curieuse découverte?

Deux autres fouilles restent à faire, et M. Deville se propose
de les exécuter prochainement; elles rendront également à la
lumière le mausolée de Henri-le-Jeune, frère de Richard, mort
le 10 juin 1183, et celui de Jean de Lancastre, duc de Bedford,
troisième fils de Henri IV, roi d'Angleterre, prétendu régent
de France pendant l'invasion anglaise de 1420, et mort en 1435.

C'est ainsi que, grâces aux efforts, au zèle des sociétés ar-
chéologiques répandues aujourd'hui sur la surface de presque
toute la France, chaque jour voit reparaître quelqu'une des
pierres du grand édifice de l'histoire monumentale, en même
temps que vous, Messieurs, par vos consciencieux travaux, ra-
massez chaque jour quelques précieux débris des faits, préparant à ceux qui vous suivront les matériaux d'une histoire de
notre patrie, d'une histoire complète, réelle, fondée sur la
vérité, et non sur des spéculations vaines ou sur des légendes
fabuleuses.

La question est ouverte sur le mémoire de M. le docteur
RIGAUD (de Nantes), relatif à l'*histoire du magnétisme animal.*

Messieurs, dit M. LEUDIÈRE, il est difficile de présenter des
observations régulières sur un mémoire lu rapidement. J'essaierai cependant de vous faire part des réflexions qu'il m'a
suggérées.

Il y a dans ce travail des choses excellentes, surtout à la fin. Les principes de l'auteur sont on ne peut plus logiques et mériteraient d'être suivis par le temps qui court.

Mais j'observerai que M. Rigaud a émis aussi une foule de faits variés, énoncés sans ordre, n'ayant aucune analogie les uns avec les autres, sans explication, sans critique. Bien certainement, parmi tous ces faits, il en existe quelques-uns qui ont rapport au magnétisme, mais il fallait les discuter et non pas accepter de simples *on dit*, sans preuves.

Je ne veux pas dire pour cela que l'auteur ait eu tort de les citer. Ils auront toujours une certaine valeur historique. Mais il eût été nécessaire de les peser, de les analyser. Néanmoins, tout extraordinaire que soient les faits que nous avons entendus, la connaissance en sera toujours utile, ils nous donnent la mesure des mœurs et des passions de l'époque.

En général, le mémoire me semble manquer de cette critique éclairée que M. Rigaud vante avec raison, mais qu'il me semble avoir assez peu mis en pratique dans cette circonstance.

M. Siméon Chaumier : C'est moins sur le mémoire de M. Rigaud que je me sens disposé à parler que sur les observations même de M. Leudière sur ce mémoire.

M. Leudière aurait voulu une critique étendue, une précision parfaite pour tous les événements cités par M. Rigaud. L'auteur étant un homme spécial, je ne puis entamer le fond de la question, mais il me semble cependant que les documents rassemblés ne manquent pas d'une grande valeur historique. Il me semble encore qu'il est peu de personnes qui se refusent à croire que les Hébreux aient pu se servir chez eux des pratiques magnétiques mises en usage bien certainement chez les Egyptiens ; les livres juifs et chrétiens nous indiquent assez clairement que les prophètes et même le Christ, cette admirable sommité des temps anciens, ont pu les employer pour la guérison des maladies.

M. Leudière m'a paru nier la faculté, prouvée dans beaucoup de cas, de prévoir les faits à venir. Mais s'il admet que souvent la pensée a pu voir des faits présents, bien que séparés par l'espace, pourquoi, sous l'influence magnétique, l'intelligence ne pourrait-elle pas aussi franchir le temps ?

M. LEUDIÈRE : Les faits magnétiques me paraissent tellement outrés, il est arrivé si souvent aux magnétiseurs, à M. de Puységur par exemple, d'être trompés par leurs magnétisés, que je pense qu'il est besoin d'être fort circonspect en pareille matière. Je me fie beaucoup plus aux rapports de corps savants, rapports qui ont été basés sur un examen suivi et répété, que sur les *on dit* d'une foule d'expérimentateurs isolés. Ce qui me paraît le mieux prouvé, c'est que dans certaines affections du système nerveux, l'épilepsie par exemple, les malades ont pu prévoir leur accès, mais pas autre chose.

L'orateur reproduit les conclusions qu'il a posées tout-à-l'heure. Jusqu'à ce que les faits soient mieux prouvés, dit-il en terminant, abstenons-nous !

M. AUGUSTE SAVAGNER. Lorsque l'objet d'une question est vague, on ne peut pas se restreindre bien rigoureusement dans une série bien déterminée de faits.

Aucune définition suffisante du magnétisme animal n'a été donnée; la nature du magnétisme animal n'est pas connue; on ne marche dans cette carrière qu'entouré d'hypothèses.

Arrivera-t-on à un but positif? c'est ce qu'on ne sait pas. Mais enfin, il s'agit de savoir si le magnétisme animal, tel qu'on prétend le concevoir aujourd'hui, était connu des anciens ?

Pour résoudre cette question, il faut évidemment recueillir des faits; c'est ce qu'a fait M. Rigaud. Malheureusement la plupart de ceux qu'il a signalés sont manifestement controuvés; d'autres, et principalement la fameuse prédiction de Cazotte, sont, sinon improbables, du moins fortement controversés.

Je suis surpris que l'auteur du mémoire ait omis les indications que l'on trouve dans un petit ouvrage du moine Roger Bacon : *De mirabili potestate artis et naturæ.*

M. le docteur C. BROUSSAIS. Je n'étais nullement préparé à

la discussion d'aujourd'hui ; je ne dirai donc que quelques
mots.

Je ne veux parler ni pour ni contre; il y a dans le magnétisme des phénomènes auxquels je crois, d'autres que je ré-
cuse complètement. Parmi ces phénomènes, les uns sont analogues aux phénomènes physiologiques; ainsi, on a vu tantôt
exaltation, tantôt abolition de la sensibilité; faits curieux sans
doute, mais dont beaucoup de cas pathologiques ordinaires
nous présentent des exemples, principalement les affections
nerveuses et cérébrales.

Mais lorsque le magnétisme vient nous dire qu'il peut voir
sans le secours des yeux, entendre sans l'organe de l'ouïe, ces
faits-là, n'ayant aucune espèce d'analogie avec les faits physiologiques ordinaires, rentrent dans une tout autre série que les
phénomènes précédents.

Il en est de même de la prévision de l'avenir, dont beaucoup
de magnétiseurs admettent la possibilité; prévision complète
et non pas simple présomption, car dans ce cas-là tout ren-
trerait dans les faits ordinaires, de la même façon qu'au milieu
de la foule de choses diverses que vous disent les tireuses de
cartes, il finit toujours par se trouver quelque chose de vrai.

De pareils faits sortant complètement de la ligne commune,
dès qu'on vient à les analyser, il est besoin de l'examen le
plus sévère et le plus impartial. Aussi approuverons-nous sans
restriction la conduite de l'Académie de médecine dans l'affaire
récente de Mlle Pigeaire. Cette jeune fille, disait-on, pouvait, quand elle était plongée dans le sommeil magnétique,
lire les yeux recouverts d'un bandeau de velours noir. L'Académie a proposé un bandeau particulier qui a été refusé; et
l'examen a prouvé que le premier bandeau laissait arriver quelques rayons lumineux à l'œil. Dès lors une partie du miracle
disparaissait. Néanmoins le fait est peu ordinaire, je l'avoue;
mais n'est-il pas cependant des personnes qui ne voient qu'à
la brune, d'autres qui voient dans l'obscurité, pourvu que quelques rayons lumineux, si faibles qu'ils soient, puissent frapper
leur rétine? On conçoit dès lors que l'Académie ait encore
voulu rester dans le doute.

J'aurais voulu, d'un autre côté, que dans le mémoire de M. Rigaud les faits fussent analysés avec plus de sévérité, et qu'il eût fait plusieurs classes, l'une de faits bien prouvés, l'autre de faits douteux; cette méthode eût été plus logique et plus rigoureuse. L'auteur a parlé de Cuvier et de Laplace. A coup sûr ces noms sont d'une grande valeur et font autorité dans la science; mais vous avez vu, Messieurs, que tous deux ne se prononçaient pas, et qu'à leurs yeux les faits magnétiques n'étaient rien moins que prouvés.

SEPTIÈME SÉANCE.

(VENDREDI 28 SEPTEMBRE 1838).

Présidence de M. le docteur C. BROUSSAIS.

M. LE PRÉSIDENT annonce à l'assemblée que dans la discussion qui va s'ouvrir de nouveau sur cette question : *Le magnétisme animal était-il connu des anciens*, il s'agit simplement de l'élucidation d'un point d'histoire, et nullement de théories sur l'état actuel du magnétisme animal.

M. P. TRÉMOLIÈRE s'exprime en ces termes: Messieurs, le poète Lemierre *trouva* un jour un beau vers que vous connaissez :

Le trident de Neptune est le sceptre du monde !

Et dans son admiration pour lui-même cet auteur, peu modeste d'ailleurs, le proclama le vers de son siècle. Nous avons fait mieux, nous avons résumé l'esprit du nôtre dans un seul mot, dans celui de progrès... Aussi le rencontre-t-on partout... je veux dire le mot. De toutes parts, on nous crie : Nous vivons dans le siècle du progrès par excellence, progrès civilisateur, social, scientifique, politique, industriel, humanitaire ; c'est à épuiser toutes les épithètes plus ou moins superbes de notre langue ; comment douter dès lors de son existence ? Toutefois, si l'on examinait de près les choses auxquelles ce mot encyclopédique est appliqué, on en découvrirait probablement bon nombre qui seraient loin d'en justifier le sens, à moins que par progrès on entende l'émission incessante d'idées qu'on croit nouvelles, de théories de toutes sortes et assurément fort ingénieuses, si elles n'avaient le défaut d'être impraticables ou absolument rebelles à la nature des objets qu'elles se proposent... Mais les esprits méditatifs et réfléchis qui ne se contentent pas de mots, qui ne se bercent pas d'illusions, pensent, non sans raison, que progresser, c'est très souvent revenir sur le passé, c'est étudier avec soin ce qu'il offre de bien, pour éviter de reproduire seulement ce qu'il a de défectueux et d'erronné ; c'est interroger l'expérience des temps pour leur demander les lumières qui doivent éclairer le présent et, nous guider dans l'avenir. Notre époque, suivant moi, n'apprécie pas la sagesse antique comme elle devrait l'être ; et dans cette expression de sagesse, je comprends surtout, pour être fidèle à sa véritable signification, les connaissances acquises, les richesses scientifiques. On veut que tout date d'hier, que tout soit nouveau sous le soleil... Et parceque l'on développe parfois avec habileté les découvertes anciennes, ou qu'on profite des notions que nos devanciers en civilisation nous en ont léguées, on s'en attribue le mérite exclusif, on se les approprie. La science moderne ressemble un peu au Romain Bathyllus qui osa se dire l'auteur du distique que Virgile fit mettre sur la porte principale de la demeure d'Auguste au Mont Palatin, mais dont l'illustre poète se vengea par le célèbre *Sic vos non vobis* devenu proverbial.

Oui, Messieurs, les temps anciens revendiquent à leur tour la plupart des grandes découvertes dont on fait honneur aux temps modernes... et il y a justice autant que reconnaissance à les leur restituer.

Polydore Virgile, l'homonyme de l'immortel auteur des Géorgiques (*de inventoribus rerum*), George Paschius (*Tractatus de novis inventis*), Van Almeyoloen (*Onomasticon rerum in-*

ventarum), Mathieu de Luna (*de rerum inventoribus*), Jean-
Jacques Hottinger (*in bibliographiâ physico-sacrâ*), le savant
chanoine autrichien Yahn (*archæologiâ biblicâ*), le chevalier
Temple, le docteur Wotton, Dutens, l'honorable député
Eusèbe Salverte et autres, dans leurs recherches sur les découvertes et sur les sciences occultes, ont prouvé de la manière
la plus évidente, par de nombreuses autant qu'imposantes autorités, par les textes de documents irrécusables, que les anciens nous ont transmis la plupart des découvertes dont la
science et les arts modernes se glorifient.

Ainsi, c'est à eux que nous sommes redevables de l'art de perfo-
rer les puits dits artésiens; de l'art des signaux ou des télégraphes,
perfectionnés par Chappe; de la tachygraphie, suivant ce
qu'attestent d'ailleurs Plutarque, Horace, Martial, et autres.
Ceux qui exerçaient l'art *tironien*, du nom de Tiron, esclave
et secrétaire de Cicéron, qui s'y était rendu fort habile, furent
nommés *Notarii*, à cause des notes dont ils se servaient, et
c'est à ces fonctions que remonte l'origine des notaires actuels.
Je ne parlerai pas de l'imprimerie; il est de notoriété qu'elle a
été inventée par les Chinois douze ou quatorze siècles avant
nous.

Nous devons encore aux anciens le système planétaire que
Copernic leur a emprunté, sur le mouvement de la terre autour du soleil, sur celui de projection dans le cours des astres,
sur la révolution des planètes. Ils nous ont enseigné les lois de
la gravitation universelle des corps célestes et des corps ter-
restres, la raison de la différence de la chute de ces derniers;
la cause des tremblements de terre et celle des vibrations iso-
chroniques du pendule; ils nous ont appris à connaître la pesanteur et l'élasticité de l'air, la réfraction de la lumière, la théorie
des couleurs agrandie par Newton.

Les procédés merveilleux ou terribles de la pyrotechnie par
la poudre à tirer, que nous nommons poudre à canon, leur
étaient parfaitement connus; et il est très probable que les opérations chimiques du moine Berthold Schwart avaient pour but
les essais de cette composition dont on le fait inventeur par un
effet du hasard. Il en est de même du fameux feu grégeois; le

syrien Callinique, qui vivait au VIIe siècle, en possédait le secret, dont la découverte remonte aussi à une haute antiquité. C'est le seul mérite qu'on puisse légitimement lui attribuer. Une foule d'autres découvertes qu'on croit modernes, parceque les rénovateurs n'ont pas indiqué les sources où ils en ont puisé les éléments, sont dans ce cas. Les tubes vaginaux, appelés trompes de Fallope, n'ont pas plus été découverts par le savant anatomiste de Modène, dont ils portent le nom, que l'Amérique ne l'a été par Améric Verpuce, puisque Rufus, d'Éphèse, médecin contemporain de Trajan, les a exactement décrits dans son traité *de partubus corporis humani*, et qu'Hippocrate les connaissait, ainsi que la circulation du sang, du moins selon plusieurs interprètes de ses écrits. Mais, en tout cas, il est positif que la découverte dont on tient compte à Harvey est antérieure à l'ère chrétienne.

Les anciens n'ont pas ignoré non plus la force expansive et motrice de la vapeur de l'eau. Héron, célèbre mathématicien d'Alexandrie, un siècle avant Jésus-Christ, en fit l'application à un petit appareil nautique qu'il inventa et qui n'était autre chose qu'un bateau à vapeur, dont il a consigné la description dans son traité des machines, traduit du grec en latin sous le titre de *Spiritalia seu Pneumatica*. Cette invention oubliée paraît avoir été exhumée, vers le milieu du XVIe siècle, comme M. de Monglave vous l'a déjà dit, par Blasco de Garay, capitaine de marine espagnol. On peut juger par là si les Anglais et les Français sont fondés à se disputer la priorité d'une découverte qui n'appartient ni aux uns, ni aux autres.

Enfin les anciens ont connu la boussole et l'aiguille aimantée, les propriétés attractives et électriques du *succin* ou ambre jaune, par eux appelé *electrum*, d'où nous avons tiré le mot électricité. Ils ont si bien et si positivement eu connaissance du fluide électrique que cette connaissance les avait conduits à l'invention des paratonnerres, retrouvée par Franklin.

Je m'arrête à la mention de ces dernières découvertes, car elles me font naturellement arriver à la question que l'Institut Historique a proposée, à savoir *si les anciens ont connu le magnétisme animal*, puisqu'à l'égard du magnétisme minéral il ne saurait y avoir doute. La question d'ailleurs que vous avez posée, Messieurs, est formulée d'une manière générale qui laisse apercevoir que c'est du premier dont il s'agit ; et c'est de celui-là que je me suis occupé.

Qu'il me soit permis, avant d'entrer en matière, d'exprimer un vœu dont on comprendra l'importance. Je désire qu'en parlant de magnétisme, sans avoir l'honneur d'être docteur ou médecin, mes paroles ne produisent pas l'effet des *passes* au moyen desquelles, et sous certaines conditions, on somnambulise ceux sur qui on veut agir. Cet effet serait d'autant plus fâcheux que j'ai besoin au contraire d'attirer à moi le fluide de toutes les sympathies du savant auditoire, afin d'en être écouté avec l'intérêt que doit inspirer le sujet, quelque imparfaite que soit la forme que je lui donne en le traitant.

Le mot de magnétisme vient du grec μάγνης (magnès) *aimant*, dérivé, selon la commune opinion, du nom de *Magnesie*, ancienne ville de Lydie, dans l'Asie Mineure, située au pied du mont Sipyle, célèbre par la métamorphose de Niobé, et où l'aimant se rencontre en abondance.

Mais s'il est aisé de constater l'étymologie du mot magnétisme, il est fort difficile de définir avec précision et d'une manière satisfaisante le sens qu'on y attache pour désigner l'ordre de phénomènes dont le fluide magnétique est l'agent. Tout ce qu'on a pu dire de plausible, c'est que ces phénomènes extraordinaires ont été spécifiés par l'expression de magnétisme animal, parcequ'on leur a trouvé une grande analogie avec ceux que l'on opère par l'*aimant*. Suivant M. le docteur Rostan, on doit entendre par magnétisme animal *un état particulier du système nerveux, état insolite, anormal, présentant une série de phénomènes physiologiques, jusqu'ici mal appréciés, phénomènes ordinairement déterminés chez quelques individus par l'influence d'un autre individu exerçant certains actes dans le but de produire cet état.*

Ce n'est pas là, comme on voit, une définition très claire du magnétisme, mais bien une explication de son influence physiologique, puisqu'il résulte de cette influence, sur ceux qui la reçoivent ou qui en sont l'objet, un état *insolite* et *anormal* du système nerveux, que le savant docteur confond ici avec le magnétisme même, c'est-à-dire avec l'action ou cause déterminante des phénomènes magnétiques. Quoi qu'il en soit, je l'admets, faute de mieux, attendu que je n'ai pas autorité compétente pour en proposer une autre.

L'observation des phénomènes produits par le magnétisme remonte à la plus haute antiquité, car l'histoire du fluide magnétique, s'il faut en croire quelques savants, est liée à celle des dieux. Ils en donnent pour raison qu'on les représentait avec des sceptres de formes diverses, toujours terminées en pointes perpendiculaires, ce qui a fait penser au docte Bavarois Herwart (*Admiranda ethnicæ theolog. myst. propolata*), que les divinités égyptiennes n'étaient autre chose que l'aiguille aimantée, l'air et les vents agissant d'après les affinités attractives ou répulsives des corps organiques ou inorganiques dont ces dieux auraient été la personnification. D'autres veulent trouver jusque dans les fragments qu'Eusèbe et Porphyre nous ont conservés de Sanchoniaton, le plus ancien historien connu, après Moïse, l'allégorie des principes élémentaires du fluide magnétique, et ils se fondent sur l'union attractive d'Uranus (le ciel) et de Ghé (la terre), union qui n'a pu s'opérer que par l'influence de ce fluide répandu dans l'espace; fluide ou esprit subtil et délié dont à leur sens l'auteur phénicien aurait fait le père de l'Amour qui rapproche et unit les êtres ou qui les sépare; en d'autres termes, qu'il serait l'agent moteur de la sympathie et de l'antipathie universelles.

Au reste, ces opinions érudites n'ont aucune valeur par elles-mêmes, il est vrai, quant à leur objet spécial, mais elles en ont une relativement au point de vue historique où la question a été placée. Elles doivent être admises à titre de témoignage, en faveur de l'opinion qui attribue à l'antiquité la connaissance du magnétisme animal, tel qu'il est conçu de nos jours, nonobstant les prétentions de Mesmer à sa découverte.

Personne n'ignore que dans la plus haute antiquité les Brachmanes dans l'Inde, les Mages en Kaldée et en Assyrie, une classe particulière de Cohens en Égypte, les Druides dans les Gaules et d'autres parties de l'Europe, étaient seuls en possession d'exercer la médecine, qui se divisait, ainsi que la philosophie, en science extérieure et publique, et en science intérieure ou occulte. C'est à cette dernière qu'appartenait le magnétisme animal. « Les prêtres et les initiés qui desservaient les temples consacrés au culte de leurs divinités, dit M. d'Hénin de Cuvillers, avaient grand soin de mettre ces temples en rapport avec leur véritable destination ; ils étaient ordinairement construits dans des lieux élevés, salubres, hors des villes, et on les rendait spacieux et commodes. On y admettait les malades qui y venaient de toutes parts consulter le dieu pour lui demander la santé. L'historique des maladies et des guérisons, ainsi que l'indication des remèdes qui avaient été ordonnés d'après les procédés de l'hypnoscopie ou des songes, étaient gravés sur des tablettes votives qu'on suspendait aux murs et aux colonnes des temples. Il est fait mention de ces tablettes dans plusieurs anciens auteurs, d'une manière précise, et principalement dans les écrits d'Hippocrate et de Galien, les deux plus célèbres médecins de l'antiquité, ainsi que dans Pline le naturaliste et ailleurs. » Les malades passaient une ou plusieurs nuits, selon la gravité des cas, dans les dépendances du temple disposées à cet effet, ou dans le temple même. Là, les prêtres-médecins du dieu, quelquefois le dieu lui-même, venaient les visiter mystérieusement. Il paraît que les premières opérations magnétiques consistaient surtout en *passes* absorbantes pour somnambuliser, de manière à ce que les légères frictions, les attouchements locaux plus ou moins prolongés qu'on pratiquait sur quelques parties du corps, ne pussent faire sortir de ce profond sommeil. Ces procédés, appliqués à de jeunes femmes, devaient être dangereux ; et sans adopter dans leur entier les opinions de certains écrivains, toujours disposés à exagérer ce qui peut fournir matière à de malicieuses interprétations, l'on conçoit néanmoins que ces scènes nocturnes aient parfois donné lieu à des accidents dont il est facile de deviner la nature.

L'Inde, dont très probablement la civilisation est antérieure à la civilisation de l'Egypte, et qui a vu la plupart des nations antiques tributaires de ses opinions et de ses idées, a été aussi le berceau des écoles mystagogiques, que cette même Egypte, que la Grèce et l'île de Samothrace s'empressèrent d'imiter. Dans les unes comme dans les autres on n'initiait aux secrets enseignements de ces écoles célèbres que des hommes connus par leurs lumières : les philosophes, les poètes, les médecins ou les personnages revêtus de hautes dignités. C'est ainsi que Pythagore fut admis à étudier au Choéniatim ou collège sacerdotal de Thèbes (Diospolis); Orphée, Thalès et Démocrite à celui de Memphis; Eudoxe et Platon à celui d'Héliopolis; Solon et Lycurgue à celui de Saïs. Delandine dans sa *Philosophie corpusculaire,* ne doutant pas que le magnétisme animal ne fit partie de l'enseignement supérieur dans ces écoles normales du temps, assure que la franc-maçonnerie moderne en a conservé les mystères, les secrets, les épreuves et même quelques-uns des signes. Cela posé il ajoute : « Ne serait-ce point un vestige des anciennes connaissances magnétiques, qui, dans un certain grade, fait promener le pouce ou l'*index* sur les tempes et sur la poitrine des initiés, qui établit une chaîne entre eux, en se tenant par la main, et en pressant le pouce à diverses reprises entre le pouce et l'*index* de ses voisins ? »

Je crois que la respectable corporation sacerdotale de l'Égypte connaissait le magnétisme animal, mais j'avoue que les raisons déduites de quelques usages maçonniques, bien que pouvant provenir de ceux de l'initiation ancienne des mystères isiaques, ne me semblent pas assez concluantes pour être admises comme preuves historiques de cette connaissance. Je vais en produire une autre preuve que vous trouverez, Messieurs, j'en suis sûr, d'un bien plus grand poids. Quant à moi, je la crois à peu près décisive.

On lit dans Quinte-Curce (1) qu'Alexandre, pour se reposer du combat et satisfaire en même temps sa sollicitude, ne voulant pas quitter Ptolémée (un de ses généraux blessé), fit apporter son propre lit près du sien. Dès qu'il y fut couché, il s'endormit profondément. A son réveil, il conta qu'il avait vu en songe un dragon portant dans sa gueule une herbe qu'il lui avait montrée comme un spécifique contre le poison; il dépeignit

(1) Livre IX, chap. 8.

même la couleur de l'herbe, assurant qu'il la reconnaîtrait bien
si l'on pouvait la trouver. On la trouva bientôt, parceque plusieurs se mirent à la chercher ; Alexandre lui-même l'appliqua
sur la plaie, et aussitôt la douleur s'apaisa ; aussi la plaie fut-
elle cicatrisée en peu de temps.

Voilà certainement un effet de somnambulisme magnétique
bien constaté, et tel que pourraient le désirer les modernes,
quand les conditions requises concourent à l'obtention de ce
résultat phénoménal.

Tacite rapporte un fait qui n'est pas moins significatif, et
dans lequel on retrouve le procédé magnétique usité de nos
jours, celui qui est connu sous le nom de *passes;* le voici :
« Tandis que Vespasien attendait dans Alexandrie le retour des
vents réguliers de l'été et la saison propre à la navigation, plusieurs miracles (*multa miracula*) montrèrent combien le ciel
s'intéressait en sa faveur, et que les Dieux avaient une particulière inclination pour lui. Un Alexandrin de la lie du peuple,
connu pour aveugle, se jetant à ses genoux, le pria d'appliquer
à sa cécité un remède que lui avait indiqué Sérapis. Il conju-
rait l'empereur de daigner lui mettre de la salive sur les joues
et autour des yeux. Par l'inspiration du même dieu, un autre le
priait de marcher sur sa main qui était paralysée. D'abord Vespasien se moque d'eux et les repousse avec mépris. Ils redou-
blèrent leurs instances, mais le prince, craignant le ridicule
d'une fausse démarche, consulta ses médecins, et leur ordonna
d'examiner si les infirmités de ces deux hommes étaient de nature à être guéries par des secours humains. Ils décidèrent que
la faculté visuelle de l'un n'était pas détruite, et que l'affection
locale de l'autre pouvait céder à l'entremise d'une force salutaire, *si salubris vis adhibeatur.* Vespasien, persuadé, prend un
air serein et fait ce qu'on lui demande, en présence de tout un
peuple attentif. Aussitôt l'aveugle recouvre la vue, et le paraly-
tique l'usage de sa main. Ces deux faits sont attestés encore aujourd'hui, ajoute Tacite, par des témoins oculaires qui n'ont
plus d'intérêt à déguiser la vérité (1). »

_____

(1) Histoires, liv. iv, n. 81.

Suétone parle aussi de cette espèce de prodige, mais d'une manière plus concise; il place à la jambe l'infirmité que Tacite met sur la main. A cette différence près, les deux écrivains sont d'accord sur tout le reste (1). Sans doute ce récit est fort extraordinaire, et l'on conçoit qu'on ait pu en plaisanter, lorsque les phénomènes du magnétisme animal n'avaient point encore été suffisamment observés. D'un autre côté, quand on réfléchit au caractère de gravité des deux historiens, dont l'un nous dit : *Des témoins oculaires encore existants, et qui n'ont aucun intérêt à mentir, l'attestent (postquam nullum mendacio pretium)*; il semble que, dans ce cas, on serait amené à conclure que l'empereur Vespasien possédait sans doute la puissance du fluide magnétique à un haut degré, à un degré capable de produire, par son influence sur l'imagination, ces espèces de prodiges. Cependant, je n'ose ni les admettre, ni les rejeter en totalité, car ils sont du domaine d'une science étrangère à mes études ordinaires.

Pyrrhus, roi de Macédoine, le même qui vint porter l'effroi en Italie, et fit trembler Rome, avait une conformation extraordinaire. Il était doué, disent les historiens, d'une faculté singulière, mais sans en rechercher la cause. Il apaisait les coliques, les douleurs de toute nature, et guérissait les maux de rate, en faisant coucher les malades sur le dos et en promenant l'orteil du pied droit sur la partie affectée. Plutarque nous apprend qu'il ne commençait jamais de cures sans avoir préalablement sacrifié un coq blanc en l'honneur des dieux. Il n'y avait, dit-il, si pauvre et si abject qu'il ne soulageât lorsqu'il en était prié; et il ne voulait jamais recevoir d'autre témoignage de reconnaissance que le coq même qu'il se plaisait à sacrifier.

Les Psylles, qui habitaient la Cyrénaïque, marchaient sans crainte au milieu de serpents et de reptiles; et, lorsqu'ils en étaient piqués, ils se guérissaient par des attouchements particuliers (2).

Les Marses, anciens peuples d'Italie, recouraient au même moyen dans des cas semblables.

(1) Chap. 7, vie de Vespasien. (2) Pline, liv, 7, chap. 2.

Hippocrate ne touchait pas le pouls des malades; il avait conservé l'usage des médecins des temps héroïques, d'appliquer sa main au creux de l'estomac, ou aux tempes de ceux dont il voulait connaître les infirmités. Aussi, prétend-on que le magnétisme était un des grands moyens qu'il employait dans sa thérapeutique.

Il me serait facile de rassembler une infinité d'autres faits puisés dans les auteurs anciens, mais il faut savoir se borner.

J'en emprunterai seulement quelques-uns aux peuples modernes, comme preuve de la solution de continuité des procédés du magnétisme animal jusqu'à nous.

On a déjà parlé dans cette discussion de la faculté accordée à plusieurs rois de guérir les écrouelles en les touchant de l'*index*. Ne serait-ce pas une tradition positive de la puissance du magnétisme animal? C'est vers le milieu du XIe siècle que nous voyons revivre cet usage dans la personne d'Edouard-le-Confesseur, roi d'Angleterre, qui, suivant les historiens, obtint ce don curatif, à cause de sa piété, d'où le nom de *mal du roi* donné au vice scrofuleux. En France, ce n'est que du règne de Philippe Ier, qui parvint au trône en 1108, que date la faculté attribuée à nos souverains de guérir les scrofules. Louis XIII chercha à opérer cette merveille; il venait de créer Richelieu généralissime, lorsqu'il en fit l'essai. Cette circonstance fut l'occasion d'un sarcasme du duc d'Epernon, qui, en apprenant cette nouvelle, s'écria : « Quoi! Louis ne s'est donc réservé que le pouvoir de guérir les écrouelles? »

Les successeurs de ce prince conservèrent cet usage dans la cérémonie de leur sacre; et l'infortuné Louis XVI s'y conforma en 1775. Il se servit de l'ancienne formule : *Le roi te touche, Dieu te guérisse!*

Prosper Alpini, savant botaniste de Padoue, qui, dans le XVIe siècle, voyagea longtemps en Egypte, et à qui l'on doit un traité encore estimé sur les plantes de ce pays, rapporte que les femmes y guérissaient les maux par de certains signes, par l'application de la main sur le nombril des malades. Elles-mêmes croyaient s'empêcher de maigrir, en employant ces frictions dans cette vue. Le voyageur Tavernier assure que les Abyssins et les Circassiens usent de moyens analogues pour recouvrer la santé, en appelant des femmes qui chassent, par des signes et des attouchements le malin esprit ou le mal.

C'est par le contact du fluide magnétique, dirigé par la main, suivant le père Duhalde, que les médecins chinois et japonais, sectateurs de Lao-Kium, guérissent la plupart de leurs malades.

Il me paraît très vraisemblable que l'art de *masser*, pratiqué en Orient et dans l'Inde, remonte à une haute antiquité comme procédé du magnétisme animal. Les habitants du pays croient, non sans fondement, que cette opération favorise la circulation des fluides. Cet art est exercé par des hommes et par des femmes, qui n'y attachent aucune idée d'immodestie. Il a été introduit depuis peu en France, à Paris, dans les bains Russes ou bains de vapeur. Il paraît, d'après un passage de Martial, qu'il n'a pas été inconnu aux Romains. « Une manieuse habile, dit-il, exerce son art léger sur la superficie de son corps, et promène sa main instruite sur chacun de ses membres. »

Percurrit agili corpus arte tractatrix
Manumque doctam spargit omnibus membris.

Avant de terminer, je ne peux me dispenser de relever deux erreurs graves, à mon sens, que plusieurs auteurs recommandables à des titres divers et nombreux ont commises dans les ouvrages qu'ils ont publiés sur le magnétisme animal chez les anciens. Je suis loin, bien loin de prétendre leur contester l'immense supériorité qu'ils ont sur moi par les études spéciales qu'ils ont faites de cette importante question. Mais ces avantages leur ont failli en ces points; je me hâte de le prouver.

Suivant MM. Bertrand, Rostan, feu Deleuze et d'Hénin de Cuvillers, on doit rattacher aux phénomènes magnétiques tout ce qu'on raconte de merveilleux sur les sibylles, les pythonisses, les possedés, les prophètes, etc.

Ainsi, voilà les prophètes inspirés de Dieu, les interprètes sacrés de l'Esprit-Saint dont ils étaient animés, mis sur la même ligne que les organes du mensonge et de l'imposture. C'est une énormité qui se complique d'une contradiction, en ce sens que

s'ils avaient été réellement assujétis aux influences du magnétisme animal, ils auraient parlé avec lucidité comme malgré
eux, et personne dans cette enceinte n'ignore que ces oracles
prétendus étaient toujours obscurs, équivoques ou ambigus,
avec une intention habilement calculée. Aussi n'insisterai-je
pas davantage sur une assertion doublement entachée d'inexactitude et de fausseté. M. le docteur Rostan, que j'ai cité en
commençant, ne s'arrête pas là. Il dit qu'une foule de *faits mi-
raculeux* trouvent une explication physiologique naturelle dans
le magnétisme (1). Si la réfutation de cette proposition qui, je
dois l'avouer, m'a vivement choqué, ne m'avait pas trop écarté
de l'objet spécial de la question, j'aurais osé l'entreprendre;
et à défaut de talents, les arguments victorieux ne m'auraient
pas manqué; car la possibilité des vrais miracles, des miracles
tels que l'Église les entend et les admet, est parfaitement logique, parfaitement conforme aux lumières de la droite raison.
Il est clair, il est incontestable que Dieu ayant établi les lois
de la nature peut en suspendre le cours au gré de sa sagesse infinie. Il peut y déroger sans porter atteinte à son immutabilité,
à sa science, à sa puissance éternelle, car ces lois ne sont en
définitive qu'un résultat de sa libre volonté. Le nier, c'est en
quelque sorte nier l'existence de Dieu à qui, dit Tertullien,
rien n'est impossible que ce qu'il ne veut point : *Deo nihil im-
possibile, nisi quod non vult* (2).

Si les phénomènes magnétiques semblent sortir des limites
du domaine de nos connaissances acquises jusqu'ici, c'est la
faute de notre intelligence bornée; mais ils ne sont pas, ils ne
peuvent pas être des miracles, selon l'acception anagogique de
ce mot. Telle est mon opinion; elle ne saurait avoir de contradicteurs sérieux et de bonne foi.

Je ne sais, Messieurs, si je m'abuse, mais les faits qui com
posent mon travail, tout circonscrit qu'il est, me semblent
suffisants pour m'autoriser à en inférer que la théorie de Mesmer, développée par Puységur et quelques autres, présentée

(1) Art. *Magnétisme*, du Dictionnaire de Méd.
(2) Lib. de Carne Christi, n. 2.

comme une découverte dont il a voulu se faire une auréole de
gloire, n'est rien moins que nouvelle. Elle doit être classée dans
le nombre de celles que j'ai indiquées dans mon introduction,
comme appartenant aux *anciens qui ont bien connu le magnétisme animal;* qu'en outre les procédés qu'ils ont employés
pour lui faire produire les mêmes phénomènes physiologiques
que nous, sans être identiquement semblables, ont toutefois
une analogie qui ne saurait être méconnue. Si je suis assez heureux pour vous avoir convaincus, Messieurs, la nuit que j'ai
passée pour pouvoir vous lire mon Mémoire huit jours avant
l'époque que j'avais demandée à notre honorable secrétaire-
perpétuel, sera l'une des plus agréables de ma vie.

M. Auguste Savagner ne prétend pas prouver que le magnétisme animal, tel qu'on le conçoit aujourd'hui, ait été connu
des anciens. Il s'étonne seulement que l'auteur du mémoire
qui vient d'être lu, se soit fait un plaisir de rapporter une foule
de faits, ou apocryphes, ou n'ayant réellement aucune relation
avec la matière. Il s'agirait moins d'entasser des anecdotes et
des historiettes que de rechercher si, dans les écrivains de l'antiquité ou du moyen-âge, on ne trouve pas l'énoncé de quelques principes théoriques qui nous autorisent à supposer que
les attractions et les répulsions du magnétisme animal ont, à
diverses époques, occupé les esprits. M. Savagner n'a pas la
prétention de passer ici en revue tous les auteurs qui ont pu
toucher sur quelque point à cette matière. Mais il croit qu'en
étudiant la partie théorique de leurs ouvrages on arriverait à
des résultats concluants. Il cite, à l'appui de son opinion, un
passage très remarquable de Roger Bacon, sur les attractions
et répulsions secrètes, etc., et improvise la traduction de ce
passage. Un moine du XIII⁰ siècle avait, sinon connu, du moins
pressenti le magnétisme.

M. Cellier : En prenant la question du magnétisme telle
qu'on l'a posée et telle qu'elle se présente actuellement, il est
fort difficile pour ne pas dire impossible de la traiter comme
elle mériterait de l'être. En effet, il reste une foule de sources

que l'on ne peut pas même indiquer, dans la crainte de choquer certaines opinions, d'éveiller certaines susceptibilités. Et puis, il faut passer sous silence des théories et des faits que le cadre purement historique dans lequel on a restreint la question ne permet pas d'aborder.

Par sa nature, le magnétisme touche à la vie physiologique, il touche à la vie intellectuelle et contemplative. Objet d'enthousiasme pour les uns, il n'est pour d'autres qu'un sujet de dénigrement et de ridicule. En le considérant sans faveur comme sans prévention, le magnétisme, qui n'est point une science, mais un simple fait naturel qu'il faut dégager de toute idée de merveilleux, pourrait être utilisé au profit d'un plus grand nombre de personnes.

Avant de se prononcer sur la valeur des documents que l'histoire fournit sur l'origine du magnétisme, il faudrait l'envisager en lui-même, dans ses rapports physiologiques et psychologiques. Or, l'économie animale présente plusieurs phénomènes qui ont, avec ce qu'on a appelé magnétisme, des rapports très remarquables : le somnambulisme naturel par exemple.

Mais sans une distinction nette et précise faite tout d'abord entre le magnétisme et le somnambulisme, la question présentée par l'Institut Historique et traitée avec talent par M. le docteur Rigaud n'en demeure pas moins insoluble.

Dans le monde, le magnétisme a été généralement regardé comme devant toujours déterminer le somnambulisme. C'est une erreur. Le magnétisme peut produire d'heureux effets comme moyen thérapeutique, sans pour cela déterminer le sommeil. D'une autre part il n'y a pas toujours somnambulisme parcequ'il y a sommeil. Enfin, il faut encore bien noter que sur le petit nombre de somnambules magnétiques qui se révèlent, très peu sont parfaitement lucides : et d'ailleurs, telle somnambule très lucide aujourd'hui, ne le sera souvent pas demain, dans une heure peut-être !...

Tous ces faits auraient besoin d'être analysés, expliqués; mais le temps accordé à chaque orateur, et même celui qui est réservé pour toutes les séances du Congrès, serait insuffisant s'il s'agissait d'élucider d'une manière complète la question qui nous occupe, car le magnétisme tient à tout. Dans cette immense question entrerait l'examen de la nature de l'homme, considéré sous le rapport physiologique, intellectuel et moral.

Dans les précédents discours on a cité une foule de faits curieux de vue à distance et de vue rétrospective et prospective, comme résultat d'un somnambulisme naturel ou provoqué par le magnétisme. Sous ce point de vue, il est peu de livres religieux (je ne parle pas des nôtres, sur lesquels je crois devoir garder le silence) qui ne signalent de nombreux exemples de prophéties, d'explication de songes, de divinations... Dans l'histoire même on rencontre beaucoup de faits de prévision... Tout cela paraît tenir à la domination de la vie contemplative sur la vie sensitive. C'est ainsi que Mahomet n'est devenu prophète qu'après avoir vécu de privations et s'être retiré pendant quinze années dans le désèrt, où il méditait son Koran, qu'il prétend lui avoir été apporté en feuillets détachés par un ange... On dit dans sa légende qu'il arrêta miraculeusement le cheval de Soraka, qui le poursuivait. Ce fait est attribué aussi à la force de sa volonté, qui avait pour intermédiaire son regard puissant. En général, chez les Orientaux, on croit à la puissance de l'œil; et il existe de prétendus talismans pour se garantir du *mauregard* (mauvais œil).

Cette confiance dans la force du regard n'est sans doute qu'une fable. Mais vous le savez, toute fable cache une vérité, déguisée, modifiée ou perdue. N'y aurait-il pas là l'indice d'un fait magnétique?

Une dernière et courte réflexion. L'autre jour on vous a parlé des tireuses de cartes. Hé bien! la plupart des pythonisses ne sont-elles pas des somnambules naturelles?... En ouvrant la Biographie des Contemporains, j'ai rencontré par hasard le nom de mademoiselle Lenormand. J'y ai vu la liste des ouvrages publiés par la sybille moderne. Ma curiosité a été piquée, et j'ai voulu en lire quelques-uns. Il m'a semblé y trouver certaines prédictions qui s'étaient réalisées. Sans doute on peut les attribuer au hasard, qui, lui, ne réclame jamais : c'est le Dieu pacifique de beaucoup de gens qui l'adorent avec grande ferveur. Mais ce qu'il est peut-être bon de constater, c'est que mademoiselle Lenormand se donne pour *somnambule naturelle*. De là sa faculté de prévoir, si tant est que l'on veuille admettre les prévisions. Toutefois il en est une qui certes n'est pas de la prophétie après l'évènement. C'est celle qui est relative à l'*étonnante longevité* (1) de la prêtresse. Sa prédiction date de 1819, et elle parle de ses relations avec les principaux personnages de la révolution de 89... Ainsi, de là on peut facilement tirer une conclusion toute naturelle...

Voilà les réflexions que j'avais à soumettre à l'assemblée. Mon but était principalemént de démontrer la distinction qu'il faut toujours faire entre le magnétisme pur et simple, le magné-tisme avec sommeil, le sommeil sans somnambulisme et le somnambulisme avec et sans lucidité.

Du reste, je partage l'opinion du docteur Georget, rappelée à la fin du mémoire de M. Rigaud, et je dis qu'il faut s'occuper du magnétisme avec prudence et bonne foi, sans enthousiasme comme sans répugnance. Cherchons, comme dit Bernardin de Saint-Pierre, la vérité avec un cœur simple, nous la trouverons dans la nature... Je n'ajouterai pas le reste de sa phrase, qui est un trait de galanterie!...

La discussion est ouverte sur le mémoire de M. FERDINAND-THOMAS, relatif *à la forme esthétique revêtue par l'architecture égyptienne*.

M. AUGUSTE SAVAGNER : Il me semble, Messieurs, que M. Ferdinand-Thomas, dont vous avez encore présent à l'esprit l'agréable et savant travail, a donné trop d'extension au mot esthétique.

L'esthétique doit être restreinte, selon moi, au rapport des monuments avec le beau dans les arts; elle repose avant tout sur la distinction du beau et de ce qui ne l'est pas. Elle est aussi l'art de juger des monuments d'après les règles du beau et du goût, basées sur la nature et sur les sentiments naturels de l'homme, développés par la civilisation, et modérés par le jugement.

(1) La sybille au congrès dAix-la-Chapelle, page 104.

La forme où plutôt le caractère esthétique d'un art, à une époque donnée, n'est donc autre chose que le degré auquel il se rapproche, à cette époque, des règles dont je viens d'indiquer l'espèce. Pour arriver à l'architecture et en général aux arts chez les Egyptiens, et à leur forme esthétique, il faut reconnaître qu'ils étonnent l'esprit, blessent souvent le jugement, et ne parlent jamais au cœur.

D'où vient que chez ce peuple il y a si peu de formes rondes, et tant de formes carrées, de défauts de proportion, de profils unis, sans expression, sans grâce, de couleurs tranchées brusquement, sans nuances et sans perspective? Leurs monuments sont vastes et gigantesques, mais lourds et massifs; leurs statues sont nobles et grandes, mais toujours disproportionnées. Elles apparaissent assises, raides, les membres pendants, bien éloignées de cette souplesse, de cette beauté de formes qui caractérise la sculpture grecque.

Quant à l'expression du visage, elle se retrouve tout entière dans la race éthiopienne à laquelle est évidemment dû le rameau égyptien, qui descendant le Nil est venu s'établir sur ses bords.

M. Ferdinand-Thomas nous a fait un magnifique tableau de la haute civilisation à laquelle était parvenue la nation égyptienne, et des progrès que les arts avaient faits chez elle. Eh! Messieurs, si ces arts étaient promptement arrivés chez eux à quelque perfection, cette perfection n'avait pas tardé de s'arrêter. C'est que ce peuple était divisé en castes; c'est que là comme dans les Indes, les hommes se trouvaient parqués dans des professions distinctes et héréditaires dont les limites étaient infranchissables. La caste sacerdotale, orgueilleuse et jalouse, écrasait la caste des guerriers, qui elle-même pesait de tout son poids sur celle des laboureurs, sur le pauvre peuple qui élevait les palais et les pyramides, taillait les obélisques, creusait les lacs et se nourrissait d'ognons, pendant que les maîtres nageaient dans l'abondance et les plaisirs. Le peuple des travailleurs restait toujours le *peuple obéissant*. Les révolutions du pays ne lui profitaient en rien; il porta toujours le fardeau. Les guerriers se soulevèrent quelquefois contre le sacerdoce;

dans une occasion même ils se retirèrent en Ethiopie. A peine le peuple figure-t-il dans l'histoire ; une fois au plus lui permit-on de prendre les armes ; et ce ne fut pas pour lui. Il resta enfermé dans ses castes. Chaque enfant du peuple dut faire ce que son père avait fait, et rien de plus ; le travail en outre était singulièrement divisé ; on ne peut même affirmer qu'une statue égyptienne, antérieure à l'époque grecque, soit l'œuvre d'un seul homme, et que chacune de ses parties n'ait pas été confiée, non à un *artiste*, mais à un *ouvrier* différent. Or, avec de telles façons de procéder, où pouvait-être l'invention ? On le voit, si quelque chose s'oppose aux progrès des arts et par conséquent empêche de leur donner un caractère vraiment esthétique, c'est le partage des nations en castes ; et ce partage existait chez les Égyptiens.

Séduit par ces restes gigantesques, M. Ferdinand-Thomas nous a déroulé une splendide description qui rappelle la demeure des fées, une sorte de trilogie merveilleuse que révèlerait suivant lui le temple égyptien. Se fondant sur je ne sais quels bas-reliefs susceptibles peut-être de bien des interprétations, il a cherché à nous expliquer le secret des initiations aux mystères. Mais tout ce qu'il a cité ne se trouve que dans les auteurs grecs d'Alexandrie des troisième et quatrième siècles, auteurs d'ordinaire bavards et mensongers. Cependant nous avons aussi des auteurs plus dignes de foi qui nous ont fourni des détails sur ces fameuses initiations, série trop souvent d'actes infâmes. Hérodote, qu'un mot indécent n'effrayait pas plus qu'il n'effrayait notre Rabelais, et qui dit beaucoup plus fréquemment la vérité qu'on n'est convenu de le croire, et Pindare nous donnent des indications peu détaillées, mais plus près de la vérité. Il résulte de l'un et de l'autre, que le culte public ou démotique était souillé d'actes infâmes, propres à tenir le peuple dans l'abrutissement et parconséquent dans la servitude.

S'il existait une initiation vraiment philosophique chez les prêtres égyptiens, s'ils avaient des connaissances élevées, avouons aussi qu'ils les cachaient précieusement avec égoïsme et qu'ils se gardaient bien de les révéler aux masses et surtout aux étrangers. Quelques-uns de ces derniers, rares privilégiés, purent seulement, à de grands intervalles, être admis par politesse à l'initiation. Mais en général les Egyptiens, semblables aux Juifs qui avaient vécu longtemps parmi eux, repoussaient obstinément tout étranger. Quant aux monuments de l'architecture égyptienne, il faut se méfier de la plupart des dessins que nous en possédons, et bien distinguer les époques auxquelles ils appartiennent. J'aurais à entrer dans de longs développements, mais le temps me presse.

Je le dis avec regret en me résumant, M. Ferdinand-Thomas, dans son élégant mémoire, a fait la part de l'imagination beaucoup trop large; et, dans ce sanctuaire de l'histoire, c'est à la vérité qu'il faut sacrifier avant tout.

M. Leudière : M. Ferdinand-Thomas s'est transformé en excellent citoyen de l'Egypte, et comme tel il n'a eu que des éloges pour la constitution politique, les arts et les mœurs de ses compatriotes. J'éprouve quelque répugnance à le réveiller ; son sommeil est si paisible, si calme, si riant ; cependant j'écouterai le cri de ma conscience avant tout, et je me rangerai de l'avis de M. Savagner.

Dans un pays aussi favorisé du ciel que l'Egypte, où toutes les productions de la terre croissent en abondance, l'homme avait tout le temps de s'occuper de travaux intellectuels ; et pourtant voyons-nous qu'ils aient produit un poète, un orateur, un historien, un peintre célèbre ? Je me trompe, ils ont un historien, Manéthon, qui n'a paru qu'à une époque assez moderne, et qui a traduit sans doute des chroniques grecques, traduites probablement elles-mêmes de plus anciennes chroniques. Tout cela est écrit avec un laconisme, une sécheresse qu'un système d'écriture incomplet peut seul autoriser. Il s'y trouve cependant assez de place pour les faits les plus étranges, les plus faux (tranchons le mot) qui se puissent imaginer.

Que si nous comparons maintenant avec M. Savagner leur architecture et celle des beaux temps de la Grèce, et celle même du moyen-âge, leur sculpture et celle d'Athènes ou de Rome, que trouverons-nous de remarquable, je vous le demande? Non, Messieurs, le souvenir de l'esthétique égyptienne ne doit point nous laisser de regrets.

M. Siméon Chaumier : Je ne pense pas qu'on puisse laisser passer les assertions des deux précédents orateurs sans un mot de réplique. Il me semble que, s'ils avaient un peu plus réfléchi aux croyances et aux formes de la philosophie et de la science égyptienne, leurs conclusions auraient été toutes différentes.

L'esthétique est à mes yeux la loi éternelle en vertu de laquelle l'artiste puise dans une société donnée, et approprie ses moyens de réalisation à chaque formule qu'il adopte, y déployant à la fois style et caractère. La formule détermine le caractère; dans l'esthétique il y a toujours du beau.

M. Savagner a dit que l'architecture égyptienne repoussait la ligne circulaire et n'admettait que la ligne droite, mais les hypogées du temple l'enveloppaient souvent dans leurs replis; mais les cintres étaient multipliés dans les souterrains des grands édifices civils et religieux.

Quant aux initiations elles me semblent assez démontrées, et par la forme des temples, et par un certain nombre de bas-reliefs qui ont échappé aux ravages du temps. M. Ferdinand-Thomas les a parfaitement expliqués et décrits.

M. Leudière me semble avoir été trop sévère en ne louant M. Ferdinand-Thomas que sous le rapport littéraire; selon moi le travail de M. Ferdinand-Thomas se recommande surtout par le raisonnement; ses conclusions emportent un caractère de vérité séduisant; tout chez lui est logique et conséquent avec la forme architecturale des temples, avec les mœurs et les croyances des Égyptiens.

La statue égyptienne ainsi faite, serrée, rétrécie, et non libre et hardie comme la statue grecque, formule admirablement les tendances rétrécies, les formes égoïstes de ce peuple. L'histoire de ce peuple est écrite en entier sur ses monuments.

M. Auguste Savagner : J'ai cru voir, dans ce que vient de dire M. Chaumier, que j'avais nié les conditions intimes de l'esthétique dans les arts, et surtout le rapport intime qui existe entre les arts et l'état social d'un peuple. Telle n'a point été ma pensée, et je crois m'être bien expliqué sur ce point.

M. Ferdinand-Thomas a vu l'expression d'un magnifique système philosophique là où je n'ai vu que l'expression d'une caste, de ses mœurs, de ses idées Je ne veux pas revenir sur ce que j'ai dit; mais j'affirmerai de nouveau que la civilisation égyptienne était bien moins avancée qu'on n'a semblé le croire, et que la séparation de la nation en castes était le plus grand obstacle au progrès.

Ce n'est pas sur la simple disposition du temple, et sur quelques bas-reliefs épars, que l'on peut réédifier l'ensemble des vieilles initiations, la série des rapports des différentes parties du culte entre elles, et encore moins l'ordre social et politique ; tout cela n'est qu'une brillante hypothèse dont je cherche en vain la base, tandis que la conquête si facile de l'Égypte, à plusieurs reprises, par les Ethiopiens, les Perses, les Grecs, prouve combien peu de résistance offrait un peuple ainsi organisé.

Son architecture n'a été qu'une affaire de caprice et de routine. L'idée religieuse et philosophique n'y est entrée que dans une bien petite proportion, si elle y est entrée pour quelque chose.

M. Siméon Chaumier : Depuis que l'art est art, la ligne verticale a toujours représenté tous les faits découlant du domaine de l'idée; la ligne horizontale a toujours désigné la matière.

Voyez le moyen-âge avec ses hautes lignes et les flèches de ses cathédrales; quelles relations avec les idées religieuses de l'époque toute de mystère et de dévotion, idées qui se perdent dans les nues ! Contemplez au contraire l'hellénisme païen avec ses temples aux longues lignes horizontales, aux grands entablements qui sont loin de monter vers le ciel. Eh! bien, ici encore, la corrélation est frappante entre l'architectonique et la religion des pays.

M. Ferdinand-Thomas, appelé à la tribune, déclare s'en référer entièrement à ce que vient de dire M. Siméon Chaumier.

La parole est à M. Leudière sur cette question : *A quelle époque et par quel événement le pehlvi s'est-il introduit en Perse, et pendant combien de siècles cette langue s'y est-elle maintenue avant de céder la place au parsis?*

L'orateur improvise un travail remarquable que le défaut d'espace nous force, à notre regret, de réduire à ses conclusions. D'après M. Leudière...

1° Les Mèdes et les Perses qui parlaient la même langue, d'après Pollux et les savants les plus renommés, n'auraient connu que le zend jusqu'à l'invasion d'Alexandre, et par une conséquence nécessaire jusqu'à leur délivrance du joug macédonien par les Parthes.

2° Les Parthes et les Bactriens, souvent confondus, auraient eu pour fondateurs, ou auraient admis chez eux, comme hôtes, des descendants de Sem; donc leur langue devait renfermer des racines *sémitiques;* or, il s'en trouve un grand nombre dans le pehlvi, tandis que le zend est une langue essentiellement indo-européenne, et sert de lien intime entre nos langues et celles de l'Inde. C'est une forte présomption que le pehlvi était la langue des Parthes.

3° Les Arsacides prenaient complaisamment le nom de *Balhawi,* à cause de la célèbre ville de Pahl (Hécatonpyles) qu'ils avaient fondée, et dont ils avaient fait le siège de l'empire; voilà bien l'origine de ce mot pehlvi, que le savant Hyd écrit pehlavi, et qui se trouve orthographié pehlew dans le dictionnaire de Menensky.

4° Si le pehlvi est bien la langue des Parthes, il a dû être en honneur et servir de langue officielle jusqu'aux Sassanides, princes de Perse, qui renversèrent les Parthes vers le milieu du IIIe siècle. Il est probable même que sous les premiers rois de cette dynastie on se servit du même idiôme, soit par habitude, soit pour montrer que ces nouveaux monarques n'étaient pas moins puissants que les Arsacides ne l'avaient été, soit pour ménager deux familles puissantes de l'ancienne race royale qui s'étaient rangés sous les drapeaux des Sassanides. Or, les inscriptions et les médailles qui datent du règne d'Ardashir (Artaxerce) et de Shapouh (Sapor), présentent les caractères pehlvis, et renferment des mots pehlvis, et seulement pehlvis, tels que ceux-ci : *malkan malka,* « roi des rois ».

5° Mais ceci ne pouvait durer longtemps ; il dut s'opérer une prompte réaction. On revint donc à l'ancienne langue de la Perse, modifiée par le long usage du pehlvi. Hé bien, vers le milieu du IVe siècle, l'armée persane, que Julien allait combattre, proclamait, au rapport d'Am. Marcellin, son roi *saan saa* (qu'on aurait dû écrire, *shaan shaa*) « roi des rois », mots parses et persans, qui n'ont jamais existé en pehlvi.

Il résulte de cette discussion que le pehlvi est la langue des Parthes ; que cette langue a été importée en Perse vers le milieu du IIIe siècle avant notre ère, et que vers la fin du IIIe siècle de Jésus-Christ, le parsi, c'est-à-dire le zend mêlé de pehlvi, s'est formé, et a remplacé et fait disparaître à jamais le pehlvi.

HUITIÈME SÉANCE.

(LUNDI 1er OCTOBRE 1838.)

Présidence de M. Dupey (de l'Yonne).

La parole est à M. le chevalier ALEXANDRE LENOIR, créateur du musée des monuments français, sur cette question : *Faire l'analyse des productions des peintres les plus célèbres de l'antiquité, du moyen-âge et des temps modernes ; examiner quelles furent les causes de la décadence de l'art à la suite du siècle de Louis XIV.*

Mesdames et Messieurs, dit M. le chevalier ALEX. LENOIR, au Congrès de l'année dernière, j'ai eu l'honneur de vous entretenir des qualités morales que le peintre d'histoire doit s'attacher à reproduire. C'était comme l'avant-propos, comme la préface du travail que je viens vous soumettre cette année.

Il s'agit pour moi, maintenant, de vous faire l'analyse des productions des peintres les plus célèbres de l'antiquité, du moyen-âge et des temps modernes, puis accessoirement d'examiner quelles ont été les causes de la décadence de l'art dans nos académies, à la suite du règne de Louis XIV. L'abondance des matières que j'ai à traiter me forcera de diviser mon travail en quatre séances. Aujourd'hui, je vous entretiendrai des peintres qui ont illustré la Grèce ; heureux si je puis fixer votre attention sur ces résultats de longues années d'étude et d'expérience (1) !

Après cet exorde, l'orateur trace un brillant éloge de la peinture qu'il appelle *l'art des douces jouissances*. Il passe en revue les premiers peuples et les premiers rois qui l'ont cultivée et protégée. Les Grecs s'en attribuent l'invention. Les habitants de Sicyone l'attribuaient à la passion de Dibutade pour son amant. Selon d'autres, Prométhée se serait le premier servi de couleurs et de pinceaux pour animer les figures qu'il modelait, et sur lesquelles son imprudence attira le feu du ciel. Si l'on en croit Diodore de Sicile, Sémiramis, l'an 2108 ans avant notre ère, aurait fait peindre des figures coloriées d'animaux sur le pont qu'elle construisit à Babylone. Les Égyptiens auraient également peint les murs de leurs temples, les statues de leurs dieux, les caisses de leurs momies et des tableaux détachés. Les salles de notre Louvre en offrent de curieux restes.

M. Alexandre Lenoir pense que la peinture a précédé l'écri-

(1) Ces quatre discours sont extraits d'un ouvrage inédit en plusieurs volumes, que M. le chevalier Alexandre Lenoir se propose de publier, et qui sera comme le testament politique du doyen de nos artistes. Nous ne donnons que l'analyse de ces quatre discours, qui paraîtront incessamment en entier dans *l'Artiste*, ce recueil unique dont la vogue est si grande dans le monde artistique et fashionable. Nous manquerions à tous les devoirs de la reconnaissance si nous ne remercions pas ici publiquement le nouveau directeur de cette publication, M. Delaunay (qui a su lui imprimer en si peu de temps un mouvement si progressif) de l'empressement avec lequel il a accueilli la proposition que nous lui avons faite de donner place dans son recueil à un travail remarquable, pour lequel, à notre grand regret, l'espace nous manquait dans le nôtre.

ture, et que, dans l'antiquité, elle a dû, avant l'alphabet, parler un langage intelligible, universel. Suivant lui, les hiéroglyphes, cette écriture primitive, auraient été communs à tous les peuples. Il cite pour preuves ceux de l'Inde, de l'Ethiopie, de la Thébaïde, de l'Égypte, du Mexique. Il invoque les annales, malheureusement perdues, des Gymnosophistes, écrites en hiéroglyphes.

Avant de devenir un art de luxe et d'agrément, la peinture, dit-il, a dû être un art utile. Comme tel, elle a dû se faire comprendre de l'homme de la nature, en ne lui offrant que la ressemblance exacte des objets de lui connus, et non tel rapport artificiel et de convention qu'il n'eût point saisi à la première vue.

L'orateur cite une opinion remarquable d'Aristote sur la peinture. Il passe en revue les premiers chefs-d'œuvres de Bularchus, de Polignote, de Micon et de Timanthe; il compare le gouvernement de Périclès à celui de Jules II et de Léon X, et le règne d'Alexandre à celui de Louis XIV. Alexandre voulut être peint sous la figure de Jupiter, Louis XIV sous l'emblème du soleil. L'orateur fait connaître les véritables auteurs du groupe de Laocoon, et des quatre beaux chevaux de Venise.

Cléophante de Corinthe fut l'inventeur de la peinture monochrome ou d'une seule couleur; il employa de l'ocre brûlé et broyé pour faire les carnations de ses tableaux. Vases grecs peints, qu'on admire au musée de Paris. Écoles de Dinas, Carmidas et Umarus. Ce dernier ose peindre la différence des sexes dans les corps nus. Ignorance, à cette époque, du clair obscur et de la perspective. Les Grecs doivent cette science à Cimon de Cléona, qui inventa également les raccourcis, et reproduisit le jeu des muscles et des vaisseaux sanguins. Couleurs jusque-là posées à plat sur des fonds unis, sans égard pour les convenances de l'harmonie et pour la fonte des teintes. Rien de remarquable que le jet des figures, le trait, le style, l'agencement des draperies. Aspect élégant et gracieux des femmes; trait fait avec du cinabre ou du minium, se détachant d'un fond clair; ou figures claires posées sur un fond obscur. Vases étrusques peints sur des fonds blancs. Supériorité des peintres égyptiens et grecs dans le dessin.

Apollodore et son disciple Zeuxis osent, les premiers, distribuer des lumières et des ombres. Agatharque de Samos, à la sollicitation du poète Eschile, étudie la perspective, donne de la profondeur à ses tableaux, distribue avec art ses personnages et écrit un traité sur son art. Recherches sur les couleurs que les peintres employaient à cette époque. Elles n'étaient qu'au nombre de quatre. La peinture à l'huile inconnue. Couleurs broyées avec des blancs d'œufs, de la gomme et d'autres ingrédients. Panœmus, le premier, fait usage de l'encaustique, ou peinture à la cire.

Illusion produite par les camaïeux, peints en blanc par Zeuxis. Anecdote relative à David : la distribution des aigles au Champ-de-Mars. Célèbre défi de Zeuxis et de Parrhasius : la grappe de raisin et le rideau. L'œil de Girodet. Parrhasius étudie l'expression des visages et fait ressortir les parties saillantes des corps. Son grand tableau représentant le peuple d'Athènes. Orgueil insupportable de cet artiste. Contes relatifs aux hommes mis à mort pour servir de modèles. Même cruauté reprochée à Parrhasius, à Polignote, à Apelle, à Michel-Ange. Socrate, sculpteur dans sa jeunesse, avait donné des leçons de dessin à Parrhasius.

Pamphile veut que la peinture soit l'apanage des nobles ; il l'interdit aux esclaves. Cet artiste a été comparé à Guido Réni, non pas pour l'art en lui-même, mais pour la considération dont il cherchait à l'environner. David, comme Pamphile, comme Guido, voulait que ses élèves commençassent par étudier l'histoire.

Peintres fort mal rétribués avant David. Les grands tableaux de l'église Saint-Roch, *la peste des ardents* par Doyen, et *saint Denis préchant la foi* par Vien, n'ont été payés que 1800 francs chacun. Guido fut le premier peintre des temps modernes qui mit un haut prix à ses œuvres. Ses prédécesseurs, les Carrache entr'autres, étaient misérablement salariés. Augustin Carrache obtint cinquante écus romains pour son admirable *communion de saint Jérôme.* La même somme fut jetée au Dominiquin pour son tableau représentant le même sujet.

Revue des principales peintures de Pamphile. Il composa plusieurs livres, non-seulement sur son art, mais sur les hommes illustres, sur la grammaire, et sur les travaux des champs.

Pancœnus, frère du sculpteur Phidias, se fait une grande réputation par les peintures dont il décore le temple de Jupiter Olympien. On cite sa *bataille de Marathon,* qui faisait l'ornement du Pœcile d'Athènes, et dont tous les personnages étaient d'une ressemblance frappante. Les contemporains de Pancœnus furent Androcide, Euxenidas, Aristide, Aristolaüs et Eupompe de Sicyone. École sicyonnienne, différente de l'ionienne ou asiatique, et de l'athénienne ou helladique. Pausias de Sicyone reçut les premiers éléments de son art de Briès son père. Il fut aussi disciple de Pamphile, et florissait vers l'an 376 avant notre ère. Il excellait dans l'encaustique, et peignit le premier les voûtes et les lambris des palais. Il rendit célèbre la belle Glycère, bouquetière d'Athènes, dont il était amoureux, en la représentant tressant des couronnes. Lucullus acheta une copie de ce tableau deux cents talents. Il peignait admirablement les fleurs et les animaux. Après sa mort, Sicyone, sa patrie, se voyant très endettée, fut forcée d'engager tous ses tableaux. Marcus Scaurus, gendre de Sylla, paya les créanciers et retira les peintures dont il décora le théâtre qu'il avait fait construire pour immortaliser son édilité.

Nouveaux peintres grecs, Timomaque et Théon. Trait de charlatanisme de celui-ci : Inauguration d'un jeune guerrier au son de la trompette. De pareils moyens sont également cités, au déshonneur de l'art, dans l'histoire de la peinture moderne.

Euphranor, né dans les environs de Corynthe, se rend célèbre comme habile sculpteur et comme célèbre peintre à l'encaustique. Ecchion ou Aétion se révèle par une grande perfection de coloris et une admirable grâce de style. Quelques détails sur les tableaux de ce dernier.

Enfin Apelle paraît ! Sa naissance, son maître, ses premiers essais. Dessin correct, force, élégance, grâce, coloris, tout cela se retrouvait à un degré éminent dans ses œuvres. Il dé-

couvrit un vernis qui donnait plus de fermeté et d'éclat aux
couleurs. Comparaison d'Apelle et de Raphaël. Apelle a écrit
trois volumes sur les préceptes de son art. Il vivait dans l'inti-
mité d'Alexandre et fut le seul auquel il fût permis de peindre
ce terrible conquérant. Revue des ouvrages du grand artiste.
Sa Diane au milieu du chœur des Vierges qui sacrifient était,
selon Pline, supérieure à la description poétique d'Homère.

Infâme conduite du peintre Antiphile envers Apelle. Cet
Égyptien, élevé en Grèce, était pourtant un artiste célèbre. Il
se fit une grande réputation dans l'art du clair-obscur, des plis
des étoffes et des reflets harmonieux. Les habitants de Pergame, après la mort d'Apelle, achètent un palais ruiné qu'il
avait décoré de peintures. Ils voulaient, dit Solin, garantir ces
chefs-d'œuvre des ordures des oiseaux et empêcher les arai-
gnées d'y tendre leurs toiles parasites. Ils y suspendirent son
corps dans un réseau de fil d'or.

Ctésiloque, disciple d'Apelle, se distingue par son imagination déréglée et par la licence de son pinceau. En général, les
artistes grecs avaient deux manières de peindre, la fresque pour
les grands ouvrages, l'encaustique pour les tableaux de moyenne
dimension. Le combat de Marathon de Polignote, représenté
sous un portique découvert à Athènes, résista neuf cents ans à
l'action de l'air.

L'Hellénie eut aussi ses femmes peintres parmi lesquelles on
cite Timarète, fille de Micon, peintre athénien; Irène, fille
du peintre Cratinus; Aristarète, fille et élève de Néarchus; et
Lala de Cyzique, qui produisait sur ivoire une sorte de miniature, qui fit elle-même la première son portrait au miroir, et
qui mérita pour ses mœurs, dit Pline, le surnom de *Vierge
Perpétuelle.*

Les Grecs ont eu des peintres de genre, d'intérieur, de
paysage et d'architecture. Pyreïcus, l'un d'eux, ne représentait
que des boutiques de barbiers ou de cordonniers, et des ânes
portant des provisions de cuisine. Il faisait enfin des bambo-
chades. C'était le David Téniers ou le Van Ostade des Grecs.

Les chefs-d'œuvre de la Grèce, enlevés au temps du Bas-
Empire, allèrent orner Constantinople, ville où il ne régna au-

cun goût ni sous le christianisme, ni surtout quand les Musulmans s'en rendirent maîtres. Là périrent les tableaux de Polignote, de Timanthe, de Zeuxis, de Protogène, d'Apelle et de tant d'autres.

Dans une prochaine séance, dit en finissant M. le chevalier Alexandre Lenoir, je vous entretiendrai des peintres célèbres du Bas-Empire et du moyen-âge.

M. Auguste Savagner a la parole sur cette question : *Quelle influence ont exercée sur la formation de la nationalité française le système de partage consacré par la loi salique sous les deux premières races et l'établissement des apanages sous la troisième? Quelles modifications a subies ce dernier mode jusqu'à la fin du XVIIIe siècle?*

Mesdames et Messieurs, dit M. Savagner, la question posée par l'Institut Historique se divise en trois questions capitales dont chacune suffirait pour remplir la durée d'un Congrès, et qui, au premier aspect, ne me semblent pas avoir entre elles un rapport bien direct, bien marqué. Ces trois questions sont : 1° la loi salique; 2° le système de partage suivi sous les deux premières races; 3° l'établissement des apanages sous la troisième et les modifications que ce dernier mode a subies jusqu'à la fin du XVIIIe siècle.

L'orateur annonce qu'il ne traitera que la première de ces trois questions. Il entre dans de curieux développements sur la loi salique, *lex salica*, ou plutôt *pactum legis salicæ*, appelée aussi *lex Francorum seu francica*. Cette loi, dit-il, a donné naissance dans les temps modernes à de nombreuses étymologies. Certains auteurs ont prétendu qu'elle avait été ainsi désignée parcequ'elle avait été faite en Lorraine sur la petite rivière de Seille, en latin *Salia*, qui se jette dans la Moselle, mais cette opinion ne peut s'accorder avec la préface de la loi salique qui dit qu'elle était en vigueur avant le passage du Rhin par les Francs. Ceux qui l'attribuent à Pharamond disent qu'elle fut nommée *Salique*, de Salogast, l'un des conseillers de ce prince; mais, outre que l'existence de Pharamond peut être contestée, le mot Salogast, selon Du Tillet, est non un nom propre, mais la désignation du gouverneur des pays Saliens. Si l'on en croit d'autres critiques, le mot *salica* vient de *sala*, maison; et il aurait servi à désigner cette loi, à cause de la disposition fameuse qu'elle contient au sujet de la terre salique, c'est-à-dire de la terre qui entoure la maison. L'opinion la plus vraisemblable est qu'elle reçut le nom de *lex salica*, parcequ'elle était la loi des Francs Saliens, c'est-à-dire de ceux qui habitaient les bords de la *Sala*, rivière de Germanie.

On a plusieurs textes de cette loi et ils ne sont pas d'accord entre eux; elle fut en effet modifiée à plusieurs reprises; la dernière révision date de Charlemagne. C'est bien moins un corps de lois civiles qu'une ordonnance criminelle. Elle descend dans les moindres détails sur le meurtre, le viol, le larcin, tandis qu'elle ne statue rien sur l'état des personnes.

La disposition qu'elle contient au sujet de la terre salique, à laquelle les mâles pouvaient seuls succéder, a été appliquée pour la première fois d'une manière formelle à la succession à la couronne de France en 1316, après la mort de Louis-le-Hutin. Depuis elle a été sous ce rapport regardée comme une des lois fondamentales de la monarchie.

La terre salique, comme je l'ai déjà dit, était, suivant Ducange, toute terre donnée à un Franc Salien lors du partage des conquêtes, pour la posséder librement sous la seule obligation du service militaire. Cette dernière obligation en fit exclure les femmes.

On peut consulter, dit en se résumant M. Savagner, sur tout ce qui a trait à la question qui nous occupe, le *Cours d'Histoire moderne* de M. Guizot, où la loi salique est longuement et savamment commentée, et aussi l'*Histoire du Peuple allemand*, par Luden, dont j'achève en ce moment une traduction française.

Nous avons vivement regretté de ne pouvoir suivre l'orateur dans ces savantes recherches, qui ont occupé plus d'une heure l'assemblée et captivé sans relâche son attention.

NEUVIÈME SÉANCE.

(MERCREDI 3 OCTOBRE 1838.)

Présidence de M. le comte d'ALLONVILLE.

La parole est à M. DUFEY (de l'Yonne) sur la question de *l'influence exercée sur la formation de la nationalité française par le système de partage que consacrait la loi salique sous les deux premières races, et par l'établissement des apanages sous la troisième.*

Mesdames et Messieurs, dit M. DUFEY (de l'Yonne), il faudrait, pour donner à l'examen de cette question tout le développement qu'elle comporte, remonter à l'origine des as-sociations politiques, et rappeler les conventions primitives qui en ont déterminé et formulé les conditions; elles ont été partout les mêmes, parceque partout elles se rattachaient aux mêmes intérêts et exigeaient les mêmes garanties. Mais la ques-tion proposée n'est pas de savoir comment se forment, se con-servent et périssent les nationalités en général; il ne s'agit que de la nationalité française. En me renfermant dans les limites de la spécialité de la question, il faut nécessairement examiner d'abord quel était l'état politique et religieux de la Gaule sous la domination romaine, au moment où cette domination fut détruite et remplacée par une autre; époque qu'on est convenu d'appeler de la conquête des Mérovingiens.

Je me bornerai à l'exposé des faits; je ne me suis pas dissi-mulé tout ce que cette question, formulée d'ailleurs dans des bornes extrêmement restreintes, pourrait avoir d'irritant; mais je resterai fidèle aux sages prescriptions du Réglement et du Programme ; toute discussion d'actualité politique nous est interdite. Et, si quelques noms appartiennent encore à l'é-poque contemporaine, je ne les citerai qu'à l'égard des faits

anciens : je recommande à vos souvenirs cette observation que
je ne renouvellerai plus.

La conquête trouva la Gaule telle que l'avait faite la domination romaine pendant le long cours de plusieurs siècles.

Rome ne possédait dans les Gaules que la partie qu'elle appelait Narbonnaise, conquise par Quintus Fabius, quand César
entreprit la conquête de toutes les autres parties des Gaules.

Vous savez quelles furent les principales circonstances de cette
grande entreprise, qui ne fut consommée qu'après plusieurs
années. Le Philopémen gaulois, le héros patriote Vercingétorix,
soutint longtemps tous les efforts des légions romaines. La liberté
gauloise expira sous les ruines d'Alise. Un autre peuple conquérant, les Burgundes, la fit renaître quatre siècles après dans
les lieux mêmes où elle avait péri.

La marche politique de César dans les Gaules présente, à
deux époques très rapprochées, un caractère différent que les
historiens n'ont pas assez remarqué, et qui a eu cependant
une influence immense sur l'avenir du monde connu.

Deux factions également ambitieuses, également redoutables,
se disputaient la suprême puissance. L'une, à la tête de laquelle
était Pompée, se composait du sénat, des familles consulaires et
patriciennes de la république; la seconde, composée des autres
classes de la population romaine, avait pour chef César. Les
nuances des deux factions n'étaient pas tellement tranchées
qu'elles formassent chacune un tout homogène et compacte.
Les deux chefs comptaient des partisans dans toutes les classes,
mais la majorité de l'une représentait l'aristocratie, la majorité de l'autre la démocratie.

Un long séjour dans les Gaules avait révélé à César tout ce
qu'il y avait de force et de puissance dans les populations
gauloises. C'était encore cette nation agricole et guerrière
dont les émigrations périodiques avaient fondé de nombreuses
colonies au-delà des Alpes, des Pyrénées et du Rhin ; qui avait
formé de grands établissements en Afrique, en Asie, et qui
deux fois avait fait trembler Rome dans Rome même. Forcé
de se rendre dans la capitale pour y ranimer ses partisans et
s'opposer aux succès toujours croissants de la faction rivale,

César avait confié la défense et le gouvernement des Gaules à ses lieutenants. Il s'était convaincu que ses ennemis politiques étaient puissants à Rome; et le proconsulat des Gaules ne lui fut continué par le sénat, pendant trois ans, que pour l'éloigner.

César comprit alors qu'il ne pouvait fonder ses projets d'avenir qu'en s'assurant du concours des légions gauloises : il se fit Gaulois. Il n'était parvenu à conquérir le pays qu'en entretenant la division parmi les populations, mais toutes étaient soumises; il changea de système. Il mit tous ses soins à réunir ce qu'il avait séparé, il rétablit les anciens sénats qu'il avait dissous, et reconstitua toutes les administrations locales, telles qu'elles existaient avant la conquête. Il appela dans les Gaules un grand nombre de savants, d'artistes, d'ouvriers et de cultivateurs. Bientôt l'aspect de la contrée changea; des villes, des temples, des palais s'élevèrent, les terres furent défrichées. Le caractère gaulois perdit de son énergie, les mœurs dégénérèrent de leur austérité patriarcale, mais les liens de famille se resserrèrent, et la passion des combats, l'ardeur guerrière qui caractérisait cette nation, conserva son intensité.

Tout indique que César voulait faire des Gaules le centre d'une puissance rivale de Rome, et assez forte pour lui disputer avec succès l'empire du monde ; il traça les quatre voies qui, traversant le pays, ouvraient une vaste et rapide communication avec les deux mers. Lyon, placé sur les bords d'une grande rivière et d'un fleuve, Lyon, protégé par les hauteurs qui l'environnent, fut le point de départ de ces communications et le centre de la haute administration, du commerce et de l'agriculture. Les Gaulois ne se montrèrent pas ingrats. La jeunesse s'était dévouée à un chef habile, hardi et entreprenant, qui lui promettait des dangers et de la gloire. César dut aux vaillantes légions gauloises, spontanément attachées à sa destinée, la victoire de Pharsale. Mais bientôt le poignard du second Brutus, en mettant fin à son existence, changea l'avenir des Gaules et du monde.

Octave détruisit tout ce que César avait fait.

Nouvelle irruption territoriale; les populations, parquées dans d'étroits espaces, placées sous la lance des légions étrangères, à la solde de l'empire. Les légions gauloises éloignées du sol natal. Les mariages entre Romains et Gaulois sévèrement prohibés. Une masse écrasante d'impôts ; des nuées de Barbares, tels que les Caucasiens, les Bruchètes, transplantés du Nord dans l'intérieur du pays.

Ainsi mutilée, affaiblie, énervée, la Gaule était sans moyens de défense combinée contre les nouvelles invasions étrangères. Octave, en sacrifiant tout aux nécessités de son ambition, avait montré aux hordes du Nord le chemin de la Gaule, et préparé ces invasions qui plus tard brisèrent les derniers éléments de sa nationalité.

L'orateur, après avoir refuté l'injuste reproche de lâcheté adressé aux Gaulois, retrace rapidement les insurrections fréquentes dont ce pays fut le théâtre, et les confédérations armées, dont Civilis avait donné le premier exemple. Il était vrai cet adage des temps anciens : Il ne se livre pas un combat qu'il n'y ait là un Gaulois pour constater le fait. Ce qu'on a dit des Gaulois de cette époque, on l'a dit depuis de leur postérité ; il n'y a qu'un changement de nom. L'œuvre de régénération gauloise fut reprise par Posthume et Julien. Vous n'avez pas oublié l'irruption des Goths dans la Gaule, en Italie et en Espagne ; leur nationalité, leur empire de plusieurs siècles, l'invasion et l'établissement des Burgundes.

Clovis pouvait constituer une nationalité nouvelle ; il disposait de plus de moyens que n'en avaient eus les chefs des Goths et des Burgundes ; mais Clovis n'était pas un homme politique ; il ne songea qu'à agrandir le cercle de ses conquêtes ; il ne pensa jamais à les conserver. Clovis ne fut qu'un brigand heureux.

Avant de faire passer sous vos yeux le tableau fidèle des principaux événements de la première dynastie, il importe que je m'explique sur ce que j'ai compris par les mots salique et nationalité.—Les historiens, les publicistes diffèrent sur l'étymologie du mot salique, sur la date de l'origine de cette antique loi ; sur les noms, les lieux et l'époque où elle fut rédigée. Mais ce qui ne peut être l'objet du plus léger doute, c'est qu'elle règle le mode de possession et de transmission des terres appelées saliques. J'appelle terres saliques celles qui, lors du partage, avaient été allouées aux conquérants de tous grades qui avaient concouru à la conquête du pays, et aux indigènes qui s'étaient réunis aux Francs; c'était pour les uns et les autres leur part du butin. Une seule condition leur était imposée : l'obligation de s'armer, de combattre pour le chef, et de marcher à son premier appel. Cette condition ne pouvait être remplie que par les hommes; l'exclusion des femmes de cette portion d'hérédité était une conséquence logique de cette condition. Il importait encore que les concessions qu'on appelait bénéfices fussent révocables et temporaires; sans cette réserve, le chef restait sans garantie contre le refus des bénéficiers de remplir la condition *sine quâ non* attachée à la possession d'une terre *salique*. Mais cette condition dut paraître exorbitante aux bénéficiers qui considéraient cette terre comme part de butin, et parconséquent comme propriété pure et simple. La part que le chef s'était réservée n'avait pas une autre origine ; aussi la condition de révocation cessa-t-elle d'être observée dès que Clovis mourut.

Quoi qu'il en soit, l'exclusion des femmes ne fut motivée que sur ce qu'elles ne pouvaient porter les armes; et la royauté elle-même n'était considérée que comme un grand fief, un domaine salique; elle dut subir les mêmes conséquences.

Je n'ai pas à examiner si cette exclusion fut juste ou injuste, si elle était en usage chez les peuples de Germanie, si elle était une loi écrite ou une tradition. C'était un fait accompli. Cette tradition avait force de loi; et, si la loi salique n'a été rédigée qu'après la conquête et même longtemps après Clovis, elle n'a fait que consacrer un precédent, sanctionné par le temps.

L'exclusion des femmes résulte du dernier article du chapitre *de allodio*. — Elle a été modifiée par la loi de Childebert sur les successions ordinaires ; mais nous voyons ses deux filles exclues de l'hérédité au trône (1).

(1) De terrâ vero salicâ nulla hæreditatis portio mulieri veniat, sed ad virilem sexum terræ hæreditas perveniat. Art. 6, ch· 42 de allodiis, coll. 2, p. 190. — Addition par Childebert à Attigny, 531 : « Convenit ut nepotes ex filio vel ex filiâ ad aviaticas res cum avunculis vel amitis sic venirent ad hæredi-

Nationalité! ce mot ne s'applique pas exclusivement à une circonscription compacte de territoire. Il exprime l'agrégation des villes, des provinces soumises à un même gouvernement, administrées par les mêmes lois. L'Italie est subdivisée en grandes et petites principautés, dont chaque partie a un gouvernement distinct. Le partage de l'Allemagne est commun à une immense partie du Nord de l'Europe, également fractionnée en royaumes, en électorats, en grands-duchés. Tous les habitants de la grande péninsule italique s'appellent Italiens; toutes les populations du Nord, au-delà et même en partie en deçà du Rhin, se nomment Allemands. Mais il n'y a pas encore de nationalité italienne, de nationalité allemande.

La nationalité française, dans la véritable acception du mot, n'existe que depuis l'établissement des États-Généraux au XIVe siècle, et encore faut-il convenir qu'elle n'existait qu'en droit et non en fait. Cette nationalité n'a été réellement complète qu'à la fin du XVIIIe siècle.

On a mis plusieurs fois en question si la nationalité française était un fait catholique. Cette question a été entamée au premier Congrès, mais dans le sens affirmatif seulement, la discussion a été engagée sans débat contradictoire; la négative pouvait être démontrée avec la certitude du succès, par la double autorité des faits et des actes; je ne m'en occuperai point, mais je prends l'engagement d'y répondre, si elle m'est présentée comme objection dans le débat qui va s'ouvrir.

Pour disposer à son gré de l'hérédité du trône, il eût fallu que Clovis eût réuni en sa personne toutes les prérogatives de l'autorité souveraine. Les historiens et les publicistes l'ont considéré comme un monarque absolu; il ne l'était pas, il ne pouvait pas l'être, même en réunissant les attributions de la royauté et du généralat.

La royauté et le généralat étaient électifs et temporaires. La succession dut être partagée suivant la loi commune, le droit

tatem tanquam si pater aut mater vivi fuissent. Si illis tamen nepotibus istud placuit observari qui de filio vel de filiâ nascuntur, non qui de fratre. » Id., chap. du décret de Childebert,—Childebertus I, rex Francorum vir illuster. Art. 2, id., p. 214

salique. L'application successive de ce mode de partage rendait toute nationalité impossible. Les populations, les territoires subissaient d'incessantes mutilations. Ces transformations se renouvelaient à des intervalles très rapprochés, et presque sans interruption. Cette impossibilité de refaire en tout ou en partie une nationalité unique des divers pays conquis par Clovis résulte évidemment de l'examen des faits. Clovis n'avait posé les bases d'aucune administration régulière. Rien n'avait été prévu pour la sûreté des personnes et des propriétés, pas même pour fixer l'existence et les droits des membres de la famille royale. Il n'existait aucune loi, aucune autorité spéciale, aucune forme de gouvernement régulier. On ne peut, à cet égard, citer la loi salique, dont la date originaire est encore très controversée.

L'orateur rappelle les principaux évènements du règne de Clovis et de ses successeurs immédiats. Je n'aurais, dit-il, à vous retracer que les mêmes crimes, les mêmes calamités, avant et depuis l'administration des maires du palais. La royauté n'était plus qu'une autorité purement nominale. Les maires du palais réunissaient dans leurs mains toute la puissance gouvernementale ; aux collisions des rois avaient succédé les collisions des maires du palais de divers royaumes, tantôt séparés, tantôt réunis.

Ces ambitieux se proclamèrent indépendants ; ils déclarèrent leurs charges héréditaires. Les rois n'étaient plus que leurs instruments passifs ou leurs victimes. Ainsi avaient grandi ces hommes naguère simples intendants de leurs domaines privés.

Du milieu de cette déplorable anarchie surgit tout-à-coup une famille nouvelle. Ceux dont elle se compose, distingués par leurs talents, la hardiesse de leurs entreprises, leur habileté politique, semblent appelés à régénérer la vieille France abrutie, mutilée, et à lui ouvrir une ère nouvelle de gloire et de civilisation. Les Pépin ont réuni la mairie de quatre royaumes ; eux seuls règnent et justifient leur avènement au pouvoir, en sauvant le pays d'une ruine imminente. Au-dessus de tous paraît Charles-Martel, dont une seule victoire affranchit l'Europe du joug des Sarrasins.

Les Pépin auraient pu constituer une nation puissante, et établir sur des bases solides l'unité française. Charlemagne, héritier de leurs talents, de leur pouvoir, Charlemagne, proclamé roi législateur, a-t-il justifié ce titre?

J'examinerai ce qu'il aurait pu faire et ce qu'il a fait.

La loi traditionnelle qui appelait les seuls mâles au partage des terres saliques, appliquée à la royauté, n'avait eu pour effet que d'élargir les parts des héritiers exceptionnels; elle était un obstacle permanent à la formation de la nationalité. On sait comment elle fut respectée. Cette royauté héréditaire, sans cesse morcelée, était une cause, un prétexte continuel de guerres de familles; le trône était toujours humide de sang; on compte sous la première race quarante-un rois ou princes et princesses de sang royal, égorgés pendant la période mérovingienne. La série de ces assassinats ne s'arrête qu'à l'usurpation des maires du palais. Aux sanglants conflits des rois gouvernant par eux-mêmes, succédèrent les conflits non moins meurtriers des maires du palais, sous le règne éphémère de ces rois que l'histoire a flétris du nom de fainéants.

Le partage d'après la loi salique avait constitué la féodalité; on pourrait dire qu'il fut la féodalité elle-même. Les Pépin, en montant sur le trône, n'avaient ajouté qu'un titre nouveau au pouvoir suprême dont ils jouissaient sans rivaux. Ils crurent consolider l'héritage royal dans leur dynastie en s'appuyant de la sanction de la religion. Pépin s'était fait sacrer par le pape; il avait en même temps fait sacrer ses fils; il avait d'avance réglé entre eux le partage de ses vastes états. A peine a-t-il rendu le dernier soupir que ses deux fils se querellent. Leur lutte devient plus vive par les intrigues de Didier, roi des Lombards, et du duc de Bavière. La mort de Carloman rend Charlemagne maître de tous les états qu'avait possédés Pépin. Il se trouve le plus puissant prince de l'Europe, et ajoute de nouveaux royaumes aux royaumes dont il a hérité. Il dote le souverain pontife d'une grande étendue de terre, et fait du Saint-Siège une puissance temporelle. Proclamé empereur d'Occident par le pape reconnaissant, il n'était en effet que le lieutenant de la papauté. Charlemagne cependant ne fut pas un homme ordinaire, il

rétablit l'ordre dans l'administration intérieure ; il conçut le pro
jet généreux de civiliser les vastes pays soumis à son autorité ;
mais, trompé sur les moyens d'exécution, il commença l'édifice par le sommet. Les populations encore barbares avaient
besoin de maîtres d'école, il établit des chaires pour les
hautes sciences et la haute littérature. Il avait confié aux
moines, qui seuls savaient lire alors, l'éducation des enfants
du peuple ; il les dota de nouveaux domaines ; mais l'instruction resta concentrée dans les cloîtres ; et les moines, largement rétribués, n'admirent dans leurs écoles que leurs novices.

Quand on examine sans partialité, sans prévention, ses additions, ses rectifications à la loi salique, et tous ses capitulaires,
on est convaincu que les ecclésiastiques avaient eu la plus
grande part à ses travaux législatifs. Loin de réprimer les
usurpations des bénéficiers et de mettre un terme à l'hérédité
usurpée par eux, il créa de nouveaux ducs, de nouveaux comtes, de nouveaux princes, de nouveaux rois ; et il ne fit qu'agrandir le cercle de ses courtisans. Le Saint-Siége, qu'il avait fait
si puissant, et dont l'élection ne pouvait être validée que par
son ordre, frappa d'excommunication son successeur. Le
clergé, qu'il avait enrichi, s'arma de ses propres bienfaits
contre sa postérité. Marié cinq fois, il avait eu vingt enfants ; un
seul fut déshérité par lui, c'était l'aîné, l'infortuné Pépin-le-
Bossu ; il vit périr avant le temps deux autres fils. Il associa
à l'empire Louis, qui lui succéda, et auquel il avait déjà confié le royaume d'Aquitaine ; un autre Pépin avait celui d'Italie. L'histoire lui reprochera le massacre des Saxons, dont il
avait voulu détruire jusqu'au nom ; et un prince de race
saxonne s'assoira sur le trône du dernier Carlovingien, et
commencera une dynastie qui se perpétuera pendant huit siècles. La loi salique avait réglé le partage des successions royales
de la deuxième race comme celui des successions de la première L'une avait duré plus de deux cents ans, l'autre un peu
plus d'un siècle.

Dans d'autres temps, Charlemagne eût commencé et terminé
peut être le grand œuvre de la régénération européenne ; mais
il avait subi l'influence des préjugés de son époque. Il s'était

fait théologien en proscrivant les Saxons ; il crut se rendre plus fort en s'environnant de rois de son choix, et s'assurer le concours alors tout-puissant du clergé en venant à lui ; il ne fit que des ingrats qui oublièrent ses bienfaits dès qu'il fut descendu dans le tombeau d'Aix-la-Chapelle.

Nous retrouverons sous la race saxonne des Vitikind le même mode de partage ; il n'y a de changé que le mot ; seulement les conséquences en seront encore plus désastreuses pour le domaine royal. Dans notre langue politique ce mot comprenait tous les pays, toutes les populations qui relevaient de l'autorité immédiate du monarque. Il y a entre le domaine royal et le domaine du roi une très grande différence.

La féodalité grandissait en prétentions et en pouvoir ; elle avait posé les bases de ses usurpations sous la première race, les avait élargies sous la seconde et avait consommé son œuvre sous la troisième. L'avénement de Hugues, petit-fils du Saxon Vitikind, fut le résultat d'une transaction anti-sociale entre le nouveau prétendant au trône et les deux factions dominantes. Tous les bénéficiers laics et ecclésiastiques furent confirmés dans l'hérédité, dans la possession irrévocable des seigneuries, principautés et de tous les priviléges attachés à leur titre. À ce prix Hugues fut proclamé roi par l'assemblée de Noyon. L'acte de déchéance du dernier Carlovingien, qui avait pour lui la loi salique et une tradition de plus de quatre siècles, fut déclaré illégal sous le prétexte qu'il avait fait alliance avec Othon, empereur de Germanie ; et cette assemblée de prélats et de seigneurs élut à sa place un seigneur d'origine étrangère.

Hugues, convaincu lui-même de l'illégalité de son élection, la fit confirmer par une autre assemblée que quelques historiens ont appelée nationale, mais qui, en réalité, fut composée de ceux qui avaient voté à la première, renforcés, par ordre, des comtes, et des autres fonctionnaires des mêmes seigneurs et prélats.

Le domaine royal avait été tellement réduit par le mode de partage et le morcellement successif sous la deuxième race que Hugues se serait trouvé sans territoire s'il n'avait eu le duché de France, lequel comprenait tous les pays entre la Seine et la

Loire, moins les seigneuries, les principautés appartenant aux prélats, aux grands seigneurs, soit comme suzerains, soit comme vassaux de la couronne.

Quelques villes composaient le royaume de Philippe Ier, troisième roi de la troisième race. Il y ajouta le comté de Berry qu'il avait acheté du comte Herpin, lequel lui en avait fait bon marché; le comte partait pour la Palestine où il espérait conquérir au moins une grande principauté.

Le mode de partage sous la première race pouvait interrompre mais non pas détruire l'unité de la monarchie. Par l'ordre de succession il était arrivé que la totalité des divers royaumes et des provinces s'était réunie sous le sceptre d'un seul. Les moyens pour annuler plusieurs pactes étaient atroces; et les successions devenaient plus fréquentes et moins disséminées. Quarante-un assassinats sous la première race, un moins grand nombre sous la seconde avaient resserré le cercle héréditaire.

On est aussi affligé que surpris du rôle qu'avait accepté le clergé dans cette longue période de meurtres, de crimes de tous genres. Son devoir était de se jeter entre les pères armés contre leurs enfants, les enfants contre les pères, les frères contre leurs frères; tous étaient chrétiens; et le clergé était alors tout-puissant.

On a répété dans des ouvrages sérieux et aux tribunes législatives que l'établissement des apanages avait totalement changé, abrogé même l'esprit et la lettre de la loi salique; c'est plus qu'une erreur, c'est un impudent mensonge. On a prétendu encore que l'établissement de l'apanage n'a commencé que sous la troisième race; cette assertion est également fausse. Dès le VIIIe siècle, première race, Eude reçut en fief le duché de Gascogne; c'est, dit Gaillard sur Velly, le premier exemple de l'hérédité des fiefs, ou plutôt le premier exemple d'apanage. Le nouveau duc se rendit indépendant. (Gaill. sur Velly, t. I, p. 65.)

On peut diviser le régime des apanages en trois époques. La première depuis Hugues dit Capet, qui donna à Robert, son fils puîné, le duché de Bourgogne, jusqu'à Philippe-Auguste; ces apanages étaient donnés en toute souveraineté sans clauses de réversion ou d'exclusion. La deuxième, depuis Philippe-Auguste jusqu'à Philippe-le-Bel, sous la réserve de réversion à la couronne, mais sans exclusion des femmes. La troisième, depuis cette dernière époque, sous la double condition de retour en cas d'extinction de lignée mâle et d'exclusion des femmes. Toutes ces restrictions ne furent pas plus respectées que ne l'avait été la loi salique.

Le comté de Dreux avait été donné en apanage l'an 1151 par Louis VII à Robert son frère; sa postérité mâle s'éteignit en 1345. Ce comté resta deux siècles détaché du domaine de l'État, mais il passa sans difficulté et immédiatement à Jehanne, fille unique de Pierre de Dreux; puis à sa tante, mariée à Louis de Thouars; à leur fils, et, après le décès de celui-ci, à ses trois filles, qui le vendirent à Charles V en 1377 et 1378. Et cependant le comté d'Artois, donné en apanage l'an 1235 par Louis VIII à Robert, son second fils, fut disputé à la comtesse Mahaut par Robert III, et adjugé à la comtesse par Philippe-le-Bel en 1309, par un arrêt du Parlement de 1318, rendu en présence de Philippe-le-Long.

Remarquez que ces arrêts furent rendus sous l'empire de la loi qui avait prescrit le retour en cas d'extinction de lignée mâle. Ce même comté, après le décès de Mahaut, passa à sa fille aînée, veuve de Philippe-le-Long. En suivant les transmissions postérieures de ce comté, on le voit passer sans nulle contestation à des filles de la descendance de Mahaut, et enfin à Marie de Bourgogne, fille et unique héritière de Charles-le-Téméraire.

Il m'aurait suffi de citer ce dernier exemple, cause première de l'élévation de la maison d'Autriche. La Lorraine, l'Alsace, le comté de Bourgogne, restèrent dans cette maison jusqu'au XVIIᵉ siècle.

Ajouterai-je d'autres exemples? Le comté de Clermont, donné en apanage par Louis IX à Robert, son cinquième fils, avec la condition expresse de retour, en cas de mort du dernier héritier mâle? *Sine herede de corpore suo.* Les Clermont étaient une branche de la famille des Bourbons; et la clause d'exclusion des femmes de l'hérédité de ce comté n'a point été observée.

Ces morcellements de territoire et de juridiction s'étendaient aux grands vassaux. Les ducs de Bourgogne disposaient aussi à leur gré et à titre d'apanage des portions de leurs états.

Ce mouvement progressif de l'hérédité apanagère avait rendu les ducs de Bourgogne et de Bretagne plus puissants que le roi ; il leur fut donc facile de faire reconnaître leur indépendance par les rois eux-mêmes, et de s'affranchir de la foi et de l'hommage qui d'ailleurs n'étaient plus qu'une vaine formalité.

La France a pu survivre à ce désastreux système, grâce aux révolutions des XIe et XIVe siècles.

L'affranchissement des communes n'avait pu avoir pour résultat qu'une influence toute locale ; mais, quand toutes les provinces furent représentées dans les premiers États-généraux, leur convocation, la réunion des délégués de toutes les populations jetèrent les premiers fondements d'une véritable nationalité ; alors seulement on put espérer qu'il n'y aurait plus en France que des Français.

Vainement, avant cette époque, les ministres, les conseillers des rois, les rois eux-mêmes avaient protesté contre le désastreux régime des apanages ; il fallait qu'une puissance supérieure leur vînt en aide. Les protestations du roi Jehan, de Charles V, avaient été inutiles. Tout ce qui a été publié il y a peu de temps sur les conséquences funestes des apanages, sur leur origine toute féodale, se trouve exprimé dans la déclaration d'un grand conseil extraordinaire composé de prélats, de princes, de magistrats et de jurisconsultes, inséré dans un mémoire présenté à Louis XIII, par un homme éminemment monarchique, le président Savaron, mémoire intitulé *de la Souveraineté des Rois*. Ce curieux écrit a été publié en 1620. La pièce indiquée commence à la page 217. (V. de la Souveraineté du Roi, par Savaron, etc.)

Le principe constitutionnel qui interdit aux rois le droit d'aliéner aucune portion du territoire sans l'assentiment des États-généraux a été solennellement reconnu et appliqué par l'assemblée de Cognac, qui rejeta le honteux traité de Madrid consenti par François Ier.

J'examinerai dans la suite de la discussion les modifications du régime des apanages sous les derniers Valois, sous la branche des Bourbons, et le mode d'administration des provinces apanagères. Il ne restait au roi dans ces provinces qu'un droit de suzeraineté aussi insignifiant que la formalité de foi et d'hommage sous les dynasties précédentes.

L'influence des partages d'après la loi salique et d'après le régime d'apanage a été la même. Les deux modes ont la même origine, le même caractère; l'un et l'autre mode sont également féodaux, et ont été un obstacle permanent à la formation de la nationalité française.

Le mot *apanage* n'appartient plus qu'*à l'histoire* et au vocabulaire des temps anciens. Ce mot n'est plus français.

M. Auguste Savagner : Mesdames et Messieurs, après le savant mémoire dont vous venez d'entendre la lecture, je n'aurai que quelques observations à ajouter; elles compléteront ce que j'ai eu l'honneur de vous exposer, dans la précédente séance, sur la véritable origine et le sens exact de la loi salique.

La question a été ainsi présentée par le comité du Congrès:

« Quelle influence ont exercée, sur la formation de la nationalité française, le système de partage consacré par la loi salique sous les deux premières races, et l'établissement des apanages sous la troisième? Quelles modifications a subies ce dernier mode jusqu'à la fin du XVIIIᵉ siècle?»

Cette question me semble, je le répète, tout d'abord mal posée, car elle implique que la loi salique aurait admis des apanages, ce qui n'existe nullement. En poussant notre examen un peu plus avant, je sais bien que nous trouverons une apparence de relation éloignée entre la loi salique et les apanages, mais cette relation n'a rien de réel. La loi salique, comme je l'ai déjà dit, était la base de l'organisation sociale des Francs, c'était une sorte de Code civil et criminel. Elle ne s'occupait en rien de la succession au trône et encore moins des apanages des princes du sang royal, sang fort peu respecté d'ailleurs à cette époque. Ce fut la féodalité qui amena les apanages; leur création est bien postérieure au temps où la loi salique était en vigueur; les apanages succédèrent à la féodalité proprement dite et formèrent une féodalité d'une nouvelle espèce entre les divers princes de la famille royale. La chose, sous ce point de vue, a été fort bien exposée par M. de Sismondi

Afin de traiter convenablement une question qui comporte de si vastes développements, et dont je n'ai ébauché qu'une faible partie dans notre précédente séance, j'avais préparé pour faire suite à ce premier travail un plan assez étendu. Mais un examen plus attentif m'ayant démontré que sa mise en œuvre raisonnée demanderait cinq ou six séances, et les heures du Congrès étant comptées, je me suis vu obligé d'y renoncer.

Dans ce travail j'aurais d'abord recherché l'origine de nos lois et de nos coutumes, après les invasions des barbares et la fondation de la monarchie Franque par Clovis et ses successeurs; il m'aurait fallu examiner ensuite comment se sont établies les trois principales nationalités européennes, l'anglaise, la française, la germanique; enfin j'aurais eu à tracer l'histoire complète des origines de notre droit constitutionnel.

Vous m'excuserez, Mesdames et Messieurs, de n'avoir pas osé m'engager dans de si nombreux détails. Des développements aussi étendus eussent exigé un temps dont je ne puis disposer, car il nous reste encore beaucoup de questions à poser, à examiner et à combattre.

M. J. Venedey (des provinces Rhénanes) : Mesdames et Messieurs, vous me dispenserez d'une pompeuse introduction. Deux mots me suffiront pour entrer en matière. Je suis Allemand, j'espère trouver auprès d'un public français de l'indulgence pour mes germanismes de pensée et de style. Cuvier a trouvé dans les souterrains de Montmartre quelques ossements pétrifiés; et ces débris de corps ensevelis et oubliés depuis bien des siècles lui ont suffi pour créer de nouveau et repeupler le monde antédiluvien. Les faits historiques ressemblent beaucoup à ces ossements pétrifiés; et la tâche de l'historien philosophe est de créer de nouveau, comme le grand naturaliste, un monde oublié et enseveli depuis des siècles. Pour cette réédification, il nous faut des idées et des systèmes. Le fait en lui-même ne vaut pas certes le plus ordinairement la peine de s'en occuper beaucoup ; l'essentiel est de trouver l'idée qui a produit le fait, de chercher comment cette idée se reproduit dans d'autres circonstances données, quelle en est la cause, quelle en est la conséquence. Et voilà comment et pourquoi les systèmes se font, comment et pourquoi ils sont nécessaires.

Je sais qu'on a abusé dans les derniers temps des systèmes historiques ; et je me garderai bien d'en défendre la plupart. Mais gardons-nous aussi de les attaquer sans distinction, à cause des idées creuses et vides de sens de quelques-uns. On est allé trop loin, et dès-lors la réaction a été toute naturelle ; mais il ne faut pas non plus reculer plus qu'il est nécessaire et utile. Notre collègue, M. Savagner, nous a fait l'analyse de la loi salique ; et son travail est remarquable sous le double rapport du savoir et de l'éloquence. Quelques-unes des institutions des Francs Saliens ont paru lui arracher un sourire de dédain ; à d'autres il paie un tribut spontané d'admiration. Je trouve là le jugement de l'homme du XIXe siècle, car le matérialisme historique ne produira jamais autre chose que des chroniques plus ou moins spirituelles.

Les Francs Saliens, au moment où la législation qui nous occupe fut recueillie, étaient des barbares ; et, pour les juger avec équité, eux et leur code, il faudrait se rabaisser autant que possible au niveau de leur état social. Peut-être alors cette législation ne nous inspirerait-elle ni pitié, ni admiration, mais elle nous révèlerait les principes, les idées générales d'un peuple encore assez près de la nature pour être juste même dans sa sévérité.

Vous le savez, Mesdames et Messieurs, tout en ce temps était taxé ; la vie d'un homme, celle d'une femme, celle d'un vieillard, etc. Au premier aspect, cette froide échelle de peines nous choque ; elle nous semble empreinte de la plus grossière cruauté. En y regardant de plus près, cependant, nous apercevrons peut-être la moralité qui avait dicté ces lois. La *composition* n'était autre chose qu'une garantie donnée à la paix publique ; et les anciens codes des peuples germains nous la représentent ainsi. Avant l'adoption de ce système, chaque meurtre, chaque crime, étaient suivis d'une guerre particulière entre les familles, entre les amis des deux parties. La composition remplaça la guerre, en forçant les deux parties à se présenter devant leur juge naturel, devant le peuple assemblé. Jusque-là les habitudes, les mœurs, l'usage journalier des armes, avaient poussé le Franc qui avait reçu une offense vers la vengeance spontanée ; il fallait une loi terrible pour imposer à ce cri de vengeance, pour changer toutes ces mœurs, toutes ces habitudes de sang. Voilà pourquoi nous voyons que la peine de chaque crime ne tendait à rien moins qu'à menacer de destruction la fortune du coupable en le frappant d'une composition ordinairement assez forte pour absorber tout ce qu'il possédait en troupeaux et en terres.

Si je ne me trompe, on vous a dit que probablement des accommodements, des compromis entre les parties intervenaient pour adoucir la sévérité de la loi. Cela est d'autant plus probable que le juge, le peuple assemblé, n'était saisi d'aucune action que sur la plainte des parties.

Mais il y avait encore une considération qui devait adoucir la sévérité de cette loi, au premier aspect si féroce. Nous voyons dans d'autres lois germaniques que, par la composition, *on se rachetait de la forêt*. Qu'était-ce donc que ce rachat de la forêt, si ce n'est la libération de la peine menaçant sans relâche celui qui ne voulait ou ne pouvait payer la composition, peine qui le forçait à aller chercher un refuge dans la forêt, hors de la communauté de ses concitoyens, l'exil, la déportation, en un mot ? Cette loi d'exil constituait assurément la règle, car nous retrouvons souvent dans les contes et les chansons des peuples germaniques, et surtout des Normands, des héros qui s'expatrient par suite de quelque crime, de quelque guerre privée, dont il est résulté pour eux un meurtre. La paix publique était ainsi le but de la loi, et l'exil la peine du criminel. Or, il me semble que l'humanité, la morale étaient satisfaites, et par l'objet qu'on avait en vue, et par le résultat qu'on en obtenait. Et c'est ainsi que cette loi, au premier abord si féroce, n'a pas à rougir devant certaines lois modernes de nos peuples les plus civilisés.

Pour comprendre toute la portée de la loi salique, pour découvrir la pensée qui a dicté la plupart de ses prescriptions, il faudrait la comparer aux autres lois germaniques ; car dans toutes on trouve ces mêmes principes généraux plus ou moins développés. Je me contenterai, pour aujourd'hui, de vous indiquer quelles sont, selon moi, les idées générales qui découlent de la loi salique.

Le Christ a dit : Ne fais pas à autrui ce que tu ne veux pas qu'il te soit fait. Et c'est pour la première fois qu'un législateur, un philosophe même des pays civilisés d'alors, cherche la base de la conduite des hommes dans le devoir, dans le dévouement. Toutefois, ce devoir chrétien n'était encore que passif ; les barbares semblent avoir été appelés à lui donner son impulsion, son activité nécessaire ; car les peuples Germains ne disaient pas seulement : Ne fais pas à autrui ce que tu ne veux pas qu'il te soit fait. Ils ajoutaient : Empêche de toutes tes forces qu'il ne soit fait à autrui ce que tu ne voudrais pas qu'il te fût fait. Ce devoir actif, ce dévouement de tous les jours à notre semblable, nous le trouvons dans la loi salique, comme dans toutes les lois germaniques ; car ces lois rendent toute une famille, toute une commune responsable du crime de chacun de ses membres ; toute la famille, toute la commune est forcée de payer la composition ; et des-lors elle a un intérêt moral, un intérêt matériel à surveiller ses membres, à s'opposer à ce qu'aucun d'eux ne commette un crime ou même un délit. Et ne vous étonnez pas de voir encore aujourd'hui les habitants de l'Angleterre, de l'Allemagne, de la Suède, de la Norwège, pénétrés plus que tout autre peuple, plus que le peuple Français, surtout, du sentiment de leur devoir ; ne vous étonnez pas de voir en Angleterre, par exemple, un simple citoyen suffire pour faire exécuter les lois, et pour imposer respect à des milliers d'hommes. C'est que les lois originaires de ces pays ont inspiré le sentiment de devoir à leurs peuples.

D'un autre côté, dans cette responsabilité d'une famille, d'une commune pour chaque action de chacun de ses membres, se révèle déjà le germe d'une représentation nationale. Je n'ai pas besoin de vous dire que le système représentatif est d'origine germanique, et que dans les temps les plus reculés les trois provinces de la Saxonie, la Westphalie, l'Osphalie et l'Engern, envoyèrent leurs représentants à l'assemblée du *March*; les Frisons, à l'assemblée de l'arbre de la haute juridiction, et les Anglo-Saxons, à l'assemblée des sages.

La loi salique vous montre le crime puni plus sévèrement, s'il est commis avec des circonstances aggravantes. Celui qui cachait le cadavre de sa victime était regardé comme plus coupable que celui qui ne cherchait pas à faire disparaître les traces de son meurtre. L'appréciation du fait extérieur ne fut donc pas la seule cause de la peine plus ou moins forte. La moralité du fait était appréciée, et la punition variait d'après les résultats de cette enquête morale. La loi salique, comme toutes les autres lois germaniques de la même époque, ne renfermait que le germe des fruits que le soleil devait mûrir; mais ce germe était gros d'avenir. Il contenait toute une réforme, toute une législation progressive.

Déjà tous les citoyens, tous les hommes libres, étaient égaux devant la loi. Je ne chercherai pas à vous expliquer la différence qui existait entre l'esclavage de la Germanie et celui de Rome; je craindrais d'abuser de votre patience; je prends seulement acte de cette égalité des citoyens, des hommes libres. Cette égalité conduisait à la démocratie; et l'histoire des derniers dix siècles est là pour prouver que ce germe d'égalité, de démocratie universelle a largement porté ses fruits dans la voie indiquée par ces lois germaniques.

Je me résume : la loi salique nous montre le peuple qu'elle régit en pleine marche dans la voie du progrès. La composition est la garantie de la paix, de l'ordre public; elle est sévère, mais juste, elle force en général le criminel ou à rétablir autant que possible le mal qu'il a fait, ou à purger la patrie de sa présence. La responsabilité de tous les membres de la famille, de la commune, proclame la loi du devoir, du dévouement mutuel; elle présage l'organisation de la famille, de la commune, du système représentatif; et l'égalité des citoyens est déjà une garantie certaine de la démocratie qui s'avance; voilà selon moi le système, les idées, les principes généraux de la loi salique.

Si je me suis trompé dans l'appréciation de cette loi, n'en accusez pas au moins mon patriotisme; car, si j'ai commis une faute, il n'y est pour rien. Je serais Français, je serais Russe, je serais Turc, que je ne penserais pas autrement après l'étude que j'ai faite des lois originaires de la Germanie.

Je m'arrête : je ne voudrais pas en allant plus loin m'exposer, Mesdames, à m'entendre dire que je vous ai fait une querelle d'Allemand.

M. Auguste Savagner : Mesdames et Messieurs, j'éprouve avant tout le besoin de remercier mon honorable collègue, M. Venedey, de l'assentiment qu'il a bien voulu donner aux quelques idées que j'ai rapidement émises dans la dernière séance sur la loi salique. Son approbation me confirme dans l'opinion que j'ai énoncée sur la manière défectueuse dont il me semble que la question a été posée par l'Institut Historique.

La loi salique, je le répète, n'était point dans le principe une loi politique; c'était à peine un code civil, un code pénal surtout, auquel les Gaulois et les autres barbares furent libres de se soumettre ou non; mais qui leur sembla à la fin d'autant moins parfait, qu'une même religion unit bientôt tous les peuples, conquérants ou conquis. Gardons-nous cependant de supposer dans cette époque au christianisme une influence plus grande que celle qu'il avait en réalité sur une population malheureuse, livrée depuis longtemps aux incursions des Barbares, et sur les Francs eux-mêmes, dont le chef, Clovis, s'était laissé guider par son unique intérêt dans l'affaire de sa conversion.

Si le commencement de la loi salique contient une invocation au Christ, il ne nous est nullement prouvé que cette invocation y figurât lors de sa première promulgation. La loi salique, vous le savez tous, a eu plus d'une édition. Qui nous assure que ces paroles n'aient pas été intercalées postérieurement dans le texte? A Dieu ne plaise que je nie que le christianisme ait modifié beaucoup l'esprit des Francs, adouci en partie leurs mœurs sauvages, et inspiré à ce peuple une plus haute idée de l'humanité. Mais cette influence, il faut le dire, a été nulle sur la nationalité française; et ses résultats moraux n'ont pas été immédiatement sensibles. Nulle époque n'a été plus fertile en crimes de tout genre, en cruautés de toute espèce, en oppressions de toute nature que celle dont nous avons à nous occuper. Les chefs donnaient l'exemple; et les guerriers francs les imitaient de leur mieux.

M. Venedey, dont je me plais à reconnaître la vaste érudition, a soulevé une question immense et du plus haut intérêt. Il nous a fait voir combien le fonds de la loi salique lui-même, combien les lois et les mœurs germaniques surtout, couvaient dans leur sein d'éléments démocratiques; et maintenant une question grave à examiner serait celle de l'influence qu'exerça l'introduction de la langue latine dans les lois et dans les transactions légales de toute espèce. Elle fut désastreuse, comme j'essaierai de vous le démontrer au prochain Congrès.

C'eût été là, je crois, Messieurs, un point important à examiner dans les lois premières des nations européennes et dans la loi salique en particulier. Un pareil examen eût été plus grave et surtout plus utile qu'une vaine discussion sur les apanages(1).

M. Venedey. Je crains qu'on ne se soit mépris sur ce que j'ai dit de l'influence du christianisme sur les lois germaniques. Le fonds de cette législation est plus chrétien peut-être que la Bible; car celle-ci se contente de tracer le devoir; la loi germanique le rend obligatoire; et vous en avez la preuve, je le répète, dans ces dispositions qui faisaient responsable toute une population de l'exécution et de l'observation des lois, tant le législateur avait à cœur de prévenir plutôt les délits que de punir ceux qui s'en rendaient coupables.

M. Eug. de Monglave. Mesdames et Messieurs, M. Savagner vous a dit qu'il trouvait la question mal posée, et que la loi salique, selon lui, avait bien eu autre chose à faire que de s'oc-

(1) Cette improvisation, très large, n'a pu être suivie par nous dans tous ses développements; nous regrettons surtout de ne pouvoir retablir les principes relatifs à la formation des différentes nationalites des peuples européens posés par M. Savagner. Nous espérons que les personnes qui ont assisté au Congrès ne les auront pas oubliés.

cuper des apanages. Sous ce rapport, je suis complétement de son avis. D'autres développements auraient conduit l'orateur beaucoup trop loin ; il s'est contenté, avec raison, de nous prouver que la loi salique n'était qu'une loi particulière, un code civil et criminel, et non une loi de succession. Les partages apanagers sous la première et la seconde race, et spécialement sous les successeurs de Charlemagne, n'eurent jamais le moindre rapport avec telle ou telle disposition de la loi salique. Cette loi, quoi qu'on en ait dit, ne régla pas davantage l'ordre de successibilité au trône. Ce n'était donc pas sur ce point que devait rouler la question.

Il est un côté bien plus important de l'organisation française sur lequel on n'a point, selon moi, assez insisté, et qui néanmoins devait, à mon avis, jeter un grand jour sur l'époque qui nous occupe. Je veux parler de l'influence du catholicisme sur la nationalité de nos aïeux.

M. Dufey a nié cette influence ; M. Venedey l'a hautement reconnue ; M. Savagner n'a point combattu M. Venedey ; et moi, Messieurs, je vous dirai : Oui, c'est au catholicisme, à son unité de croyance que la France a dû de traverser quatorze siècles sans être démembrée. Fondée sur une influence toute catholique, elle s'est maintenue en corps compacte de nation. C'est cette unité seule qui a rallié les éléments épars de nationalité, et constitué son ancre de salut.

En voulez-vous des preuves ? jetez les yeux sur nos provinces si longtemps en proie à l'invasion étrangère. Voyez tous les peuples du Rhin briser leur limite, les Normands se jeter sur les côtes de l'Ouest, les Sarrasins pénétrer par le Midi. Quel est le seul lien qui, au milieu de la dissolution générale, rattache encore les populations disséminées ? n'est-ce pas le catholicisme ? Qui pousse des masses d'hommes vers l'Orient pour aller conquérir un tombeau ? Qui rejette l'islamisme grandissant ? Qui rapporte de l'autre extrémité de l'Europe les arts et les premiers bienfaits de la civilisation ? n'est-ce pas encore le catholicisme ? Dans des temps plus rapprochés de nous, qui oppose une digue au protestantisme de l'étranger ? n'est-ce pas la ligue catholique, véritable nationalité française de l'époque ? Et qui, en vue de tant de faits accumulés, osera nier encore que la nationalité française soit un fait tout catholique?

Messieurs, je crois fort peu aux convictions religieuses des rois; mais, pour arriver au trône, n'a-t-il pas fallu qu'Henri IV fît une immense concession à la nationalité catholique qui repoussait un monarque protestant? N'a-t-il pas fallu qu'il jetât au monde ce mot trop vanté et qui me semble marqué au coin du plus effronté cynisme : *Paris vaut bien une messe*, comme un autre roi sorti du même berceau, un autre Béarnais, Bernadotte, né catholique, devait dire quelques siècles plus tard : *Stockholm vaut bien un prêche.*

Certes, il devait avoir jeté de profondes racines dans le sol français, ce principe catholique, pour traverser tant de siècles et tant d'orages, pour résister à tant d'attaques et de commotions. En me résumant, je dirai que, tout en rendant hommage à la vaste érudition des orateurs qui m'ont précédé à cette tribune, j'ai été surpris de les voir négliger un des principaux éléments constitutifs de notre nationalité, et que j'aurais cru manquer à un devoir si je n'avais pas signalé cette lacune.

M. Auguste Savagner : Je ne m'étais point encore prononcé sur la question imprévue que vient de soulever l'honorable préopinant. Il m'avait semblé qu'elle n'était nullement indiquée dans le programme. Mais, puisqu'on vient de réveiller une discussion si ardemment soutenue au Congrès de 1835, je dirai mon opinion tout entière sur ce sujet.

Non, je ne vois point dans le catholicisme l'origine de la nationalité française, pas plus que celle d'aucun autre peuple. Le catholicisme a tout égalisé sous son niveau; il a tout courbé sous le despotisme de ses dogmes et de ses préceptes; il n'a point considéré les nations; il n'a eu égard qu'aux hommes. Je concevrai facilement l'influence catholique sur les mœurs, elle est pour moi évidente dans toute l'histoire européenne depuis Constantin, mais je nierai toujours qu'elle ait contribué en rien au développement des nationalités. Quoi de plus contraire, en effet, au catholicisme que la division du genre humain en peuples, en nations! L'esprit du catholicisme ne voit dans les hommes que des chrétiens, des frères unis par une même foi. Il s'écrie, dans son enthousiasme: Dieu est Dieu et le pape est son vicaire, tout le reste n'est que vanité.

Sous un autre point de vue, cependant, la question telle que vient de la présenter M. de Monglave prête à une équivoque qu'il est de mon devoir de ne point laisser passer inaperçue. Nous voyons, à son arrivée dans la Gaule, Clovis, païen d'abord, trouver un appui dans les évêques gallo-romains. Saint Avit lui écrit: Roi franc, ta victoire est la nôtre, et nous t'en félicitons. Tout cela est vrai, les évêques et le pape lui-même l'ont aidé et applaudi, surtout lorsqu'il a reçu le baptême. Mais gardons-nous de croire que cette assistance soit venue à Clovis parcequ'il allait constituer un corps de nation catholique. Clovis a été secondé seulement parcequ'il aidait ces mêmes évêques à expulser leurs compétiteurs qui étaient Ariens; parcequ'il leur rendait leurs siéges dont plusieurs avaient été chassés; parcequ'il satisfaisait à leur intérêt personnel et non à celui du peuple. Sa guerre contre les Visigoths ariens qui occupaient le midi de la France n'eut pas d'autre cause.

Les évêques s'inquiétaient fort peu de la nationalité française; ce qui leur importait à eux c'était d'avoir de la puissance et des richesses; et cela s'est vu, non-seulement en France, mais en Allemagne, en Italie, en Angleterre, mais partout.

J'ajouterai un dernier mot. On se borne généralement trop, chez nous, à l'histoire exclusive de la France. Parceque nous savons, ou à peu près du moins, les faits qui se sont passés dans notre pays, devons-nous nous arrêter là et négliger l'histoire des autres nations qui, peut-être aussi, renferme de si utiles enseignements pour la nôtre? Si nous sortions de ces limites étroites, nous verrions chez tous les autres peuples chrétiens se manifester de la part des évêques les mêmes prétentions pour arriver au même but. Partout le clergé catholique cherche à s'agrandir, à s'enrichir aux dépens du reste de la nation; et plus d'une fois l'intérêt personnel met aux prises les prélats et les chefs francs. Les luttes de saint Léger et de plusieurs autres évêques avec les maires du palais, luttes dont ils furent les victimes, n'eurent d'autre cause que l'ambition des prélats plus occupés à accroître leur pouvoir temporel qu'à guider et instruire les peuples qui en avaient cependant bon besoin.

M. Siméon Chaumier. Mesdames et Messieurs, puisque la question secondaire de l'influence qu'a pu exercer le catholicisme sur la nationalité française se représente, il est du devoir de tout homme qui s'occupe d'histoire de réduire cette influence à sa juste valeur.

Clovis ne s'est attaché au catholicisme que dans le but d'affermir sa domination sur les Gaules. Le miracle de Tolbiac tient tout bonnement à la trahison de deux évêques qui, combattant avec les Allemands, se tournèrent de son côté, et, par leur défection, lui donnèrent la victoire. Il se fit chrétien parcequ'ainsi il avait plus de chances de régner sans encombre sur des populations toutes chrétiennes.

Mais que la nationalité française se soit formée alors, c'est un fait complètement faux; la nationalité française n'est avérée et reconnue que du moment où le catholicisme, ruiné par les idées philosophiques du XVIIIe siècle, croule devant des faits matériels. Jusqu'alors il n'en avait pas été question, en droit du moins. M. Dufey a fait trop d'honneur à la démocratie du moyen-âge; cette démocratie était bien peu de chose; et, à part quelques priviléges pour les communes, pour les habitants des villes, tout le reste de la population gémissait sous le joug écrasant de la féodalité. Il n'y a de véritable nationalité française que depuis 89, où tout a été rangé sous la même loi; alors que l'on n'a plus vu de coutume de Picardie, de Bourgogne, de Champagne, et qu'il n'y a plus eu que des Français obéissant au même pouvoir, appartenant à la même patrie. C'est à l'assemblée constituante que nous devons ce bienfait. C'est donc, ainsi que je l'ai avancé, de cette époque seulement que date la nationalité française, en droit écrit, comme c'est à partir de la fédération du Champ-de-Mars qu'elle se formule en fait.

M. Venedey : C'est, à mon avis, une chose tout-à-fait exorbitante que de nier, comme il me semble qu'on vient de le faire, l'influence du catholicisme sur la société française et le développement de sa nationalité. Lors de la conquête des Francs, les Goths ariens occupaient tout le midi des Gaules. Favorisés par les vœux des Gaulois méridionaux, catholiques comme eux, les Francs chassèrent les Goths, et donnèrent une sorte d'unité à la Gaule entière, en la réunissant sous une même domination, celle de Clovis. Donc le catholicisme fut pour quelque chose dans le développement de la nationalité française.

M. Cellier : Les enseignements de l'histoire, Mesdames et Messieurs, ne sont bons que lorsqu'on peut les appliquer à l'état présent de la société. Cette réflexion m'est naturellement suggérée par les questions qui s'agitent dans cette enceinte. La discussion s'est promenée dans les faits passés; des orateurs, fort éloquents sans doute, ont voulu prouver, les uns, l'influence de la religion catholique sur la formation de la nationalité française, les autres que le catholicisme n'y était pour rien, et que par lui-même il était incapable de favoriser le développement d'aucune nationalité; ces débats, irritants peut-être pour certaines consciences, pourraient se prolonger longtemps encore sans apporter une conviction différente dans l'esprit des partisans de l'une ou de l'autre de ces opinions. En réfléchissant un instant à l'influence des religions et des croyances en général, on serait peut-être tombé plus vite d'accord.

En effet, prenez une religion, n'importe laquelle, vous aurez toujours une puissance parcequ'il y aura union de croyances pour un certain nombre d'individus, pour un peuple, et que, sous cette influence des mêmes croyances réunies plus intimement, ce peuple pourra faire de plus grandes choses. Lorsque le dévoûment de tous est acquis à une corporation quelle qu'elle soit, soyez sûr que cette corporation deviendra active et puissante. Tel est le résultat de toutes les idées religieuses. Tel est celui qui a produit l'influence du catholicisme aussi bien sur la nation française que sur les autres nations qui l'ont embrassé.

Depuis près d'un siècle on a attaqué le christianisme de

toutes les manières, on lui a jeté à la face les crimes et les méfaits d'un très petit nombre de ses ministres, on a dit qu'il était incapable de favoriser le progrès, de le développer... Messieurs, je ne me constitue ici le champion d'aucune religion, pas plus du catholicisme que d'une autre. Mais je vous dirai : si vous voulez remplacer le catholicisme comme religion, trouvez mieux! et j'ajouterai que celui qui s'est fait crucifier pour apporter la lumière au monde ne prétendait sans doute pas entraver le progrès.

Maintenant peut-être que beaucoup de personnes se croient en état de faire mieux, qu'elles se mettent donc à l'œuvre! Nous avons vu beaucoup de ces essais de religion; que sont-ils devenus? Qu'on fasse de nouvelles expériences, je ne m'y oppose pas; mais, Messieurs, nous savons tous ce que sont les expériences nouvelles en pareille matière, et nous connaissons aussi les enseignements du passé. Le remède contre la plaie qui dévore le siècle, ce remède indiqué par le christianisme, c'est la fraternité; c'est, comme l'a formulé l'époque actuelle, l'association; mais non pas seulement une association pour les intérêts matériels, mais une association intellectuelle, une association morale, le dévoûment de tous à la chose commune, et non pas un égoïsme étroit circonscrit dans telle ou telle question mesquine et personnelle.

M. Eugène de Monglave : Mesdames et Messieurs, je m'aperçois que j'ai affaire à forte partie. Seul, M. Venedey m'a tendu une main secourable et je l'en remercie; tous deux nous restons seuls pour combattre des adversaires savants et redoutables; mais de ce que la défense se concentre en des mains peu nombreuses devons nous conclure qu'il faille abandonner sans combattre un champ de bataille où peut-être il reste encore quelques palmes à glaner? je ne le pense pas.

On a dit dans cette enceinte : La nationalité fait des citoyens, Rome ne fait que des catholiques. Je ne sache pas, Messieurs, que jamais la religion chrétienne ait été hostile au patriotisme; et je demanderai à ceux qui ont soutenu cette thèse étrange dans quel point de la doctrine du Christ ils ont lu un pareil en-

seignement. Le christianisme a fait un appel à la fraternité universelle; il a proclamé l'égalité des hommes. Loin de faire
disparaître les citoyens d'un même pays, il les a plus rapprochés
encore par la communauté d'une même croyance et d'une
même foi; il a rendu plus forte leur nationalité.

M. Chaumier voit l'origine de tout progrès social dans la philosophie du XVIIIᵉ siècle. Certainement à cette époque il y avait
de mauvais fruits sur l'arbre, mais les philosophes ont fait un peu
comme les sauvages; au lieu d'abattre les mauvais fruits, ils ont
coupé l'arbre à la racine; au lieu de se borner à détruire de
criants abus que je reconnais tout le premier, ils ont réuni
leurs efforts pour saper une religion à laquelle la civilisation
moderne est due tout entière.

Avec M. Chaumier je rends pleine et entière justice à la révolution française; elle fut un immense progrès ; et certes, ce
n'est pas moi qui viendrai le nier. Mais il ne faut pas que le
présent nous rende injustes pour le passé; et, si nous flétrissons
avec vigueur ce qui est mal, nous devons, avec la même impartialité, reconnaître et admirer qu'il y a eu du bien dans les siècles
qui l'ont précédée.

Ce n'est point la liberté, on vous l'a souvent dit, qui est chose
nouvelle, c'est le despotisme.

Quant à M. Cellier, après avoir formulé d'excellents préceptes sur la nécessité d'une justice distributive, impartiale à
l'égard de toutes les religions, de toutes les philosophies, il a
invoqué l'association. Messieurs, je ne puis que m'unir à lui de
tout mon cœur et de toutes mes forces; oui, c'est dans l'association seulement, mais dans une association plus intellectuelle,
plus morale que matérielle, que l'humanité trouvera aide et
secours dans la route du progrès, du bien-être qu'elle suit incessamment, quoique à pas lents et avec des chutes trop fréquentes; et cette association c'est au christianisme, à ses principes d'égalité et de fraternité que nous la devrons.

M. Auguste Savagner : La question, Mesdames et Messieurs,
a fait de singuliers détours, il faut l'avouer; c'est pour moi un
devoir de la ramener à son point de départ. Nous avions à nous

occuper de la loi salique et nous voilà maintenant arrivés à la nationalité française, et à l'influence que le catholicisme a exercée sur cette nationalité.

Qui comprend les mots comprend les idées. Qu'est-ce donc que la nationalité d'un peuple? N'est-ce pas son unité, la conformité de ses institutions, de son langage, de son origine, de son but? Et maintenant à côté de cette nationalité bien distincte, bien définie, qu'est-ce que l'église catholique? Messieurs, je définirai simplement ce mot grec *catholique* par sa traduction littérale. *Catholique* veut dire *universel;* donc l'église catholique est universelle, elle exclut les citoyens, les nations, elle ne voit partout que des hommes et des frères; par-conséquent elle ne peut constituer une nationalité quelconque, pas plus la nationalité française que toute autre.

Venons maintenant aux applications : lors de la conquête de Clovis, tout le clergé se rangea de son côté et entraîna le peuple. On devait s'y attendre; les évêques avaient en vue des intérêts purement mondains. Dans cette conduite, ils cherchèrent à sauver leurs domaines, et ils y réussirent, car, en récompense de l'aide qu'ils lui avaient donnée, Clovis leur laissa tous leurs biens. Dans le fait de leur dévoûment aux Francs, je vois non pas zèle de propagande catholique, mais amour de la propriété. De son côté Clovis n'embrassa le christianisme que par-cequ'il espérait en flattant la religion des vaincus arriver plus vite à les dominer.

Avec M. Venedey, à qui je rends pleine justice pour l'exactitude et la profondeur des recherches, je reconnais le principe démocratique des lois germaniques, mais ce principe eut une durée fort courte. Il n'étendit pas loin son action contre le despotisme de l'empire germanique créé par Charlemagne. C'est dans la langue, dans les usages, dans les mœurs, dans l'originalité du caractère primitif, que se retrouvent les éléments de la nationalité des peuples, et pas ailleurs.

La nationalité française s'est formée successivement et peu à peu. Presque nulle sous la première race, elle n'eut pas d'action plus marquée sous la seconde, époque à laquelle la féodalité se développa puissante et forte. La monarchie, qui devint plus compacte sous la troisième race, et qui, grâce surtout aux communes, restreignit incessamment les pouvoirs féodaux, contribua dans certaines proportions à notre nationalité. Dès le XIVᵉ siècle, ce principe commençait à être accepté de tous. Aux états-généraux de 1484, Philippe Pot prononça un discours tout empreint d'un patriotisme éclairé, et dans lequel il traça nettement les devoirs du roi considéré comme premier citoyen de son royaume. Cette indépendance eut encore du retentissement sous la ligue, alors que la couronne était offerte à à un prince espagnol, et que des voix éloquentes faisaient entendre d'énergiques réclamations en faveur de la dignité et de l'unité nationales.

A mesure que l'unité de la France se resserrait et que sa civilisation se développait, la nationalité aussi développait son influence ; elle était déjà fort remarquable sous Louis XIV, surtout à l'époque de ses désastres.

La philosophie du XVIIIᵉ siècle, en précédant et préparant la révolution de 89, acheva cette œuvre. Cette philosophie, quoi qu'on en dise, a droit à notre reconnaissance, puisqu'elle a relevé la dignité de l'homme en lui faisant connaître l'étendue de ses droits et les véritables instincts de la liberté. L'Encyclopédie, Messieurs, a complété cette œuvre ; et, si nous sommes libres aujourd'hui, si en descendant de cette tribune où je viens de parler avec franchise et liberté, un exempt n'est pas là pour me conduire à la Bastille, c'est à elle que nous le devons.

M. Siméon Chaumier présente quelques observations sur la distinction à établir entre la nationalité et les éléments de la nationalité. Ces éléments se retrouvaient, a-t-on dit, dans les mœurs germaniques, cela est vrai ; mais il ne pouvait y avoir de nationalité dans une population divisée en un nombre infini de peuplades.

L'orateur termine en soutenant que la nationalité de la plupart des peuples européens est un fait complètement moderne.

La discussion continuera à la prochaine séance.

DIXIÈME SÉANCE.

(VENDREDI 5 OCTOBRE 1838.)

Présidence de M. VILLENAVE.

Continuation de la discussion sur la question de *l'influence exercée sur la formation de la nationalité française par le système de partage que consacrait la loi salique sous les deux premières races et par l'établissement des apanages sous la troisième.*

M. LEUDIÈRE : Dans la dernière séance on a parlé de la loi salique. De la loi salique on est descendu à la nationalité française, et de la nationalité française on est arrivé au christianisme.

On a fini par faire le procès au christianisme, parceque, a-t-on dit, il détruit le sentiment de la patrie et porte tous les hommes à se regarder comme frères. Dieu, a-t-on ajouté, est Dieu, le pape est son vicaire, et voilà toute l'essence du catholicisme. Je crois que cette formule tranche beaucoup trop hardiment la question. Le catholicisme n'est point aussi ennemi du sentiment national qu'on a bien voulu le croire ; loin de là il le ravive, il le grandit, car c'est une loi toute de dévoûment, de sociabilité. — L'orateur déclare cependant ne pas admettre complètement l'opinion émise par M. de Monglave, que le catholicisme est le point de départ de la nationalité française ; il pense seulement que le catholicisme a beaucoup contribué à la formation de cette nationalité.

Les Croisades, continue-t-il, ont imprimé un grand élan à la civilisation, grâce aux lumières dont elles ont doté l'Occident. C'est en vain que Voltaire s'obstine à y trouver la source de tous les maux. Cette opinion est aussi inexacte que celle qui soutient qu'elles ont été entreprises dans un but uniquement civilisateur. C'était le sentiment religieux qui guidait la masse des Croisés; c'était le désir de se créer des principautés lointaines qui dominait les chefs. Les Croisades n'en restent pas moins un fait essentiellement chrétien et national.

Un orateur a eu raison de signaler l'influence des Lhospital, des d'Aguesseau, des parlements, sur notre nationalité. Le sentiment chrétien seul ne l'eût pas produite. Nous en avons un exemple remarquable en Italie, où, malgré toute la vigueur des croyances catholiques, les populations sont constamment restées divisées en une multitude d'états qu'aucun lien national ne réunit. Gardons-nous donc, Messieurs, de partialité en toute opinion. Que ce soit le sentiment chrétien ou le sentiment philosophique qui nous domine, soyons justes, parceque nous nous occupons d'histoire, et que l'histoire doit exclure la passion et la haine. Je me hâte de revenir au point de départ de la discussion.

Pour asseoir un jugement raisonnable sur la loi salique, il faut se reporter à l'époque de la conquête, et ne pas la considérer du point de vue de notre civilisation actuelle. La loi aujourd'hui règne sans partage dans une société bien organisée, elle a la force en main et elle sait en user. Il n'en était pas de même alors. La vindicte était remise à la famille; et, pour empêcher que les haines ne se perpétuassent et que le sang ne fût vengé de père en fils, il n'y avait d'autre recours que la composition. Cette disposition était non-seulement sage, elle était indispensable. On ne pouvait faire mieux.

Lorsque les Francs entrèrent dans les Gaules, ce fut en vainqueurs. Si les Allemands étaient doux chez eux, cette mansuétude disparaissait lorsqu'ils arrivaient en pays vaincu. Voyez leur législation : elle est terrible pour celui que le sort a trahi; et les partisans de la démocratie doivent y regarder à deux fois avant de l'approuver sans réserve.

Les vainqueurs voulaient avoir des priviléges, ils en eurent. Ces priviléges passèrent dans la loi.

Nul doute que la loi salique n'ait d'abord été promulguée en langue franque, mais bientôt elle fut traduite en latin; c'était la langue des Gaulois; et les Francs, si peu nombreux quoique conquérants, durent se hâter de l'apprendre tout en la combinant avec leur langue; mélange qui produisit le français.

L'influence de la loi salique sur l'ordre de successibilité au trône et sur l'exclusion des femmes a été niée dans cette enceinte, et pourtant cette influence a été réelle; elle a son point de départ et d'appui dans les mœurs germaniques dont nous trouvons le tableau le plus complet et le plus exact dans un livre bien court, mais qui n'a pas été égalé; je veux parler des *Mœurs des Germains* de Tacite. La royauté alors n'était point héréditaire; le chef devait tout à son courage, à celui de ses frères d'armes, à la conquête; il ne pouvait donc être que guerrier, chef de guerriers. Une femme, n'ayant point de terre à distribuer à des compagnons d'armes, ne pouvait être chef; de là l'exclusion des femmes du pouvoir, exclusion qui ne fut point écrite dans la loi salique, mais qui résultait des mœurs et des habitudes des conquérants.

L'hérédité naquit ensuite chez les Francs comme chez les Germains, de la reconnaissance que les guerriers conservaient pour la mémoire du chef, et pour les biens et les dotations qu'il avait su répandre sur ses compagnons d'armes et ses fidèles. Le souvenir qu'ils avaient gardé du père, ils le reportaient sur le fils, qui se trouvait de la sorte élevé sur le pavois. Ainsi fut créée la royauté; et, une fois cette origine admise, on comprend que, par une tradition constante, les femmes aient dû être exclues du gouvernement.

M. Dufey (de l'Yonne): Mesdames et Messieurs, la question que l'on discute a fait depuis la dernière séance beaucoup de chemin ; et néanmoins la voici encore qui se jette, à ma grande surprise, dans une voie nouvelle. Il me semble pourtant qu'avec un seul mot il eût été facile de la résoudre : mettez *unité sociale* à la place de *nationalité;* et je me trompe fort si tout le monde n'est pas ici entièrement d'accord.

C'est une nécessité absolue, pour tout homme de bonne foi, de rétablir la vérité dans l'histoire, quand elle a été obscurcie par des erreurs; et j'avoue, à regret, que plus d'une a été émise à cette tribune.

Après la conquête des Francs, il n'y avait plus dans les Gaules que deux sortes de propriétés : les propriétés saliques et les propriétés allodiales, soit que ces propriétés appartinssent aux Francs, soit qu'elles fussent restées au pouvoir des Gaulois qui avaient favorisé la conquête francque. La loi salique régla la succession de ces propriétés, elle en exclut formellement les femmes. Aussi, dans son dernier article du chapitre 62ᵉ *de allode*, est-il dit : « *De terrâ verò salicâ nulla portio hœreditatis mulieri veniat, sed ad virilem sexum perveniat.*» Voilà qui est positif ; le texte exclut la femme des biens saliques.

Tout revenait aux enfants mâles, et cela par parties égales. Voyez en effet le premier partage entre les fils de Clovis. Ils sont quatre, mais chaque part est égale. N'allez pas croire cependant que cette part soit compacte et forme un royaume d'un seul bloc ; non, ils ont des provinces d'un côté et de l'autre, les unes au Nord, les autres au Midi, enclavées les unes dans les autres. De là, des guerres d'extermination entre tous ces frères jusqu'à ce qu'il n'en reste plus qu'un, et que toute la monarchie soit réunie.

La monarchie alors n'était pas ce qu'elle a été depuis, ce qu'elle est aujourd'hui. C'était un fief, un titre annexé à la possession de certaines villes, de certaines provinces. La France était tout-à-fait étrangère à cette race de rois, dont tous les membres s'entregorgeaient. Sous la première race on ne compte pas moins de quarante-une personnes de sang royal, victimes du poignard ou du poison. La soif du pouvoir, le besoin de s'arracher des provinces, occasionnaient ces meurtres ; chaque prince cherchait à se faire des partisans en aliénant les propriétés de la couronne ; et, sous les derniers maires du palais, la somme de ses biens avait considérablement diminué.

Pépin et Charlemagne, qui commencèrent la seconde race, donnèrent à la royauté un éclat et une puissance qu'elle n'avait plus ; mais sous leurs successeurs les aliénations du domaine royal recommencèrent, et dans les derniers temps de la dynastie il fut réduit à rien. La France était partagée en une foule de provinces indépendantes les unes des autres, et dont des comtes ou des ducs étaient les souverains.

Lorsque Hugues Capet, ou plutôt Hugues Vitikind, car je lui rends son véritable nom, commença la troisième race, le domaine royal se trouvait réduit à quelques villes isolées les unes des autres ; il y joignit le duché de France qu'il apportait comme sa propriété ; et, soit par ruse, soit par leurs guerres avec les seigneurs voisins, ses successeurs l'augmentèrent.

Mais alors fut établi le système des apanages qui eut pour la France des suites encore plus funestes que l'aliénation du domaine royal en faveur de guerriers, de nobles qui avaient rendu des services au prince. Le roi donna en propriété aux membres de sa famille des provinces entières à titre d'apanage ; ces provinces, suivant les mariages que faisaient ces princes, passaient aux mains des étrangers ; ce fut ainsi que l'Aquitaine fut 3oo ans possédée par les Anglais, qui avaient commencé par ravir la Normandie à la France, cette province étant la propriété du duc Guillaume, qui avait renversé la monarchie Anglo-Saxonne et conquis la couronne de la Grande-Bretagne. Cette aliénation de l'Aquitaine causa d'interminables guerres qui mirent la France à deux doigts de sa perte.

Le système d'apanage, si funeste dans presque tous les cas, eût pu cependant, une seule fois, être pour la France une source de grandeur et de prospérité, et lui donner par une pacifique alliance ce que des siècles de guerre lui firent plus tard obtenir. Après la mort de Charles-le-Téméraire, on offrit a Louis XI, pour son fils, qui fut depuis Charles VIII, la main de Marie, duchesse de Bourgogne. Cette alliance eût apporté à la France la Bourgogne, la Lorraine, la Flandre, la Hollande, la Franche-Comté, le Berry, que cette princesse possédait en apanage. Louis XI, qui craignait son héritier, quelque faible qu'il fût, refusa. Dès lors, le mariage de Marie avec Maximilien, qui fut père de Charles-Quint, porta toutes ces provinces dans la maison d'Autriche et lui donna cette puissance qu'elle a conservée jusqu'à nos jours. C'est de ce refus fatal que datent toutes les guerres de la France avec l'Autriche. La possession disputée de ces provinces en a été la cause incessante.

Les diverses constitutions d'apanages furent donc infiniment plus fatales à la France sous la troisième race que ne l'avait été l'application de la loi salique sous les deux premières, puisque par l'apanage une portion du territoire pouvait passer dans les mains des étrangers, tandis que, d'après les distributions consacrées par la loi salique, aucune parcelle de ce territoire ne s'échappait des mains des nationaux. Quelques princes essayèrent de s'opposer à cet abus des apanages. Charles V, au lieu de donner des provinces aux princes et princesses de sa maison, leur constitua une dotation une fois donnée et un revenu en argent. Mais cette sage disposition fut éludée sous les règnes suivants ; et les abus de l'apanage recommencèrent ; il fallut que les états-généraux finissent par s'y opposer formellement.

Sous les Valois, le système des apanages était si solidement établi qu'ils se distribuèrent *jure hereditario,* par hérédité.

Plus tard, ce système fut modifié encore ; on revint aux dotations pécuniaires ; et Louis XIV ne distribua pas moins de vingt-trois apanages particuliers en rente ou en dot, tant à ses enfants légitimes qu'à ses bâtards.

L'apanage ancien, consistant en terres, en provinces, devenait tout-à-fait indépendant. Le prince apanager avait sur ses terres droit de justice ; il y battait monnaie et faisait la guerre à sa guise.

L'unité sociale ne se constitua qu'en 89 ; toutes les tentatives faites auparavant pour l'obtenir avaient été sans succès. La loi salique fut son point de départ ; mais par combien de phases ne fallut-il point passer pour atteindre enfin le but !

J'arrive à M. Venedey. M. Venedey a avancé que nous avions hérité des mœurs des Germains, que Germains nous-mêmes, nous leur avions emprunté notre origine et nos institutions. Il est assez singulier, Messieurs, qu'on tienne toujours à l'écart, qu'on s'obstine à passer sous silence un peuple qui, à toutes les époques, a rempli l'univers du bruit de son nom, qui l'a couvert de ses colonies ; je veux parler des Gaulois. Ce sont des colonies gauloises qui ont peuplé la Germanie. Le départ de Sigovèse et de Bellovèse, près de 600 ans avant l'ère chrétienne, fut le signal d'une migration immense, vers le Nord et le Midi, de tout ce que la population gauloise comptait de plus jeune et de plus actif. La portion commandée par Sigovèse s'établit en Germanie. La preuve de cette origine gauloise des populations germaines, je la trouve dans leurs codes. Consultez les lois ripuaire, lombarde, gothique et gombette, vous trouvez entre toutes quatre une analogie manifeste. A quoi tient cette analogie, si ce n'est à une origine commune de toutes ces lois? Ces migrations gauloises, formées de l'élite de la jeunesse, partant au printemps, pleines d'ardeur et d'enthousiasme, devaient laisser partout où elles dressaient leurs tentes une forte empreinte du génie national, génie essentiellement religieux et brave.

Pour preuve de l'analogie de ces lois entre elles, je ne citerai qu'un exemple tiré de la loi gombette: il s'agit de la chasse, ce plaisir si cher aux peuples guerriers, et toujours réservé à l'aristocratie de ces peuples. Chez les Burgundes, le paysan surpris en flagrant délit de braconnage devait payer six écus d'or, ou se laisser manger une once de chair par un faucon. S'il s'agissait du simple vol d'un chien de chasse, le délinquant était condamné à le baiser sous la queue. Ces lois nous paraissent peut-être bizarres et cruelles; mais comparons-les à quelques autres sur le même sujet promulguées à des époques beaucoup plus civilisées de la monarchie.

Sur un soupçon de braconnage, le prévenu sera fustigé jusqu'à effusion de sang. A son second délit, fustigation autour des prés, bois et garennes où le coupable aura été trouvé chassant le gibier du roi. Et la troisième fois les galères, indépendamment des deux peines précédentes qui seront réappliquées; et, s'il arrivait qu'après avoir fait son temps il succombât une quatrième fois à la tentation, le gibet en finissait avec lui. Ces lois sont signées François Ier et Henri IV.

M. Auguste Savagner. Je n'avais pas tort, Mesdames et Messieurs, lorsque dans la précédente séance je vous disais que la discussion n'était pas finie, et qu'elle nous promènerait encore longtemps à travers notre histoire. Nous en sommes venus aux

Germains, aux Druides, au christianisme ; nous voilà maintenant aux lois sur la chasse.

M. Leudière a combattu l'opinion que j'ai émise contre la prétendue puissance du catholicisme sur la nationalité française.
Je répéterai encore ce que j'ai dit dans la précédente séance.
Le catholicisme ne favorise que la fraternité universelle ; il n'admet point la patrie exclusive. Il ne voit les hommes que comme
une famille immense. Toutes les histoires s'accordent à prouver
qu'il n'a développé nulle part une nationalité quelconque. La
religion du Christ, et ici je la considère seulement sous le point
de vue philosophique, a grandi la pensée humaine ; elle a relevé la dignité de l'homme ; elle a favorisé le progrès, mais
elle n'a point créé d'unité nationale : l'Espagne, l'Allemagne et
l'Italie en sont la preuve.

Les croisades n'ont point donné l'éveil à l'intelligence humaine, comme l'a dit encore M. Leudière. Déjà cette intelligence s'était réveillée au bruit de l'affranchissement des communes dont le premier acte date de ving-neuf ans avant la première croisade. Mais il est juste de dire qu'elles y ont fortement
contribué. Ce travail d'émancipation des communes s'opérait
alors non-seulement en France, mais en Italie, en Allemagne,
où les villes traitaient avec les empereurs pour racheter leurs
priviléges et se rendre indépendantes.

M. Leudière a répété une assertion plusieurs fois émise sans
avoir été relevée ; c'est cette prétendue ligue de rois avec les
communes dont nos historiens ont fait tant de bruit. Pour ma
part, je la nie formellement, et voici sur quoi je fonde mon
opinion. Dans presque toutes les organisations communales
nous voyons les villes se racheter des seigneurs moyennant
finance. Les rois avaient toujours besoin d'argent pour leurs
vastes et lointaines expéditions de Paris à Orléans, d'Orléans
à Montargis, quands ils allaient guerroyer les seigneurs qui leur
disputaient leurs domaines. Or, les villes avaient de l'argent ;
les rois s'adressaient donc aux villes pour en avoir, et leur ven-
daient des chartes et des immunités quand ils les trouvaient
disposées à en acheter. Il n'y a point eu, vous le voyez, de
ligue entre les communes et les rois, mais réciprocité de besoins

et de services, achats et ventes. A mesure que le roi se sentit plus fort, il se mit à rogner les priviléges que, dans des temps orageux, il avait accordés aux communes.

Mesdames et Messieurs, je m'aperçois à mon tour que je suis bien loin de la loi salique. On dirait que c'est une des nécessités de la question de toujours s'en écarter. On a cité encore dans cette enceinte (et que n'y a-t-on pas cité?) les libertés de l'église gallicane; mais ces libertés, bien qu'opposées comme une digue aux envahissements de Rome, ne furent point établies en vue du peuple. Des légistes les inventèrent, non pour le peuple, qui s'en inquiétait peu, mais pour le clergé qui, tout soumis qu'il était au pape, voulait encore garder une certaine indépendance. Ce ne fut nullement une affaire nationale; le clergé repoussait certaines exactions de la cour de Rome; ce fut l'acte d'indépendance d'un corps riche qui ne songeait en cela qu'à ses propres affaires.

J'arrive enfin à la loi salique qui a été qualifiée ici de loi absurde. Je répondrai à l'orateur qui s'est servi de cette expression qu'il n'y a de lois absurdes que celles qui répugnent aux mœurs d'un peuple, comme nous avons eu occasion d'en rencontrer beaucoup dans notre histoire ancienne et moderne. Les lois absurdes sont surtout celles qui ne peuvent être appliquées. La loi salique, elle, était une loi personnelle et non territoriale. Elle n'obligeait que les Saliens. Les Goths, les Ripuaires, les Burgundes, quoique habitant côte à côte avec les Saliens, étaient jugés selon la loi gothique, la loi ripuaire ou la loi burgunde.

Parmi les individus soumis à la loi salique, il y avait trois classes à distinguer : 1º Les Saliens libres ; 2º les Romains ou Gaulois libres et les barbares libres acceptant la loi salique; 3º les Alleux.

L'esclavage se maintint dans les Gaules conquises par les Francs, mais il devint moins lourd, moins pesant sous la première race; alors on ne vit plus de ces révoltes d'esclaves telles que celles des Bagaudes sous les derniers empereurs romains.

La loi salique reconnaît bien le rapport du maître et de l'esclave, mais elle maintient l'égalité des hommes libres. Donc elle a un principe démocratique.

M. Leudière a semblé combattre les indications que j'avais données sur la langue latine et sur son introduction chez les Francs. La langue est le signe le plus caractéristique de la nationalité d'un peuple. En cherchant à introduire la langue latine à la place du tudesque, on a faussé le caractère original germain, car, du moment où la loi est devenue le domaine d'un petit nombre d'individus qui seuls l'ont comprise, la majorité des populations a cessé de la connaître. La science du droit a ainsi donné naissance à une caste parlementaire non moins nuisible aux masses que celles du clergé et des nobles dans leurs plus fâcheux écarts.

Quant à ce qu'a dit M. Venedey, dans la dernière séance, de l'origine germaine des Francs et de la démocratie de leurs lois, je lui répondrai que la *Germanie* de Tacite nous révèle une grande diversité entre les populations germaniques, leurs mœurs et leurs gouvernements. Ici ils sont gouvernés par une femme, là c'est un roi despote maître de leurs armes qu'il tient sous clef....; et pouvons-nous invoquer bien sérieusement un livre qui fut plutôt écrit comme une satire des mœurs de Rome que comme un monument historique ?

En général, Messieurs, les peuples ont moins changé de place que ne le feraient supposer les historiens. Toutes ces migrations, toutes ces invasions de barbares n'étaient en général composées que de guerriers; il n'y avait là ni femmes, ni enfants, ni vieillards....; les masses restaient attachées au sol natal. Le fond des populations primitives est donc resté le même; et certain reflet de leurs mœurs s'est perpétué jusqu'à nous.

M. ALPH. FRESSE-MONTVAL. C'est peut-être chose peu prudente à moi, Mesdames et Messieurs, de prendre la parole à la fin d'une discussion dans laquelle plusieurs orateurs se sont fait remarquer par leur science et par leur élocution. Je me plais à rendre hommage surtout à MM. Leudière, Dufey (de l'Yonne) et Savagner; mais parcequ'on entre le dernier en lice, est-ce une raison pour perdre courage ? Je vous soumettrai les obser-

vations que m'ont suggérées les discours que j'ai entendus dans
cette séance, regrettant de n'avoir pu assister à la précédente et
recueillir tout ce qui a dû être dit de bon sur la loi salique et la
nationalité française.

M. Leudière a avancé, je crois, que les Germains n'avaient
point de rois. J'ai lu cependant dans Tacite : *Duces è virtute, re-*
ges a nobilitate sumunt. —Reste à savoir comment on interpré-
tera *nobilitate*, si l'historien a entendu par là noblesse d'origine, ou noblesse acquise par de hauts faits. J'opinerais plutôt
pour le premier sens; et l'antithèse de la phrase me confirme
surtout dans mon opinion.

M. Dufey (de l'Yonne) a élévé de son côté une accusation
fort grave contre les Gaulois nos ancêtres, accusation qui ne
tendrait à rien moins qu'à flétrir honteusement leur mémoire.
Parcequ'ils ont accueilli les Francs, il les a accusés de trahison.

M. Dufey (de l'Yonne), de sa place : Non pas les Gaulois,
mais leurs fonctionnaires seulement.

M. Alphonse Fresse-Montval : Les fonctionnaires si vous
voulez, mais cette accusation est injuste. Les chefs, les magistrats gallo-romains accueillaient avec joie un peuple vigoureux
et vierge qui venait régénérer le sol, rajeunir leur population
usée, et constituer une nationalité nouvelle sur les débris du
cadavre pourri de l'empire romain. Cet élan fut grand, généreux; les Gaulois comprenaient la mission providentielle du
peuple franc; et la suite a prouvé qu'ils ne s'étaient point trompés.
Les Gaules, depuis près de deux siècles en proie aux invasions
des barbares, vont enfin être défendues et sauvées d'une ruine
totale.

M. Dufey a avancé que les apanages et l'action du clergé et
de la noblesse avaient été constamment hostiles à l'unité
nationale. Messieurs, je ne suis le champion de personne, je
ne défends ici que la vérité. Quand une monarchie a duré 1400
ans, il doit nécessairement se rencontrer dans cette longue
série de siècles une foule d'actes répréhensibles commis par
différentes castes, par le clergé comme par la noblesse, par la

royauté comme par le peuple. Si l'on enregistrait tous les crimes populaires, la liste en serait longue. Ainsi, Mesdames et Messieurs, l'histoire faite de cette façon serait une éternelle satire; ce n'est point là son but, sa mission ; un pareil système serait entièrement faux. Le clergé, la noblesse et la royauté ont rendu d'immenses services à l'unité nationale, à la France; et, si trop souvent des fautes, des crimes mêmes ont été commis, il faut s'en prendre à l'infirmité humaine.

Sous Charles-Martel, ce fut en grande partie, et surtout comme chefs de corps, la noblesse, c'est-à-dire l'aristocratie franque qui écrasa les Sarrasins dans les plaines de Poitiers, et qui sauva la France et l'Europe de l'invasion arabe. Pendant trois siècles d'hostilités contre l'Angleterre, ce fut encore elle qui se fit tuer sur tous les champs de bataille et qui prodigua son sang pour l'intégrité d'un territoire trop souvent entamé. Jusqu'à Louis XIII, jusqu'à Richelieu qui la décima, elle eut toujours l'épée à la main pour combattre au nom de la France; elle sacrifia toujours à ce devoir sa vie et sa fortune.

On a accusé la papauté. Messieurs, mettons-nous en esprit sur le trône du Vatican, revêtus de la pourpre romaine, dominant par la parole et la pensée cent millions de chrétiens; la tête ne peut-elle pas tourner quelquefois à l'homme qui plane d'un aussi haut faîte? Quoi d'étonnant si plus d'une fois des fautes ont été commises, si, chef spirituel et temporel, le pontife n'a pas toujours été fidèle à l'esprit de l'Évangile? Mais, à côté de ces fautes rares, quoi qu'on en dise, placez la masse du bien produit par cette institution, par ce foyer sans cesse brillant de science et de civilisation, par cette Rome nouvelle, si supérieure à la Rome antique dont le sort fut toujours d'écraser le monde; et vous jugerez peut-être alors en connaissance de cause et avec moins de sévérité. Vous dirai-je le clergé conservateur fidèle du dépôt des sciences pendant les temps barbares, protecteur des arts, pacifiant les rois, créant les monastères, asile du peuple des campagnes pendant les guerres féodales, et les hôpitaux où toutes les infirmités humaines trouvent un soulagement assuré? Messieurs, j'ai entendu faire ici avec douleur le procès à la religion chrétienne; mais quelle

autre pourra offrir à l'humanité une égale masse de bienfaits ?
quelle autre a plus travaillé au bonheur et à la civilisation du
monde ?

M. Dufey (de l'Yonne) : Je serai court, je ne répondrai que
par des faits. J'ai dit, je crois, que, si on compulsait l'histoire
des sièges et des prises de villes, on trouverait presque toujours un magistrat pour en ouvrir les portes à l'ennemi. Ce que
j'ai dit, je le maintiens. A Tolbiac, Clovis dut la victoire à la
défection d'Aurélien, qui, abandonnant les Gaulois et les Allemands, se rangea sous son drapeau. Aussi en fut-il largement
récompensé par des concessions de terre sur la Loire. Si Clovis
n'avait pas trouvé partout les magistrats, les généraux gallo-
romains disposés à le recevoir, croyez-vous qu'il eût fait si facilement la conquête de la Gaule avec ses 6000 bandits ? car les
Francs n'étaient que 6000, et c'étaient les débris des légions formées par les Romains pour défendre la Gaule contre les invasions
des Barbares. Voilà les hommes que M. Fresse-Montval représente comme un peuple civilisateur, comme venant régénérer
une contrée alors aussi civilisée que l'Italie. Parmi tous ces
peuples barbares, Messieurs, un seul a été vraiment civilisateur; ce sont les Burgundes. Le territoire qu'ils ont occupé, ils
l'ont obtenu sans effusion de sang, par des traités. Aussi leurs
institutions y sont-elles restées; et la Bourgogne a-t-elle toujours
été renommée par le respect de ses habitants pour leurs lois,
comme par leur courage sur les champs de bataille et par leur
aptitude aux arts et aux lettres dans la paix.

Je n'ai attaqué que les faits en masse, je ne veux point faire
ici d'application, nous n'en avons pas le temps. Certainement
la noblesse a eu ses héros, auxquels je me plais à rendre
hommage; mais aussi, combien de ses membres se sont fait
remarquer par leur avidité pour le pillage et par leur mépris
pour le peuple ! D'ailleurs, je n'ai jamais pensé à attaquer les
hommes, je n'ai voulu attaquer que les choses; la noblesse
commence à n'être plus qu'un souvenir; et, en dépit de Bou-
lainvilliers et des généalogistes, il est bien prouvé qu'il n'y
a pas une seule famille historique depuis le XIVᵉ siècle.

M. Fresse-Montval n'a vu que des nobles dans l'armée de Charles-Martel; mais de quoi se composait donc son infanterie? Le sang plébéien qui a coulé alors était-il de l'eau? Ce qu'il y a de bien certain, c'est que le nombre des nobles dans l'armée de Charles-Martel était fort peu considérable, puisque la liste des récompenses honorifiques qu'il distribua après la bataille à ses fidèles, à ses compagnons d'armes, à ses nobles enfin, ne contient que seize noms.

J'arrive au clergé. Combien peut-on citer de Fénélon? car je le mets bien au-dessus de Bossuet; combien de Vincent de Paul? Messieurs, je le proclame avec conviction et à haute voix, le christianisme a été et est encore un puissant moyen de civilisation, mais il est tout entier dans l'Évangile et pas au-delà; son malheur est d'être devenu temporel; le pouvoir l'a gâté.

Dans les cahiers du clergé, à l'assemblée nationale de 89, il se trouve des passages admirables, pleins de lumières et du plus pur patriotisme; mais ils appartiennent tous à ce qu'on appelle le bas clergé, aux pasteurs des campagnes. Quant au haut clergé de cette époque, je me tairai, Messieurs; le christianisme recommande la charité à l'égard du prochain; je me tairai, car c'est encore un moyen de prouver que je suis véritablement chrétien.

M. Leudière : Nous avons au moins gagné quelque chose à cette discussion, c'est qu'on a fini, tout en partant des opinions les plus opposées, par se rencontrer sur le même terrain, et par devenir en masse d'excellents chrétiens.

L'orateur revient aux observations faites par M. Fresse-Montval au sujet de ce qu'il avait dit sur les Germains. Le mot *roi*, suivant M. Leudière, ne devait pas avoir chez eux l'acception qu'il a chez nous. Le roi était le chef; et le chef de race noble avait le plus de chance de devenir roi.

Abordant la question des croisades, l'orateur établit que l'intelligence humaine était à cette époque couverte de ténèbres qui se dissipèrent devant ces expéditions lointaines, donnant l'essor à l'esprit humain, et favorisant l'émancipation des communes.

Les idées chrétiennes, dit-il, exercèrent alors une très grande influence, elles réunirent toutes les nations européennes dans une même foi. Chez certains peuples, elles aidèrent au développement du sentiment national. Quant au point de vue moral, le catholicisme, en combattant l'égoïsme des hommes, contribue essentiellement au patriotisme des nations, car l'égoïsme est la plaie de l'humanité.

M. Alphonse Fresse-Montval : M. Dufey (de l'Yonne) a savamment démontré, selon sa coutume, quel était l'état des Gaules à l'époque de l'invasion des Barbares du Nord, et comment Clovis, avec ses 6000 Francs, put arriver aussi promptement à dominer cette riche contrée. Mais il n'a point assez insisté sur le délabrement moral des populations gallo-romaines dans ces temps de désordre et d'anarchie. Les Francs ont réellement servi la civilisation en retrempant le caractère gaulois, en lui donnant du ressort. La fusion de ces deux races a produit un peuple vigoureux, bien préférable aux restes abâtardis de la domination romaine.

La religion chrétienne a cimenté cette union, elle lui a imprimé une nouvelle énergie; elle l'a lancée dans la voie du progrès, bien différente en cela de ce sensualisme oriental, de cet islamisme qui épaissit le voile de l'ignorance et du malheur sur les populations de l'Asie, jadis si civilisées.

L'orateur reproduit une partie des arguments de sa première improvisation, et termine en disant que la nationalité française doit beaucoup à la noblesse qui a fait la gloire de la France jusqu'au règne de Louis XIII, époque à partir de laquelle les nobles n'ont trop souvent joué que le rôle de valets de cour.

M. Venedey : Mesdames et Messieurs, permettez-moi une dernière réflexion; elle fermera, je l'espère, une discussion déjà trop longue. Quelques-uns des précédents orateurs m'ont accusé de partialité, de germanisme. Je tiens à cœur de leur prouver que moi aussi j'ai étudié, et que je n'avance rien sans avoir mes preuves.

Les Germains, ai-je dit, avaient des institutions fort libérales, des institutions empreintes d'un principe démocratique incontestable. L'ouvrage de Tacite est là pour le prouver. Les Francs, sortis du milieu d'eux, durent donc nécessairement emporter ces principes dans leur émigration. Aussi, les retrouvez-vous dans la loi salique. En établissant des juges royaux, prononçant d'après le droit romain, Charlemagne fit disparaître ce qu'il y avait de démocratique dans la loi salique. Dès lors, les seuls principes libéraux écrits dans les lois ne se rencontrèrent plus que chez cette nouvelle population d'hommes du Nord qui envahit la Neustrie, chez les Normands qui apportèrent des glaces de la Norwège et de la Scandinavie quelques étincelles de liberté qui ne tardèrent pas encore à s'éteindre.

ONZIÈME SÉANCE.

(LUNDI 8 OCTOBRE 1838.)

Présidence de M. DUFEY (de l'Yonne).

La parole est à M. le docteur COLOMBAT (de l'Isère) sur cette question : *Chercher l'origine psychologique et physiologique des sons articulés.*

Mesdames et Messieurs, dit M. COLOMBAT (de l'Isère), c'est s'engager dans un dédale inextricable que de chercher l'origine des sons vocaux articulés ; c'est remonter à l'origine de l'homme et prendre le genre humain dans la première famille pour le suivre dans ses dispersions et dans l'accroissement de ses connaissances.

Quoique la métaphysique de la parole ait pour base et pour limites l'intelligence humaine, les recherches qu'on a faites sur

l'origine des sons vocaux articulés n'ont jeté qu'une faible
lueur dans les siècles passés. Loin d'avoir la téméraire prétention de débrouiller un chaos dans-lequel se sont égarés tant de
philosophes, nous n'abordons cette rive fertile en écueils que
parceque nous avons le désir de contribuer un peu à l'histoire
du langage humain, et l'espoir que la difficulté du sujet nous
méritera l'indulgence des personnes qui ne partageront pas nos
convictions.

Sans vouloir entrer dans de plus longues considérations préliminaires, nous nous bornons à dire que c'est en remontant à
l'origine des sons articulés qu'on trouvera la raison des mots, et
qu'on découvrira dans chaque langue les caractères augustes
qui sont les empreintes de la sagesse humaine.

La puissance facultative de créer des sons articulés pour exprimer des idées doit être regardée comme la base fondamen-
tale de l'essence et de la gloire de l'homme, et comme le plus
sublime attribut de son organisation, puisque c'est la parole
qui le distingue le plus de tous les êtres vivants en l'isolant du
monde physique pour le transporter dans un monde intellectuel et moral.

Si chaque animal, pourvu d'un larynx, peut, ainsi que nous,
faire entendre des sons vocaux et effectuer par la locomotion
les actes extérieurs nécessaires à son bien-être et à sa conservation individuelle, l'homme seul a le noble privilége de pouvoir par la parole communiquer à des distances avec ses semblables, et établir avec eux des relations de l'ordre le plus
élevé.

Ce qui fait que la parole est un privilége exclusif de l'espèce
humaine, c'est que parmi toutes les créatures l'homme est la
seule susceptible d'un perfectionnement intellectuel et social
qui lui donne la double faculté de penser et de parler ensuite
sa pensée. Pour exprimer cette pensée par la parole, il a fallu
nécessairement qu'il fût capable de faire des abstractions,
d'avoir des idées et de les associer entre elles afin d'en attacher
une aux mots qui composent son langage. Les autres animaux
n'étant pas doués de tous ces avantages doivent nécessairement
être réduits, pour faire connaître leurs besoins et leurs sensa-

tions, à exhaler des cris qui, étant toujours bornés dans leurs effets et ne variant jamais, sont un caractère distinctif de chaque espèce. Lorsque quelques-uns, stupides imitateurs, parviennent par une certaine éducation à articuler quelques mots, on n'admire en eux que le prodige de la routine et de l'habitude, car ils ne parlent que comme des échos et ne rendent les sons qu'à la manière des automates. Nous sommes loin cependant de regarder les animaux comme de pures machines; nous leur accordons, au contraire, quelques facultés et jusqu'à un certain point de la mémoire, et une sorte de raisonnement dont ils nous donnent tous les jours des preuves; enfin nous nous plaisons à dire avec l'inimitable *La Fontaine* :

> Les bêtes ne sont pas si bêtes que l'on pense.

Les crétins et les autres idiots ne sont ordinairement muets ou du moins ne font entendre que des cris et des sons vocaux qu'ils tiennent de la nature animale, que parcequ'ils sont plus ou moins complètement privés d'idées, et qu'ils n'éprouvent, comme les animaux, que des besoins et des sensations. *Condillac* a donc soutenu un paradoxe en avançant que pour fonder leurs idées, les hommes, dans le principe du monde, ont dû être en possession d'une langue. Nous ne contestons pas cependant que le plus grand fonds de leurs idées n'ait été dans leurs communications réciproques; car nous pensons, au contraire, avec *Fontenelle*, que si les idées ont été les vraies sources du langage, elles se sont ensuite étendues et modifiées par la parole. Primitivement, elles se rapportaient aux objets les plus physiques dont les limites étaient étroites; plus tard, elles atteignirent des régions plus élevées, et s'étendirent vers les sphères intellectuelles et sublimes que parcourt l'imagination.

Puisque les diverses combinaisons vocales, qui constituent la parole, ne sont que les signes sonores des idées, il a fallu nécessairement connaître les rapports qui existaient entre elles, soit pour établir les sons qui devaient les représenter, soit pour varier les formes, les intonations et toutes les modifications phoniques qui convenaient à chacune d'elles. Ce n'est donc qu'en réfléchissant sur des idées nouvelles qu'on a trouvé d'autres combinaisons vocales, ou mots, et que les langues se sont perfectionnées et se sont de plus en plus enrichies.

La formation de la parole a été toujours assez facilement expliquée sous le rapport physiologique ; on a de tout temps observé qu'elle n'était autre chose que la voix modifiée par les mouvements de la langue et des lèvres, et par la collision de l'air contre les arcades dentaires et les cavités buccales et nazales. On a également remarqué que les parties mobiles des organes vocaux, sous l'influence de l'influx nerveux qui suit la pensée ou qui résulte de chaque sensation, prenaient les diverses positions et exécutaient les mouvements nécessaires pour modifier les émissions vocales, de manière à former les articulations. Semblables aux touches d'un clavier, elles produisent toute la série des sons articulés qui constituent le langage. Il y a donc réellement deux actes dans la parole, l'acte intellectuel qui établit, comme signe d'une idée, un son vocal convenu, et l'acte organique qui produit le son et le modifie selon les besoins de l'esprit et les idées plus ou moins complexes qu'on a à faire connaître. C'est donc en vain que l'on voudrait rapporter la faculté de parler, soit aux organes de la voix, soit à ceux de l'ouïe ; si les premiers produisent les sons articulés, et si les seconds les recueillent, c'est l'esprit seul qui fait de ces sons des signes, et qui y attache une idée ; la faculté de parler n'est donc pas en raison du développement des organes vocaux et auditifs, mais en raison du développement de l'intelligence ; elle est donc, nous le répétons encore, un privilége exclusif de l'homme qui pense et qui raisonne, et qui peut seul de la parole faire un instrument de sa raison.

Quelque longue que puisse paraître la discussion, et si l'on veut même la digression dans laquelle nous allons entrer, nous ne pensons pas qu'elle puisse être regardée comme indifférente dans la question qui nous a été proposée. Nous ne prétendons pas cependant avoir traité à fond un sujet de cette nature ; cette tâche serait trop difficile, lors même que nous aurions une connaissance plus exacte de la condition primitive de l'homme et des développements de son intelligence.

La plupart des philosophes ont pensé que la pantomime ou langage des gestes avait précédé le langage des sons articulés, et que, dans le principe du monde, le langage muet a suffi aux premiers hommes. Plus tard, excités sans cesse par le besoin de communiquer leurs idées, ils essayèrent d'en exprimer quelques-unes, d'abord par de simples cris qui conduisirent ensuite à quelques sons articulés qui formèrent le premier langage grossier, à la vérité, et très borné, mais capable néanmoins d'exprimer les choses de première nécessité, et assez bien fixé pour établir certaines conventions.

Si nous sommes loin de croire, avec *Court de Gébelin*, qu'aussitôt qu'il y eut deux personnes sur la terre, elles parlèrent, nous sommes encore plus loin de supposer, avec *Condorcet* et *Rousseau*, que les hommes ont existé pendant un grand nombre de siècles sans faire usage de la parole. Nous pensons que les premiers efforts qu'ils firent pour parler furent très faibles et ne consistèrent qu'en de simples intonations, et en des articulations monosyllabiques, ou en des exclamations et des inflexions vocales qui sont, dans notre espèce seulement, l'expression naturelle et invariable des diverses sensations, ou d'un besoin et d'un désir, et de certaines impressions vives, telles que la terreur et l'admiration, la douleur et la joie. Comme ces premiers éléments de la parole sont plutôt des accents de la nature animale que des accents de l'esprit humain, il est probable que les émissions vocales simples ou articulées, qui formèrent le langage des hommes primitifs, ne furent chez ces derniers, comme chez les idiots, les sourds-muets et les enfants, que la manifestation instinctive d'une sensation, et non l'expression et le signe sonore d'une idée. C'est donc dans l'instrument vocal qu'il faut chercher les premiers éléments du langage, et non dans l'industrie humaine qui ne les créa pas, qui ne fit que les combiner de mille manières à mesure que le goût se perfectionna et que le cercle des idées s'agrandit. On peut donc dire que les sons articulés sont aussi naturels à l'homme que les cris chez les animaux qui bêlent, qui mugissent, qui miaulent, qui aboient, qui sifflent ou qui gazouillent. De même que la musique est fondée sur des sons qui ne dépendirent jamais du musicien ; la peinture sur des couleurs primitives que l'art ne créa pas ; la géométrie sur les rapports et les proportions immuables des corps ; de même les éléments de la parole, c'est-à-dire les sons articulés, ne dépendirent pas de l'intelligence humaine, qui, nous le répétons encore, ne fit que les disposer de manière à former les mots et les phrases. Il n'y a donc pas eu, selon nous, de langue primitive communiquée. Si Dieu forma les sons et leurs rapports, enfin s'il fit de l'homme un être parlant, il ne lui a pas donné un système lexicologique tout fait, c'est-à-dire la parole, selon le sens littéral du texte sacré, tel que l'interprètent les théologiens ; il lui a accordé des organes qui, en suivant les progrès de son intelligence, ont la puissance facultative de produire et de combiner des signes vocaux articulés pour exprimer ses idées à mesure qu'elles se développent. Dieu n'a donc donné à l'homme que les éléments du langage et les moyens de faire les mots, mais non les mots tout faits. D'ailleurs, la prise en possession d'une langue primitive, assez riche en mots pour tout désigner et s'étendre à tous les objets, ne pourrait se concevoir qu'en admettant que les premiers hommes auraient été doués de la connaissance de tout ce qui existe, ce qui devient une hypothèse que personne ne voudrait admettre.

Un enfant qui dès sa naissance serait séquestré de la société et privé de toute communication avec ses semblables, quoique pouvant produire tous les éléments primitifs de la parole, ne saurait avec leurs secours exprimer aucune idée, et serait réduit comme les animaux à faire connaître ses sensations par les cris qui s'y rapportent. Si cet enfant avait été élevé parmi les ours, *Condillac* (*Essai sur les connaissances humaines*) convient qu'il aurait les cris naturels à chaque passion, c'est-à-dire les interjections ; mais il ajoute avec raison : « Comment soupçonnerait-il que ces cris sont les signes des sentiments qu'il éprouve ? S'il vivait avec d'autres hommes, il leur entendrait si souvent pousser des cris semblables à ceux qui lui échappent, que tôt ou tard il lierait ces cris avec les sentiments qu'ils doivent exprimer. Les ours n'auraient pu jamais lui fournir les mêmes occasions. » Il résulte de là que nous apprenons à parler comme nous apprenons tout autre art, et que, si les hommes ne sont pas naturellement en possession de la parole, à eux seuls a été exclusivement donnée la double faculté de penser et de parler leurs pensées, c'est-à-dire d'articuler des sons et d'en faire des mots ou signes sonores des idées.

La parole intelligente, c'est-à-dire l'arrangement des mots qui constitue le langage, n'est donc pas un don de la nature, mais une faculté d'emprunt, acquise dans le commerce social. C'est le résultat de l'éducation, c'est le produit de l'industrie humaine; enfin c'est un art, comme tous les arts, susceptible de perfectionnement. Un homme, dit M. *de Tracy*, fait d'abord un cri peut-être sans projet, il s'aperçoit qu'il frappe l'oreille de son semblable, qu'il attire son attention, qu'il lui donne une notion de ce qui se passe en lui; il repète ce cri avec l'intention de se faire entendre; bientôt il en fait d'autres qui ont une autre expression; il s'applique à varier ses expressions, à les rendre plus distinctes, plus circonstanciées, plus déterminantes; il modifie ses cris par des articulations; ils deviennent des mots auxquels il a fait subir diverses altérations pour indiquer leurs rapports; il en forme des phrases dont la tournure varie suivant les circonstances, les besoins, l'objet qu'on se propose, le sentiment dont on est animé : voilà une langue; d'observations en observations sur les effets de cette langue, on en prescrit les règles; et on parvient au talent le plus exquis pour exprimer les pensées les plus fines, exciter les sentiments les plus véhéments et procurer les plaisirs les plus délicats.

Grâce à l'admirable organisation dont l'espèce humaine avait été douée à un degré si éminent, les hommes durent chercher à rendre leurs sensations et leurs idées par d'autres secours que ceux des cris et des articulations monosyllabiques; c'est alors que sentant la nécessité d'étendre la sphère de leurs communications ils furent obligés de désigner et de distinguer tous les objets par des noms particuliers. Mais, comme ces noms ne pouvaient pas être arbitraires et créés au moyen de combinaisons vocales prises au hasard, ils les formèrent d'après les rapports qu'ils trouvèrent entre ces noms et les objets qu'ils voulaient indiquer. Les premiers hommes désignèrent donc chaque chose par des sons qui peignaient leurs qualités, et ils le firent d'autant plus facilement qu'ils n'avaient que peu d'objets à peindre ; que ces objets étaient frappants et offraient presque tous quelques rapports plus ou moins étroits avec les sons vocaux. Les animaux, par exemple, qui se distinguent par les cris qui leur sont propres, furent désignés par des noms qui imitaient leurs cris, et qui en furent la peinture sonore la plus parfaite et la plus énergique. Les objets inanimés furent désignés par des noms rappelant les bruits produits par leurs mouvements ; enfin d'autres objets furent désignés par des sons qui exprimaient le rapport de ces objets avec des objets animés : c'est ainsi que tous les êtres furent nommés par imitation ou par comparaison.

On ne peut douter que c'est d'après ce principe que l'on trouve dans toutes les langues une infinité de mots qui ont encore ce caractère d'imitation. Ainsi, dans la langue française, les mots qui désignent les cris des animaux, les bruits de la nature et les mouvements mécaniques, sont encore presque tous des onomatopées.

Il ne faut donc pas autant exalter le génie des poètes qui font de la prétendue harmonie imitative, en exprimant leurs idées par des sons pittoresques, afin de rendre en quelque sorte vivante à l'oreille la perception de la pensée. Leur génie n'est le plus souvent qu'un talent mécanique qui leur tient lieu de style et d'imagination. C'est leur langage qui fut peintre et poète avant eux ; c'est lui qui a fait tous les frais de la consonnance des mots et qui fut le véritable artiste et artiste avant eux.

Si l'on nous dit qu'on n'aperçoit guère cette analogie dans les noms créés pour exprimer les idées morales, nous répondrons que, lors même que le principe d'imitation paraît moins sensible dans les noms des êtres insonores et invisibles et dans tout ce qui a rapport aux idées abstraites, il n'est pas impossible de comprendre comment ce principe a pu s'étendre jusque-là, si l'on réfléchit combien est grand le secours que se prêtent mutuellement tous nos sens pour rendre les impressions dont les noms nous manquent. En effet, rien n'est plus commun dans toutes les langues que d'exprimer des idées abstraites, comme si elles étaient des sensations perçues par la vue, l'ouie, l'odorat, le tact et le goût, à qui elles sont souvent très étrangères. Ainsi nous disons tous les jours que la lumière *éclate*, que les pensées se *heurtent*, qu'une douleur est *cuisante*, qu'une réflexion est *amère*, qu'un son est *aigre*, qu'une musique est *pâle*, qu'une peinture est *harmonieuse*, qu'une couleur est *crue*, qu'une phrase est *louche*, *obscure* ou *brillante*, enfin, qu'un homme est mort en *odeur de sainteté*, etc. Il est vrai que toutes ces impressions, prises sous le point de vue abstrait, présentent quelque chose qui dans l'idée correspond jusqu'à un certain point à la sensation physique que font éprouver les objets dont nous venons de parler.

Mais, nous dira-t-on sans doute, pourquoi reste-t-il si peu de relations naturelles des noms avec les objets, et pourquoi l'imitation des sons dans la formation des mots n'est-elle pas aujourd'hui aussi appréciable que dans le langage primitif! Nous répondrons qu'à mesure que le vocabulaire des mots s'est accru, on y a introduit une foule de dérivés et de composés arbitraires qui s'éloignèrent toujours de plus en plus de leurs premières racines et perdirent insensiblement toute espèce de ressemblance et d'analogie de sons avec les choses qu'ils exprimaient. Telle est la situation actuelle du langage de tous les peuples civilisés, et telle est la raison pour laquelle la plupart des mots qu'ils emploient aujourd'hui ne sont plus que des signes arbitraires et de convention, mais rarement des imitations et des émanations naturelles des idées. Pour trouver encore dans les langues modernes les traces des expressions de la nature, il faudrait remonter à la racine des mots; alors on découvrirait facilement que l'onomatopée et l'imitation par analogie sont les principaux traits caractéristiques de la formation de la parole.

En analysant les éléments de chaque nom, en examinant leurs qualités et leurs rapports avec les objets sensibles, on verra naître le langage, on découvrira les raisons et les premières causes de la combinaison des sons vocaux; et l'esprit étant satisfait ne s'égarera pas dans le dédale des langues. C'est alors seulement qu'on pourra trouver la véritable étymologie des mots qui, selon nous, consiste plutôt à découvrir les principes au moyen desquels ils ont été formés, qu'à rechercher, comme on le croit généralement, à quelle langue on les a empruntés. En procédant de cette manière, la plupart des mots qui semblent froids, indifférents et arbitraires, paraîtront avoir une énergie étonnante et être des images sonores d'une vérité frappante, parcequ'ils ont été formés sur ce principe incontestable, qu'une image doit ressembler à l'objet qu'elle représente autant que la nature des moyens le permet. Dans les premiers temps où les hommes commencèrent à parler, les noms et les mots, probablement pour la plupart monosyllabiques, furent d'abord en trop petit nombre pour tout désigner; on dut donc, pour suppléer à la pauvreté du langage, employer beaucoup de figures et mélanger la prononciation d'une foule de gestes, d'exclamations et d'inflexions vocales que nous n'employons plus aujourd'hui. Lorsque plus tard on eut des noms pour désigner tous les objets physiques et moraux, les gestes ne furent admis que dans certaines circonstances données, et l'on vit les circonlocutions, les périphrases, les hyperboles, les métaphores, etc., faire place à un langage plus simple, plus clair et plus précis, et dans lequel les figures n'étaient mises en usage que pour des sujets où les ornements étaient indispensables. Les langues primitives, qui étaient plus harmonieuses, plus énergiques et plus animées, étaient plus propres à l'éloquence et à la poésie, tandis que les langues perfectionnées et plus riches en mots conviennent mieux à la philosophie, à l'histoire et à l'exactitude; les unes se prêtaient mieux à l'imagination, et les autres sont plus favorables au jugement.

M. *Charles Nodier* a dit avec raison, dans ses Éléments de linguistique, que chaque peuple avait fait sa langue comme un seul homme, suivant son organisation et les influences prédominantes des localités qu'il habitait. En effet, les langues de l'Orient et du Midi sont en général limpides, euphoniques et harmonieuses, comme si elles étaient empreintes de la douceur du climat et de la beauté du ciel. Les langues et les accents du Nord semblent au contraire se ressentir de l'austérité et de l'àprêté d'un climat rigoureux, et être en rapport avec l'aspect particulier du pays où on les parle.

Si l'on voit les langues se ressembler si peu dans leurs mots et dans leur syntaxe, quoiqu'ayant les mêmes éléments primitifs, il faut en attribuer la cause, soit à l'influence qu'ont exercée dans leur formation les localités et l'organisation particulière de chaque peuple se trouvant sur le même sol, soit enfin à une foule de circonstances et d'évènements plus ou moins connus.

L'invention de l'écriture qui, de même que le langage, fut probablement fondée sur l'imitation, doit encore être rangée en première ligne comme une des grandes causes de la diffusion des peuples et des langues; cette diffusion a été merveilleusement indiquée dans la Bible par l'histoire de la tour de Babel, qui, selon nous, est plutôt un emblême sublime qu'une vérité matérielle.

Pour militer en faveur de cette opinion qu'il n'y a pas eu de langue primitive toute faite, et la même pour tous les hommes, nous pourrions encore nous appuyer sur le témoignage de *Leibnitz* et de plusieurs grands philosophes de l'antiquité. *Platon*, par exemple, reconnaissait, comme nous le faisons nous-même, que Dieu était l'auteur des langues par l'intermédiaire des agents qu'il lui a convenu d'employer, de même que l'architecte est l'auteur d'un édifice dont il a tracé le plan et distribué les matériaux. *Lucrèce*, qui raisonnait aussi bien que le comportait son époque, dit dans son livre *de naturâ rerum*, d'après l'excellente traduction de M. *de Pongerville*: « Que la « nature enseigne elle-même à l'homme les sons divers du « langage, et que la nécessité lui apprend à désigner par des « noms tout ce qui existe. »

Si quelque casuiste sévère nous disait que nos doutes sur l'existence d'une langue innée avec l'homme dans le principe du monde sont contraires aux saintes Écritures, nous pourrions leur objecter qu'ils doivent également opposer la même fin de non-recevoir à l'un des premiers docteurs de l'Église, au grand saint *Grégoire de Nysse*, qui tranche la question en parlant d'une manière ironique et moqueuse de la simplicité de ceux qui croient que Dieu a doté le premier homme d'une langue toute faite qu'il a bien voulu lui enseigner. Le même saint Grégoire, dont les décisions ont été le moins attaquées, ajoute que cette opinion, d'une langue primitive créée avec l'homme, est le résultat de la vanité ridicule du peuple juif, « comme si Dieu avait daigné se réduire à l'office d'un maître de grammaire pour enseigner à ses créatures le nom, l'adjectif et le verbe, l'alphabet et la syntaxe. Dieu a fait les choses, et non pas les noms; et c'est à l'homme qu'il a été donné, par une grâce de sa bonté, d'imposer des noms expressifs et vrais à tout ce qui existait. Cette fonction, ajoute ce grand écrivain, était inhérente à la nature raisonnable de l'espèce qui a inventé toutes les langues; ce n'était pas celle du Seigneur qui a produit le ciel, la terre et tous les animaux sans leur donner des noms humains, mais en permettant à l'homme de nommer toute chose à sa manière, au moyen des facultés intelligentielles et organiques dont il avait besoin. » (*Contra Eunom. orat.* XII.)

La formation de la parole, comme étant le résultat de la combinaison raisonnée des sons vocaux articulés que l'homme n'inventa pas, mais qu'il arrangea d'après le principe d'imitation, nous semble une vérité si évidente, que nous ne concevons pas pourquoi on se refuserait de l'admettre. Ceux qui regarderont cette théorie comme paradoxale, ne pourront certainement pas contester à la langue d'imitation d'avoir été harmonieuse, pittoresque, poétique, naturelle, et surtout la plus expressive de toutes, puisque les idées venaient se peindre à l'esprit en arrivant à l'oreille, et que le son nommait lui-même tous les objets. Les hommes formèrent d'abord les noms d'après leurs sensations, c'est-à-dire d'après l'aspect le plus saillant sous lequel chaque être leur apparaissait. Or, les sensations perçues par l'oreille et la vue, étant les premières qui frappent l'enfant, durent aussi frapper les hommes primitifs. L'enfant, comme le perroquet, peut imiter la parole sans la comprendre ; les hommes, pour la former, durent comprendre et nommer chaque chose par la mimologie. Un jeune Brésilien, âgé de 14 ans, sourd-muet de naissance, à qui nous avons eu le bonheur de rendre l'ouïe et la parole, employait presque toujours des onomatopées pour désigner les objets dont il ignorait ou dont il avait oublié le nom; ainsi, il disait, un *ramplan*, un *tu tu*, un *baom*, un *bè*, un *din dan*, pour indiquer un tambour, un sifflet, un fusil, un mouton, une cloche, etc. Cet enfant, que nous avons présenté avant et après son traitement à l'Académie de Médecine, nous a fourni, pendant son éducation vocale et acoustique, un grand nombre d'occasions d'étudier la marche de la nature, dans la manière de former des mots pour nommer les choses.

. C'est donc à tort que tous les philosophes et les physiologistes, qui se sont occupés de la parole, ont dit que les voyelles étaient seules des sons primitifs ou naturels, mais que les *consonnes* ou articulations *consonnantes*, dont *Court de Gebelin*, M. *Nodier* et quelques autres, ont voulu nous donner l'histoire, n'étaient que des sons artificiels, et, de même que les mots des inventions humaines. Considérées sous le rapport physiologique et non sous le rapport grammatical, les premières ou *vocales*, au nombre de 18, nous fournissent les sons, *à, a, á, an, é, e, é, eu, i, î, in, o, ó, on, ou, u, ú, un*; les secondes ou *consonnantes*, qui sont au nombre de 37, et que nous divisons en *labiales, dentales, platales* et *gutturales*, nous donnent les articulations muettes simples, *b, p, m, f, v, d, t, s, z, l, n, ch, j, k, gue*, et les articulations muettes doubles, *bl, br, bs, pl, pr, ps; fl, fr, ft, vl, vr, vs; dl, dr, gr, lle, tr, ts, tch, kl, kr, ks, gl, gr, gz*, en tout 58 signes primitifs, au lieu de 25, que nous donnent la plupart des alphabets des langues d'Europe. Tous ces éléments primitifs de la parole, qui existent également chez le sourd-muet qui les produit sans motif, appréciables chez les enfants et les idiots qui n'y attachent aucune idée, n'ont pas plus été inventés par l'homme, que le bêlement, le miaulement et le gazouillement n'ont été inventés par le mouton, le chat ou le rossignol. Si les hommes primitifs ont parlé, ce n'est pas parceque Dieu les avait doués d'une langue originelle toute faite, mais bien parcequ'il en avait fait des êtres parlants, en leur donnant les organes qui leur étaient nécessaires pour créer les éléments de la parole, et assez d'intelligence pour mettre en œuvre ces organes et combiner les sons qu'ils produisaient de manière à former des mots qui s'étendissent à tous les objets.

Une singularité fort remarquable, propre à pousser plus loin le système que nous avons établi, et surtout à prouver que l'homme n'inventa pas les signes sonores, simples ou consonnants qui forment la parole, c'est que le petit nombre de sons articulés qui composent toutes les langues se trouvent dans les cris de ces animaux, comme si la nature avait voulu, au moyen de l'imitation, faire de ces derniers nos premiers maîtres dans l'art d'articuler des sons. Afin de rendre cette assertion plus sensible dans la langue française, nous allons rappeler les principales articulations de cette langue, qui se trouvent dans les cris de quelques animaux indigènes et dans quelques bruits naturels.

Les cris de la brebis, de la chèvre, de l'âne, du cheval, du taureau, du porc, du chien, du chat, du coq, de la poule, du poussin, du dindon, de l'oie, du canard, du pigeon, du corbeau, du rossignol, de la grenouille, etc., nous fournissent les syllabes *bè, mè, hi, on, in, ou, un, vou, voua, re, mi, a, o, fe, qui, qué, qua, quo, ri, re, ra, ro, clou, piou, glou, che, can, coin, rou, cou, cro, a, tu, rou, tiou, tsi, iou, psi, su,* etc., et une foule d'autres, puisque, d'après les célèbres et patients ornithophiles, *Dupont de Nemours* et l'Allemand *Bechstein,* le rossignol, à lui seul, fournit plus de trente articulations, dont vingt sont propres à son espèce ; il en serait peut-être ainsi pour la plupart des animaux, si l'on prenait la peine d'étudier leurs cris et leur langage naturel.

Les bruits, tels que ceux du vent, d'une goutte d'eau qui tombe, celui d'une scie, d'un marteau, du choc d'une pierre, d'une cloche, d'un fouet, du feu qui pétille, du tonnerre, d'un liquide qui s'échappe par une ouverture étroite, d'un fleuve qui coule d'une cascade, etc., nous donnent à leur tour les syllabes *ze, touc, che, cri, tac, tsing, din, don, pa, fla, pet, pit, brou, rou, crac, baoum, glou, je,* etc. On voit que, seulement avec le secours d'un petit nombre de cris d'animaux et de bruits de la nature, nous avons imité presque tous les sons articulés qui forment la parole. C'est peut-être en réfléchissant sur cette vérité qu'on découvrit que, quoique dans la composition des langues il entre plusieurs milliers de mots, les sons articulés qui composaient ces mots se réduisaient à un très petit nombre, que ces mêmes sons revenaient sans cesse, et que le langage se formait de leurs différentes combinaisons. Le premier résultat de cette découverte fut l'invention d'un alphabet de syllabes qui précéda l'alphabet des lettres, l'une des plus belles découvertes dont l'esprit humain puisse s'énorgueillir.

Nous arrivons à une question qui offrirait des développements plus positifs et des digressions moins nombreuses et peut-être moins hasardées ; c'est l'histoire du langage écrit, dans laquelle nous verrions comment l'homme a su s'élever par degrés de la faculté d'exprimer sa pensée par des signes sonores, à la faculté de la peindre par des signes écrits. Ces considérations, qui nous entraîneraient trop loin, feront le sujet d'une autre question que nous avons l'intention de proposer pour le prochain Congrès.

Avant de finir, nous ajouterons encore quelques mots sur l'excellence de la parole et sur les effets inappréciables de cet art merveilleux qui est la base de toutes les sociétés, et des douceurs qu'on y éprouve. C'est par lui que nous manifestons nos besoins, nos craintes, nos plaisirs, nos lumières, et que nous recevons, de la part des autres, les secours, les conseils et les connaissances qui nous sont nécessaires : c'est par ce moyen de communication qu'une âme se développe à une autre, et que l'espèce humaine parvient au degré de perfectionnement dont elle est susceptible : sentiment du cœur, feu du génie, profondeur d'esprit, richesse de l'imagination, tout devient par la parole un bien commun aux hommes ; les connaissances de l'un sont les connaissances de tous. Ainsi, en ajoutant sans cesse découverte à découverte, lumière à lumière, notre esprit s'agrandit ; rien ne lui semble au-dessus de ses forces ; il ose tout et tout paraît s'aplanir devant son audace ; tandis que, sans cette émulation, l'homme isolé et plongé dans une langueur stupide n'aurait presque aucune supériorité sur les animaux qui vivent en famille, et que de simples cris avertissent de leurs besoins.

Lors même que les intérêts généraux et les intérêts particuliers ne nous feraient pas sentir tout le prix de la parole, cette faculté n'en serait pas moins le don le plus précieux que nous ait fait le Créateur, puisque c'est elle qui nous procure la satisfaction la plus vive et la plus réelle de l'amour-propre, et que par sa puissance nous pouvons fixer l'attention publique, subjuguer les cœurs les plus obstinés, et faire entrer les auditeurs froids et impassibles dans toutes les jouissances que nous font éprouver les admirables productions du génie.

Un orateur habile soumet à sa voix les mouvements et les passions de tout un peuple, il maîtrise à son gré tous les esprits, il peut gouverner, pousser ou retenir les volontés des autres hommes, et par son art merveilleux il se crée une puissance particulière d'une faculté naturelle à tous. Son talent devient pour lui une arme sûre dont il se sert non-seulement pour sa propre défense, mais encore pour celle des autres; avec cette arme il défie les méchants, repousse leurs attaques, subjugue la religion des juges, détermine leurs décisions, commande les votes et la dignité des assemblées populaires; enfin, souvent même il assure l'indépendance de sa patrie, ainsi que la vie et la liberté de ses semblables.

La magie de la parole est en effet la plus forte des séductions, elle anime tout, et par un charme invincible et tout-puissant elle renverse et brise les obstacles qui s'opposent à son triomphe; aussi véhémente que l'orage, aussi subtile que la foudre, une voix éloquente emporte, entraîne tout, comme les eaux impétueuses d'un torrent rapide. C'est par cet art vainqueur et sublime que Démosthènes a régné dans l'Aréopage; Cicéron, au barreau de Rome; Bossuet, à la chaire sacrée; Mirabeau et Foy, à la tribune nationale.

M. Buchet de Cublize a la parole sur cette question : *Quelles formes ont revêtues dans les colonies les littératures des métropoles?*

Mesdames et Messieurs, dit M. Buchet de Cublize, en choisissant cette question parmi celles qui ont été posées pour être traitées au Congrès de l'Institut Historiqne, nous ne nous sommes point dissimulé toutes les difficultés que présente une semblable matière, ni surtout l'immense étendue qui s'ouvre sous ce titre général. Dire quels caractères prit l'art littéraire dans toute colonie, rechercher en quoi il peut être rapporté à l'art littéraire dans les métropoles, marquer les ressemblances, les différences, tracer les traits variés et nombreux qui doivent distinguer de telles physionomies, c'est, Messieurs, faire sous un côté bien riche l'histoire de tout le genre humain. Un sujet aussi vaste est bien au-dessus de mes forces et n'est point une question qu'on puisse traiter sur quelques feuilles ni discuter en quelques heures dans un Congrès. J'ai dû me reléguer sur un des coins de l'espace, me borner à un certain laps de temps; et, Messieurs, persuadé que ma tâche eût encore été trop pesante et trop difficile si j'eusse embrassé l'historique de l'art dans le sens de la question pour toutes les colonies d'une nation et pour toute la durée de son existence, je me suis renfermé dans des limites plus étroites et me suis restreint à une certaine période de la vie d'un grand peuple comparée au même temps chez la plus importante et la plus brillante de ses colonies.

Une parole éloquente vous dira bientôt les temps modernes, vous peindra des caractères plus rapprochés de nous et dont la proximité augmente l'intérêt qu'ils peuvent nous inspirer. Mais, Messieurs, ma part est belle aussi; mon lot a sa richesse, bien que je le trouve chez un vieux peuple que tant de savants et d'érudits ont exploré, car jamais peuple ne créa plus dans les arts, et jamais une autre nation n'envoya hors de son sein autant de colonies. Vous avez tous compris qu'il s'agit de la Grèce, de ce pays classique où la forme littéraire s'est faite telle, que les monuments qui nous l'ont conservée sont devenus pendant de longs siècles les objets de l'admiration des hommes instruits dans la postérité, qu'ils ont servi de modèles, et que leur perfection même a coûté à bien des générations la perte d'une originalité qui a pu être regrettée.

Cette terre, si heureusement située pour devenir le théâtre d'une civilisation parfaite, si heureusement coupée par des côtes pour devenir un centre de communications, pour faciliter le mouvement des peuples, et cette activité de relations continues à laquelle nous devons rapporter ce génie heureux et flexible qui accompagne toujours la sociabilité, quel que soit l'espace sur lequel on se meuve, cette terre dut principalement à sa situation entre l'Asie qui lui versait son trop-plein, et l'Europe qui devait recevoir avec bonheur ses richesses de tous genres, d'être, aux temps anciens, la première par les productions de l'intelligence. On conçoit qu'un peuple isolé, placé au milieu d'un grand continent, ceinturé par des montagnes qui semblent le refouler constamment vers le fond du bassin où il gît; sans lien, sans contact, sans sympathie avec d'autres nations, puisant toujours ses connaissances à la même source, changeant peu d'allure parceque ses habitudes persistent et ne s'usent point à un frottement extérieur, éternisant sa coutume par sa législation, vivra longtemps de la même vie et conservera une personnalité originale, mais uniforme, tranchée, raide et d'un caractère peu sympathique et moins humain. La civilisation modifie la matière qu'elle touche de façon qu'il y a plus d'homogénéité ou tout au moins plus d'affinité qu'auparavant, et ce phénomène, pour s'accomplir, exige un concours de circonstances qui fournissent un résultat plus complet à mesure qu'elles entrent elles-mêmes en plus grand nombre dans la combinaison nécessaire.

La Grèce présente plus que tout autre pays du monde cet heureux concours; elle semble avoir été privilégiée. Aussi quelle différence entre l'habitant de l'Hellade et l'habitant des montagnes du Nord! Où est donc le mystère qui couvre cette différence de destinées? Il est dans une suite non interrompue et fortement accidentée de rivages le long desquels s'agitaient les populations en mouvement, et qui par là donnaient la vie à tous ces petits états situés sur la grève et composant les trois grandes sections: l'Ionie, la Grèce et la grande Grèce. La proximité de l'Asie, la mer Égée, ses îles nombreuses éparses çà et là, les golfes qui pénètrent dans l'intérieur des terres, la quantité de superficie de cette partie du continent, tout cela fut pour la Grèce un principe éternel de mouvement et de circulation. Si haut que l'on remonte, on voit toujours des navigateurs aller et venir le long de ses rivages. Ce sont des Lydiens, des Crétois, des Pélasges ; ce sont des Thraces, des Rhodiens, des Phrygiens ; puis viennent les vaisseaux de Chypre, de Milet, de Samos, de Naxos ; et avec ou après eux, Cariens, Phocéens, Egynètes, Lesbiens et tant d'autres. Au commencement surtout, il y eut des pirates, des aventuriers, des colons. Il n'est pas dans la Grèce un peuple, une tribu qui n'ait émigré une fois au moins. Je ne dirai point les causes si variées, si nombreuses qui envoyèrent à peu près constamment pendant plus de dix siècles des bandes qui, ou reportèrent en Asie, sur la rive opposée, une civilisation plus belle que celle qui jadis en était sortie, ou allèrent dans l'Occident, en Italie, en Sicile, en Corse, en Ibérie, en Gaule, fonder des établissements dont plusieurs subsistent encore aujourd'hui. Sans doute c'eût été une belle œuvre que d'embrasser, dans la question à traiter, la Grèce entière mise en présence de toutes ses colonies ; de rechercher et les causes qui avaient fait émigrer les peuples et celles qui les avaient placés sur tel point plutôt que sur tel autre, celles qui avaient pu modifier les éléments sortis de la métropole, enfin toutes les influences qui avaient pu exercer une action plus ou moins énergique et d'une durée plus ou moins longue sur la colonie, de telle sorte que sa littérature dût s'en ressentir et s'expliquer comme un effet résultant de causes connues. Mais, outre l'étendue considérable du travail, les documents auraient souvent manqué, et il faudrait des années, une vie d'homme entière pour se rendre maître d'un pareil sujet. Nous laisserons et les colonies Pélasgiques et les colonies Helléniques, toutes ces émigrations qu'il serait difficile de compter et du nombre desquelles on pourra se faire une idée en songeant que de la seule ville de Milet il en partit soixante-quinze. Nous arriverons sans plus de délai à l'époque des conquêtes d'Alexandre et de la fondation de sa ville égyptienne. La Grèce et Alexandrie, voilà, Messieurs, les deux termes dont je vais m'occuper. J'ai préféré cette colonie aux autres pour deux raisons : la première qui tient à ce qu'Alexandrie fut, sous le point de vue littéraire, la plus importante de

toutes, si elle n'est la seule qui ait véritablement rivalisé avec
la métropole. En second lieu sa littérature est elle-même un
fait social exceptionnel que je crois devoir constater et expliquer en faisant le parallèle de l'art à la même époque, en Grèce
et en Egypte.

Alexandre, en fondant la ville à laquelle il donna son nom,
voulait en faire le siège de son empire et le centre du commerce du monde. Le colosse tomba; le temps fit voir qu'il
avait bien choisi la position de sa ville, car ses prévisions se réalisèrent en partie; mais ce qu'il n'avait point projeté, et ce qui
devait rendre à jamais célèbre ce lieu, où à côté d'un vieux
bourg il avait posé une ville, ce fut ce concours de littérateurs
et de savants qui vinrent s'y fixer, appelés par la munificence
et les faveurs des Ptolémées ses successeurs. En peu de temps
il s'y fit un mélange de Grecs, d'Egyptiens et de Juifs, qui y
furent transplantés à diverses époques. Ce mélange ne doit
pas être regardé comme indifférent, car la littérature d'un
pays, étant l'expression de tous les éléments qui respirent à sa
surface, dut faire à chacun des trois éléments qui avaient composé le mélange, un emprunt dans la même proportion où chacun d'eux y était entré. Les Grecs dominèrent dans cette fusion. De toutes les régions qu'ils occupaient, ils affluaient vers
Alexandrie, et ils y devinrent si puissants par leur esprit, leurs
mœurs, leurs arts et leur science, qu'Alexandrie ne fut qu'une
cité grecque assise sur le sol égyptien. Ce fut bien longtemps
après sa fondation que l'élément égyptien se fit sentir. Les
rois cessèrent les premiers d'être Grecs, et insensiblement les
habitants prirent un caractère mixte qui n'appartenait ni à l'A-
frique, ni à l'Europe. Que devons-nous penser, Messieurs, de
ce Ptolémée, fils d'un garde-du-corps de Philippe de Macédoine, de ce Migdonien, qui, après avoir servi avec honneur
et distinction sous Alexandre, vint, lui né dans le Nord, offrir
un asile aux sciences et aux arts dans un lieu où rien encore
n'avait été fait pour les arts et les sciences? Cet homme soutient contre ses rivaux des guerres fréquentes et longues; en
même temps il maintient en paix la province qui lui est échue
au partage de l'empire, et appelle vers lui, dans sa ville, les

Muses qui doivent y résider, tant que les désordres et les fautes de ses successeurs ne les auront point bannies. Le fils de Lagus était brave et instruit; il avait écrit l'histoire de la conquête d'Alexandre, monument perdu, et que de nombreuses citations d'Arrien font vivement regretter. Il était très riche, et ses trésors furent dépensés noblement; ils lui firent de la gloire. Il avait été l'ami d'Aristote en Grèce et en Asie; à Alexandrie, il fréquentait ordinairement les savants qu'il se plaisait à questionner. Il alla jusqu'à correspondre avec un philosophe grec qu'il voulait peu a peu s'attacher, et auquel il n'avait pu tout d'abord faire quitter sa patrie. Il fit tant enfin que les lettres grecques se transplantèrent en Egypte par la désertion des savants, des poètes et des philosophes. Ce fut un fait bien remarquable que cette absorption par la colonie, au détriment de la mère-patrie. Il prouve combien peuvent les hommes quand ils veulent. Il montre combien les puissants de la terre ont d'influence sur leur époque, selon qu'ils la compriment, l'abandonnent à elle-même, ou emploient leurs forces à l'aider dans son développement. Les Lagides, en protégeant, en favorisant, en honorant les sciences et les lettres, donnèrent aux rois dans la postérité une leçon éclatante et bien faite pour inspirer de l'émulation aux âmes généreuses. Ils eurent leur Institut, ils le placèrent dans un de leurs palais, et ce fut un établissement unique dans les annales du monde que ce musée où ils avaient appelé des savants de tous genres. La vie y était commune, on y étudiait, on y enseignait, on avait à sa disposition 400,000 vol., et vous savez, Messieurs, de quel prix pouvait être alors un pareil nombre de manuscrits. Aussi, la volonté humaine et l'artifice, en quelque sorte, firent alors en peu de temps ce à quoi des siècles et un concours de circonstances heureuses n'ont pas toujours suffi pour être accompli ailleurs.

D'un autre côté, quand nous considérons la fécondité de la Grèce en grands hommes, et la stérilité soudaine qui la frappe après Alexandre, nous restons étonnés, et nous sentons le besoin de nous en faire l'explication. On trouve encore à cette époque des esprits distingués, mais peu ou point d'hommes supérieurs, de ces hommes modèles qui font l'orgueil de la nation à laquelle ils appartiennent. Soit que la corruption, la mollesse, l'égoïsme, soit que les guerres qui furent suivies de troubles si graves, la perte de la liberté, aient eu, ou non, une grande part dans ces phénomènes, nous ferons remarquer que ce fait doit paraître moins surprenant, si l'on considère que le mouvement grec avait été emporté en Asie avec Alexandre, et que la décentralisation fut continuée et opérée par ses successeurs qui, les Ptolémée en Egypte, les Attales à Pergame, et quelquefois les rois de Macédoine, dépeuplèrent la Grèce de ses savants en les attirant auprès d'eux. Peut-être cette sorte de dispersion est-elle une des causes les plus puissantes qui affaiblirent le génie grec qui s'était formé et avait grandi sous des conditions qui cessèrent d'exister. La Grèce, avant de passer sous la domination des Romains, eut encore de la paix, du calme; mais jamais elle ne revint à sa prospérité ancienne. Elle produisit encore des héros, elle eut des Callippe, des Pyrrhus, des Aratus, des Philopémen, mais jamais des Périclès, des Thémistocle, des Xénophon. Les temps anciens ne pouvaient plus se répéter; la littérature dut subir la destinée du peuple, et c'est ce que nous allons voir en étudiant la forme poétique de ce temps dans la Grèce, et dans l'école d'Alexandrie.

Les temps sont tellement changés, et le génie poétique, qui avait auparavant produit tant de merveilles sur cet heureux sol, a tellement disparu, qu'à partir de ce moment dont je viens de parler, plus de poésie épique, plus de tragédie, plus d'œuvre lyrique. Ce que la Grèce doit nous léguer en ce genre est terminé, et je ne sache pas qu'on pût ajouter autre chose qu'une hymne de Cléanthe à Jupiter. Il n'en est pas de même de la comédie; Ménandre fit des pièces qui, avec autant de verve, surpassèrent en décence et en régularité celles de ses prédécesseurs. Aristophane seul peut être opposé à ce rival, dont Térence faisait ses plus délicieuses lectures, et, d'ailleurs, il n'y eut pas que Ménandre qui, dans ce temps, réussit au genre comique. Nous pouvons citer Damoxène, Apollodore et Diphile de Sinope qui le suivirent de près. Ce dernier, surtout, était fort goûté et fort estimé de Clément d'Alexandrie.

La poésie didactique, qui ne fut pas une nouveauté à cette époque, ainsi que plusieurs l'ont prétendu, fut cultivée après Alexandre par un très grand nombre d'auteurs. Cette direction des esprits littéraires me paraît devoir s'expliquer ainsi : quelques branches de connaissances, telles que l'histoire naturelle, la médecine, la géographie, l'astronomie, étaient remplies, avant Alexandre, d'une foule de ces erreurs, de ces traditions si propres à alimenter la vive imagination des Grecs. Depuis l'école d'Alexandrie, on s'attacha à l'exactitude dans les sciences; la poésie et la précision s'exclurent; celle-ci resta aux savants; et les poètes recueillirent avec soin de vieilles dépouilles qui avaient habillé de vieilles opinions, et dont ils firent des poëmes sous la forme didactique. Et ce ne fut pas toujours qu'ils s'en tinrent à donner les préceptes énoncés et imaginaires de la tradition; ils y joignirent souvent les connaissances positives de leurs contemporains; et de là résultèrent de bizarres melanges, des poésies où se trouvent pêle-mêle la science et les erreurs de plusieurs siècles. *Aratus* composa sur l'astronomie un poëme intitulé *Phenomena*. Méandre fit ses *Thériaques* et ses *Alexipharmaques* pour la médecine; Scymnus sa *Périégèse* ou traité de cosmographie. Ces ouvrages ne sont ni de la poésie, ni de la science.

Le *Pille*, ou la satyre directe d'un ouvrage ou d'un écrivain célèbre, était connu depuis Xénophane de Colophon.

Timon de Phlionte renouvela ce genre satirique, et il devint le fléau des métaphysiciens. Qui de nous eût pensé que ce même homme s'était enrichi en philosophant, et que ce fut aux doctrines qui avaient fait sa fortune qu'il porta les coups les plus redoutables?

Théocrite, le contemporain d'Aratus, était, comme celui-ci, allé à Alexandrie. La ville des Ptolémées parut au Sicilien bien plus propre à former des savants que des poètes. Son instinct était sûr, il se retira bien vite au pays d'où il était venu, et il se contenta de cultiver le genre pastoral, où il devint un grand modèle. Avant lui, Philétas de Cos avait *fait des idylles;* mais que Théocrite soit ou non le créateur du genre, il n'en est pas moins resté supérieur à tous ses rivaux.

Que devint donc aussi dans ces temps la poésie cultivée par Sapho et Anacréon ? On croit peut-être que les Grecs, aimant toujours, avaient conservé dans sa pureté cette belle poésie érotique, élevée si haut par les deux poètes que je viens de citer. Il n'en fut rien. Nous avons en effet les *Pièces ioniques*, les *Phliaques*, les *Poëmes sodatiques*; et, Messieurs, nous ne pouvons mieux les caractériser qu'en les comparant aux gravures licencieuses, aux caricatures obscènes qui attestent la décadence de l'art. Nous porterons le même jugement sur toutes les productions des cynédologues.

Voilà, Messieurs, à part quelques omissions que j'ai faites pour la satire et l'épigramme, ce que produisirent trois siècles sur le sol grec après Alexandre.

La colonie égyptienne fut-elle dans le même temps plus féconde que la-mère patrie? Je me propose de le montrer à la séance suivante, où je présenterai le second terme du parallèle que j'ai à établir.

M. EUGÈNE DE MONGLAVE : L'honorable préopinant s'est chargé des colonies anciennes; et vous venez tous d'être témoins de la haute éloquence avec laquelle il a traité ce sujet difficile. Plus modeste, je me suis emparé des colonies modernes, où l'élément commercial domine tyranniquement, et où la littérature des métropoles a grand peine à se frayer un chemin à travers tous ces amas de sucre, de café, de coton, de tabac, de cochenille et d'indigo qui encombrent le terrain. Mon travail se ressentira du théâtre que je me suis choisi. Et d'abord, avant d'entrer en matière, il s'agit de bien s'entendre sur les mots métropole et colonie.

La métropole, du grec *méter*, mère, et *polis*, ville, était la *ville mère* d'où sortaient les colonies qui allaient habiter d'autres terres. Plus tard, les Romains, dont l'empire était divisé en 120 provinces, donnèrent le nom de métropole à chacune d'elles; l'église se régla sur cette division; et les sièges épiscopaux établis dans les capitales de chaque province prirent le nom de métropolitains, et les églises; celui de métropoles. On donne aujourd'hui plus généralement le nom de métropole à un état considéré relativement aux colonies qu'il possède.

Passons à la définition de la colonie. Ce mot se prend dans une double acception : c'est le transport forcé ou les migrations volontaires d'un peuple ou d'une partie de peuple d'un pays dans un autre, et la désignation de l'établissement qui en résulte dans la nouvelle patrie. Ce mot d'origine latine est dérivé de *colere*, mettre en culture, d'où *colonus*, *colon*, laboureur, puis habitant d'une colonie, puis quelquefois même serf attaché à la glèbe. C'était la quatrième classe chez les Germains, et la deuxième chez les Francs où elle tenait le milieu entre les hommes libres et les serfs. Des mots *colon* et *colonie* nous avons fait l'adjectif *colonial*, le substantif *colonisation* et le verbe *coloniser*, trois mots dont on a grandement usé et abusé en France, et qui pourtant, hâtons-nous de le dire, ne se trouvent seulement pas dans la dernière édition du dictionnaire de l'Académie française.

Les colonies proprement dites sont aujourd'hui des établissements de culture et de commerce fondés dans des parties plus ou moins éloignés de l'Europe, dépendant absolument de leur métropole, et soumis en général à des lois de monopole et de prohibition. Les colonies espagnoles et portugaises, ainsi qu'une partie des colonies anglaises et françaises du Nouveau-Monde, en secouant le joug de la mère-patrie, ont donné naissance à plusieurs états indépendants qui ont changé les relations politiques et commerciales de l'Europe avec l'Amérique. Les colonies modernes diffèrent entièrement de celles des Phéniciens, des Egyptiens, des Carthaginois, des Grecs et des Romains qui ont répandu les arts et la civilisation dans une si grande partie des contrées baignées par la Méditerranée. Celles-là étaient les enfants et non les sujettes des métropoles.

Les premières colonies modernes avaient pour but l'exploitation des mines, l'accaparement d'un riche commerce, et la culture de précieuses productions étrangères à l'Europe et devenues nécessaires à son luxe. Plus tard, quelques-unes devinrent un asile où les victimes de la politique, du fanatisme ou de la misère, portèrent leur industrie et l'amour de l'indépendance. Alors on n'exigea plus d'elles que des avantages analogues à ceux de la mère-patiie ; telle fut l'origine des États-Unis. La nécessité de se débarrasser de l'écume de la société donna naissance au système de déportation d'abord infructueux, mais auquel on a dû plus tard des établissements florissants lorsqu'on a choisi des climats sains, témoins certains états d'Amérique, et les rivages de cette Australie où dés bandits déportés deviennent comme par enchantement des hommes de bien, quand ils n'ont plus à redouter la misère, et que l'attrait de la propriété les attache au sol.

Récemment le nom de colonie a été appliqué à des réunions d'hommes dans des parties jusqu'alors négligées de leur propre pays, où le gouvernement leur a procuré des ressources contre la misère comme dans les Pays-Bas et dans le Holstein. Dans d'autres contrées, on a donné ce nom au territoire assigné à une population toute militaire comme dans certains gouvernements de la Russie, et dans la longue lisière qui, sous la dénomination de *confins militaires*, longe la frontière de l'Autriche du côté de la Turquie. Enfin, certains états, en invitant des étrangers à venir s'établir sur des parties incultes de leur territoire, ont donné naissance à un autre genre de colonies. Je citerai dans cette catégorie les colonies allemandes de la Sierra Morena en Espagne, du gouvernement de Saratow en Russie, des Suisses dans la province de Rio Janeiro au Brésil.

Nous n'avons à nous occuper ici que des colonies modernes de l'Asie, de l'Océanie, de l'Afrique et de l'Amérique, fondées par des nations européennes, et ayant pour but, comme nous l'avons dit, soit l'exploitation des mines, soit l'accaparement du commerce, soit la culture de précieuses denrées étrangères.

Nous ne parlerons point dans ce travail de la littérature des indigènes conquis, sujet qui n'entre pas dans notre plan, ni des arts, ni des sciences, soit des localités, soit des métropoles. Notre cadre est déjà beaucoup trop vaste tel qu'il nous a été tracé. Si nous l'agrandissions encore, un Congrès entier n'y suffirait pas.

Nous commencerons par l'Asie.

Cinq peuples européens y possèdent seuls aujourd'hui des

colonies. Ce sont les Anglais, les Russes, les Portugais, les Français et les Danois.

C'est un spectacle curieux de voir l'Angleterre, cette puissance aventureuse et envahissante, occuper en ce moment dans cette contrée cet incommensurable empire du grand Mogol, si pompeusement décrit par nos anciens historiens, et avec une poignée de blancs à la solde d'une compagnie de marchands, tenir des rois tributaires et dominer plus de cent millions d'Asiatiques.

Calcutta, qui n'était qu'un village en 1717, forme aujourd'hui une ville immense qui cite avec orgueil son collège du fort William, véritable université qui serait renommée en Europe, ses collèges sanscrit et mahométan, son école pour les jeunes filles indiennes, sa société phrénologique, son académie arménienne et sa société asiatique, le premier corps savant de l'Asie, lequel publie d'intéressants mémoires sur la géographie, l'histoire, les antiquités, et enrichit de rares manuscrits notre Bibliothèque royale de Paris. On compte dans cette ville onze journaux, dont quatre en bengali, et deux en persan.

Bénarès, l'Athènes ou la Rome Indoue, s'énorgueillit de sa *vidalaya* ou université brahmanique; et Madras, de sa société asiatique, rivale de celle de Calcutta.

A Lucknow, capitale du roi tributaire d'Aoudh ou Oude, vous trouverez la cour la plus brillante et la plus polie de l'Inde. Le prince, régnant sous le bon plaisir du cabinet de Saint-James, possède une bibliothèque curieuse; et son père a publié à ses frais un magnifique ouvrage national en plusieurs volumes.

Je citerai en passant les écoles d'Oudjein, et son observatoire, par lequel les géographes hindous font passer leur premier méridien, l'école mahométane de Péichaouer et le collège chinois et maltais de Singhapour, ville où se publie aussi un journal, le *Singhapoor chronicle*, lequel renferme parfois de bons articles de géographie, d'histoire et de littérature.

Voilà donc à quoi se réduit tout le bagage intellectuel de la littérature anglaise dans ses possessions asiatiques : une académie célèbre et quelques journaux! Aucun ouvrage original ne vient la défrayer de cette disette. Dans les comptoirs de ses marchands cette littérature s'affaisse écrasée par le souvenir gigantesque des chefs-d'œuvres de la littérature indienne.

Les Russes ne sont pas plus riches que leurs voisins et leurs rivaux. Les peuples que leurs armes ont récemment soumis en sont encore à l'alphabet. Ils n'ont pas eu le temps de façonner l'instrument de leurs futurs succès dans la langue de la métropole. A part quelques imprimeries, quelques séminaires et quelques journaux, que citer si ce n'est Arkhaltsike en Géorgie, ville célèbre par sa mosquée d'Ahmed, bâtie sur le modèle de celle de Sainte-Sophie, et qui contient un collège et l'une des plus belles bibliothèques de l'Orient, aujourd'hui même que les Russes en ont enlevé 300 volumes pour leurs collections impériales de Saint-Pétersbourg.

Les Portugais, ces fiers conquérants, ces premiers dominateurs de l'Inde, n'y possèdent plus que deux misérables *pied-à-terre*, Macao, fort déchue de son antique splendeur, et Goa, dont quelques géographes s'opiniâtrent à faire une ville populeuse et florissante, quand elle nourrit à grand'peine une poignée de moines, une trentaine de nonnes et quelques centaines d'Indiens christianisés. Il n'y a plus de littérature possible au milieu d'une aussi triste décadence.

Et nous aussi nous parlions autrefois en maîtres dans l'Inde, mais les Anglais y ont mis bon ordre. Ce n'est pas dans nos deux pauvres comptoirs de Pondichéry et de Chandernagor que vous trouverez le moindre reflet de nos littératures.

J'en dirai autant des comptoirs danois à l'exception de Sirampour où les missionnaires baptistes ont fait des merveilles. Ils ont ouvert un collége, non-seulement pour leurs chrétiens, mais pour toutes les religions. Enfin l'un d'eux, le défunt docteur Carey, a traduit la Bible dans toutes les langues de l'Inde et dans plusieurs de celles de l'Orient.

Là se borne tout ce que nous avions à dire sur les colonies européennes de l'Asie. La moisson n'a pas été abondante dans cet antique berceau de la civilisation universelle. Tournons notre proue vers l'Océanie.

Quatre peuples européens y ont fondé des établissements, les Portugais, les Hollandais, les Espagnols et les Anglais. Les Hollandais y dominent les contrées les plus riches, les plus peuplées ; c'est la nation prépondérante. Les Anglais possèdent les plus étendues, mais les moins peuplées. Les Espagnols sont maîtres de la plus grande partie du superbe archipel des Philippines et de celui des îles Mariannes ; leur population n'est inférieure qu'à celle des Hollandais. Les Portugais ne possèdent plus que les débris du vaste empire fondé dans l'Inde et dans la Malaisie par Albuquerque et ses vaillants successeurs durant le XVIᵉ siècle.

Parmi les possessions hollandaises, Batavia, quoique fort déchue de son ancienne splendeur, passe encore cependant pour la première ville de cette partie du monde, mais le commerce y absorbe tout. On n'y peut mentionner que la société des arts et des sciences, qui passe avec raison pour la première académie fondée par les Européens dans l'Orient, et dont la bibliothèque et les savants mémoires jouissent d'une réputation méritée.

Entre les possessions anglaises, n'oublions pas Sydney, capitale de la Nouvelle-Galles du sud, où des fils de bandits et de déportés ont fondé des théâtres, des jardins botaniques, des écoles, des académies, des journaux, et où l'on jouit de tout le *confortable* de l'Europe, bals, roûts, parties de chasse et courses de chevaux.

Manille, dans les possessions espagnoles, est une belle ville de 140,000 âmes, qui possède un théâtre, un collège, plusieurs écoles et une société patriotique qui date de 1781.

Dillé, pauvre ville portugaise de 1,500 âmes, qui n'a pas même une école, est le dernier débris d'une conquête et d'une civilisation qui étonnèrent l'univers. Pour les descendants d'Albuquerque et de Camoëns, les jours de gloire n'ont pas eu de lendemain.

En général, bien que la littérature des métropoles ait encore moins progressé dans l'Océanie qu'en Asie, l'influence de notre civilisation a été grande sur l'état social des indigènes. Le peuple le plus civilisateur a été, il faut en convenir, le peuple espagnol. Ses missionnaires catholiques ont fait des miracles. Les colonies penales des Anglais offrent aussi, comme je l'ai dit, au milieu des peuplades abruties de l'Australie, tous les prestiges de la civilisation européenne. Les îles de la Polynésie les plus éloignées de la route des vaisseaux ont reçu, dit M. Ernest de Blosseville, de bizarres missionnaires de la civilisation ; c'est ici un déserteur Prussien ou Suédois, là un malheureux Lascar, plus loin un Américain de demi-sang, abandonné par ses compagnons de pêche, ou un *convict* échappé du port Jackson dans une fragile nacelle. Du dernier rang du monde civilisé, ces hommes illettrés, ces ennemis du travail, montent par le seul ascendant de l'intelligence au premier rang dans le monde de la nature; des coupables, bannis du foyer natal, sont accueillis comme des divinités bienfaisantes; les filles de rois et les chefs briguent leur alliance, des harems se forment pour eux, des nations se font la guerre pour se les enlever. Si l'activité européenne pouvait suspendre durant un siècle son mouvement d'ascension, si nos navires cessaient de sillonner ces mers lointaines, bientôt la riante mythologie de ces peuples aurait créé des êtres fantastiques dans le rebut de notre monde; et des fables ingénieuses feraient descendre du ciel les bandits vomis par l'Angleterre.

Si nous passons en Afrique, nous verrons que les possessions des puissances étrangères dans cette partie du monde ne forment pas une région géographique, mais plusieurs divisions politiques très inégales entre elles et très morcelées. Plusieurs de ces établissements, surtout ceux de la côte de Guinée, ont beaucoup perdu de leur importance depuis que la traite des nègres est prohibée. Il est même question en Angleterre de les abandonner presque tous. Nous diviserons les possessions des puissances européennes en Afrique-Ottomane, Afrique-Portugaise, Afrique-Anglaise, Afrique-Française, Afrique-Espagnole, Afrique-Hollandaise, Afrique-Danoise et Afrique-Américaine.

La première se compose de l'Egypte et de ses dépendances, des Etats de Tripoli, de Tunis, de Fez, de Maroc. Tous ces pays ne sont plus aujourd'hui tributaires de Constantinople que pour la forme ; le dernier anneau qui les retient à cette chaîne est au moment de se briser. Dans quelques-uns domine encore et ne peut manquer de dominer longtemps le vieux islamisme avec ses idées stationnaires et sa littérature négative. Mais l'Egypte, cet antique berceau des connaissances humaines, tombé plus tard dans la barbarie, a reçu depuis peu de l'Europe et surtout de la France une nouvelle impulsion qui fera sa gloire et sa force. Ses enfants, instruits dans nos écoles, répandent chaque jour dans son sein la lumière et la civilisation. Les sciences, les arts, la littérature y sont en marche ; et l'indépendance qui les suit n'est pas loin.

Dans l'Afrique-Portugaise nous apercevons les Universités de Madère et du Cap-Vert, aujourd'hui délaissées, mais qui ont produit dans le temps des hommes remarquables, et le séminaire de San-Thomé, sur le continent, d'où sont sortis des essaims de missionnaires noirs qui ont étonné l'Amérique par leur savoir et leurs vertus.

Au fond du charnier infect de la Sierra Leone, l'Angleterre possède Freetown, avec 4,000 âmes et cinq écoles. Au cap Corse elle a fondé des écoles pour les nègres. Elle a un collége fort bien organisé, d'autres écoles, une bibliothèque dans l'ancienne colonie Hollandaise du cap de Bonne-Espérance, ainsi que dans notre ancienne Ile de France, aujourd'hui île Mauriée, dont les habitants s'obstinent à parler français, quoique le pavillon britannique flotte depuis longtemps sur leurs têtes. Londres entretient enfin un jardin botanique sur l'affreux désert de Sainte-Hélène. Tout près tombe en ruines une modeste habitation illustrée par un grand hôte ; les salles basses ont été transformées en écuries ; la chambre où il rendit le dernier soupir sert de grenier à paille ; et un hideux palefrenier chinois commande en maître dans la demeure de Napoléon, à côté de son tombeau.

La France entretenait dans le Sénégal un beau jardin de naturalisation, que le défaut de ressources a fait abandonner ; c'est maintenant vers Alger que ses regards se tournent ; il y a là beaucoup à faire pour la civilisation. Déjà nos écoles y prospèrent ; insensiblement nous irons plus loin. Qu'on laisse agir seulement les hommes de cœur !

Parmi nos possessions de l'Océan indien, voyez poindre l'île Bourbon qui compte près de 90,000 âmes, et dont la capitale, Saint-Denis, possède un collége et un beau jardin botanique. C'est de là que s'élancèrent, il y a près d'un siècle, deux jeunes créoles, à l'œil étincelant, à la tête ardente, qui, mêlés aux cercles musqués de Paris, cherchèrent à y ressusciter Tibulle et Catulle. Ils se firent une certaine réputation que le temps ne sanctionnera peut-être pas. Je veux parler de Bertin et de Parny. On ne peut certes, à des degrés inégaux, leur refuser une grande facilité, une délicieuse élégance; mais tout cela est bien mesquin, bien personnel, bien peu élevé. Il manque aux deux créoles l'esprit de Voltaire et la bonhomie de Lafontaine.

L'Espagne ne possède en Afrique que l'archipel des Canaries, et quelques forteresses dans l'empire de Maroc. Ces forteresses recèlent les *Presidios*, lieux de déportation où languirent les hommes les plus honorables de la Péninsule, victimes d'opinions politiques plus ou moins avancées. Les délicieuses Canaries, si savamment et si élégamment décrites par notre collègue Berthelot, s'énorgueillissent d'un grand nombre d'écoles des deux sexes et d'une université à laquelle l'Espagne et l'Amérique doivent plusieurs hommes remarquables.

Dans les comptoirs hollandais et danois de la Guinée, les littératures des métropoles sont inconnues. Je n'en dirai pas autant de la colonie fondée sur le même littoral vers 1821, par la société américaine de civilisation. Située sur les bords du Mesurado (Montserado), à l'est du cap du même nom, elle a reçu le nom de *Liberia*, parcequ'elle ne dut être peuplée que d'hommes libres. Longtemps en butte aux attaques des Deys, des Queahs, des Gurrahs et d'autres nations féroces, elle a su en triompher ; et sa capitale, Monrovia, fondée en l'honneur de Monroë, alors président des États-Unis, possède déjà des écoles, une bibliothèque et un journal. Caldwel, autre petite ville, a une société d'agriculture. En général la population de cette colonie se compose d'Africains délivrés de l'esclavage et du poignard des Américains du Nord, et transportés en Afrique dans le but philanthropique de répandre au sein de ce continent les sentiments d'humanité, l'industrie, les arts, les sciences, les littératures de l'Europe. Ce noble but est déjà atteint en partie. Les naturels ont adopté l'habillement des colons, ils montrent un vif désir d'imiter leurs manières et de prendre les habitudes de la vie civilisée. Quelques enfants des indigènes fréquentent les écoles ; quelques tribus se sont rangées de leur propre mouvement sous le protectorat de la petite république noire ; d'autres nations, placées à une distance trop considérable, demandent comme une faveur què des colons viennent se fixer sur leur territoire, et l'on cite plus d'un chef qui a ouvert des négociations à ce sujet. Parmi les hommes les plus distingués de ce jeune empire, je citerai le brave et vertueux Ashmun, mort il y a peu d'années en Amérique, et le célèbre *Prince*, frère d'un roi du pays, et qui est resté quarante ans esclave à Natchez.

Comme on le voit, la civilisation marche partout, et avec elle les arts, les sciences, la littérature. Peut-être me reprocherez-vous les détails statistiques trop minutieux dans lesquels je suis entré, mais ils étaient indispensables au sujet que je traite et au plan que je me suis imposé.

J'ai parlé de l'Asie, de l'Océanie, de l'Afrique. Dans une seconde improvisation que je projète pour une prochaine séance, j'aborderai les deux Amériques. Là, la moisson littéraire a été plus abondante. Trois majestueuses littératures y peuvent lever fièrement la tête et entrer en lice avec l'Europe. Et comme il ne suffit pas d'aligner des chiffres et des notes pour prouver que l'on a raison, sur tout mon travail planera une synthèse claire et simple qui en reliera les diverses parties, et qui donnera la clé de ce penchant vers l'indépendance dont sont travaillées les colonies sitôt que l'élément littéraire y a pris un développement assez étendu.

M. le chevalier ALEXANDRE LENOIR a la parole sur la seconde partie de son travail relatif à l'*analyse des productions des peintres les plus célèbres de l'antiquité, du moyen-âge et des temps mo-*

dernes, et à l'examen des causes de la décadence de l'art à la suite du siècle de Louis XIV.

L'orateur jette d'abord un coup d'œil rapide sur les peintres qui illustrèrent Rome sous les empereurs, à la suite de l'envahissement de la Grèce par les Romains. La plupart des tableaux de l'ancienne Rome avaient été composés et exécutés par des artistes grecs. C'étaient ordinairement des affranchis, quelquefois même des esclaves. Jadis nos grands seigneurs français avaient des valets-de-chambre peintres. Néron fit orner, par un affranchi, le portique d'Antium de tableaux représentant des gladiateurs. Fabius Pictor, qui vivait l'an 450 de Rome, 300 ans environ avant notre ère, peignit le temple de *Salus*, déesse de la santé, sur le Mont Quirinal. Cet édifice fut détruit par un incendie sous le règne de Claude. Cicéron accuse les Romains de mépriser les arts et les artistes. Cependant le chevalier Turpilius, qui vivait sous Néron, peignit de la main gauche et laissa à Vérone des ouvrages estimés. On parle après lui de Sosopolis, de Dionysius et de Philiscus, peintres de genre. Pline cite de ce dernier un *atelier de peinture*.

Aurelius, artiste habile, dégrada son art, disent les historiens, en reproduisant des courtisanes en déesses. De nos jours Raphaël a pu, sans être accusé d'impiété, peindre souvent la Vierge sous les traits de sa maîtresse la Foscarina, et Carle Vanloo représenter la mère de Dieu, à Saint-Méry, d'après Mlle La Chanterie, la plus célèbre cantatrice de l'Opéra.

Jules César aima et protégea les arts. Il avait une belle galerie de tableaux et acheta au célèbre peintre Timomachus une médée et un Ajax pour le temple de Vénus Genitrix. Sous Auguste Marcus Lydius peignit à fresque des paysages et des marines. Antistius-Labeo, autre peintre, ancien préteur et proconsul, refusa le consulat pour se livrer à son art. Amelius décora le palais de Néron; Cornelius Pinus et Accius Priscus restaurèrent, sous Vespasien, le temple de la Vertu et de l'Honneur.

La peinture prit un nouvel essor à Rome sous le règne d'Hadrien qui fut le Périclès de son siècle. Il releva les édifices d'Athènes et termina le temple de Jupiter Olympien resté inachevé depuis 700 ans. Celui qu'il fit bâtir à Cysique fut rangé parmi les sept merveilles du monde. L'Égypte lui dut la ville d'Antinoë. A Rome, il éleva des temples, des palais, des cirques, des amphithéâtres magnifiques. Sa maison de plaisance au pied de Tivoli respirait vraiment le luxe d'un empereur romain. Il se fit construire pour tombeau le superbe *moles Hadriani*, aujourd'hui *Château Saint-Ange*, et peupla Rome de statues; lui-même était peintre et sculpteur. On lui reproche d'avoir fait périr par jalousie l'architecte Apollodore, auteur du forum de Trajan, de l'Odéum et du Gymnase. Après Hadrien les Antonins et Marc-Aurèle protégèrent également les arts.

Les plus beaux tableaux de cette époque que Rome possède encore sont: les *Noces de Thétis et de Pélée*, les *Noces Aldobrandines*, la *Vénus*, à laquelle Albane ajouta un Amour, la *Pallas*, dite *Roma*, tenant le Palladium, le *Coriolan*, l'*OEdipe* de la villa Alfieri, les sept morceaux du collège romain, et les belles peintures qu'on découvre journellement à Pompeïa.

L'époque de la complète décadence de l'art en Italie fut celle où Constantin quitta Rome pour Byzance, emportant les tableaux et emmenant les artistes. Le peu de peintures qui resta devint la proie des flammes lors de l'incendie allumé par le Goth Totila.

Dès le berceau du christianisme, il y eut des sectaires qui firent pour les églises souterraines quelques tableaux en relief, mauvaises sculptures coloriées, représentant des sujets de l'ancien et du nouveau Testament. Puis vinrent en Syrie, en Afrique, en Espagne, en Italie, les musulmans détruisant les images des choses vivantes, comme le leur prescrivait l'islamisme. Ils prirent le bourg du Vatican et incendièrent l'église Saint-Pierre.

Un siècle après apparaît la secte des *iconoclastes*, lacérant les tableaux que Constantin et ses successeurs ont réunis à Constantinople et dans d'autres villes. Plusieurs empereurs entrent dans cette secte et se mettent à la tête des dévastateurs. L'un d'eux, Théophile, apprenant que le moine Lazare peint des sujets de dévotion, lui fait souffrir d'affreux tourments; mais Lazare, guéri, retourne à son travail. L'empereur ordonne qu'on lui applique aux mains des barres de fer rouge. Lazare, guéri de noùveau, se livre en secret à son talent qu'il cultive avec une nouvelle ardeur après la mort du tyran.

Cette lutte entre les empereurs et les arts dura près d'un siècle; les artistes réfugiés dans les cloîtres continuaient à dessiner et à peindre. Au fond de ces pieux asiles, ils exécutèrent les belles miniatures, les beaux manuscrits que possédaient les abbayes de France et dont plusieurs se trouvent maintenant réunis à la bibliothèque royale de Paris.

Vers le onzième siècle, la proscription des peintures, des images et de toute décoration de luxe est renouvelée dans les couvents. Mais cette excessive rigueur n'est pas généralement adoptée. Abailard se plaint de n'avoir dans sa cellule qu'une croix de bois. Les mîtres des évêques ne sont plus ni peintes ni brodées. Pourtant d'autres prélats moins dévôts emploient des peintres grecs nomades à décorer leurs églises, où ils représentent à fresque des sujets de la vie de Jésus-Christ, de la Vierge et des Apôtres

Au XIIᵉ siècle, le goût de peindre et de dorer les églises reprit avec fureur. Des hommes pieux donnèrent des sommes considérables pour cette œuvre. A la suite des premières Croisades on alla jusqu'à peindre et dorer les portails des églises pour imiter les façades des temples de l'Orient. A Notre-Dame de Paris, à l'église de Saint-Denis, on distingue encore des restes de ces décorations. Dans ces derniers temps tout cela a semblé trop gothique; et sous un ignoble badigeon ont disparu ces premiers chefs-d'œuvre du moyen-âge.

Ce fut au moment où les Grecs, vaincus par les Turcs, furent obligés de fuir leur patrie, que le goût de la peinture se renouvela en Italie. Les nouveaux venus, en enseignant cet art, payaient une hospitalité généreuse. Mais le clair-obscur leur était inconnu; et leurs tableaux frappent par un coloris froid et monotone.

Giovani Cimabuée est le créateur de la peinture à cette époque. Avant lui vous n'auriez trouvé en Italie qu'images enluminées représentant de grossières madones. Il était né à Florence, en 1240, il y mourut en 1310. Le premier il enseigna aux artistes la route du beau. Examen de ses peintures. Qualités et défauts. Son tableau du Louvre, représentant la sainte

Vierge tenant sur ses genoux l'Enfant Jésus entouré d'Anges. Il est peint à l'eau d'œuf, sur bois et sur un fond d'or. Cimabuée a peint aussi sur verre et à fresque, et il a pratiqué l'architecture avec succès. L'enthousiasme du peuple fut grand à la vue de ses premiers ouvrages. On alla chercher chez l'artiste une Vierge qu'il venait d'achever pour une église de Florence, et on la porta processionnellement, au son des cloches et des instruments, à la place qu'elle devait occuper.

A cette époque tous les artistes peignaient, sur un ruban sortant de la bouche de chaque personnage, les paroles que ce personnage était censé prononcer. On attribue cette nouveauté à un peintre contemporain de Cimabuée, né comme lui à Florence et appelé Cristofano Buonamico, à qui l'on donna le surnom de *Buffamalcio*, le faiseur d'espiègleries.

Masaccio, après Cimabuée, eut beaucoup de renommée; il en aurait eu bien davantage s'il n'était mort à vingt-deux ans.

Buffamalcio forma une société artistique avec Silvestre Bruno et Nollo di Dino. Bocace a considérablement emprunté pour son *Décameron* à ce triumvirat folâtre. Buffamalcio, qui peignait beaucoup pour les églises, avait toujours devant lui un singe dans une cage. Un jour qu'il travaillait dans la cathédrale d'Arezzo, l'animal, profitant d'une courte absence du maître, prit palette et pinceaux et gâta tout.

Andréa Taffi amena de Venise à Florence Apollonius, artiste grec, qui lui apprit à peindre la mosaique. Ils exécutèrent ensemble, dans l'église de Florence, plusieurs sujets tirés de la Bible et du Nouveau Testament. Giotto et Gaddo-Gaddi furent les principaux élèves de Taffi. Giotto, dont le talent fut découvert par Cimabuée, avait vu le jour à Vespignano en 1276. Fils d'un laboureur, il dessinait les troupeaux de son père dont il avait la garde quand Cimabuée le mena à Florence. Là le pâtre devint un habile artiste. Il peignit d'abord, entre plusieurs portraits remarquables, celui de Dante; puis il exécuta pour le pape Benoît XI quelques tableaux d'église, parmi lesquels on distingua *la Pêche miraculeuse* ou *la Barque de Giotto* qu'on voit aujourd'hui sous le portique de Saint-Pierre.

Le même pape lui ayant demandé de faire un dessin devant

lui, il prit un crayon et traça d'un seul trait un grand cercle aussi juste que s'il eût été exécuté au compas, lequel est célèbre sous le nom de l'O de Giotto. Il mourut à 60 ans comblé d'honneurs et de richesses. Il était, en outre, excellent sculpteur et bon architecte. Florence lui dut une académie des beaux-arts dans laquelle il enseigna lui-même les trois arts qu'il pratiquait. Ses meilleurs élèves furent Taddeo-Gaddi, Paccio, Ottaviano da Faenza, Guillaume de Forti, Simon Sannéze et Pietro Cavalino, né à Rome, qui, dit-on, a travaillé avec son maître à la *nacelle de saint Pierre*. Un autre élève de Giotto, Simone Mimmi, né à Sienne, peignit l'amante de Pétrarque, la célèbre Laure. Ambrogio Lorenzetti osa le premier reproduire une tempête. André Orcagna, disciple également de Giotto, peintre, sculpteur, architecte et poète, exécuta à Venise un *jugement dernier* dans lequel tous ses amis sont en paradis et tous ses ennemis en enfer. Il coula en bronze une des portes de l'église Saint-Jean de Florence, décora de belles peintures le *Campo santo* de Pise et exécuta le *Triomphe de la mort*, tableau d'un rare génie, et où se reflète l'âme de Tasse. Toutes les figures qu'on y voit sont des portraits.

Parmi les peintres de l'école Florentine on distingue aussi Antonio de Venezzia, connu en France sous le nom d'Antoine de Messine, et Fra Philippi Lippi, qui, huit ans religieux Carme, dépouille le froc, étudie, devient un peintre célèbre, se voit emmené captif en Barbarie, gagne sa liberté en faisant le portrait de son patron, et meurt empoisonné dans sa patrie à 57 ans.

Ainsi Florence fut la mère-patrie des beaux-arts en Italie. Cimabuée et Giotto devinrent les fondateurs de cette fameuse école qui a maintenu et propagé le beau style des draperies et la sévérité du dessin des peintres grecs auxquels elle avait succédé. A la suite de ces grands artistes parurent Jean Bellin, Perrugin, puis Giorgion, Leonard de Vinci, Titien, Michel-Ange, Raphaël, et les disciples de ces hommes de génie, qui devenus eux-mêmes d'habiles peintres rendirent célèbre l'époque connue dans les arts sous le nom de *renaissance*. Ce sera le sujet de la troisième partie de notre travail.

DOUZIÈME SÉANCE.

Présidence de M. Dufey (de l'Yonne).

La discussion continue sur cette question : *Quelles formes ont revêtues dans les colonies les littératures des métropoles?*

M. Buchet de Cublize: Mesdames et Messieurs, dans la séance précédente, j'ai présenté au Congrès une fraction d'un tout que depuis j'ai complété autant qu'il a dépendu de moi et du peu de temps que j'ai pu y consacrer. Je ne reviendrai point sur les considérations diverses qui, malgré tout l'attrait que présente la perspective du sujet que je traite, m'ont décidé à me restreindre, et je serais heureux d'avoir l'assurance que les limites que je me suis posées ne circonscrivent point un espace trop grand encore. Après avoir signalé les principales causes physiques auxquelles l'heureuse Grèce a dû sa belle civilisation, exposé combien serait important pour la science historique un travail sur l'art grec dans son intégralité, soit qu'il fallût suivre son irradiation dans les colonies, soit qu'il fallût le considérer dans son retour des colonies à la mère-patrie, j'ai indiqué les deux termes que je dois comparer, et j'ai immédiatement abordé la matière. Je ne redirai point comment Alexandrie devint une ville grecque, comment les Ptolémées la peuplèrent des savants, des poètes et des philosophes qu'ils enlevaient à la Grèce, à cette Grèce qui déjà avait tant souffert de ses troubles politiques, de ses défaites, et de la déviation que le conquérant macédonien avait opérée dans son mouvement général. Je ne recommencerai point ce tableau attristant qui nous offre, après Alexandre, un désert littéraire, où n'apparaissent que de rares oasis, et duquel la vue se consolerait difficilement si on ne la reportait vers l'Egypte sur la ville ouverte aux sciences et aux arts, asile où tous les hommes les plus distingués du temps viennent se réfugier sous la protection d'un soldat macédonien devenu roi.

Nous avons étudié la forme poétique dans la Grèce à cette époque, nous avons passé en revue ses productions en ce genre pendant trois siècles; nous allons maintenant aborder pour le parallèle la forme et les diverses productions poétiques de la littérature grecque dans l'école d'Alexandrie.

Si par hasard on voulait se faire une idée de cette littérature en commençant par la lecture de certains critiques, nous doutons fort qu'on la prît en estime, surtout en voyant avec quelle rigueur ces censeurs sévères reprochent à plusieurs des hommes les plus distingués du temps de se livrer à certains amusements littéraires alors fort à la mode. Il est vrai qu'il y en eut qui furent possédés de la fureur des anagrammes; et ce genre même reçut un perfectionnement fort remarquable. On publia des poèmes sous les formes les plus bizarres; c'était des *œufs*, *des haches*, *des ailes*, *des autels*, c'est-à-dire des pièces écrites dans la forme de ces objets. Nous serions fâchés de ne pouvoir nommer les auteurs d'une semblable invention; à Simmias de Rhodes et à Dosiade cet honneur.

Mais, Messieurs, de ce qu'on fit tant d'anagrammes, de ce que le docte Lycophron amusa ainsi la cour des Lagides, de ce que nous'lirons avec lui απο μελιτος, *roi de miel*, dans le nom grec de Ptolémée, ou bien ιον Απης, *violette de Junon*, dans celui d'Arsinoé, devons-nous conclure que, le goût du siècle étant gâté, nous assistons réellement à une époque de décadence, et que toutes les productions qui lui appartiennent doivent être autant d'attestations contre ce siècle? Je suis loin de le penser.

La Grèce, ainsi que je l'ai dit, ne devait plus rien produire en poésie épique, ni en poésie tragique, ni dans le genre lyrique. Sous ce triple rapport, on peut dire qu'elle avait donné son dernier mot à la postérité. La colonie égyptienne vit cependant briller en son sein ces mêmes genres qui s'étaient à tout jamais éteints dans la métropole. Et l'on verrait, en comparant l'art alexandrin à l'art grec avant Alexandre, que, si celui-ci est

supérieur à celui-là, il ne l'est point d'une manière générale
et absolue, et que, si cette supériorité existe dans plusieurs
genres, il ne faut point perdre de vue que tous les siècles ne permettent pas indifféremment les mêmes natures de production.
Le temps où la science se fonde, où les hommes instruits ana-
lysent, observent, recherchent les lois des phénomènes, sont
bien moins des temps épiques, que ces époques qu'on est convenu d'appeler héroïques, où l'inspiration semble posséder une
pureté native étrangère aux âges suivants. Alexandre avait-il
compris cette vérité, quand il manifesta si vivement le regret
qu'il éprouvait de n'avoir pas pour lui-même un Homère, et de ne
pouvoir jamais être chanté comme Achille ? Peut-être Aristote
son maître, Aristote le naturaliste, le philosophe, le savant,
avait-il prédit que le temps était venu où le génie poétique
allait abandonner les Grecs ; peut-être le fils de Philippe se devait-il cette prévision à lui-même. Elle fut vraie toutefois, mais
non pour la ville qu'il avait fondée en Egypte. Ce ne furent pas
non plus ses exploits qui servirent de matière à cette poésie
épique nouvelle ; Alexandre était trop voisin d'Apollonius pour
que celui-ci pût s'illusionner suffisamment et s'abandonner à des
créations pleines de merveilleux, ainsi que l'avait fait Homère
pour le fils de Pélée et l'époux de Pénélope. Apollonius dut,
pour choisir son sujet, remonter plus haut, et il alla prendre
Jason pour son Achille, et Médée pour son Hélène. Les Argo-
nautiques, Messieurs, car tel est le titre du poème d'Apollonius,
suffiraient à elles seules pour illustrer une époque. La mythologie vous en a appris le sujet. Le poète, dont le vers est élégant et souvent beau comme celui d'Homère, dont le talent des-
criptif des lieux s'exerce avec un bonheur digne des plus grands
modèles, dont les récits mythologiques sont pleins de mouvement, d'attraits et d'accidents habilement ménagés pour exciter
l'attention et l'intérêt du lecteur, mérite d'être loué presque autant que ses contemporains le critiquèrent. Quintilien lui-même
a été peu juste envers lui ; et cependant il n'ignorait pas quels
avaient été les véritables motifs qui avaient porté Aristophane
et Aristarque à refuser au jeune poète la place qu'il avait justement acquise. Six autres poètes avaient traité le même sujet

avant lui. Ce sont Orphée, Épiménides, Denis de Milet, Héro-
dore, Pisandre et Cléon. Mais Apollonius, même de l'avis de
ses censeurs, est resté supérieur à tous. Sa Médée, pour n'être
pas coupable et intéressante à la manière d'Hélène, n'en est
pas moins un très beau type dans son genre; et d'ailleurs tout
le monde ne sait-il pas que les amours de Médée ont servi de
modèle aux amours de Didon ?

Une autre épopée, dont la forme ne ressemble point à celle
des poèmes d'Homère et des autres poètes épiques, appartient
aussi à l'école d'Alexandrie. Je veux parler de la Cassandre de
Lycophron. Ce poème est unique en son genre. C'est tantôt un
récit épique, tantôt un drame lyrique, où ne figure qu'un seul
personnage, qui prophétise au roi Priam de terribles destinées. Le style en est lourd, obscur, fatigant, de mauvais goût;
et, si on pouvait trouver du charme à le lire en quelques endroits,
nous ne le concevrions guère autrement qu'en nous rappelant
cette sorte de vague, de transparence qui plaît à certains esprits,
qui aiment le jour sombre, l'indéterminé et tout ce qui ressemble aux nuages. Cependant un tel sujet ne devait-il pas inspirer Lycophron, si Lycophron n'avait pas été d'une trop
grande sobriété à la fontaine Castalie? On sait par cœur la belle
ode d'Horace; et l'on se reporte involontairement sur ce Français dont le talent fut trop longtemps méconnu, sur Granville,
l'auteur du *Dernier Homme*, poème en prose, bien supérieur
à celui de Lycophron, auquel il peut être comparé sous certains
rapports. Nous ne chercherons point, Messieurs, à excuser
l'école d'Alexandrie de ne nous avoir laissé que les deux épo-
pées d'Apollonius et de Lycophron ; toutes les écoles ne se sont
point signalées par tant de fécondité; et cependant, si l'héritage
qui nous est venu du Musée n'a pas été plus considérable, c'est
la faute du temps qui détruit et non celle des poètes qui produisent. Combien nous devons regretter vivement la *Galatée*
et l'*Hécalé* de ce Callimaque, dont les hymnes, rivaux de ceux
d'Homère, en ont fait un des premiers lyriques de l'antiquité !
Que de richesses perdues ! N'est-ce pas trop de deux poèmes à la
fois pour un seul homme? Ne semble-t-il pas qu'une grande
injustice ait pesé cruellement sur cette destinée ! Callimaque,

homme universel en poésie, qui fit de l'épopée, de la tragédie, de la comédie, du drame satirique, des élégies, des hymnes; Callimaque traverse les siècles avec le bagage de six hymnes, bagage mince, il est vrai, par la quantité, mais non par la valeur. Ce poète appartenait à la fameuse *Pléiade* où se trouvaient avec lui Théocrite, Aratus, Nicandre, Apollonius et Philiscus.

Quand le premier des Lagides abdiqua en faveur de son fils, il lui céda un trône, et aussi le rôle qu'il avait si bien rempli pendant trente-huit ans, de protecteur des lettres et des sciences. Philadelphe devait continuer dignement l'œuvre commencée par son père; il devait la poursuivre non comme un disciple imitateur, mais bien comme un philosophe profond dans la connaissance des hommes. Il avait étudié la Grèce, beaucoup réfléchi sur toutes ses institutions. Il savait combien cette nation avait été entourée de circonstances heureuses pour s'élever si haut; combien elle avait dû à cette foule d'établissements de tous genres, qui unanimement favorisaient, nécessitaient même la pratique des arts; il dut tirer de la mère-patrie une belle dot pour sa colonie, et c'est en effet ce qu'il fit. Pendant qu'on construisait cinq ports pour cette capitale nouvelle, qu'on la joignait par un canal au lac Maréotis, que Sostraste de Cnide élevait ce Phare si célèbre dans les annales du monde, que les quartiers Βρουχιον et Ραχοτις, percés de rues larges de cent pieds et longues de plus de deux de nos lieues, s'embellissaient et se peuplaient de monuments consacrés aux religions ou aux arts, il était ordonné que tous les ans les poètes se réuniraient pour combattre et se disputer de glorieuses récompenses. Athènes eut ses Dyonisiaques, ses Lénies, ses Chytriaques; Alexandrie, ses combats d'Apollon, où venaient briller les pléiades dont nous avons parlé tout-à-l'heure. A Athènes, il fallait pour être admis au concours présenter quatre pièces, trois tragédies et une pièce satirique, ce qu'on désignait sous le nom de *tétralogie*. Nous ignorons aujourd'hui combien il fallait avoir produit pour entrer au tournois poétique du Musée. On ne sait pas non plus quel fut le nombre des pléiades; il paraîtrait seulement, d'après tout ce qui a pu être recueilli sur ces cercles de poètes, que l'une d'entre elles se composait des hommes les plus célèbres appartenant à tous les pays grecs, car Théocrite, Aratus, Nicandre, n'appartiennent point entièrement à l'école d'Alexandrie ; qu'une autre n'était formée que de poètes tragiques, tels que Homère de Bysance, Sosithée de Syracuse, Lycophron et autres plus obscurs ; enfin que ces pléiades s'opposaient peut-être de mutuels efforts en se disputant la gloire comme le faisaient les athlètes dans l'arène olympique. Sous le roi de France Henri II, le poète Ronsard, qui s'était nourri de grec et qui malheureusement pour lui en sème partout dans ses vers, entreprit de former une pléiade moderne ; son intention était bonne ; il avait même bien choisi parmi les hommes de son temps ; mais ce fut malheur à lui d'avoir mis trop de grec dans son français ; sa pléiade a été pour cela même, et peut-être à tort, regardée comme une bizarrerie tirée des vieux temps. Outre les jeux d'Apollon, Philadelphe construisit de magnifiques théâtres, où les membres des pléiades purent faire jouer les pièces qu'ils avaient composées. On ne saurait dire combien il y eut de poètes tragiques à cette époque ; le nombre en fut considérable ; mais il ne nous est pas resté un seul monument d'aucun d'entre eux. Le peuple d'Alexandrie était spirituel ; il penchait invinciblement vers la satire, et l'on ne sera point étonné d'apprendre qu'il se fit alors plus d'épigrammes qu'à aucune autre époque, ni avant, ni après. Cependant, peu ou point de comédies ; aucun rival de ce côté-ci de la mer intérieure pour Ménandre. La mère-patrie conserve dans ce genre toute sa supériorité.

Revenons à Callimaque, le prince des poètes lyriques grecs en Egypte. J'ai dit qu'il nous a laissé six hymnes qui témoignent de son génie. Il avait fait aussi des élégies si belles que ses contemporains les plaçaient au-dessus de ses hymnes. Comment pourrait-on, Messieurs, avec de pareilles lacunes, porter un jugement sur la valeur poétique d'une époque ? Une idylle qui se trouve la dix-septième dans les œuvres de Théocrite, et qui renferme l'éloge de Ptolémée, est attribuée aujourd'hui par quelques critiques à Callimaque. S'il était vrai qu'ils ne se trompassent point, ce serait pour le poète alexandrin un titre de plus à sa gloire ; et le Sicilien a tant fait qu'on ne s'apercevrait guère qu'il eût été appauvri. Le genre pastoral fut cultivé un siècle après Théocrite par Bion de Smyrne, et Moschus de Syracuse. Ces deux poètes doivent-ils prendre place au Musée ? Nous ne pourrions l'affirmer ; cependant il est vraisemblable que l'un et l'autre avaient fréquenté l'école d'Alexandrie. Bion l'Asiatique fut l'ami intime de Moschus. Celui-ci l'attira en Sicile, où il mourut. Vivement affecté par cette perte, Moschus fit la plus belle de ses poésies, élégie où le deuil et les souvenirs d'amitié se confondent, à la lecture de laquelle le cœur se sent ému tour-à-tour et par l'affection la plus douce et par les sentiments vrais de la douleur la plus profonde. En traitant de la poésie didactique dans la Grèce, nous avons parlé d'*Aratus*. Nous l'avons donné à la Grèce parceque, en effet, il fut enlevé aux Lagides par un roi de Macédoine. Il avait joui d'une réputation précoce ; aussi sa perte fut-elle sensible à l'école d'Alexandrie. Toutefois, s'il vécut à la cour d'Antigone, rappelons-nous que ses poésies sont dans le goût des productions alexandrines ; rappelons-nous qu'il conserva des relations avec Philadelphe, qui le chargea, alors qu'il était à la tête d'une armée, de collectionner des animaux pour former un cabinet d'histoire naturelle, et qu'il en reçut à cet effet 150 talents.

Aratus fit en vers un traité sur l'anatomie. L'invention de cette science par Erasistrate, savant du Musée, était toute récente ; mais ce ne fut point là l'ouvrage qui devait le rendre célèbre ; il fallait encore attendre ses *Phénomènes* et ses *Diosémees* qui furent composés à la cour d'Antigone, d'après les idées de l'ancienne astronomie d'Eudoxe. Qu'on songe, pour se faire une idée exacte de l'estime accordée par les anciens aux poëmes d'Aratus, qu'on en fit un très grand nombre de commentaires et qu'ils furent traduits en tout ou en partie par Cicéron, Ovide, César Germanicus et Rufus Sextus Avienus.

D'autres poèmes didactiques furent composés sur les diverses branches de connaissances d'alors ; on sait qu'un certain Mélampus fit en vers un traité de la divination, qu'un Eratosthène fit de même un traité d'astrologie, mais tout cela s'est perdu.

Ainsi, on voit que, pendant la période que nous avons parcourue, la colonie grecque égyptienne fut sans contredit plus féconde en œuvres d'arts littéraires que la mère-patrie elle-même. Il n'y a point de doute que la différence dans la somme des productions serait bien plus grande, si rien de ce qui a été fait de part et d'autre n'avait été détruit. Mais il devait en être ainsi; les révolutions mettent bien peu de temps à anéantir ce que de longues années de paix ont laissé fructifier à la surface de la terre. Ordinairement elles n'ont nul souci du passé ni de ses œuvres; elles s'accomplissent avec toute la rigueur de la fatalité.

Ainsi, Messieurs, nous avons comparé la forme littéraire poétique dans la Grèce et dans l'une de ses colonies pendant trois siècles. Nous nous bornons à cette face de la question. A l'époque d'un nouveau Congrès nous pourrions, si cette aride matière ne vous a point paru trop ennuyeuse, faire la même opération pour les orateurs, les philosophes et les grammairiens.

M. Auguste Savagner : Mesdames et Messieurs, j'ai émis déjà à cette tribune une opinion que vous n'avez pas trop défavorablement accueillie, si je ne me trompe.

J'ai avancé qu'avant les croisades, et même au milieu de la confusion qui suivit en Occident les invasions des Barbares, l'esprit humain ne sommeillait pas, comme on l'a dit; qu'il n'avait jamais sommeillé. Cette opinion je la reproduis ici. Le progrès se développe incessamment au grand jour comme dans le silence; souvent il ne frappe pas les yeux de prime abord, mais il n'en existe pas moins; et le temps arrive où les enfants jouissent du travail de leurs pères, de leurs découvertes et de leurs combats.

C'est dans cette pensée que j'aborderai la question de l'influence des littératures des métropoles sur celles des colonies.

Le problème véritable est l'examen du développement de la civilisation dans les colonies. Comprise ainsi, et c'est ainsi qu'elle doit l'être, la question n'embrasse rien moins que l'histoire universelle de l'intelligence humaine. En effet, si vous adoptez les idées que je viens d'émettre sur l'activité de l'homme, vous la verrez incessamment convoiter le globe, le conquérir, le peupler, le cultiver, l'exploiter par les colonies.

S'agit-il de l'histoire des migrations primitives des peuples dans les différentes contrées de l'univers, nous aurons à examiner l'influence, sur ces migrations, du sol, du climat, de l'origine, des mœurs, enfin une foule d'influences physiques et morales. Mais j'établis une très grande différence entre la migration et la colonie. La migration est le départ d'un peuple entier pour un autre sol, et je ne m'en occuperai pas; la colonie suppose une métropole, c'est-à-dire un état formé, jouissant d'une civilisation assez développée, ayant une constitution politique, un commerce, des arts, une littérature, qui envoie une portion de sa population dans une autre contrée pour y fonder des institutions analogues aux siennes, soit que ce départ ait pour mobile des évènements politiques, soit qu'il obéisse à des nécessités commerciales.

Ainsi, dans la colonie, nous avons à considérer d'une part la métropole, fournissant son contingent d'hommes plus ou moins instruits et civilisés, de l'autre la contrée dans laquelle ces hommes débarquent. Ici, un double point de vue s'offre à nous : ou le pays est désert, parcouru à peine par des peuples sauvages, et alors il n'y a qu'à triompher de la force brutale; ou le pays a déjà un commencement de civilisation, dès-lors il y a attaque de la part du peuple étranger, résistance de la nationalité indigène, lutte sérieuse, et victoire quelquefois chèrement achetée.

Telle est aussi, Messieurs, la grande différence qui existe entre les colonies anciennes et les colonies modernes. Les Grecs, colonisés par l'Egypte, colonisèrent à leur tour une portion de l'Italie, toutes les côtes de l'Asie-Mineure, la Cyrénaïque, le midi de la Gaule. Les Phéniciens colonisèrent l'Espagne et une portion des côtes d'Afrique. Les Romains colonisèrent la Gaule, la Grande-Bretagne, la Germanie. Partout on eut affaire à des peuples qui avaient un commencement de civilisation. Partout en conséquence il y eut lutte plus ou moins longue, plus ou moins sérieuse. Dans les temps modernes, au

contraire, on ne rencontra que des peuplades sauvages, erran-
tes, quelquefois antropophages; il en fut ainsi en Amérique,
l'empire des Incas et celui du Mexique seuls exceptés. Un peuple unique, un des plus anciens du globe, osa présenter dans
les Indes sa poitrine à la lance du Portugal quand elle vint
frapper le rocher de Goa et de Calicut; mais ces temps sont
déjà loin de nous.

Si nous examinons maintenant quel a été le sort de la langue dans les colonies, nous comprendrons facilement que, se
trouvant mêlée à celle des peuples chez lesquels descendaient
les colons, elle a dû nécessairement s'altérer en se combinant
avec elle et en lui faisant de fréquents emprunts. Ne voyons-nous
pas déjà dans les grandes métropoles les provinces parler un
langage différent de la capitale, une foule de patois divers régner dans les moindres localités? A plus forte raison les choses
durent-elles se passer ainsi dans les colonies. Sous ce point
de vue la question proposée embrasserait la linguistique tout
entière.

Les colonies anciennes ont eu généralement pour point de
départ quelques commotions politiques des métropoles. Une
fois établies, elles ont vécu libres et indépendantes de ces mêmes métropoles, ne conservant avec elles que des rapports de
fille à mère. Les colonies modernes, au contraire, ont été fondées ou par des aventuriers, des bandits, cherchant de l'or et
de l'argent, ou par des sectaires, des hérétiques exilés de leur
patrie, demandant à la terre étrangère une liberté pour leur
culte. Elles ont toujours été dans la dépendance des métropoles qui les ont exploitées impitoyablement. L'agriculture qui,
était la vie des colonies antiques, est remplacée dans les nôtres
par la soif des richesses et par le désir d'exterminer les indigènes.
Les relations commerciales n'arrivent que plus tard. Aussi,
voyez-vous toute littérature s'anéantir, la langue s'altérer,
céder sa place à un patois, au créole informe et bâtard, et cela
dans toute les colonies européennes aussi bien dans celles
de la France que dans celles de l'Angleterre, de l'Espagne, du
Portugal, du Danemark, de la Hollande, etc., etc. La paresse
devient le vice dominant du colon, et pour remplacer son

travail il lui faut l'esclavage des populations nègres qui sont arrachées aux côtes d'Afrique et jetées sur le sol américain. Dès-lors tout développement intellectuel devient impossible, le blanc s'étiole et se perd dans les vices de la tyrannie, il se réveille féroce et lâche ; et les sanglantes représailles de Saint-Domingue témoignent assez combien le joug était odieux, et quelle persévérance de tyrannie il a fallu pour décider ces Africains apathiques déchirés, par le fouet, à crier un jour : Levons-nous !

Ainsi, nullité littéraire dans toutes les colonies européennes ! je sais qu'on va m'opposer la civilisation des États-Unis ; mais, Messieurs, la littérature est aussi pauvre aux Etats-Unis que dans les colonies espagnoles ou françaises. Quel littérateur américain nous citera-t-on ? sera-ce Cooper, le seul effectivement qui ait quelque valeur littéraire ? mais, à part ses déscriptions, ses tableaux fidèles des contrées qu'il habite, de leurs forêts, de leurs fleuves, de leurs savanes, il est entièrement calqué sur Walter Scott, et ne le vaut pas. Sera-ce Washington Irving, historien du dernier rang ? Penn, qui n'a rien laissé ? Franklin, dont les œuvres ne sont point littéraires dans la véritable acception du mot ? Dans ce pays, tout ce qu'il y a de beau, de grand, tout ce qui est art, vient d'Europe. Leur religion, le protestantisme, est sec et sans inspiration. Le culte négatif du quaker l'est encore davantage. Joignez à tout cela l'esclavage de trois millions de noirs, esclavage maintenu par des lois atroces, une population sans cesse hurlante si le mot d'abolition vient frapper son oreille, une nation jeune, il est vrai, mais déjà pourrie, gangrenée, parceque l'inhumanité la ronge au cœur.

Les Portugais se trouvèrent dans une position différente quand ils débarquèrent dans les Indes. A eux se présenta un peuple anciennement civilisé, ayant des mœurs, des lois ; aussi la résistance fut-elle longue. Ils ne purent occuper qu'une faible portion du territoire, et, après une période assez courte de gloire et de conquête, ils se virent dans l'impossibilité de suffire à la lutte et contre les Indous et contre les nations d'Europe, jalouses de leur prospérité.

Nos colonies eurent une destinée semblable. Quelque temps dominateurs aux Indes, les Français furent dépossédés par les Anglais; et presque tous leurs établissements d'Amérique eurent le même sort. On a dit que les Français n'étaient pas, faits pour coloniser; est-ce un préjugé? Je l'ignore, mais dans tous les cas l'histoire tendrait à me le faire partager.

Telles sont les réflexions, Mesdames et Messieurs, que m'a suggérées la question qui s'agite; je me résumerai en disant qu'on eût mieux fait de la poser sur le terrain philosophique. L'étendue historique qu'on lui donne est si vaste, qu'il y a impossibilité matérielle de la traiter en bloc, et que les orateurs avouent eux-mêmes qu'ils sont forcés de se restreindre à un espace plus ou moins circonscrit. Philosophiquement posée, elle eût amené une discussion féconde en enseignements pratiques auxquels tout le monde eût gagné, auditeurs et orateurs.

M. EUGÈNE DE MONGLAVE : Dans notre précédente séance, j'ai essayé de vous peindre le reflet des littératures européennes en Asie, en Océanie, en Afrique. La vaste Amérique nous reste aujourd'hui à parcourir. Mais, avant d'aborder cet important sujet, qu'on nous permette un mot de réponse à une opinion dont cette tribune vient de retentir à notre grand étonnement. On a prétendu qu'en général la langue d'un peuple dégénérait en s'expatriant, qu'elle se transformait en un patois créole dont on a fait ici bon marché. Cette opinion n'est pas la mienne. Huit peuples ont eu des colonies en Amérique, l'Angleterre, la Russie, l'Espagne, le Portugal, la France, le Danemark, la Hollande et la Suède. Sept de ces peuples ont conservé sans altération leur langue dans le Nouveau-Monde; et l'anglais, l'espagnol et le portugais surtout, qu'on parle à Washington, à Mexico et à Rio-Janeiro, valent certes, pour le moins, ceux qui sont en usage à Londres, à Madrid et à Lisbonne. Le français seul dans nos colonies, sans disparaître totalement, a donné naissance au créole, qui marche côte à côte avec lui, interprète du peuple et des femmes de toutes les castes. Mais ce créole n'est pas, comme on l'a dit, un misérable patois, pas plus que le languedocien et le béarnais, quoi qu'en disent les

pédants du Querci. C'est une langue douce, mélodieuse, mi-
gnarde, une langue *désossée* comme l'a si bien dit un philo-
logue d'Allemagne. Cela posé *de visu et de auditu,* je rentre
dans mon sujet.

Le Danemark possède en Amérique l'Islande, le Groenland
et les îles de Sainte-Croix, de Saint-Thomas et de Saint-Jean.
Ces îles ne sont que des comptoirs sans aucune importance
littéraire; et, si ce n'étaient les efforts que les frères Moraves
ont faits pour la civilisation du Groenland, il n'y aurait rien à
dire non plus de cette contrée glaciale. Mais il n'en est pas de
même de l'Islande, antique foyer des lumières du Nord; de
l'Islande, qui dès 1530 possédait une imprimerie; de l'Islande,
qui s'énorgueillit aujourd'hui d'un bel observatoire, et dont la
capitale, peuplée à peine de 600 âmes, a un lycée, des écoles,
une bibliothèque, deux journaux, une section de la société
royale des antiquaires de Copenhague, une section de la société royale de la littérature islandaise de la même ville, une
société pour la propagation des connaissances utiles; de l'Islande, berceau des *sagas;* de l'Islande, où la lave poétique bout
encore sous les frimats; de l'Islande, qui, aux confins du monde,
conserve ses magistrats populaires du moyen-âge et où la passion de l'histoire nationale ne s'éteint pas.

Elles sont immenses les contrées que l'envahissante Russie
s'est adjugées dans l'Amérique du Nord, mais la population y
manque, le commerce des fourrures y absorbe tout, et la très
petite ville d'Arkhangel possède à peine un musée et une bibliothèque.

La Hollande vous montrera sa part de la Guyane et ses rocs
de Saint-Eustache et de Curaçao. Mais, excepté Savana, Jérusalem nouvelle où l'israélisme américain rêve la résurrection
des études rabbiniques, qu'aurez-vous à citer?

Rien non plus sur le pied-à-terre de la Suède, cette petite
île de Saint-Barthélemy, lambeau misérable du vaste manteau
colonial de la France, arraché en 1784.

Elle possède pourtant encore là-bas, notre France, une
portion de la Guyane, puis la Martinique, la Guadeloupe et les
petites îles de Saint-Pierre et Miquelon. Dans tout cela à peine

trouvez-vous deux ou trois imprimeries, deux ou trois journaux purement mercantiles et quelques modestes pensionnats qui ont peine à se soutenir. La littérature y est chose inconnue.

Voyez, au contraire, se dresser, à côté, Saint-Domingue, cette belle île que l'entêtement de quelques despotes nous a fait perdre pour toujours. Là, un peuple de noirs et de mulâtres a fondé, sous le nom d'Haïti, un gouvernement républicain qui, au milieu du bouleversement des autres républiques américaines, étonne l'univers par sa marche sage et prudente. Là, j'ai trouvé un lycée, une école militaire, une école de médecine, des écoles primaires qui ne seraient pas déplacées en Europe, des journaux supérieurs à quelques-uns de ceux de Paris ; j'ai lu de la prose et des vers tels qu'on n'en fait peut-être ni à Lyon ni à Bordeaux ; j'ai assisté aux séances des chambres ; et ces esclaves d'hier m'ont fait rougir pour nos législateurs du Luxembourg et du Palais-Bourbon. Et quand dernièrement la république nous a envoyé deux diplomates, M. Villevaleix, notaire du gouvernement, et le sénateur Ardouin, en les écoutant m'expliquer les rouages de leur jeune organisation et me signaler avec logique et éloquence les défauts de la nôtre, je me suis pris à reporter mes regards en arrière et à déplorer la fatale incurie qui a fait perdre à la France ce beau fleuron de sa couronne.

L'Angleterre, elle, conserve encore dans cette partie du monde d'immenses possessions, des îles et des continents dont bien des lambeaux ont appartenu jadis aussi à notre belle France, car où est le coin de terre que nous n'ayons pas semé de nos dépouilles ? Là, dans une bonne partie du Canada, à Quebec, à Montréal, la langue de la métropole frappera vos oreilles. Là vous retrouverez nos vieilles mœurs, nos usages, nos costumes. Vous vous croirez au milieu d'un marché de la Beauce ou de la Normandie. Voilà bien nos colléges, nos séminaires, nos écoles avec leurs professeurs, leurs *pensums*, leurs couronnes et leurs élèves. Voilà bien nos cabarets et nos gazettes. Mais ici comme là-bas le siècle a marché, quoique plus lentement. Lisez les mémoires de la société de littérature et d'histoire de Quebec, ceux des diverses académies de Montréal. Voyez dans cette dernière cité une presse active alimenter douze journaux anglais ou français, tandis que, tout près, dans un parlement où la langue française retentit sous le drapeau britannique, Papineau, le Mirabeau de cette contrée lointaine, et ses amis, rappellent au peuple son origine et préparent de longue main une révolte qu'il n'a pas dépendu de leurs efforts de faire tourner en révolution. Patience ! tous les amis de l'indépendance ne sont pas morts au Canada, des voix mâles retentissent encore, les républicains des Etats-Unis tendent la main aux nouveaux insurgés, et, en attendant des jours meilleurs, de toutes parts on forge des armes.

Ces Etats-Unis, jadis colonie anglaise, forment aujourd'hui une immense confédération qui eût certainement réhabilité en Europe la république s'il y avait rien a. espérer d'un peuple que ronge un sordide amour du gain, et qui, la flamme et le poignard à la main, ne voit de salut pour ses institutions que dans l'esclavage de ses semblables. Là pourtant la langue et la littérature de la métropole n'ont pas été aussi dédaignées qu'on l'a prétendu dans cette enceinte. Les Etats les plus enfoncés dans les terres et les moins peuplés, ceux qui forment pour ainsi dire les dernières limites de la civilisation, vous offriront dans leurs moindres localités, non-seulement des écoles, des lycées, des colléges, des académies, mais des universités même qui rarement laissent à désirer, et qui souvent rivaliseraient sans peine avec ce que nous avons de mieux en France, Paris excepté. A Boston, outre plusieurs établissements d'études supérieures, vous trouverez une bibliothèque magnifique, une académie des sciences et des arts, et cette société historique de Massachussetts, dont la renommée a franchi les mers, qui publie de si intéressants mémoires, et qui a pour président le savant Winthrop, un des membres les plus dévoués de l'Institut Historique. Cambridge vous montrera son Havard-collége, l'université la plus ancienne et la plus célèbre des Etats-Unis ; Worcester, sa société d'antiquaires ; Hartford, son école des sourds-muets ; Cornwal, son collége des missions étrangères ; Albany, sa bibliothèque flottante qui promène ses lecteurs sur le lac Erié; Westpoint, son école polytechnique; New-York enfin, Philadelphie, Baltimore, la Nouvelle-Orléans, les académies, les colléges, les universités, les musées, les imprimeries, les bibliothèques qu'on peut attendre de la civilisation la plus progressive et la plus favorisée.

Certes jusqu'à présent les Etats-Unis se sont rendus peu célèbres dans le monde savant. A part Franklin, ce modeste précurseur de notre république, qui pourrez-vous citer? Et encore Franklin a-t-il bien désarmé le ciel et les tyrans comme un vers latin l'a orgueilleusement prétendu? Avant lui le sceptre avait été plus d'une fois arraché au pouvoir, qui l'a toujours repris. Avant lui aussi, on avait, non pas désarmé Dieu, ce qui est une impossibilité et de plus une impiété, mais détourné la foudre par le moyen même qu'il devait employer, ce qui me serait facile de prouver si l'espace ne me manquait pas. En revanche, les ingénieurs n'ont pas manqué sur ce sol nouveau; et les chemins de fer qui le sillonnent dans tous les sens, les bateaux à vapeur qui fendent ses mers, ses lacs et ses fleuves, sont là pour l'attester.

Douze cents journaux y alimentent la curiosité publique et l'intérêt direct que chaque citoyen prend aux affaires de l'Etat. La littérature commence elle-même à y secouer ses ailes. Je n'ai pas entendu sans peine traiter avec une excessive rigueur Washington Irving, qui certes n'est point un historien irréprochable, mais enfin qui a la gloire de venir le premier, et Fenimore Cooper, qui n'est point, comme on l'a prétendu, un misérable plagiaire de Walter-Scott; j'en appelle à tous ceux qui ont fait connaissance avec le *Bas de Cuir*, avec la *Longue Carabine*, et à tous les amis et ennemis du *Dernier des Mohicans*.

De ses vastes possessions américaines, l'Espagne ne conserve plus que les deux îles de Cuba et de Puerto-Rico. Dans la première, que l'Escurial appelait et appelle encore sa poule aux œufs d'or, il y a une bonne université avec trois facultés et une chaire de peinture, des écoles, des sociétés patriotiques et huit à dix journaux. Le savant Ramon de la Sagra et d'autres érudits du pays sont affiliés à notre Institut et à nos principales académies françaises.

Tout le reste du territoire américain de l'Espagne s'est mor-celé en républiques nombreuses, qui, au milieu de leurs con-vulsions sans cesse renaissantes, trouvent encore le loisir de cultiver les sciences, les lettres et les arts.

A Mexico, la ville sainte du Nouveau-Monde, jadis toute resplendissante d'or et de pierreries, vous apercevrez, à travers la fumée des combats, une université, une école des mines, une académie des beaux-arts, une école de médecine, deux grands colléges, des musées, des bibliothèques, cinq jour-naux et plusieurs sociétés savantes.

A Guatemala, une université, deux colléges, une académie des beaux-arts, une bibliothèque et un musée.

A Santa-Fé de Bogota, à Caracas, à Quito, à Popayan, à Pa-nama, à Carthagène, à Lima, à Santiago du Chili, à Valparaiso, à Buenos-Ayres, partout les mêmes sources d'intelligence ou-vertes à une jeunesse impétueuse, propre à toutes les grandes et belles choses.

Ecoutez, des limites des Etats-Unis au détroit de Magellan, retentir les hymnes patriotiques qui ont guidé ces jeunes peu-ples à la victoire!

« Que celui qui veut être libre, chante le Colombien, s'ins-truise à l'école du constant, du grand Bolivar! Il préfère à son existence la patrie. La délivrer, voilà sa seule ambition. Avan-cez, avancez, patriotes! L'arme au bras, patriotes, avancez! Liberté! à jamais ils t'invoquent; Liberté, Liberté, Liberté! »

Plus loin, du haut des Andes, le Gaucho vous criera : « Pé-ruviens, l'heure s'avance. A cheval! La lance en main! Les Goths souillent encore votre patrie. La lance en main! A che-val! Voyez le soleil radieux dorer du haut du ciel ses anciens temples! Les Incas sortent du tombeau. Au combat, enfants, vous disent-ils! Indépendance et liberté! »

Sous la restauration, quelques amis des républiques améri-caines eurent l'heureuse idée de publier à Paris, sous le titre de *Flor Colombiana*, un recueil des meilleurs morceaux en prose et en vers de la Muse transatlantique. Il y avait là de délicieux élans, quelques odes brunies au soleil du tropique, et une histoire fort bien faite des héroïnes de l'indépendance américaine. Hélas ! le recueil n'eut pas de suite. Un seul volume parut, que je conserve précieusement. Ce fut une grande perte pour tous ceux qui s'intéressent aux progrès intellectuels des anciennes colonies espagnoles.

En effet, le cœur s'épanouissait à entendre jaillir de ce vieux pays de l'esclavage, à peine émancipé, de poétiques accents, des vers inspirés par une muse fière, brillante, digne d'occuper le premier rang parmi ses sœurs européennes. Je veux parler d'Olmedo, ce jeune ambassadeur du Pérou près des cours d'Angleterre et de France, sitôt enlevé à la littérature et à ses amis. *Sa victoire de Junin restera.* Cet ode respire l'enthousiasme le plus noble ; il y a de la pompe dans les idées et une majesté gigantesque dans les images. Le poète, né comme il le dit lui-même, sous les bananiers en fleur, à l'ombre des hautes Cordilières, chante un des plus grands triomphes de la raison et du bon droit dans les siècles modernes. Je regrette que le temps ne me permette pas de traduire quelques-uns de ces vers, qui sont d'une beauté remarquable dans l'original ; l'harmonie forte et grandiose, l'énergie pittoresque de l'expression révèlent partout le vrai génie poétique. Voilà donc les premiers bégaiements de la muse péruvienne, les premières tentatives d'indépendance littéraire de ces démocraties naissantes, tant le développement de l'esprit humain est rapide sous l'influence des grands événements et des passions généreuses !

Le beau poème de M. Olmedo n'est pas au reste le seul dont puisse s'énorgueillir la littérature des nouvelles républiques. M. de Madrid, qui a été ministre de la Colombie à Londres, et dont la réputation était depuis longtemps établie par une tragédie d'*Atala* et des poésies légères pleines de grâce et d'harmonie, a fait imprimer, il y a deux ans, à Paris, une tragédie de *Guatimozin*, jouée plusieurs fois en Amérique, où elle a toujours obtenu un succès d'enthousiasme. Dans cet ouvrage éminemment national, on retrouve cette simplicité d'action qui fait le charme principal de Sophocle et d'Eschyle. L'auteur n'a eu recours à aucun ressort étranger ; l'intérêt se soutient au moyen d'un langage vif, rapide, exempt de périphrases et de tirades classiques. Le beau caractère du patriote couronné, le courageux désespoir de sa famille, l'indécision barbare de Cortès, l'implacable fanatisme, l'avidité insatiable de ses soldats, tout cela décèle une touche large, vigoureuse, indépendante. Il y a de l'avenir pour les républiques américaines dans leurs chants patriotiques, leurs poésies d'amour et de combat, et surtout dans les belles productions d'Olmedo et de Madrid.

Des républiques américaines passons au Brésil, ce beau fleuron jadis de la couronne portugaise, dont une seule province eût absorbé la métropole entière, et qui, à la différence des colonies espagnoles, ne s'est point morcelé en se séparant, mais s'est détaché d'un seul bloc du pays des ancêtres. Là, quand la nation se voyait forcée de rester immobile au milieu du travail de l'humanité entière et de s'absorber profondément dans l'unité d'un despotisme systématiquement oppresseur, au sein du mutisme de l'intelligence populaire, la poésie seule faisait entendre sa voix. Elle a eu ses poètes, cette nation née d'hier, ou plutôt le Brésilien naît poète, musicien, improvisateur. A l'ombre de ses hauts palmiers, au son d'une agreste mandoline, sa verve s'épanche en accords mélodieux comme la brise de ses forêts vierges. Mais cette majestueuse poésie, souvent monotone, toujours dépourvue de traditions, ne pouvait suffire à des esprits avides de gloire ; les vieilles divinités de la Grèce et de Rome traversèrent l'Atlantique; l'étude de deux sublimes langues qu'elles ont inspirées, l'introduction des chefs-d'œuvre du Portugal et de la France, la connaissance variée de l'histoire ancienne, tout fit malheureusement sacrifier les beautés d'une nature originale à des fictions, sublimes sans doute, mais déjà trop répandues.

Dès le XVIIe siècle, le Brésil avait ses poètes, poètes malheureux, à qui il était défendu de pleurer les tourments de la patrie, ou d'entonner des chants de liberté, car la verge de fer du vice-roi et des capitaines généraux était sans cesse levée sur leurs têtes pour étouffer un imprudent soupir.

Parmi ces poètes, je citerai Bento Teixeira, auteur de la *Prosopopée;* Bernardo Vieira, l'un des défenseurs du Brésil dans sa lutte contre la Hollande; Manoel Botelho, qui publia *la Musique du Parnasse*, divisée en chœurs de vers portugais, espagnols , italiens et latins ; Brito de Lima, qui composa *la Cesarea* à la gloire du gouverneur de Pernambuco, Fernandès César ; et Salvator Mesquita, poète latin qui écrivit un drame intitulé *Le Sacrifice de Jephté*.

Le commencement du XVIIIe siècle vit paraître Francisco de Alméida, qui publia dans la langue de Virgile son *Orphée Brésilien*. *Le Parnasse américain* et *la Brasiléide*, ou la découverte du Brésil, sont encore des productions de la même époque. Certes, ces ouvrages, et d'autres d'un moindre prix que je passe sous silence, ne sont pas des chefs-d'œuvre , mais ils servent, du moins, à marquer le point de départ d'une littérature qui n'est pas sans avenir.

Dans le dernier siècle, nous la voyons, en effet, produire le *Caramuru*, poème national de Durao, consacré aux aventures du jeune Diego, jeté sur les plages de San Salvador. Il y a dans cet écrit des passages admirables, un repas d'antropophages, des descriptions de peuplades indiennes, des combats de barbares dont le reflet offre quelque chose de *Dantesque*, que Fenimore Cooper lui-même n'a pas toujours aussi exactement reproduit.

Vous parlerai-je d'un autre poème qui jouit d'une grande célébrité, de l'*Uraguay*, ou la Guerre des Missions, œuvre qui excita la haine des jésuites et qu'un jésuite cependant avait composé ? L'auteur, Basilio da Gama, était né dans le district de San José, province de Rio das Mortes au Brésil.

Durao dans son *Caramuru*, Basilio dans son *Uraguay*, chantent comme Homère sans cesser d'être Brésiliens. L'infortuné Gonzaga, moins original et plus antique, ressuscite Anacréon en l'imitant. Le pauvre poète, accusé de conspiration, alla mourir au bagne sur les côtes d'Afrique ; et cette Marilie qu'il avait immortalisée par ses chants l'oublia bientôt, et devint l'épouse d'une autre.

Quoique Diniz da Cruz e Silva ne soit point né en Amérique, je le placerai parmi les poètes qui honorent le parnasse brésilien. La nature du Nouveau-Monde lui a inspiré de délicieuses métamorphoses. Il ne marche pas sur les traces d'Ovide. Grâce à sa brillante imagination, les productions les plus suaves ou les plus éclatantes de l'Amérique méridionale, le diamant, la topaze, la rose des bois lui ont fourni de charmantes fictions.

Caldas, orateur, philosophe et poète, fait redire à la harpe de David les accents de la religion; c'est un puissant improvisateur quand il aborde la chaire chrétienne. S. Carlos célèbre l'Assomption de la Vierge et il découvre dans le cœur de l'homme des secrets qui avaient échappé à Massillon. San Paio rappelle souvent Bourdaloue, et il y a quelquefois du Bossuet dans les élans de notre collègue Monte Alverne.

On ne peut parler des orateurs brés liens sans citer le jésuite Antonio Vieira, bien qu'il naquit à Lisbonne en 1608; mais s'enfuyant de la maison paternelle il debarquait encore enfant à Bahia, s'en retournait avec une brillante réputation en Portugal, parcourait la France, la Hollande, l'Italie, prêchait à Rome devant Christine de Suède, plaidait la cause des pauvres Indiens dans les Deux-Mondes, faisait quatorze mille lieues à pied pour les convertir et les civiliser, composait pour eux six catéchismes en diverses langues et revenait mourir sous leurs bananiers en fleurs dans un âge fort avancé.

Un des monuments les plus remarquables de son génie est le sermon qu'il prononça à Bahia, alors que les Hollandais occupaient la contrée et menaçaient cette capitale. Il prit pour texte la fin du psaume où le prophète, s'adressant à Dieu, lui dit : Reveille-toi, Seigneur. Pourquoi t'es-tu endormi?

« C'est, dit-il, par ces paroles remplies d'une pieuse fermeté, d'une religieuse audace; c'est ainsi qu'en protestant plutôt qu'en priant, le prophète roi parle à Dieu. Le temps et les circonstances sont les mêmes, et j'oserai dire : Réveille-toi! Pourquoi t'es-tu endormi?

«..... Ce ne sont point les peuples que je prêcherai aujourd'hui; ma voix et mes paroles s'élèveront plus haut. J'aspire dans ce moment à pénétrer jusque dans le sen de la Divinité. C'est le dernier jour de la quinzaine que, dans toutes les églises de la métropole, on a destiné à des prières devant les sacrés autels; et, puisque ce jour est le dernier, il convient de récourir au seul et dernier remède. Les orateurs évangéliques ont travaillé vainement à vous amener à résipiscence; puisque vous avez été sourds, puisqu'ils ne vous ont pas convertis, c'est toi, Seigneur, c'est toi que je convertirai...

« Job, écrasé de malheurs, conteste avec toi. Tu ne veux pas, sans doute, que nous soyons plus insensibles que lui Il te dit : Puisque tu as décidé ma perte, consomme-la ; tue-moi, anéantis-moi ; que je sois inhumé et réduit en poussière ; j'y consens. Mais demain tu me chercheras et tu ne me trouveras plus. Tu auras des Chaldéens, des blasphémateurs de ton nom ; mais Job, mais le serviteur fidèle qui t'adore, tu ne l'auras plus.

« Eh bien? Seigneur, je te dis avec Job : Embrase, détruis, consume-nous tous ; mais un jour, mais demain, tu chercheras des Portugais, et tu en chercheras vainement...

« A ton avis, peut-être, la Hollande t'élèvera des temples qui te plaisent, te construira des autels sur lesquels tu descendes, te consacrera de vrais ministres, et te rendra un culte digne de toi. Oui, oui, le culte que tu en recevras, ce sera celui qu'elle pratique journellement à Amsterdam, à Midlebourg, à Flessingue, et dans les autres cantons de cet enfer humide et froid.

« Je sais, Seigneur, que la propagation de la foi et les intérêts de ta gloire ne dépendent pas de nous, et que, quand il n'y aurait point d'hommes, ta puissance, animant les pierres, en susciterait des enfants d'Abraham. Mais je sais aussi que, depuis Adam, tu n'as point créé d'hommes d'espèce nouvelle, que tu te sers de ceux qui sont et que tu n'admets à tes desseins les moins bons qu'à défaut des meilleurs.....

« Enfin, Seigneur, lorsque tes temples seront dépouillés, tes autels détruits, ta religion éteinte au Brésil, et ton culte interrompu ; lorsque l'herbe croîtra sur le parvis de tes églises, le jour de Noël viendra sans que personne se souvienne du jour de ta naissance ; le carême, la semaine sainte viendront sans que les mystères de ta passion soient célébrés. Les pierres de nos rues gémiront comme elles gémirent dans les rues solitaires de Jérusalem. Plus de prêtres, plus de sacrifices, plus de sacrements ! L'hérésie s'emparera de la chaire de vérité. La fausse doctrine infectera les enfants des Portugais. Un jour on demandera aux garçons de ceux qui m'entourent : Jeunes garçons, de quelle religion êtes-vous? et ils répondront : Nous sommes Calvinistes. Et vous, jeunes filles? et elles répondront. Nous sommes Luthériennes. Alors tu t'attendriras, tu te repentiras. Mais, puisque le regret t'attend, que ne le préviens-tu? »

Dans tous les écrits de Vieira on retrouve son caractère. C'est constamment le chrétien désintéressé qui, au sein des cours, méprise l'or des rois ; c'est l'infatigable ouvrier évangélique qui, pour sauver ses semblables, se jette au milieu des tigres et des antropophages du désert, affronte la misère et la faim, et ne demande à Dieu pour récompense que la couronne du martyre.

Voilà les fruits d'éloquence et de poésie qu'a toujours mûris et que mûrit encore le soleil du Brésil. La rupture de ce pays d'avec sa vieille métropole, son indépendance, sa liberté consolidées impriment un mouvement de plus en plus progressif à l'intelligence de ses peuples. Rio Janeiro possède une faculté de médecine, une école des beaux-arts, fondée par un de nos compatriotes, par un membre de l'Institut Historique, notre ami M. J.-B. Debret, une école militaire, une bibliothèque, une université, plusieurs collèges, des imprimeries et douze journaux en différentes langues. Bahia compte une école de chirurgie, un gymnase, un séminaire, une bibliothèque et quatre journaux; Pernanbuco, une école de droit (à Olinde), un séminaire et trois journaux; Saint-Paul, une université, un séminaire, une bibliothèque; Maranhao, un gymnase, plusieurs écoles, deux journaux; Para enfin, un collège, un séminaire, plusieurs écoles et une bibliothèque.

Le Brésil, qui a senti la nécessité d'adopter des institutions différentes de celles qui lui avaient été imposées par l'Europe, le Brésil éprouve le besoin d'aller puiser ses inspirations poétiques à une source qui lui appartienne véritablement; et dans sa gloire naissante il enfante les chefs-d'œuvres de ce premier enthousiasme qui atteste la jeunesse d'une nation.

Si l'Amérique a adopté et perfectionné des langues nées dans notre vieille Europe, elle doit rejeter, et elle rejette en effet maintenant les idées mythologiques empruntées aux fables de la

Grèce. Usées par notre longue civilisation, elles ont été portées sur des rivages où les peuples ne pouvaient les comprendre et où elles auraient dû rester inconnues; elles ne sont en harmonie, ni avec le climat, ni avec la nature, ni avec les traditions. L'Amérique, brillante de jeunesse, doit avoir des pensées neuves et énergiques comme elle; notre gloire littéraire ne peut l'éclairer d'une lueur qui s'affaiblit en traversant les mers, et qui s'éteindra devant les inspirations primitives d'une nation pleine d'énergie.

Dans ces belles contrées si favorisées de la nature, la pensée doit s'agrandir comme le spectacle qui lui est offert. Majestueuse, grâce aux anciens chefs-d'œuvre, elle doit rester indépendante et ne chercher son guide que dans l'observation. L'Amérique enfin doit être libre dans sa poésie comme dans son gouvernement.

Telles sont les idées de l'*enfant sublime* sur lequel le Brésil a dans ce moment les yeux fixés, et qui résume l'espoir de sa jeune littérature. Il y a deux ans nous lui serrions la main dans cette enceinte; il venait de parcourir l'Italie et de visiter Rome. Depuis il a fait voile vers sa patrie avec un autre de nos collègues, le savant peintre Araujo Porto Alègre. Magalhaens, il y a quelques années, s'éteignait à la fleur de l'âge, encore inconnu malgré le plus beau talent, quand ses amis s'avisèrent de faire imprimer ses poésies inédites. Ils voulaient charmer ainsi l'ennui du passage, jeter quelques consolations sur les dernières lueurs de cette frêle existence, endormir son âme en la berçant. Ils la rappelèrent à la vie, ils la ressuscitèrent. Ce livre fut le sauveur du poète brésilien. De là datent tous ses triomphes; un long avenir lui appartient.

Je me résume; les langues et les littératures, en passant des métropoles dans les colonies, languissent ou dégénèrent pour la plupart jusqu'à ce que sonne l'heure de l'indépendance. Alors un nouveau travail s'opère; dès que les peuples ont rompu les fers qui les attachent à un gouvernement étranger, souvent despote et jamais protecteur, les intelligences qui ont amené ce mouvement fermentent de plus en plus, brisent leurs entraves et s'emparent d'un nouvel ordre d'idées. Il y a alors, non-seulement liberté de gouvernement, mais, avant tout, liberté de pensée. On n'accepte plus rien de ce qui vient d'outre-mer; une autre route, une route vraiment nationale et progressive est ouverte. On se sert des vieilles langues des métropoles, mais on sait les plier aux exigences d'une autre nature, d'autres mœurs, d'une autre vie. Dès lors une nouvelle littérature est trouvée. Ce sera dans peu de temps l'histoire de toutes les colonies modernes.

M. Cellier . Moi aussi, Mesdames et Messieurs, je viens plaider pour que la question soit agrandie. Vous avez vu avec quelle énergie M. Savagner l'a traitée sous un nouvel aspect, et pourtant il a laissé, lui aussi, une lacune que je vais essayer de combler.

Il s'agit de l'esclavage, de cette plaie de nos colonies modernes, esclavage que M. Savagner a flétri avec sa vigueur accoutumée, mais auquel il n'a point cependant indiqué de remède, ce qui rentrait pourtant dans la question, telle du moins que l'orateur l'avait comprise. Il nous a dit que l'esclavage rétrécissait le cœur, je suis parfaitement de son avis ; mais j'ajouterai que c'est aussi la faute de l'homme s'il est esclave. S'il ne s'était pas mis à genoux, s'il avait conservé sa dignité, il n'eût jamais été esclave ; car ce qui fait la grandeur de bien des grands, c'est la bassesse de beaucoup de petits.

Il faut l'avouer à la honte de quelques individus de notre espèce, il en est qui paraissent véritablement nés pour la servitude. N'a-t-on pas vu mille fois dans notre première révolution, alors même qu'une philanthropie furibonde nivelait tous les rangs, toutes les têtes, des hommes récemment faits libres regretter leur chaîne brisée et n'attendre qu'un ordre pour se mettre à genoux? Aujourd'hui même n'en voyons-nous pas bon nombre se faire plats et hypocrites pour un emploi, pour un bout de ruban, pour satisfaire une ambition pitoyable et qui souvent les laissera en route? Il est peu d'hommes encore, Messieurs, qui soient bien préparés à subir la liberté ; je me sers de cette expression à dessein, parceque la liberté n'est pas une sinécure,

arceque pour être libre il faut être moral, pur et intelligent ;

un bien petit nombre se trouve dans ces conditions, tant les hommes se sont façonnés à la servitude. Vous citerai-je pour exemple le valet-de-chambre de Mirabeau, venant se plaindre à son maître d'en être négligé? Savez-vous, Messieurs, quelle était cette négligence de Mirabeau? Il oubliait depuis quelque temps de donner à son valet la ration de coups de pieds et de coups de poings à laquelle il l'avait habitué.

Si, du sein même de notre civilisation actuelle, de notre terre de liberté, nous portons nos regards au-delà des mers, nous y trouverons bien autre chose. Nous y verrons l'esclave bas et vil flattant son maître pour le déchirer ensuite s'il en peut trouver l'occasion, et se vengeant sur ses propres frères, si parfois il vient à avoir quelque autorité sur eux, des humiliations qu'il a éprouvées. Le frère d'un de nos savants les plus distingués, M. Jacques Arago nous en a cité des exemples bien remarquables dans la récente publication de son Voyage autour du Monde.

La cause primitive de l'esclavage a toujours été la prédominance du fort sur le faible, prédominance brutale d'abord, et qui est devenue ensuite intellectuelle. Voulez-vous de l'émancipation aujourd'hui, faites de l'émancipation intellectuelle, de l'émancipation morale par l'éducation; alors seulement il y aura émancipation profitable à tous. Vous voulez rendre à l'esclave sa liberté, très bien, mais donnez-lui d'abord l'instruction, la science d'un état, autrement il restera sur le pavé; il aura la liberté de la faim. Alors peut-être il se fera voleur pour obtenir ce que sa paresse primitive lui refuse. Je ne saurais trop insister sur ce point, Messieurs; c'est par l'émancipation morale, par l'instruction, qu'il faut commencer l'œuvre de la liberté des noirs dans les co'onies, l'œuvre de la liberté des blancs dans les métropoles.

M. Auguste Savagner : Je viens rétablir les choses au point où je les ai laissées. Je n'ai point dit, Messieurs, qu'il n'y eût point de littérature en Amérique, j'ai dit que cette littérature était fort inférieure. M. de Monglave a rapporté d'excellents souvenirs du Brésil; il s'étend avec complaisance sur la littérature d'une contrée qui a été pour lui, pauvre exilé, une séconde patrie; mais, en nous citant quelques fragments épars des meilleurs auteurs brésiliens, qui nous assure qu'il n'a pas produit sur nous l'effet de ces feuilletons si intéressants dans les extraits qu'ils donnent de certains ouvrages dont la lecture entière serait soporifique? Ce ne sont point des fragments qu'il nous faut pour juger une littérature, ce sont des analyses. Il n'est pas d'ouvrage, si mauvais qu'il soit, qui ne présente quelques bons passages que fait valoir encore le débit de celui qui en donne lecture.

M. de Monglave vient de nous lire un fragment de sermon du père Vieira. Je ne partage nullement son admiration pour ce passage. J'y vois une éloquence de curé de village, et un blasphème en dix pages; ce n'est pas là l'éloquence du père Bridaine. Je comprends cependant que la littérature brésilienne l'ait emporté sur celle des autres colonies américaines; je me l'explique par l'activité intellectuelle plus marquée des Portugais. Mais, pour le reste, même aux États-Unis aujourd'hui, je ne mets pas la civilisation au-dessus de celle de nos bourgs de septième ou de huitième ordre. Car j'envisage ici la civilisation, la littérature, sous un point de vue général, et non d'après de rares exceptions.

On m'a reproché d'avoir dit que la plupart des colonies américaines avaient eu pour fondateurs des bandits et des sectaires plus occupés de batailler, de piller et de chercher de l'or, que de fonder un établissement vraiment durable. Je maintiens mon opinion : en France, un seul homme eut des vues de colonisation élevées, c'était Coligny. La colonie française de Maranhao, près de l'embouchure de l'Amazone, fut fondée par des Calvinistes réfugiés et d'après ses instructions. Partout ailleurs il n'y eut que des chercheurs d'aventures.

M. Cellier nous a parlé de l'esclavage, quoique cela ne tienne que bien faiblement à la question; je m'unirai à lui pour le flétrir, et comme lui je réclamerai l'éducation des masses. Mais je ne dirai pas comme lui que la moralité doit partir d'en bas; le peuple est pauvre, il a faim; occupé de chercher sa nourriture de chaque jour, il n'a pas le temps de songer à son éducation intellectuelle, tandis que le riche qui a le pouvoir, qui a

les jouissances , a aussi tous les loisirs de l'étude et de l'éduca--
tion. C'est donc à lui à descendre et à tendre la main.

M. Eugène de Monglave : Mesdames et Messieurs, un dernier
mot, je serai court. M. Cellier vient de vous parler de l'abaissement du peuple au Brésil , de l'atroce esclavage dans lequel y
gémissent les noirs. Il fut un temps , il est vrai, où un Portugais achetait un nègre qui l'avait insulté pour avoir le plaisir de
lui brûler la cervelle. L'orateur s'appuie des récits de mon ami
Jacques Arago. Il n'y a qu'un malheur, c'est que dix-huit ans se
sont écoulés depuis que Jacques Arago a écrit cela. Il était au
Brésil en 1820, et j'eus le plaisir de l'y voir. Une royauté étrangère a depuis lors été chassée de ce pays. Un empire s'est élevé
sur ses ruines, et la liberté y règne aujourd'hui.

Que M. Cellier se rassure sur le sort des nègres émancipés !
ils ne mourront point de faim ; les gouvernements ont senti
qu'il ne s'agissait pas de donner la liberté aux gens pour les
laisser sur le pavé ; les nègres ont appris à travailler ; et libres
ils vivent de leurs œuvres.

M. Savagner m'a fait vraiment beaucoup trop d'honneur. Je
suis en vérité tout confus des éloges qu'il m'a donnés. Le *Caramuru* dont j'ai parlé n'est pas un si mauvais poème ; on en
peut juger par les éloges que lui donnent les critiques de tous
les pays , et par une traduction française dont il ne m'appartient pas de faire l'éloge. Quant au prédicateur Vieira, je
regrette que l'opinion de M. Savagner ne soit pas d'accord
avec celles de Boutterveck, Raynal, Ginguené, Sismondi,
Ferdinand-Denis « Vieira, dit le dernier, peut être comparé
à Bossuet ; il ne conserve point toujours la noblesse et
l'admirable simplicité de ce grand orateur, mais il a sa
hardiesse, son énergie, il surprend par des mouvements inattendus et entraîne par sa mâle éloquence. Un des monuments
les plus remarquables de son génie a été transmis à la littérature française par Raynal. C'est le fameux sermon de Bahia. »
Je regrette beaucoup, je le répète, que M. Savagner n'ait vu
qu'un curé de village là où des juges aussi compétents trouvaient un rival de Bossuet.

Je borne là mes réflexions. Aussi bien il arriverait ce qui arrive presque toujours en pareille circonstance. On discute des heures entières, et, après avoir bien discuté, chacun se trouve garder l'opinion qu'il avait au commencement de la discussion. Autant vaudrait n'avoir rien dit.

TREIZIÈME SÉANCE.

(VENDREDI 12 OCTOBRE 1838.)

Présidence de M. DUFEY (de l'Yonne).

La discussion continue sur cette question : *Quelles formes ont revétues dans les colonies les littératures des métropoles?*

M. BUCHET DE CUBLIZE : Mesdames et Messieurs, je reviens aujourd'hui vous parler de la question relative aux littératures comparées des métropoles et des colonies, question de laquelle on s'est si étrangement écarté dans la discussion de la dernière séance.

Je me plais à rendre hommage au talent des orateurs qui, successivement, ont occupé cette tribune; le tournoi a été brillant; et chacun s'est retiré emportant avec soi des marques d'assentiment et des suffrages. Mais, Messieurs, quand j'ai songé au point d'où l'on était parti, à la manière dont la discussion avait été commencée par le savant et honorable M. Savagner, et aux excursions qu'on est allé faire sur un terrain tout-à-fait étranger, de manière à la déplacer et à rendre toute conclusion raisonnable impossible, je n'ai pu m'empêcher de signaler une telle aberration. On nous a parlé de l'émancipation des nègres lorsqu'il s'agissait de tout autre chose. Et sans doute l'état des nègres touche comme point de détail à la question générale dont M. Savagner a signalé l'importance et demandé l'extension. Je ne veux rien lui prêter de moi; il m'a semblé cependant qu'il a manifesté le désir qu'on eût formulé ainsi : de la civilisation des métropoles comparée à la civilisation des colonies. Ce vœu de M. Savagner offrait déjà matière à une discussion très grave; et vous voyez qu'on est allé se prendre à l'un des détails d'une question encore non vidée, s'attachant à le discuter par rapport à lui-même, et non par rapport à la question dans laquelle on peut le faire entrer subsidiairement. Presque toutes les questions en histoire se touchent, car la vie des peuples est comme le corps de l'homme dont les fibres se communiquent entre elles; il est difficile de remuer un des anneaux de la chaîne sans que tous les autres ne participent au mouvement. Mais quoi de commun, je le demanderai, quoi de commun entre l'émancipation des nègres et la discussion qui s'était élevée sur la manière d'étudier l'histoire et d'en formuler les questions scientifiquement et dans un but utile? Et moi aussi je désire l'émancipation du malheureux noir; pour moi aussi cette question palpite d'intérêt; j'eusse applaudi vivement à la lecture d'un travail spécial sur la matière; toutefois je ne puis m'empêcher de blâmer, non les bonnes choses qui ont été dites, mais la mauvaise voie dans laquelle on s'est jeté. Et de quoi s'agissait-il en effet? Deux mémoires vous ont été lus, celui de M. de Monglave et le mien. Ces travaux ont été faits dans le but de répondre à une question très générale, d'y répondre, non pour tous ses cas, mais pour quelques cas particuliers seulement. Et pouvait-il en être autrement? On vous a dit que des travaux de ce genre n'étaient pas dignes d'un Congrès. A Dieu ne plaise, Messieurs, que je me fasse taxer de présomption et d'audace; mais je crois que tous les travaux qui mènent à des solutions importantes et générales sont dignes d'un Congrès, surtout lorsque les hautes questions qu'on réserverait pour vos assemblées annuelles supposent des travaux spéciaux qui n'ont pas été faits à l'avance. Comment pourra-t-on exprimer le rapport qui existe entre les littératures des métropoles et des colonies, si l'on n'a pas fait préalablement une étude approfondie de ces littératures, non-seulement pendant une courte période mais pendant de longs siècles, pendant toute la durée des nations qui les ont enfantées? et l'on s'est plaint doublement, et de l'étroitesse de la question, et des limites bornées où se sont renfermés les auteurs des mémoires. Mais, Messieurs, la question ainsi qu'elle est posée est immense; elle touche à toutes les branches des connaissances humaines, parceque la littérature d'un peuple est l'expression de son état social, parcequ'elle se ressent de tous les éléments qui composent l'activité générale de ce peuple, parceque la forme qu'elle revêt est un sceau qui le caractérise, qui atteste sa personnalité, qui le sépare de tout ce qui n'est pas lui et lui donne place au grand livre de l'histoire, où sa littérature, qui le fait vivre quand il n'est plus, s'inscrit pour les savants des âges futurs.

Donc, Messieurs, si la question telle qu'elle est posée n'exclut aucune littérature, ni dans les temps anciens, ni dans les temps modernes; si elle les embrasse toutes au contraire, à la rigueur on peut dire qu'elle touche à tout élément de civilisation. Sans doute il eût été beau, utile pour tous, de venir exposer des vérités générales sur toute civilisation et toute littérature; mais quel est donc l'homme auquel toute civilisation et toute littérature sont si connues, qu'il puisse venir vous dire: J'ai comparé, voici mes résultats?

Et si cet homme ne se présente point, pensez-vous qu'on puisse vous dire *à priori*, sans examen, sans travail, le rapport que vous cherchez? Sur quelles bases se posera-t-on, si ce n'est sur des faits, et sur des faits bien étudiés et autant que possible incontestables? Il y a longtemps déjà que de bons esprits ont dit que nous n'avons de connaissances réelles que celles qui reposent sur l'observation. Hé bien, Messieurs, peut-on observer et étudier mille sujets à la fois? N'est-on pas souvent fort embarrassé par l'étude d'un point, d'un détail? Et cependant il faut connaître ces détails dont la somme devra produire cette connaissance générale à laquelle nous aspirons. Certes, quand je reviens sur les plus grandes découvertes scientifiques qui aient été faites, j'en trouve partout le germe en des vérités de détail. Pour la science historique, l'esprit humain suivrait-il une autre loi? ne faut-il pas d'abord connaître les faits, puis les rapports, puis remonter aux causes et aux considérations philosophiques desquelles seules on peut faire profit?

On doit, ce me semble, étudier les littératures d'abord dans leur valeur intrinsèque, car plus vaut le peuple, plus valent ses productions d'intelligence; on doit en second lieu les considérer moins en elles-mêmes que par rapport à leurs relations avec tous les autres éléments de la vie des peuples auxquels elles appartiennent. Religion, politique, mœurs, coutumes, législation, commerce, industrie, art, voilà de grands faits, et si je puis dire, les grandes fonctions physiologiques qui constituent la vie de chaque peuple. L'art est à la surface, il est l'expression de ce qui se passe à l'intérieur; et toutes les fois que la vie intérieure change, s'altère ou s'accroît en énergie et en intensité, il se reproduit dans l'art des modifications analogues. C'est une loi constatée, elle est vraie pour l'individu comme pour l'espèce, pour un peuple comme pour un seul homme.

Maintenant, Messieurs, je suis la série d'idées dans laquelle est entré M. Savagner. Le parallèle des civilisations des métropoles et des colonies embrasse l'histoire entière de l'humanité. Quel est le peuple qui n'a point émigré ou chez lequel aucune colonie n'est venue s'établir? Quand on pense aux mouvements des diverses races humaines, aux mélanges qui se sont faits sur tous les continents, aux traditions apportées par les uns, conservées par les autres, à tout ce qui a pu résulter du déplacement des peuples, on a devant soi et le globe et son histoire sous le plus grand côté.

Et alors, quelle question que celle qui renferme tant d'espace? Il faudra toujours, ce me semble, commencer par rapporter la littérature d'un peuple à son état social, puis comparer ces deux termes aux deux mêmes termes pour un autre peuple; on répétera la même opération pour un troisième, un quatrième, etc., et ainsi se composera une science littéraire dont peut-être nous ne prévoyons point toute la valeur. Mais, Messieurs, quelle tâche que celle-ci, je le répète! Pour moi, je n'ai pas des bras de géant; et plus que tout autre j'ai des raisons pour ne point oublier l'adage : qui trop embrasse mal étreint. Un mémoire présenté à quelque assemblée que ce soit peut contenir, je le sais, beaucoup plus de choses que je n'en ai mis dans le mien ; mais un seul mémoire peut-il contenir la perspective analytique de l'humanité entière ? Je ne le pense point.

M. Leudière : La question est si vaste, si importante, que je ne pense pas qu'on puisse se plaindre de ce qu'elle se prolonge indéfiniment. Deux mémoires vous ont été lus, l'un relatif aux colonies anciennes, l'autre riche en détails curieux et nouveaux sur la littérature des colonies modernes.

M. Savagner vous a exposé les principes qui ont présidé à ses études historiques ; M. Cellier, avec la justesse d'observation que vous lui connaissez, a fait remarquer que la question de l'esclavage des nègres, soulevée par M. Savagner, réclamait une solution qui importait extrêmement à la sûreté et au bonheur des colonies. Il nous a dit que le point le plus important était l'instruction des classes inférieures et des esclaves, afin de les rendre dignes de la liberté, et que parconséquent c'était d'abord à ce but que devaient tendre tous les efforts des gouvernements. Je suis entièrement de son avis.

Abordons maintenant l'historique des colonies anciennes qu'a tracé avec tant de bonheur M. Buchet de Cublize. J'avoue toutefois qu'on n'a point fixé la période dans laquelle les colonies grecques ont jeté le plus d'éclat littéraire, ce qui est un tort. Ainsi, la colonie grecque d'Alexandrie avait un tout autre caractère que les petites colonies jetées par la Grèce sur les côtes de l'Asie-Mineure. C'était un empire nouveau.

On a omis aussi de nous parler de Tyr, patrie de l'historien Sanchoniaton et mère de Carthage, laquelle nous offre aussi Magon, auteur de vingt-huit livres sur l'agriculture. On aurait pu encore essayer de déterminer l'influence de la littérature grecque sur les lettres romaines. Si un peuple étranger a été aussi fortement impressionné par la littérature d'un peuple voisin, quelle n'a pas dû être l'influence de la métropole sur ses colonies ?

Après quelques remarques sur la nature de cette influence

littéraire, M. Leudière se demande pourquoi l'on n'a parlé
que de la poésie, pourquoi l'on n'a pas abordé les autres branches de la littérature, l'histoire par exemple dans laquelle Hérodote et Polybe brillèrent d'un si vil éclat.

Lorsque le beau temps de la littérature grecque fut passé,
où les restes les plus brillants s'en retrouvèrent-ils si ce n'est
au sein d'une colonie grecque, en Sicile, où Théocrite, dans le
genre bucolique, fut le dernier et le plus brillant représentant
de la poésie grecque? Ce fut à une autre colonie, à Rhodes,
qu'Apollonius, mécontent d'Alexandrie, voulut confier la gloire
de son nom; et cette colonie fut longtemps célèbre par son
école d'éloquence fondée par Eschine.

Alexandrie, contrairement à ce qu'a dit M. Buchet de Cu-
·blize, n'attira point à elle toute la littérature des siècles, puisque les Romains allaient plutôt étudier à Athènes et à Rhodes,
et rarement dans cette capitale de l'Egypte. Si son école fut
remarquable, ce fut plutôt sous le point de vue philosophique
que sous le rapport littéraire.

M. Buchet de Cublize : Mesdames et Messieurs, je vais
tâcher de répondre en peu de mots aux diverses objections
des préopinants, je tâcherai de ne pas abuser de votre indulgence, je serai court.

Je ne sais à quel propos on a soulevé la question de l'esclavage et celle des nègres; une pareille digression me semble
tout-à-fait hors de propos. Il s'agit de la littérature des colonies, et nullement de leur économie sociale, de leur administration.

On m'a reproché d'avoir mal choisi les colonies dont j'ai
examiné la littérature. A cela, je répondrai que j'ai pris la colonie grecque la plus brillante et la plus célèbre sous le rapport
littéraire, Alexandrie. Pourquoi aurais-je cité Tyr, aurais-je
cité Carthage, qui n'ont rien produit sous ce rapport?

Alexandrie était, sous les Ptolémées, devenue le centre de
la littérature grecque, le centre de la philosophie et des beaux-
arts; c'est donc là que j'ai dû chercher plutôt mes exemples.
Du reste, j'ai rendu à la Sicile la justice qui lui était due, en

citant Théocrite, Bion et Moschus. Quant à Polybe, il est vrai que je n'en ai point parlé, mais vous vous rappellerez, Messieurs, que dans le cours de mon mémoire je vous ai annoncé que les historiens feraient l'objet d'un second travail que je me propose de présenter au prochain Congrès. J'ai prévenu mes auditeurs que dans celui-ci je ne m'occuperais que des poètes.

M. AUGUSTE SAVAGNER : Mesdames et Messieurs, toutes les questions s'éloignent singulièrement de leur origine; et j'avoue que pour ma part je n'ai pas été sans y contribuer beaucoup. Chacun est venu ici briller plus ou moins de son côté sans qu'il y eût le moindre contact de pensée, de lumière, entre les différents orateurs. On a dit ce que l'on savait, sans trop s'inquiéter si cette masse de travaux et d'observations concourait au même but, et avait le moindre point de connexité. Enfin, ça été ici un peu comme dans ces réunions qu'on est convenu d'appeler Académies, où chacun, trônant dans un petit fauteuil, parle à son aise et cherche à éblouir le plus qu'il peut. Nous avons tous fait un peu comme cela, et tous nous avons eu tort.

Messieurs, il faut s'entendre sur les mots : notre Institut n'est point une Académie dans laquelle chacun arrive avec l'intention de se faire valoir individuellement. C'est une compagnie de travailleurs, qui tous veulent apporter, qui leur obole, qui leur pièce d'or, à la science. Aussi, je conçois parfaitement que, dans le cours des séances ordinaires des classes, chacun vienne lire le résultat divers et varié de ses travaux. Mais du moment que l'Institut annonce un Congrès, il devient une société savante, propose des questions philosophiques et surtout pratiques, et non pas une tribune où chacun viendra faire de l'éloquence oiseuse et sans but.

Il ne doit se traiter ici que des questions générales. Nous n'ouvrons point une lice aux biographies, aux travaux individuels, aux compilations faites à grand renfort de livres. Nous demandons des résumés courts et substantiels basés sur des documents authentiques, et prenant l'histoire en général sous son point de vue élevé; en un mot, c'est la philosophie de l'histoire qui doit être la base de nos Congrès. Voilà comment j'ai compris l'existence et l'utilité de ces réunions solennelles.

Je désirais vous présenter ces observations, Messieurs, parcequ'elles sont l'expression de ma pensée intime, et qu'elles m'ont dirigé chaque fois que j'ai pris part à une discussion. Vous excuserez ce qu'il y a pu avoir de rude et d'abrupt dans mes formes oratoires. L'habitude de l'enseignement a rendu peut-être mon langage un peu trop incisif; vous attribuerez ma vivacité, non pas à un sentiment d'orgueil et de pédanterie, mais au désir que j'ai toujours eu de faire passer ma conviction dans vos esprits.

Maintenant je reviens à la question : *Quelles formes ont revêtues les littératures des métropoles dans les colonies?*

Messieurs, à mon avis, aucune question n'est plus vague que celle-là, et je vous avouerai que pour mon compte je n'ai jamais compris la littérature telle qu'on la définit dans les colléges, dans les académies, c'est-à-dire comme synonyme de belles-lettres. Pour moi la littérature est la civilisation formulée par la parole; et dans ma pensée ce n'est pas ainsi que l'ont comprise tous les orateurs qui sont venus à cette tribune pour traiter ce sujet. Il en a été de la littérature comme de l'esthétique de l'art égyptien, que l'on a considéré simplement sous le rapport de l'art et non point sous celui de la civilisation générale.

Examiner la question comme je la comprends, ce serait entrer dans un travail immense et auquel toutes les séances du Congrès ne suffiraient pas. A mon avis, il eût fallu se contenter d'admettre tous les faits connus et n'en citer aucun; car ce ne sont pas des mémoires que nous avons à lire ici, mais uniquement des vues générales et philosophiques que nous avons à développer. Alors la discussion eût été claire, elle eût en même temps été utile. Ce ne sera jamais des biographies de poètes, avec des citations d'ouvrages plus ou moins estimés, qu'on fera jaillir des idées larges et grandes; au lieu de cela la discussion se portera sur des dates contestées, sur la réalité de certains faits ; nous aurons ici une société savante, je le répète, et non un Congrès Historique, comme je l'entends.

On a blâmé M. Buchet de Cublize d'avoir pris Alexandrie comme le meilleur exemple d'une colonie présentant une littérature puissante. Je ne puis qu'applaudir à son choix. En effet, Alexandrie a réuni dans son sein toutes les sciences et tous les arts. Sa philosophie a préparé et aidé le christianisme. Elle est en grande partie celle des écoles modernes après avoir régné pendant tout le moyen-âge. C'est de cette philosophie que sont sorties les sciences, la didactique, l'éloquence, etc., etc., enfin tout ce que les écoles nous enseignent encore au moment où je parle.

Puisqu'il s'agit ici de colonies grecques, il faudrait s'entendre sur la définition et la classification de ces colonies, car il règne dans l'histoire une grande confusion sur leur point de départ. La Grèce proprement dite fut colonisée par les Thessaliens, qui déjà avaient eu Linus et Orphée pour poètes et législateurs. Homère était Ionien ; Hérodote, Carien ; Théocrite, Sicilien, toutes provinces regardées comme ayant la Grèce pour métropole. Le développement littéraire s'annonce sur tous les points de la Grèce et dans toutes les colonies. Athènes, surtout à l'époque de Périclès, marche à la tête de cette grande civilisation.

Si nous portons nos regards sur Rome, quelle différence ! Fondée avec les éléments les plus hétérogènes, composée d'un ramassis de bandits, d'esclaves et de voleurs de toutes les nations, elle emprunte tout aux Étrusques et à la Grèce ; et dans l'hypothèse que nous suivons elle peut en être regardée aussi comme une colonie. En effet, la littérature latine est le reflet le plus frappant de la littérature grecque. Qu'est-ce que l'Énéide (une part large étant faite au talent du poète de Mantoue), sinon un centon pillé d'Homère ; les discours de Cicéron valent-ils ceux de Démosthène, sur lesquels ils sont calqués ? Le poète le plus original serait Lucrèce, mais son poème *de naturâ rerum* n'est autre chose que la doctrine d'Épicure mise en vers. Ainsi la littérature grecque enfanta la littérature latine, qui ne commença à prendre de l'originalité que lors de l'invasion des barbares, en empruntant à leurs langues énergiques et rudes des tournures et des locutions nouvelles. Sidoine Apollinaire, Salvien, ne furent point si barbares qu'on a bien voulu le dire. Si leurs formes ont quelque chose d'étrange et de heurté, c'est qu'ils écrivaient en latin tout en parlant en langue gothique ou franque. Pareille chose est arrivée à tous les savants modernes qui ont voulu écrire en latin ; leur prose, d'une élégance forcée, fait le désespoir des traducteurs, car toujours préoccupés de la forme, ils ont dû négliger complètement le point philosophique.

M. EUGÈNE DE MONGLAVE : Les observations de M. Leudière me forcent à rentrer une seconde fois dans la discussion. Il m'a adressé des compliments exagérés que je ne mérite point. Il m'a fait des reproches que je ne crois pas mériter davantage.

Le style est l'homme, a dit un grand écrivain. Eh ! en dépit du grand écrivain, non, Messieurs, je ne crois pas que le style soit l'homme ; certes les exemples ne me manqueraient pas pour appuyer mon opinion, si le temps ne nous pressait. Avec plus de raison on peut dire que la littérature est l'expression des peuples. Essayons l'application de ce principe aux nations américaines. Solitaire dans ses forêts vierges, dans ses savanes, dans ses *pampas*, qu'y fera l'Américain avec la compagne de son choix ? Il aimera, puis il chantera son amour ; mais les déserts sont immenses, le joug de l'homme ne s'y fait point sentir à l'homme. Aux chants d'amour se joignent les chants de liberté. Puis, lorsqu'il faut poursuivre le lama jusqu'au sommet des Cordilières, ces monts géants de l'univers, laissant à ses pieds les nuages, alors l'esprit s'épure et grandit, la pensée de Dieu s'empare de l'homme ; et aux chants d'amour et de liberté s'unissent des hymnes religieux. Le missionnaire des plages américaines n'est pas un prêtre comme celui de nos villes européennes ; c'est avant tout le messager de la civilisation ; avant de chercher à faire des chrétiens il cherche à faire des hommes. Son influence empreint le catholicisme de cette vigueur que nous lui voyons dans ces contrées ; et l'on comprend dès lors que l'éloquence de la chaire a dû briller là plus que-partout ailleurs ; que les sermons ont dû y être plus énergiques et plus nombreux. Résumant ce que je viens de dire, on ne s'étonnera plus de voir l'Américain cultiver de préférence trois branches de la littérature, l'élégie, le chant national et l'éloquence religieuse.

Je partage entièrement l'opinion de M. Savagner sur ce que doit être l'Institut Historique. Non, l'Institut Historique n'est point une Académie où sur des fauteuils dorés trônent ou sommeillent quarante à cinquante pères-conscrits, pieds bien chauds, porte bien close, laissant frapper et se morfondre un quarante-unième, un cinquante-unième, qui souvent a plus de talent qu'eux tous ensemble, mais qui pour entrer doit attendre que la mort ait daigné vider un fauteuil. Combien êtesvous à l'Académie française ? demandait Ibrahim Pacha à notre vénérable président perpétuel. — Quarante, répondait M. Michaud. — C'est bien peu, répliquait le fils de Méhémet Ali, je croyais qu'il y avait plus de littérateurs distingués en France.

Nous, ici, nous formons une société de travailleurs de tout rang, de tout étage, de toute religion, de tout pays ; chacun s'efforce, dans sa petite sphère, de faire ce qu'il peut pour l'avancement de la science. L'un marche à grands pas, l'autre chemine lentement. Que le premier tende la main à l'autre pour qu'ils arrivent tous deux ! voilà l'Institut Historique tel que je le comprends, et je remercie M. Savagner de m'avoir mis à même de renouveler ma profession de foi dans cette enceinte.

La parole est à M. ELWART, professeur au Conservatoire de musique, sur cette question : *Quelles sont les causes qui ont donné naissance à la musique religieuse ? pourquoi s'est-elle écartée de son but ? et quels seraient les moyens de l'y ramener ?*

Mesdames et Messieurs, dit M. ELWART, le sujet que je vais avoir l'honneur de traiter devant vous est d'une grandeur telle, que ce n'est qu'en tremblant que j'ose l'aborder; mais votre bienveillance me soutiendra, je l'espère, et votre raison et votre justice, venant en aide à mon inexpérience, excuseront le jeune orateur en faveur de l'artiste qui a reçu la mission de vous raconter l'origine, les progrès, la décadence de la musique sacrée, et de soumettre ensuite à votre haute appréciation les moyens qui lui semblent les plus propres à la ramener au but tout divin dont elle n'aurait jamais dû s'écarter.

Si nous jetons, Messieurs, un regard sur les temps antiques, religieux et païens, nous voyons les Égyptiens, les Hébreux, les Grecs, et, plus tard, leurs conquérants imitateurs, les Romains, vouer un culte mélodique aux divinités qu'ils adoraient. Après les chants d'actions de grâces à l'Être-Suprême, qu'il s'appelle Isis, Jehova, Apollon ou Jupiter, viennent seulement, chez les peuples anciens, les cantilènes inspirées par le désir de plaire à la beauté, ou le besoin d'exciter les citoyens à défendre le sol de la patrie. Mais, au-dessus de tous ces hymnes adressés à l'Amour ou à Bellone, l'hymne religieux domine de toute la hauteur qui sépare l'esprit de la matière; et même les souvenirs qu'il a enfouis au fond de la pensée humaine sont si vivaces, si enracinés, qu'après plus de trente siècles il nous est donné de pouvoir admirer encore une de ces inspirations toutes mystiques que le culte voué aux morts a fait surgir sur la terre égyptienne bien longtemps avant la venue de Moïse.

Je veux parler de la mélopée du *De profundis*, adopté par le catholicisme dès le quatrième siècle de notre ère; mélopée qui, d'après les recherches du savant compositeur Le Sueur, fut chantée aux funérailles de Sésostris, roi d'Égypte.

Tout, dans ce chant profond comme la tombe, respire l'antiquité la plus reculée; et même, sous le rapport de la science harmonique, il présente l'assemblage providentiel des deux modes majeur et mineur, et des trois sons principaux qui, sus le nom de *générateurs*, constituent tous les accords du système moderne musical.

Je ne m'arrêterai pas, Messieurs, à vous faire remarquer l'ineffable expression de la mélopée du *De profundis*. Quel est celui d'entre nous qui, malheureusement, n'a pas été à même d'y trouver un aliment à la douleur que lui causait une perte souvent bien chère? Mais, rentrant plus intimement dans le sujet de ce discours, je passerai rapidement à travers les siècles qui précédèrent l'ère chrétienne.

Quelque temps avant cette époque, le monde civilisé, plongé dans la nuit intellectuelle la plus épaisse par suite de la domination des barbares, n'avait déjà plus d'accents pour célébrer ni les dieux, ni l'amour, et encore moins la guerre; car la servitude l'avait énervé, et, s'il voulait élever parfois sa voix vers le ciel pour lui demander le bonheur et la liberté qu'il avait perdus, ses chants se traduisaient par des sanglots!...

Mais la morale évangélique tomba bientôt sur les hommes engourdis, et, comme une rosée bienfaisante, elle les ranima, en leur disant : Vous êtes tous égaux devant le Dieu qui m'a envoyée!... Aimez-vous tous comme des frères !...

Ces paroles, d'une mélodie toute divine, conquirent plus de populations à la foi nouvelle que le fer romain n'en avait pu soumettre pendant une longue suite de victoires séculaires ; et, avec le culte du vrai Dieu, reparut sur la terre l'art musical sacré.

Cependant la religion nouvelle, qui avait emprunté une partie des rites et des costumes de ses ministres aux religions juive et grecque, emprunta aussi à cette dernière la plupart des mélopées de la liturgie qu'elle consacrait à jamais. C'est ainsi que, de nos jours encore, les mélodies de l'*O filii*; de l'hymne *Jam statis*, des *Litanies*, et d'une foule de *noels*, mélodies toutes d'origine orientale, sont chantées dans les temples de la chrétienté.

Ce ne fut qu'au troisième siècle que le chant vocal fut institué en permanence dans les églises d'Orient. Un siècle après, saint Ambroise, évêque de Milan, créa le *plain-chant*; et le chant religieux fut alors adopté à son tour dans les églises d'Occident.

Non seulement ce père donna une forme musicale aux différentes prières du culte catholique, forme que saint Grégoire perfectionna plus tard en ajoutant quatre tons *plagaux* ou *ad-*

joints au système de saint Ambroise ; mais ce dernier, plein de foi et de génie musical, composa aussi le chant si mystérieux de la *Préface* de la messe, et celui plus magnifigue du *Te Deum*, que, par la suite, toutes les communions ont adopté pour célébrer les événements mémorables qui apparaissent de loin à loin afin de consoler les hommes en leur rappelant la bonté infinie de l'auteur de toutes choses !

Des empereurs et des rois tinrent aussi à honneur, dès les premiers temps de la nationalité française, de protéger la musique religieuse, et même d'en composer. Charlemagne, qui avait écrit le *Veni Creator* et sa mélopée si affectueuse, introduisit en France l'usage du chant romain. Son fils, Pépin, créa, à Paris, la chapelle royale qui subsistait encore en 1830. Robert, 26e roi de France, fit la prose : *Sancti Spiritus adsit nobis*. Louis XI, dont le culte à la Vierge est célèbre, introduisit, en 1472, l'*Angelus*, et fit sonner la cloche à l'heure de midi pendant la maladie de son frère. Louis XII ordonna qu'on chantât, pendant l'élévation de l'hostie, l'*O salutaris* ; et, enfin, Louis XIII composa lui-même un *De profundis* qui fut exécuté le jour de ses funérailles. Quoique encouragé par des rois tous puissants, l'art religieux fit peu de progrès pendant plus de six siècles, parceque, privé du concours du rhythme alors à peine soupçonné dans la mélodie, et presque nul sous le rapport de la science harmonique, il ne pouvait que perfectionner son passé, et qu'aucun progrès sensible ne semblait devoir le tirer de l'état de marasme où il était tombé depuis si longtemps. Ce sommeil de l'art musical sacré dura jusqu'à la fin du XVe siècle. Mais bientôt surgit à Rome un homme de génie ; et, grâce à ses immortelles découvertes, la musique d'église fut régénérée... Vous avez tous deviné, Messieurs, que c'est de Palestrina que je veux parler.

Ce grand compositeur opéra une réforme complète dans le genre *alla capella* dont il agrandit les ressources ; mais c'est particulièrement dans les *ricercari* et les *impropria* qu'il montra toute la puissance du génie qu'il avait déjà développé dans une suite admirable de messes, écrites depuis quatre jusqu'à seize voix réelles, séparées en deux chœurs.

Le style de cet excellent article lui est tellement particulier, que la postérité reconnaissante a donné aux compositions écrites dans son système le nom de compositions *alla Palestrina.*

Déjà Orlando Lassus avait étonné la Belgique par ses productions religieuses, avant Palestrina dont il fut le maître ; et Goudimel, ainsi que Jean Mouton, attachés à la chapelle des rois François Ier et Henri II, s'étaient fait remarquer en France, ainsi que Josquin Desprez, par leurs compositions religieuses ; mais leur gloire n'est pas venue jusqu'à nous avec autant d'éclat que celle du grand Palestrina. Cependant, je vous ferai remarquer, Messieurs, que, quel que soit le degré de réputation qu'ait atteint chacun des maîtres nommés précédemment, ce n'est qu'à l'époque où ils florissaient, c'est-à-dire dans le courant du XVIe siècle, que le genre musical sacré, véritable et pur, le genre *monocal* enfin, s'il est permis de l'appeler ainsi, a été vraiment bien connu et traité, soit en France, soit dans toutes les autres parties de l'Europe catholique.

Le dix-septième siècle a eu aussi des maîtres de chapelles distingués ; mais n'oublions pas, Messieurs, que l'*opéra* fut créé en Europe vers son commencement, que les imitateurs de Palestrina, dédaignant de suivre les préceptes de ce grand artiste, se laissèrent aller au charme plus matériel des représentations lyriques, et que, ne trouvant plus l'orgue, auquel l'expression passionnée est interdite, assez varié pour accompagner leurs mélodies presque mondaines, ils appelèrent à leur aide les violons, les basses de viole, et même les timbales et les trompettes, comme le fit plus tard Lully à la chapelle de Versailles.

Dès que l'orchestre profane fut introduit dans les églises chrétiennes, on put assurer que le règne de la véritable musique sacrée touchait à sa décadence.

Le besoin, ou plutôt le désir de faire briller les virtuoses chanteurs et instrumentistes, fit inventer, en Italie, *l'aria di chiesa*, l'air d'église, espèce de lutte concertante dans laquelle un instrument et une voix font assaut de difficultés dignes seulement d'occuper les auditeurs d'un concert d'apparat.

Alessandro Scarlatti a écrit plusieurs de ces morceaux, dont l'expression est délicieuse musicalement parlant, mais qui, vus du point religieux, doivent être d'autant plus blâmés qu'ils sont moins dignes de la sévérité du lieu saint.

Vous concevez, Messieurs, que, dès l'instant que les compositeurs oublièrent que le but de la musique sacrée est d'aider l'âme des fidèles à se dégager des liens de la terre pour n'entrevoir que le ciel, l'art musical religieux fut abâtardi, et que bientôt c'en serait fait de son antique splendeur.

Malheureusement, plusieurs musiciens de génie laissèrent des modèles qui, sous le rapport de la facture, excitèrent tellement l'admiration de leurs émules, au XVIIe siècle, qu'il ne fut plus possible à ceux-ci de rétrograder vers le genre mis en honneur par les écoles réunies de Bruxelles, de Rome et de Paris. Orlando Lassus, Palestrina et ses continuateurs, Moralès, Allegri, ainsi que Jean Mouton et Pierre Caron, musicien supérieur dont les œuvres ont été déplorablement détruites lors des guerres de la réforme, n'eurent plus dès lors pour piédestal que les bibliothèques musicales de l'Europe ; et, sans les lois canoniques qui, depuis les papes Marcel II et Sixte IV, ont à jamais fixé le rituel musical de la chapelle du Vatican, on n'entendrait même plus dans ce lieu, auquel Sixte IV a donné son nom, les sublimes compositions des maîtres que je viens de citer.

L'opéra se perfectionnant de plus en plus, et étant même porté à un très haut degré de splendeur dès le commencement du XVIIIe siècle, la musique sacrée de cette époque s'*humanisa* encore davantage Pergolèse parut... Pergolèse, vous le savez, Messieurs, fut le premier musicien moderne qui créa le genre déclamatoire et imitatif dont on a tant abusé depuis ; et vous savez aussi que ce musicien de génie est l'auteur du fameux *Stabat* qui a immortalisé son nom.

Sans prétendre ternir en rien l'auréole glorieuse qui entoure la mémoire de Pergolèse, qu'il me soit permis de faire un parallèle entre son *Stabat* et celui que Palestrina composa près de deux siècles avant le sien ; cette digression viendra encore à l'appui de tout ce que j'ai dit relativement aux causes de la décadence de l'art religieux aux XVIIe et XVIIIe siècles.

Palestrina a conçu son *Stabat* d'une seule pièce ; c'est-à-dire que, ne voyant à exprimer dans cette composition que la compassion qu'éprouve le chrétien pour la mère du Christ évanouie au pied de la croix du Sauveur, il a évité de peindre les détails de ce grand acte surhumain, et s'est attaché, au contraire, à ne produire qu'un ensemble qui, il faut l'avouer, est d'un effet admirable.

Pergolèse, au contraire, a divisé son tableau en plusieurs compartiments; et chacune des strophes de la prose, composée par un moine du XIVᵉ siècle, y sert de prétexte à un morceau de musique nouveau; ce qui, en dramatisant le texte sacré, rapetisse l'immensité du sujet jusqu'aux modestes proportions de la nature humaine.

On doit encore attribuer à l'invention de l'*oratorio* l'état de décadence permanent de l'art religieux pendant tout le cours du XVIIIᵉ siècle. Car, Messieurs, qu'est-ce qu'un *oratorio*, sinon une composition semi-religieuse et semi-profane? Or, l'expression religieuse étant une et indivisible comme la foi qui la produit, il s'en suit que l'*oratorio*, mélange de l'esprit et de la matière, a dû nécessairement corrompre le peu de goût religieux pur qui restait aux musiciens à l'époque où il traîna sur l'estrade d'un concert, Dieu, les saints, les archanges, les démons et les hommes!

Les musiciens qui n'avaient en leur pouvoir ni la science profonde ni les idées religieuses qui doivent soutenir le compositeur de musique religieuse, obtinrent, par les seules ressources du talent dramatique mises en œuvre dans l'*oratorio*, de faciles succès près des gens du monde. Mais, si, sous le rapport de l'extension de l'art scénique, nous avons gagné à l'introduction de l'*oratorio* celle non moins religieuse de l'*opéra biblique*, disons, Messieurs, que cette conquête ne vaut pas la destruction presque totale du genre sacré qui lui a donné naissance

C'est donc d'après le système de Pergolèse que tous les maîtres de chapelle du XVIIIᵉ siècle et du nôtre ont écrit, avec plus ou moins de talent ou de génie, les œuvres dont ils ont enrichi l'art religieux. Ainsi, Hændel, Sébastien Bach, Benedetto Marcello, Haydn, Jomelli, Mozart et Paesiello, quoique ayant tous un style très différent, ont produit des œuvres nombreuses de musique sacrée qui, malgré l'élévation de la pensée, la beauté des accompagnements et l'ensemble grandiose de différentes parties, n'empêchent pourtant pas le connaisseur et l'homme religieux de s'écrier tout en les admirant : *L'opéra a passé par-là!*

Au commencement du XIXe siècle, Le Sueur et M. Cherubini sont les seuls compositeurs de musique sacrée qui fixent l'attention de l'Europe entière, et qui méritent véritablement, Messieurs, toute la gloire que leurs œuvres leur ont acquise.

Le premier de ces deux maîtres n'étant plus, son nom appartient désormais à l'histoire de l'art, et je m'arrêterai sur lui, Messieurs, avec une impartiale complaisance, car il fut mon maître chéri... Quant au second, il est encore mon modèle et mon juge... Vous comprendrez, Messieurs, le sentiment tout de convenance qui m'interdit publiquement aucune appréciation de son génie musical religieux.

Le Sueur, quoiqu'il n'ait que continué le système de Pergolèse, en l'agrandissant toutefois, mérite, Messieurs, de fixer l'attention des amis de l'art musical sacré; car, si, à l'exemple de Haydn et de Mozart, il a employé l'orchestre moderne pour accompagner le chant vocal au lieu de l'orgue, on doit reconnaître qu'il a su lui approprier le style sévère de cet instrument religieux, et que, de plus, rejetant l'abus excessif de la fugue scholastique, cette composition dépourvue de tout charme, il a, à force de génie, idéalisé ce genre ingrat en lui donnant une expression sublime dont les œuvres du Vénitien Marcello nous offrent seules quelques traces au XVIIe siècle. Imbu des principes imitatifs en musique, Le Sueur publia, à l'âge de vingt ans, un livre contenant l'exposé d'une *musique nue et imitative à l'usage de toutes les fêtes de l'année.* Cet ouvrage, qu'on aurait pu attribuer à un artiste blanchi dans la pratique, tant il est raisonné avec maturité, obtint les éloges du célèbre Lacépède, auteur de la *Poétique musicale;* et il en était digne. Enfin, Le Sueur allait donner toute l'extension possible à son nouveau système, qui, il faut le déclarer pour sa gloire, était encore le seul qui pût sauver le chant religieux d'un nouveau degré d'abaissement, lorsque la grande voix de la révolution de 89 couvrit la voix tremblante des lévites du Seigneur et les dispersa...

Les églises restèrent longtemps fermées; et ce fut le *Conservatoire national* de musique, fondé par l'honorable M. Sarrète, qui eut la mission de remplacer les deux cents maîtrises ou collégiales dont Charlemagne avait doté la France.

L'épée victorieuse de Bonaparte fit rouvrir les églises; mais la religion avait tant de plaies à cicatriser qu'elle ne put songer à réformer les chœurs de musique. D'ailleurs, il aurait fallu des fonds immenses; et le clergé, désormais entretenu par l'État, ne possédait plus rien de ses richesses passées. Napoléon, devenu consul, rétablit la chapelle fondée par Pépin-le-Bref; et l'astre musical de Le Sueur brilla d'un nouvel éclat... Mais le chef de l'empire ne fit rien pour régénérer les anciennes maîtrises, ces pépinières musicales de compositeurs et de chanteurs célèbres. Il fallait au vainqueur de Marengo, non pas des artistes, mais des soldats; aussi, l'art religieux ne devint-il en France que l'objet du culte du petit nombre d'élus que l'exiguité de la chapelle des Tuileries permettait d'admettre aux magnifiques exécutions de la musique de l'Empereur.

Le même état de choses continua sous la Restauration. Cependant le zélé et infatigable Choron créa, à cette époque l'*Institution de musique classique et religieuse* de la rue de Vaugirard. La même cause qui, en 1830, a fait fermer la chapelle royale, rendit déserte l'Institution à laquelle Choron avait voué sa fortune et sa vie avec un désintéressement bien rare dans le siècle où nous vivons.

Telles sont sommairement, Messieurs, les causes de la naissance et de la chute de ce beau genre qui, dans la composition musicale, occupe le premier rang. Voyons le plus rapidement possible quels seraient les moyens, non-seulement de le rappeler vers son noble but, mais d'abord de le recréer dans notre pays, car malheureusement il n'y existe nulle part.

Je crois fermement, Messieurs, que c'est du gouvernement qu'il dépend de rendre à la France l'art musical religieux; et, sans lui demander la réédification des maîtrises anciennes, il peut encore, s'il le veut, obtenir d'heureux résultats en faisant donner aux études musicales du Conservatoire une direction moins absolue que celle qu'on y fait suivre depuis quarante ans aux élèves. Jusqu'ici, Messieurs, toutes les études de notre première école sont dirigées vers un seul but : le théâtre; cela est bien et utile, sans doute; mais que dirait-on de l'Académie royale de peinture si elle imposait un seul genre à ses nombreux élèves? si, au lieu de les guider dans leurs sympathies, ou leurs instincts d'artistes, elle leur disait à tous par la voix de ses professeurs émérites : « Ne peignez que des sujets profanes; « hors la fable et le roman il n'y a pas de salut! » Changez les spécialités, Messieurs; et vous croirez entendre parler certains professeurs de composition. Non, Messieurs, je ne puis admettre que hors du théâtre il n'y ait pas de salut musical; et, sans vouloir donner à un examen sérieux les allures d'une conférence familière, qu'il me soit permis d'avancer que je crois qu'on peut faire son salut d'artiste à l'église, en se vouant avec persévérance au genre sublime qui lui est propre!

Cette tendance des études vers les spéculations dramatiques vous explique, Messieurs, pourquoi la plupart de nos compositeurs modernes transportent sans façon l'orchestre et les cavatines lyriques dans les prétendues messes religieuses qu'ils nous font entendre à des intervalles éloignés. Ajoutons, que les difficultés sans nombre que les jeunes maîtres de chapelle en expectative rencontrent sur leurs pas, lorsqu'ils ont le noble désintéressement de vouloir faire exécuter des compositions sacrées, sont bien faites pour les décourager. Ils n'ont une tribune qu'avec beaucoup de peine, et des interprètes qu'à prix d'or. Aussi, la plupart d'entre eux désertent-ils le sanctuaire pour le salon; et tel jeune artiste qui aurait pu devenir un Pergolèse ou un Le Sueur préfère se traîner à la suite de nos faiseurs de romances à la mode, parceque ce genre léger a du débit et rapporte honneur et profit, tandis que le genre sacré n'attire sur ses auteurs que la considération du petit nombre, et qu'enfin, ses produits *ne se vendent pas!* Oui, Messieurs, il est pénible d'en convenir, mais la cause principale de la dégradation dans laquelle sont tombés tous les arts nobles et sérieux, et particulièrement la musique religieuse, existe dans les mots désolants qui précèdent et qui suivent : *leurs produits ne se vendent pas!*

C'est donc, je le répète encore, au gouvernement qu'il appartient d'abord de rappeler l'art musical sacré à sa première destination. Chaque année une foule de tableaux religieux sont exposés sous son égide dans les salons du Louvre; pourquoi, par les soins de l'administration, une chapelle permanente et nationale ne serait-elle pas fondée à Paris ?

Mais, me répondra-t-on, les frais de construction seraient énormes; et puis le personnel entraînerait à des dépenses considérables. Deux mots feront tomber ces deux objections, victorieuses en apparence. D'abord, il existe au nouveau et magnifique *Palais des Beaux-Arts* une ancienne église, celle des Petits-Augustins, qui, restaurée par les soins d'un habile architecte, sert aujourd'hui de sanctuaire à la page grandiose de Michel-Ange... Qu'un ministre éclairé entende et exauce les vœux des amis de l'art musical religieux; et, avant six mois, une tribune à l'instar de celle de la chapelle Sixtine de Rome pourra y être élevée à côté d'un autel, au pied duquel un clergé modeste viendrait prier chaque dimanche pour le bonheur et la prospérité de la France. Quant à l'orchestre vocal et instrumental, il est tout trouvé ; c'est dans les rangs des nombreux élèves du Conservatoire qu'il faut le recruter. L'État, qui fait de si grands sacrifices pour l'éducation musicale de ces jeunes gens, a bien le droit d'exiger d'eux la dîme du talent qu'il leur donne; et un simple arrêté du ministre de l'intérieur, contresigné par l'honorable directeur de cette institution toute nationale, serait plus que suffisant pour peupler de chœurs harmonieux et d'accompagnateurs la tribune religieuse du Palais des Beaux-Arts.

Outre les belles compositions des anciens maîtres dont Choron a fait revivre la tradition parmi nous dans ces derniers temps, cette *chapelle-modèle* devrait nous faire entendre aussi les essais de nos jeunes et studieux compositeurs. L'amour de la gloire, Messieurs, n'est pas tellement éteint dans le cœur de la génération actuelle, qu'un souffle vivifiant ne puisse encore le ranimer.

Je proposerais aussi, Messieurs, que la messe composée annuellement par le musicien pensionnaire du roi à l'Académie de Rome fût exécutée à la chapelle des Petits-Augustins. Ce ne serait, du reste, qu'un acte de justice de la part de l'Institut qui, jusqu'à présent, s'est contenté de faire un rapport officiel sur la composition envoyée par le pensionnaire, tandis que les productions de ses camarades les peintres, sculpteurs, architectes, graveurs, etc, obtiennent l'honneur d'être exposées aux yeux du public, dès leur arrivée de la ville sainte. Par ce moyen, non coûteux, l'État, en entretenant une noble émulation parmi les élèves musiciens qu'il envoie à Rome au prix de tant de sacrifices, leur éviterait de tomber dans le découragement, et développerait peut-être quelque génie ignoré.

Mais, après avoir exposé le plus brièvement possible un projet qui doit trouver ailleurs que dans ce discours tous les développements dont il est susceptible, qu'il me soit encore permis de revenir avec vous, Messieurs, sur les qualités morales que doivent posséder les maîtres de chapelle pour être dignes de ce beau et pieux titre.

Je le répéterai encore, Messieurs, pour qu'un compositeur fournisse une brillante et honorable carrière dans le genre sacré, il ne faut pas qu'il possède seulement le génie matériel de son art, il faut encore qu'il ait au fond du cœur ce sentiment de foi, fruit d'une première éducation religieuse; il faut enfin que ses mains soient pures; car celui qui saisit l'encensoir ou le luth sacré doit avoir des mœurs irréprochables.

Mais si les compositeurs sacrés ont besoin, pour être à la hauteur de leur noble mission, de réunir tant de qualités chrétiennes et morales, que ne doit-on pas exiger aussi de ceux qui sont appelés à être les interprètes de leurs œuvres? Que dire en voyant dans nos temples des lévites de contrebande qui, le matin, dînent de l'autel, et, le soir, soupent du théâtre; espèce de caméléons qui changent alternativement le surplis contre la casaque du soudard, et le cierge béni contre la houlette de Lubin? Je sais, Messieurs, que le peu d'honoraires accordés à ces artistes par le clergé parisien les oblige, bien souvent malgré eux, à ne pas se consacrer entièrement au .culte musical des autels; mais si le budget de l'État ne peut venir en aide à l'Eglise afin que ses chanteurs sacrés trouvent une position noble et lucrative dans le sanctuaire, n'y a-t-il plus en France de catholiques jaloux de la gloire et de la sainteté de leur religion? Non, Messieurs, un pareil état de choses ne peut durer plus longtemps; et il dépend de chacun de nous de le faire cesser bientôt. Si le gouvernement, trop préoccupé des affaires politiques, ne peut encore tenter la réédification de l'art religieux, que ce soient les fidèles aisés des paroisses de la capitale qui prennent cette généreuse initiative! Déjà plusieurs églises de Paris, après avoir heureusement modifié le plain-chant de saint Grégoire, ont fait des essais de musique idéale qui tous n'ont pas été sans excellents résultats... L'œuvre de la régénération du chant sacré est commencée, Messieurs; c'est aux amis de l'art et de la religion qu'il appartient de la parachever.

Alors, Messieurs, la musique religieuse que nous avons vu prendre naissance chez les peuples les plus anciens du monde, la musique religieuse qui, après avoir exalté les grandeurs d'Isis, de Jupiter, de Dieu enfin, dont toutes ces dénominations différentes n'étaient que le nom précurseur, la musique religieuse, dis-je, qui, au XVIᵉ siècle, célébrait si saintement la gloire du Christ, fera entendre de nouveau ses divins accents à nos oreilles charmées; par elle l'art aura reconquis une de ses plus belles couronnes; et la religion, dont les pompes ont tant de sublimité, offrira enfin au Tout-Puissant un encens mélodieux digne de s'élever majestueusement vers la voûte des temples!

QUATORZIÈME SÉANCE.

(LUNDI 15 OCTOBRE 1838.)

Présidence de M. J.-B. De Bret, membre correspondant de l'Académie des Beaux-Arts.

La discussion est ouverte sur l'histoire de la musique religieuse et sur le mémoire de M. Elwart.

Mesdames et Messieurs, dit M. AUGUSTE VALLET, dans un temps où l'esprit de système exerce une influence si fatale sur l'histoire, cette science expérimentale par excellence, un travail comme celui de M. Elwart est, pour le penseur, une véritable bonne fortune. Son mémoire se distingue effectivement à l'égard de l'examen des faits par une droiture d'esprit et d'intention qui va, j'oserai le dire, jusqu'a la candeur, et qui a teint d'une nuance particulière de bienveillance l'intérêt avec lequel vous l'avez écouté.

Rien de plus juste et de plus vrai que le tableau de cette double phase qu'il vous a tracée de la musique religieuse, ascendante puis descendante, ayant son apogée vers le commencement du XVIᵉ siècle. Mais, si la raison nous fait un devoir d'accepter ce fait incontestable, l'appréciation morale qu'il suggère à l'honorable artiste, et surtout le remède qu'il l'amène à proposer, possèdent-ils le même degré de certitude et d'invulnérabilité? — C'est ce que je ne crois pas le moins du monde.

Observons d'abord cet autre fait, Messieurs, c'est que cette décadence n'est pas seulement manifeste dans la musique d'église, mais encore dans tous les arts appliqués au culte catholique, et que cette décadence remonte pour toutes ces branches diverses à une même époque, au XVIᵉ siècle. Oui, Messieurs, il faut l'avouer, ce XVIᵉ siècle ouvre une ère complète de décadence pour le catholicisme tout entier; il offre la date d'un grand déchirement qui devait se terminer en Allemagne et dans le nord de l'Europe par un schisme, et qui, en France, devait aboutir, malgré le masque trompeur d'une orthodoxie officielle, à l'état d'incrédulité et de révolte secrète dans laquelle nous vivons à l'égard de l'Église.

Eh! bien, Messieurs, si un pareil phénomène s'est produit avec un caractère aussi frappant d'universalité et de simultanéité, soyez surs qu'il doit avoir une cause rigoureuse! Qu'il me suffise d'exprimer cette vérité sans la développer davantage!

On prétend ranimer la musique religieuse en créant une nouvelle chapelle. En fait d'inspiration on ne procède pas ainsi. Ce qu'il faudrait ranimer d'abord, c'est la flamme mourante qui s'éteint sur l'autel. Ce ne sont pas seulement des voûtes de pierre qu'il faut au véritable artiste pour faire vibrer et retentir ses chants sacrés. Il lui faut encore un écho dans les cœurs ; et cet écho lui manque !

Vous vivez, nous dit-on, au sein d'une affreuse idolâtrie ; vous adorez le veau d'or. — Eh ! Messieurs, cette accusation n'est pas sans fondement. Mais quelque déplorable que soit le mal qu'elle révèle, sachons en tirer un utile enseignement. Pendant que le confident du Seigneur s'entretenait avec lui sur la montagne, les Israélites, dit l'Écriture, impatientes de l'attendre, demandèrent à Aaron qu'il leur donnât une divinité. Aaron leur fit un veau d'or ; et les Israélites se mirent à l'adorer. Puis, Moïse revint muni du don céleste, et força les idolâtres à abjurer leur culte superstitieux. Cependant, bien des fois encore par la suite, les Israélites, abandonnant leur Dieu insaisissable, retournèrent à la première idole.

C'est que le cri éternel qu'adressent les nations à leurs prophètes est celui-ci : Faites-nous des dieux que nous puissions voir !

Messieurs, peut-être ai-je dit tout entière sous cette figure la grande cause que j'indiquais tout-à-l'heure.

Lorsqu'il y a peu d'instants je cheminais par les rues pour me rendre dans cette enceinte, rêvant au mémoire de M. Elwart, un son plaintif que j'entendais autour de moi est venu m'interrompre au milieu de ma méditation. C'était la voix d'un petit malheureux qui me tendait humblement une main souffreteuse et déjà rougie par le froid !—La réponse que je cherchais à ce mémoire, la voix de cet enfant me l'a fournie ! — Mesdames et Messieurs, si nous vivons dans un monde qui condamne d'innocentes victimes au plus atroce des supplices, à la mort par la faim, mettons d'abord un terme au scandale d'une pareille *impiété ;* puis nous chanterons le Seigneur et nous lui rebâtirons un temple !

M. DUFEY (de l'Yonne) : Mesdames et Messieurs, je ne suis point musicien ; dans cette science mon érudition ne dépasse pas la gamme ; aussi, n'aurai-je que quelques faits à citer, et n'engagerai-je point de discussion sur la musique que j'ignore.

Je rends pleinement justice au travail de M. Elwart, travail aussi spirituellement écrit que judicieusement pensé; mais qu'il se rassure! Je lui apporte des consolations; l'établissement qu'il propose est inutile.

Les grands hommes n'ont pas besoin de maître, c'est ce que l'histoire tout entière nous démontre à chaque pas; les premiers compositeurs d'Italie, Palestrina, Pergolèse, se sont développés seuls; pour cela ils n'ont pas eu besoin de Conservatoire.

Je regrette que dans l'énumération des auteurs les plus remarquables M. Elwart ait oublié Gossec, qui a fait de magnifique musique religieuse. J'en dirai autant de Le Sueur. Ces grands maîtres du dernier siècle, tout en faisant de l'opéra, produisaient aussi d'admirable musique d'église. Grétry allait chercher ses inspirations dans les chants du peuple, et il en apportait des compositions sublimes. La musique doit jaillir lu cerveau de l'artiste, telle que le peuple la comprenne sans ffort. Un homme d'esprit, un danseur, Dauberval voulait qu'il n fût de même de la pantomime; et ce principe lui dicta son ballet de Télémaque, qu'un paysan comprendrait à la première vue.

Avez-vous jamais rien entendu de plus suavement religieux que le chœur de la prière dans le *Joseph* de Méhul? rien de plus magnifique que les messes de Le Sueur? Et pourtant leur point de départ à tous deux était l'opéra, rien que l'opéra.

Le génie, dans quelque coin du monde moral que vous le jetiez, s'ouvrira toujours une route, quand le moment de se produire sera venu. Notre grand chanteur Dupré a passé par l'école de musique religieuse de Choron pour arriver à l'Opéra. Il eût atteint également ce but, quel qu'eût été son point de départ. Lablache servait les maçons avant d'enchanter l'Italie, la France et l'Angleterre. C'est là l'histoire des premiers artistes de l'Europe.

Ce qu'il faut avant tout aux compositeurs vraiment dignes de ce nom, c'est le génie. La nature le donne et non les conservatoires. Ces écoles ne peuvent qu'aider au développement. La musique religieuse, à la voix du génie, s'élancera de là aussi bien que l'Opéra. Un établissement spécial est inutile. L'auteur d'une bonne partition scénique peut produire également un oratorio remarquable, car le véritable drame lyrique contient tous les genres de musique réunis.

Je me résume, Messieurs; l'art musical religieux n'est point mort; il sommeille. Vienne un génie capable de le concevoir, de le produire, et il reparaîtra avec son ancien éclat. M. Elwart lui-même nous donnant, il y a peu de jours, l'exemple comme il nous donne en ce moment le précepte, nous a prouvé que, malgré l'absence d'une école de chant sacré, l'heure de ce grand réveil n'est pas aussi éloignée qu'il semble le croire aujourd'hui.

M. Auguste Savagner : Pour l'étude de la musique comme pour celle de tous les beaux-arts, le procédé historique est, à mon sens, le meilleur. Par là on en connaît, autant que faire se peut, l'origine et les progrès jusqu'au temps actuel; par là surtout il devient possible d'en pressentir l'état à venir. On vous l'a déjà dit : vous ne pouvez pas isoler les arts du milieu dans lequel ils sont exercés; c'est proclamer que vous ne pouvez pas les isoler de la société à laquelle ils s'appliquent. Cette vérité, qui nous semble incontestable, nous servira de guide dans ce que nous vous dirons à propos de l'établissement de la musique religieuse.

On nous fait craindre une dégénération de l'art; et on fonde cette opinion sur des raisons qui paraissent plausibles à beaucoup d'esprits; mais nous, nous sommes loin de la regarder comme justifiée. En effet, l'art suit toutes les phases de la société, dont il reproduit toujours les sentiments et dont il fait deviner les tendances. Il se transforme avec elle et revêt des apparences nouvelles selon la direction imprimée aux esprits eux-mêmes; sa tâche est de suivre de son mieux cette direction; le service le plus éminent qu'il puisse rendre est de l'activer quelquefois et de la devancer; c'est ce dernier point qui fait presque toujours le caractère distinctif des artistes de génie.

Dans ce que je viens de dire, vous ne verrez peut-être que

l'expression d'une vérité vulgaire. Mais aurais-je été forcé de la constater de nouveau et de la rappeler à vos esprits, si les artistes eux-mêmes ne paraissaient pas l'oublier trop souvent? Si l'art est près de dégénérer, ce ne peut être que parceque la société elle-même est en décadence. Or, la société, quoi qu'en puissent dire quelques hommes chagrins ou découragés, marche à un perfectionnement nouveau ; à quelque prix qu'il soit acheté, il viendra. Nous avons été tant et si longtemps agités depuis deux générations, que nous ne pouvons être encore assis ; nous sommes à une époque de transition ; il faut que l'art suive cette transition. L'art doit participer à ce travail de rénovation ; il doit souffrir de nos bouleversements ; lorsque ce travail sera terminé, lorsque ces bouleversements seront, pour un temps, à leur fin, l'art s'asseoira aussi sur une base nouvelle, et prendra encore une fois un caractère décidé, pour ensuite recommencer ses agitations et ses mouvements vers un nouveau progrès. Si l'esprit humain ne s'arrête jamais dans sa marche, s'il va toujours en avant ; si le progrès est sa loi véritable, l'art en général et l'art musical en particulier doivent être soumis à cette loi ; ils doivent la suivre, et ils la suivent en effet. L'art ne sommeille donc pas aujourd'hui ; il a acquis de nouvelles ressources ; il les tente, il les essaie, pour les développer richement et avec magnificence. Il prélude en un mot à un caractère qu'il n'a pas eu jusqu'ici.

On vous a dit aussi que la dernière expression du christianisme repousserait les arts. Eh non ! Messieurs ; la dernière expression du christianisme est l'égalité de l'homme et le libre développement de toutes les facultés dont il est doué. Parconséquent le christianisme ne peut ni dédaigner ni étouffer les facultés artistiques. Le développement de ce thème est trop facile et prête trop aux déclamations pour que je l'entreprenne ici.

On se plaint de l'espèce de nullité où languit aujourd'hui la musique religieuse et surtout la musique chrétienne. Mais il faudrait rechercher la cause de cette nullité. On la trouverait dans l'état de la société, aux yeux de laquelle le culte chrétien n'est plus trop souvent qu'une sorte de fantasmagorie ou d'arrière-plan théâtral, parcequ'aux yeux de cette société il a perdu son caractère poétique, son caractère populaire.

Pourquoi, au moyen-âge, la musique religieuse, toute faible qu'elle fut longtemps, exerça-t-elle tant d'influence? c'est que l'Eglise était la véritable société, la société populaire.

Le peuple, à cette époque, ne trouvait que dans l'Église sa joie, sa consolation et l'oubli de ses cruelles peines, parcequ'il y voyait encore une image de cette égalité qu'il devait réclamer plus tard si énergiquement et qu'il n'a pas encore entièrement obtenue. Le peuple fournissait à l'Église ses plus éloquents ministres, ces hommes énergiques auxquels nous avons tant d'obligation, mais qui, enfants du peuple, se sont trop souvent tournés contre le peuple. Au milieu de ces temps d'agitation il y avait dans les masses une supériorité vigoureuse capable d'exercer une large et vaste influence; mais une seule lice s'ouvrait: l'Église. Ce n'était pas un simple sentiment vague du cœur, c'était une sorte de sentiment d'intérêt et de nécessité presque matérielle, qui poussait le peuple là parcequ'il y voyait un recours. Eh bien! au milieu de tous ces fidèles réunis dans l'église, sur le pied de l'égalité, régnait un sentiment indivisible qui les ralliait, qui agissait sur eux. Alors ils se consolaient de leurs misères en conservant l'espérance de jours meilleurs. Ils se trouvaient dans la disposition voulue pour éprouver avec puissance l'influence de la musique religieuse; et cette disposition était encore favorisée par le caractère tout particulier imprimé aux monuvements religieux par les arts du dessin.

Cette influence peut-elle exister au même degré aujourd'hui? Je ne le crois pas. Pourtant la musique s'est développée et enrichie; et le sentiment n'en est pas mort pour cela; mais elle s'est dirigée vers une partie plus applicable et plus positive de la vie. La musique religieuse a cessé d'exercer son influence le jour où l'épiscopat est devenu la proie des courtisans, et lorsque les principes de la philosophie moderne ont soumis la religion même à l'examen. Comment voulez-vous être préparés aux séductions de la musique religieuse, lorsqu'en vous présentant au portail des tem-

ples vous y voyez la misère assise, hideuse, souillée, privilégiée?
Faites quelques pas encore, vous voyez sur les places des spectacles encore plus hideux. Entrez dans l'église ; qu'y voyez-vous
de solennel et de religieux? Une femme vient vous demander
le prix de votre place ; un prêtre fait une quête pour les besoins
de l'église ; et vous trouvez partout le veau d'or placé sur l'autel.
Cette cause et d'autres font que rien aujourd'hui dans nos temples ne provoque chez nous cette sorte d'influence que nous
attendons de la musique religieuse. Autrefois vous aviez des
églises à voûtes hardies et magnifiques, des églises à vitraux
peints qui faisaient entrer dans les temples un jour d'une nature particulière. Aujourd'hui vous ne possédez plus de ces
temples de formes majestueuses; vous avez des boudoirs, de
grands salons qui semblent rivaliser avec nos plus beaux cafés :
ce sont des bâtiments brillants sous le rapport de la régularité
et du développement général, mais qui n'ont aucun caractère religieux parcequ'ils peuvent s'employer à toute espèce de destination. Il est donc impossible que la musique religieuse se développe, se propage, qu'elle devienne surtout populaire, condition
indispensable pour qu'elle soit utile. Vous ne voyez jamais une
rivière remonter à sa source ; vous voyez rarement l'humanité
reprendre exactement le chemin qu'elle a suivi ; elle peut
le continuer presque parallèlement, mais elle ne suivra pas la
même ligne. L'esprit religieux, comme on l'a entendu, est complètement mort ; le mysticisme est bien mort aussi. Ce qui reste
de la religion, pour les esprits qui veulent bien se rendre compte
d'eux-mêmes, c'est une tendance vague à supposer l'existence
de quelque chose au-dessus de ce monde, et ensuite un sentiment profond de moralité et de conviction ; voilà en quoi se résume la religion, telle que les esprits les plus religieux la con-
çoivent aujourd'hui.

On parle beaucoup du retour aux idées religieuses chez les
artistes ; et quelques-uns ont semblé disposés à revenir au catholicisme pur, ou à le réconcilier avec d'autres idées plus
philosophiques ; ce qui a donné lieu à une secte morte-née,
désignée sous le nom de néo-christianisme. Je connais beaucoup de jeunes gens qui se sont laissés entraîner à en faire

partie; mais en général ce sont des hommes faibles, sans grande instruction, sans grande piété; ils sont arrivés là par un besoin vague de se rattacher à quelque chose de nouveau, pour recevoir une espèce de satisfaction; mais ils n'ont pu la trouver parcequ'ils ne se plaçaient pas dans les conditions de travail nécessaires. En un mot, beaucoup d'hommes ont revêtu ce mysticisme pour cacher leur profonde nullité et se donner les apparences d'un talent qu'ils n'ont pas.

(L'auteur entre ici dans quelques développements que l'espace ne nous permet pas de reproduire.)

En résumé, dit-il, la musique religieuse ne pourrait pas retrouver le même développement que jadis. Mais ce n'est pas à dire pour cela que la musique elle-même ait disparu; elle n'a même jamais peut-être été plus belle qu'aujourd'hui. Car, voyez les chants nationaux de divers peuples; n'y a t-il pas là de la musique? N'y a-t-il pas la des chefs-d'œuvres? Où y a-t-il plus de vérité musicale aujourd'hui que dans une série de chants vraiment populaires et qui répondent aux diverses positions d'une nation, à ses mouvements, à ses passions, à ses agitations, à ses espérances? En un mot, il faudrait créer une musique réellement nationale. Partout alors le génie musical recevrait une impulsion dont les progrès seraient réels; ce serait une véritable musique, un art véritable, un art bienfaisant qui contribuerait réellement à développer les facultés de l'homme. Au lieu de cela on nous présente de la musique d'église, de spectacle, de salon. La musique et les beaux-arts doivent être mis sur la même ligne que les belles-lettres; la musique doit reproduire toutes les idées, toutes les passions, toutes les espérances d'une nation. Eh bien! cela se fait par des compositions qui sont encore inconnues et qui pénètrent rarement dans les belles sociétés où l'on chante des romances. L'état de langueur où se trouve cet art naît de ce que l'on vit dans le passé, se copiant les uns les autres, ou se prêtant à des genres bâtards, délices des âmes usées et étiolées. Dans notre musique frivole nous n'avons aucune idée généreuse, rien qui parle à l'âme; c'est un ramas de chants et de paroles sans idées, une répétition constante de choses froides et banales. Tout cela est excellent pour les grisettes et les courtauds de boutique, mais non pour les hommes éclairés, ni pour une société réellement civilisée.

Rattachez-vous donc à des compositions plus nobles, comme on le fait en Allemagne et dans d'autres pays; alors vous y trouverez un véritable plaisir et un résultat véritable. Je suis fâché de ne pas connaître assez la matière pour poser une question plus importante : celle de savoir quel devait être le caractère actuel de la musique en général, quelle influence elle pourrait exercer. Quant aux applications et aux développements, ce n'est pas avec dix ou douze mille francs donnés à un maître de chapelle et à l'exécution de morceaux que personne n'ira entendre, que vous releverez la musique religieuse. La quetion n'est pas là ; elle plane bien plus haut.

M. Cellier : Mesdames et Messieurs, il est des hommes auxquels on succède, mais qu'on ne remplace pas. C'est ce qui m'arrive relativement aux éloquents orateurs qui m'ont précédé à cette tribune.

Il faudrait s'entendre sur ce qu'on entend par musique, et surtout par musique religieuse. Je n'insisterai pas sur le mot *religieux*; la religion est chose si respectable qu'on ne doit jamais y toucher qu'en tremblant, car elle traite de nos rapports avec Dieu. Et que sommes-nous, faibles atômes, comparés à l'être des êtres? Cependant j'examinerai quelles doivent être au moins, sous le rapport des arts, nos relations avec Dieu.

Dieu est un tout métaphysique tellement au-dessus de notre faible compréhension, que nous ne pouvons véritablement nous rattacher à lui que par la pensée. Si nous y joignons un élément étranger, il y a duplicité d'action, et nous courons risque de nous tromper de but ; c'est ainsi qu'on arrive à avoir une religion, il est vrai, mais une religion qui n'est que sensuelle ; car celui qui fait Dieu matériel ne croit pas à Dieu.

Or, quand pour s'élever à Dieu on veut agir sur les sens, on reste toujours à terre ; car celui qui ne saisit pas l'abstrait ne peut toucher à Dieu qui est tout abstraction. Il n'en est pas de l'amour de Dieu comme de l'amour de la créature, non pas que je veuille blâmer celui-là, il est bon, il est saint, et Dieu lui-même l'a mis dans notre cœur pour la perpétuité de la race humaine; mais il est matériel, et Dieu est tout esprit; nos hommages à lui doivent donc être tout spirituels.

On a dit que le christianisme était mort. Non, Messieurs, il ne mourra point; on pourra en développer plus ou moins les innombrables bienfaits, mais il sera toujours la perfection sur la terre. Le christianisme, religion éthérée, s'élance dans les domaines de la métaphysique, et dédaigne les viles entraves des sens. C'est là qu'est son triomphe: toute religion qui s'appuie sur les sens tombera; car, tôt ou tard, elle doit dégénérer en anthropomorphisme.

Un dernier mot. Il ne faut pas, comme on l'a fait quelquefois, opposer la Bible aux enseignements du christianisme; il faut la lire dans son sens abstrait et philosophique, et non pas la prendre à la lettre. Moïse n'a point fait Dieu visible; il a compris qu'il devait être nécessairement métaphysique. Quand Dieu veut parler à nos yeux, il déroule le livre sublime de la nature, et c'est par là qu'il se révèle. Il n'y a de parfait que ce qui se rapproche de lui; c'est donc par la contemplation de la nature que nous devons nous élever à lui.

Les cérémonies, les monuments religieux ne sont utiles qu'à ceux qui ne sont pas assez intelligents pour s'élever à lui par la nature. Appliqués au principe religieux, les objets matériels ne font que nous rabaisser. Cherchons plutôt, Messieurs, à nous élever nous-mêmes, suspendons-nous à ce rayon divin, bien autrement puissant que l'œuvre de la créature. La nature est le seul échelon qui conduise l'homme à la source unique du bonheur, au ciel, à Dieu.

M. Auguste Vallet: Puisque le terrain sur lequel nous marchons est devenu tout théologique, je m'y placerai aussi; mais on me permettra de faire observer que ce n'est pas moi qui ai imprimé à la discussion actuelle la direction qu'elle suit. M. Savagner a paru combattre ce que j'avais avancé à l'ouverture de ces débats, et pourtant il se trouve d'accord avec moi quand nous remontons aux principes. Le christianisme a toujours proclamé la soumission de la matière à l'esprit; M. Cellier vient de

vous le rappeler d'une manière convaincante. C'est absolument ce principe que j'avais avancé. Mais je m'éloigne entièrement de lui quand il s'agit de l'hommage que la créature doit au
Créateur. L'homme est ainsi fait qu'il éprouve un invincible
besoin de témoigner sa religiosité par la matérialisation. Tenter
de le réduire à un seul acte métaphysique, c'est détruire le culte.

En effet, voyez tous les peuples, et je n'ai pas besoin pour le
prouver de descendre jusqu'au fétichisme : toujours et partout
l'homme manifestera ses sentiments religieux par des moyens
matériels; mais ses sentiments n'en seront pas moins purs ni
moins dignes de Dieu.

M. le chevalier ALEXANDRE LENOIR continue la lecture de
son travail sur *les productions des peintres les plus célèbres de
l'antiquité, du moyen-âge et des temps modernes.*

Mesdames et Messieurs, dit M. le chevalier ALEX. LENOIR, dans
mes deux premiers discours je vous ai entretenus des peintres
de l'antiquité et du moyen-âge. Avant d'aborder l'époque dite
de la *renaissance*, un mot, je vous prie, sur la division des
écoles ! Ce n'est pas chose nouvelle, tant s'en faut. Dès qu'il y
eut des peintres dans les villes grecques d'Europe et dans celles
d'Asie, on remarqua une grande différence entre le faire des
uns et des autres. De là deux genres, l'hellénique et l'asiatique.
Il y eut même en Europe plusieurs écoles de types particuliers.
Les plus célèbres de la Grèce furent celles d'Athènes, de
Sicyone et de Corinthe. Vers le XVIe siècle, l'Europe admit
deux écoles de peinture, l'italienne et la française. La première
se subdivisa en romaine, florentine, vénitienne, lombarde.
L'école française resta et reste encore sans divisions. Plus tard,
l'école flamande se subdivisa en allemande et hollandaise. L'é-
cole romaine reconnaît pour ses fondateurs Pérugin et Raphaël;
la florentine, Michel-Ange; la vénitienne, Titien et Giorgon;
la lombarde, Corrège. On peut regarder Cimabué comme la
clé de voûte, le point de départ de toutes ces grandes écoles
qui ont fait la gloire de l'Italie et propagé le goût des arts dans
toute l'Europe. Les écoles allemande, flamande et hollandaise

considèrent pour leurs fondateurs Albert Durer, Jean Van Eyck, Holben, Lucas de Leyde, et plus tard Van Dyck et Rubens.

Ici l'orateur paie un juste tribut d'éloges à l'école espagnole trop longtemps négligée. Il remercie, au nom de la France, le roi d'avoir enrichi notre musée d'une galerie espagnole, et pense que notre collègue, M. le baron Taylor, dans cette importante mission artistique, a fait preuve d'un tact exquis et de vastes connaissances. Comme les écoles italienne et française, l'école espagnole a commencé par la peinture des madones et les miniatures des missels. Le style de ces essais est byzantin. Le goût appelé gothique a suivi cette marche; et toutes les peintures de l'Alhambra ne sont pas dues aux Arabes. L'islamisme défendant à ses adeptes toute image de choses vivantes, ils ne reproduisirent que des fleurs et des ornements fantastiques. De là l'origine de l'*arabesque*.

Arrivée en Espagne, vers le milieu du XVe siècle, de deux artistes flamands, Roger et Jean Flamenco, qui décorent la chartreuse de Miraflores. Tous deux peignaient la gouache et l'huile comme Van Eyck. Leur influence sur l'école espagnole, qui n'eut pourtant de grands coloristes qu'à partir du milieu du XVIe siècle. Révolution opérée par Titien et Rubens sur les écoles de Valence, Séville et Madrid. Apparition de Claudio Coello, Ferdinand Navareto, Zurbaran, Velasquez, Pierre de Moya, José Ribera, Barthélemi Estaban Murillo. Un mot sur les galeries du maréchal Soult, et de nos collègues MM. Aguado et d'Espagnac. Beau portrait du Tasse, par Ribera, appartenant à M. Barillon, avocat.

École flamande : Hubert et Jean Van Eyck, deux frères célèbres, travaillant aux mêmes tableaux Leur premier ouvrage fut le *Triomphe de l'Agneau*, sujet tiré de l'Apocalypse, et destiné à l'église Saint-Jean, de Gand. Les bourgeois de cette ville refusèrent de le céder au roi d'Espagne, qui en fit faire une copie. Nombre de personnages, richesse de coloris, beauté d'exécution. Ce tableau a figuré jusqu'en 1815 au musée de Paris. Jean, à la mort de son frère, se retire à Bruges, où, en s'occupant de chimie, il découvre la peinture à l'huile. Philippe-le-Bon, duc de Bourgogne, admet dans ses conseils. Il compose et peint une suite de cartons sur peau de baudruche , destinés à la manufacture de tapisseries que ce prince avait fondée à Gand. Là s'exécutèrent, d'après les dessins de Raphaël, les belles tapisseries du Vatican, exposées sous l'empire dans la cour du Louvre et restituées depuis au pape. Belles compositions en ce genre du flamand Jean Stradam. Infériorité, sous le rapport de la pureté des formes , des ouvrages des premiers peintres flamands sur ceux de Cimabué , de Michel-Ange, de Léonard de Vinci, de Raphaël et de cet Apelle dont l'antiquité s'honore.

Rubens rectifia toutes ces erreurs. Sa place est à la tête de ses compatriotes, dont il négocia les intérêts en 1630 près de Philippe IV, roi d'Espagne. Origine et naissance de ce grand artiste. L'archiduc Albert, l'ayant pris sous sa protection, lui donne pour maître Ottovenius, un des plus savants maîtres de Flandre. Rubens enseigne l'art de bien colorer les carnations, et la belle manière de peindre. Il avait un génie vaste, une conception facile, noble, grande. Comparaison de Rubens et de Voltaire. Admirable instinct de l'allégorie. Son jugement de Pâris, de la galerie d'Orléans; ses vingt-deux tableaux de la vie de Marie de Médicis au Luxembourg. Art d'exprimer à la fois deux sentiments sur un même visage. Tomiris, reine des Scythes, recevant la tête fraîchement coupée de Cyrus. Ce tableau, qui a appartenu à Christine, reine de Suède, orne aujourd'hui la galerie de Mmes de Frainais à Paris et à Saint-Maur.

On a reproché à Rubens de dessiner mal ; c'est un préjugé accrédité par des hommes de mauvaise foi, fanatiques de Raphaël, comme si dans les tragédies de Corneille on pouvait exiger la versification de Racine. Rubens connaissait à fond l'anatomie. Il y a dans sa *Descente de croix* de la cathédrale d'Anvers toute l'énergie sublime de Michel-Ange. Ses batailles ont beaucoup d'analogie avec celles de Jules Romain. Ses raccourcis produisent de beaux effets. Ses disciples, Van Dyck, Van Thulden et Jacques Jordaens ont peint l'histoire ; Sneiders, les animaux; David Teniers, les scènes champêtres. Toute l'école flamande se retrouve dans les peintures de Rubens. C'était un des hommes les plus instruits de son temps; il parlait sept langues. Casanova m'a raconté qu'étant un jour à dîner à Vienne chez le prince de Kaunitz, la conversation tomba sur Rubens, et qu'une vieille baronne, interrompant la conversation, prétendit que la qualité d'ambassadeur avait singulièrement relevé sa réputation; que sans doute c'était un ambassadeur qui s'amusait à peindre. — Ce n'était pas cela, madame la baronne, reprit vivement Casanova, c'était, au contraire, un peintre qui s'amusait à faire l'ambassadeur.'— Il mourut en 1640. Ses obsèques furent celles d'un prince. Il a laissé plus de 300 tableaux. Peintres nombreux qui ont illustré la Flandre. Descamps leur a consacré 6 volumes, et l'ouvrage n'est pas complet.

L'école allemande n'a point la délicatesse et la grâce de l'école flamande. Représentation fidèle et servile de la nature, avec ses défauts mêmes, et sans choix. Albert Durer son fondateur, né en 1471. Destiné d'abord à l'orfèvrerie, il s'adonne à la gravure et publie ses œuvres, parmi lesquelles on remarque l'*Adoration des Mages*, *Adam et Ève*, *Jésus crucifié*. Sa grande réputation était faite dans ce genre quand il prit la palette et les pinceaux. Vasari prétend que s'il avait eu la Toscane pour berceau, et s'il avait étudié à Rome, il aurait été le plus célèbre peintre de l'Italie. Mais, servile imitateur des objets qui frappaient sa vue, il n'eut jamais de goût, de grâce, d'élégance. Son coloris toutefois est vrai, beau, vigoureux, et sa draperie sévèrement agencée.

Jean Holben, son ami, peut lui être comparé; sa *Danse des morts*, de l'hôtel-de-ville de Bâle, sa patrie, morceau bisarre et de mauvais goût, lui fit une grande réputation. Ce tableau a été singulièrement multiplié par la gravure. Holben excella dans le portrait. On lui doit ceux d'Erasme, de Calvin, de Thomas Morus. Fixé à Londres où il mourut, il fit aussi les portraits de Henri VIII et de sa famille.

Les successeurs d'Albert Durer sont Henri Aldégraf, peintre et graveur, Christophe Schwartz, et Lucas Kranack, peintre et graveur, disgracieux dans son dessin, aux compositions gothiques, peignant des femmes nues, laides, difformes. (Voir ses ta-

bleaux au Musée.) Schwartz se distingue par un meilleur goût
et par plus de coloris. Il passa plusieurs années à Venise et étudia le clair-obscur dans l'atelier de Titien. Il a peint plusieurs
Sainte famille dans le style de Raphaël, d'où lui est venu le nom,
de *Raphaël de l'Allemagne.*

Invitation aux élèves français d'abandonner leur manière in-
décise et négligée. Le roi de Prusse, désireux de faire revivre
l'école allemande, entretient des pensionnaires à Pérouse, patrie de Pérugin, où sont les chefs-d'œuvres de ce maître. Etu-
des sérieuses et consciencieuses de ces jeunes gens. Leurs succès aux expositions de Rome. Accueil du roi à leur retour.

L'école hollandaise se fait remarquer par une grande intelligence du clair-obscur, un travail extrêmement fini, un coloris pur, agréable, vrai, une façon de peindre délicate, beaucoup
d'art dans la représentation des sujets familiers, des paysages,
des perspectives, des animaux, des fleurs, des fruits et des effets de nuit. Ces artistes vétilleux travaillaient, pour se garantir
de la poussière, dans des chambres de verre. Leur grande perfection de coloris ne se fit jour qu'après l'apparition de Rubens.
Lucas de Leyde, fondateur de cette école, n'a jamais fait
choix de la belle nature ; il n'a jamais connu les belles statues
de l'antiquité ; il dédaigna les conseils d'Albert Durer, son ami ;
il est incorrect et maniéré. (Voir sa *Descente de croix* sur bois
au Musée.) Eloge du coloris, de quelques attitudes naïves et de
draperies bien jetées. Lucas a fait beaucoup de gravures, genre
dans lequel il a excellé. Il ne quitta jamais sa patrie où il mourut à 39 ans.

Le fameux Erasme, retiré dans le monastère d'Emmaüs, y
étudia la peinture et produisit un crucifiement fort estimé. Ce
grand littérateur figure aussi en tête des artistes hollandais.

Les peintres d'histoire de cette école sont peu nombreux.
Je citerai Ottovenius qui fit aussi le portrait, Abraham
Bloëmaert et Corneille Poelenbourg, son élève.

Où les peintres hollandais brillent, où ils n'ont pas de rivaux, c'est dans le genre familier, le portrait, le paysage, les
intérieurs. Voyez au Musée les portraits de Moro, Mirvelt,
Rembrandt. Voyez de celui-ci la *Nativité de Jésus,* et l'*Ange*

de Tobie, et vous apprécierez ces effets hardis de lumière et cette vérité merveilleuse. Voyez encore la *Femme hydropique* de Gérard Douw, chef-d'œuvre de composition et de coloris. Voyez le gros officier hollandais marchandant la vertu d'une jeune fille. Voyez enfin les peintures de Metzu, Miéris, Carle Dujardin. Pour le paysage admirez les chaleureuses pages de Ruisdael et d'Hobemma, la nature paisible de Winauts, Berghem, Vandervelde, Moucheron, Wouwermans, David de Hoem, Jean Van der Heyden, Paul Potter, et les belles fleurs de Van Huysum.

Toutes les écoles de peinture du moyen-âge étaient de beaucoup inférieures à celles d'Italie vers la même époque. Dans cette patrie des beaux-arts furent jetés les premiers fondements de la renaissance ; il n'y eut point, pour ainsi dire, d'interruption entre la peinture grecque et celle de Cimabué, Masaccio, Giotto, Pérugin, Michel-Ange, Raphaël, Léonard de Vinci et Titien. A l'époque des quatre premiers, la peinture française était de plus d'un siècle en arrière. Pérugin avait étudié avec Léonard de Vinci dans l'atelier d'André Verocchio. Ce grand artiste, à la fois peintre et sculpteur, fit, dit-on, le premier, mouler le visage des personnes vivantes ou mortes. Il expira à l'âge de 78 ans de chagrin d'un vol commis à son préjudice.

Tous les défauts des écoles flamande, allemande et hollandaise peuvent être reprochés aux peintres français du moyen-âge. Il n'y avait alors de passable que les miniatures des missels. Une dévotion mal comprise bannissait l'anatomie des écoles. Les draperies sont généralement bonnes, mais les attitudes qu'on appelle naïves, naturelles, sont trop souvent celles d'un niais ou d'un idiot. Voilà, Messieurs, le genre qu'on admire aujourd'hui et qu'on imite. Il en est ainsi de l'architecture, des décorations d'appartements, des bijoux de femmes. Le moyen-âge fait fureur. Ce mauvais goût, introduit dans les arts du dessin par des novateurs, incapables de se placer à la hauteur du beau, ne perdra jamais la qualification de gothique ou de barbare, deux mots qui pour moi sont synonymes. Quoi qu'on dise, voyez s'il y a rien de semblable dans les premiers essais des écoles italiennes, où tout est grand et noble dans la simplicité.

Les premiers peintres français de ces temps d'ignorance nous sont peu connus : un seul, Jacquemin Gringoneur, est nommé dans l'histoire de Charles VI pour avoir composé, en 1392, des cartes destinées à l'amusement du prince et qui ont été l'origine des cartes à jouer ; on en conserve quelques-unes à la Bibliothèque royale. On voit à Toulouse, dans le cloître des Carmes, un autre tableau du même Gringoneur que Charles VI fit peindre pour l'accomplissement d'un vœu ; il est sur bois ainsi qu'un autre tableau du même auteur qu'on voit au Musée de Paris, et qui représente la famille des Ursins. C'est moi qui ai sauvé ce dernier tableau, en 1792, des atteintes de la tourmente révolutionnaire. Nous terminerons ici nos observations sur les peintres et les peintures du moyen-âge pour passer à l'époque dite *de la renaissance*.

Il n'y a pas eu de renaissance proprement dite en Italie. Là, comme je l'ai dit, la peinture s'est insensiblement perfectionnée jusqu'au règne des Médicis, qui peut être regardé comme la plus brillante époque des arts. Ce fut celle où brillèrent Michel-Ange, Léonard de Vinci et Raphaël.

La fortune du premier eut pour origine une statue colossale de neige, qu'il exécuta durant un hiver dans la cour même de Pierre de Médicis. Le grand-duc, frappé de la beauté de cet œuvre que le moindre souffle de brise allait détruire, fit accorder à Buonarotti, avec une pension, l'autorisation d'étudier l'anatomie dans les hôpitaux de Florence. Le génie de ce grand artiste révéla un dessin plus fort, plus énergique, plus hardi. A la fois peintre, sculpteur, architecte et poète, il a produit dans chacun de ces genres des ouvrages qui servent de modèles. Par son chef-d'œuvre du *Jugement dernier*, il s'est acquis une gloire incomparable. Le peintre Xavier Sigalon a été envoyé à Rome pour faire une copie de grandeur naturelle de ce tableau, copie que l'on voit à Paris à l'École des beaux-arts ; et, après avoir terminé, son œuvre il est mort comme s'il eût voulu se reposer dans l'éternité.

Léonard de Vinci était à la fois peintre, architecte, savant

et littérateur distingué ; mais c'est à la peinture qu'il doit principalement sa réputation. S'il est moins exalté et moins enthousiaste que Michel-Ange, il est aussi plus correct et offre
plus de vérité dans les expressions. Il peignit en 1500, avec Michel-Ange, la grande salle du conseil de Florence ; et ils firent
ensemble les fameux cartons dont il est tant parlé dans l'histoire des arts.

Quoique personne n'ait plus travaillé que Léonard de Vinci,
ses tableaux sont assez rares. Son plus bel ouvrage est *la Cène*.
Notre Musée en possède une traduction qu'on attribue à Nicolas Poussin. François Ier, se l'étant attaché, l'amena en France
l'an 1516.

Raphaël, qui eut pour maître le célèbre Pierre Pérugin, était
déjà connu dans toute l'Europe civilisée. Il maria les formes
des belles statues antiques à celles du modèle vivant et produisit des ouvrages d'un dessin admirable, des ouvrages pleins de
grâce et de vérité.

Ce grand artiste a décoré le Vatican d'un grand nombre de
beaux ouvrages, entre lesquels le plus remarquable est celui
qui représente *le Père éternel débrouillant le chaos*. C'est bien
la peinture d'un dieu. Les autres principaux tableaux de Raphaël sont : l'*École d'Athènes*; l'*Incendie d'un faubourg de
Rome*; *Constantin combattant Maxence*; *Héliodore battu de
verges par deux génies invisibles*, etc., etc.

Je dirai quelques mots d'un préjugé accrédité contre le coloris de Raphaël par ces mêmes hommes qui prétendent que
Rubens ne savait pas dessiner. Le coloris de l'artiste dont nous
parlons est partout ce qu'il doit être. Sans doute on n'y retrouve
pas ces jets hasardés de lumière qui éblouissent, ces empâtements de couleur qui en imposent et cette affluence de tons
qui appartiennent plus à la prétention du peintre qu'à l'imitation de la nature; mais son coloris n'en est que plus naturel
et a beaucoup d'affinité avec celui de Titien. Si vous voulez
enfin, Messieurs, connaître bien le mérite de Raphaël, lisez la
vie de ce grand artiste par M. Quatremère de Quinci. Raphaël
mourut à l'âge de 37 ans. Ses disciples qui entouraient son lit
de mort répétaient avec l'accent du désespoir : « Le prince des

peintres se meurt : Raphaël est mort. » On lui fit de magnifiques obsèques. Ses élèves portaient en tête du convoi
comme un drapeau le tableau *de la Transfiguration ;* c'était le
dernier ouvrage auquel il travaillait quand la mort le surprit.

Après ces grands peintres, que vous dirai-je de Corrège
qu'on a voulu comparer à Raphaël sous le rapport de la grâce,
prétendant même que le chef de l'école lombarde s'est montré
supérieur au chef de l'école romaine dans cette partie si séduisante de l'art? La grâce de Raphaël est la grâce surhumaine,
mystérieuse, plus belle encore que la beauté, celle qui enchante
et séduit dans une maîtresse. Mais Corrège n'eut d'autre idée
de la grâce dans la peinture que celle qui résulte de l'étude
d'une certaine classe de la société, c'est-à-dire qu'il la faisait
consister dans des mouvements arrondis aux dépens des lois
anatomiques. Ennemi de la simplicité, il affectait des allures
courtisanesques ; et la grâce dans ses tableaux ne consistait
souvent qu'en minauderies de coquettes et faux semblants de
vérité. Certes, il ne manquait pas pourtant de force, d'énergie ;
et l'on disait de ses carnations qu'elles étaient si fraîches que
ce n'était pas de la peinture mais de la chair. Cet artiste, mort
à Corrège sa patrie à l'âge de 40 ans, a représenté le premier,
au plafond d'une chapelle, des personnages en l'air et des figures en raccourci.

L'école vénitienne dont je vous ai déjà parlé, la première
pour l'art du coloris, a été fondée par Titien, ou plutôt par le
maître de cet artiste, Gentil Bellin. On rapporte, à propos de
ce dernier, une anecdote qui peint les mœurs du sérail
sous leur vrai jour ; Bellin, appelé à la cour du grand-seigneur,
y ayant fait entr'autres ouvrages une décollation de saint Jean-
Baptiste, le sultan trouva que la peau du cou n'était pas suivant la nature ; et, pour prouver la vérité de sa critique, il appela un esclave qu'il fit décapiter, ce qui effraya tellement l'artiste qu'il quitta Constantinople en toute hâte.

C'est à Titien qu'on doit l'introduction du coloris et du clair-
obscur. Ce peintre avait si bien étudié les effets de la lumière
et des tons que l'imitation de la nature acquiert dans ses tableaux une vérité qui subjugue. On oublie en les voyant que

c'est de la peinture. Il suffit pour s'en convaincre de jeter au Musée un coup-d'œil sur *le Christ porté au tombeau*, sur *le Couronnement d'épines*, et sur quelques autres tableaux de ce grand maître. Il peignait le paysage et le portrait avec un égal succès La peste l'enleva à Venise en 1576 à l'âge de 99 ans.

Son disciple, Paul Veronèse, poussa l'art du coloris jusqu'à la dernière perfection; et tels furent les succès de ces deux grands maîtres, que l'école de Venise balança bientôt les écoles romaine et lombarde. Tous les artistes de cette école ont été de grands coloristes; on a dit d'eux qu'ils peignaient la nature telle qu'elle est, et que les Flamands la peignaient à travers une glace.

L'école des Carrache en Lombardie n'était pas moins florissante; Annibal avait mis huit ans à peindre la fameuse *Galerie Farnèse*, regardée comme un poème en peinture et louée avec tant de justice par Poussin. Louis peignit son *saint Jérôme*; et Augustin, *le Déluge*, qui est au Musée de Paris. Ces grands artistes eurent plusieurs disciples, entre lesquels on cite Albane et Dominiquin, auteur de la belle *Communion de saint Jérôme*, si habilement gravée par M. A. Tardieu, et considérée comme le chef-d'œuvre de son auteur et même de l'école lombarde.

Le grand style de ces diverses écoles tomba en désuétude à l'apparition des Cortone, des Ciroferi, des Romanelli et des Carle Marátti; ces peintres, quoique habiles, furent les premiers corrupteurs de l'art; ils introduisirent dans les compositions des tableaux des convenances peu sévères, et dans le maniement du pinceau une facilité qui amena l'entier oubli des doctrines des maîtres. Cette nouveauté qui date de 1630, époque de la chute de l'art en Italie, fit d'abord fureur, comme il est arrivé depuis en littérature au romantisme avec lequel elle a de l'analogie. Pompée Batoni et Raphaël Mengs tentèrent vainement, dans le dernier siècle, de ramener l'école romaine au bon goût.

Pendant que la peinture faisait de si rapides progrès en Italie, la France n'avait encore que de pauvres faiseurs d'images, étrangers pour la plupart, et fabricant de médiocres tableaux pour les oratoires et les églises, malgré la protection que François Ier accordait aux arts, notamment à la peinture. Nous avons vu comment il emmena en France Léonard de Vinci, à qui il accorda, avec une pension de 700 écus, la jouissance d'un beau château près d'Amboise. Dans un voyage que cet artiste fit à Fontainebleau pour y présenter au roi le tableau de la *Sainte Famille* qui lui était envoyé par Raphaël, il tomba dangereusement malade. François Ier, lui ayant rendu visite, le soutint dans un accès de défaillance qu'il éprouva ; et ce fut dans ses bras qu'il mourut. Louis XVI, en 1781, fit peindre cette scène par Ménageot. Plusieurs peintres célèbres, entr'autres le Rosso, dit maître Roux, et Primatice, avaient suivi en France Léonard de Vinci. La peinture progressa chez nous sous la direction de ces hommes célèbres qui embellirent Fontainebleau de peintures admirables, dont le roi Louis-Philippe a confié dernièrement la restauration à MM. Picot, Abel de Pujol, et notre collègue Léon Coignet.

Ce fut vers cette époque que parut Jean Cousin, justement surnommé le *Michel-Ange français* ; ce fut le fondateur de notre école. Comme les grands artistes il excellait dans la peinture, la sculpture et la gravure en médailles ; on lui doit des ouvrages parfaits dans ces divers genres. Il a peint aussi sur verre avec beaucoup de succès. L'exaltation de son imagination le faisait parfois pécher contre le goût dans le choix de ses ornements, mais il était inimitable dans la composition des figures fantastiques, telles que les chimères, les animaux fabuleux. C'est lui qui le premier chez nous a peint à l'huile ; l'essai qu'il fit en ce genre fut un tableau du *Jugement dernier* pour les minimes de Vincennes. Cette vaste pensée, resserrée dans un cadre de moyenne proportion, causa un enthousiasme général et éleva la réputation de Cousin au niveau de celle des maîtres italiens. Sans doute ce tableau qu'on voit au Musée ne peut entrer en comparaison avec le *Jugement universel* de Michel-Ange, car Michel-Ange est incomparable, mais le dessin en est très beau et d'un grand caractère ; le coloris doux, harmonieux et fondu suivant la manière de Corrège. Jean Cousin a peint aussi plusieurs vitraux d'église, entr'autres ceux du chœur de Saint-Gervais de Paris, qu'on y voit encore.

A cette même époque, sous le règne de Henri II, parurent deux peintres de portrait fort habiles, Jannet, dit Clouet, et F. Quesnel. La manière du premier, qui ne peignait que sur bois et en petit format, était pure mais sèche; la façon de Quesnel, qui peignait l'histoire, était plus large et annonçait plus de goût. Les peintres qui les suivent sont Corneille de Lyon et Martin Fréminet qui se distingua sous Louis XIII.

Henri IV, malgré les troubles du temps, protégea les arts; toutefois deux peintres seulement se sont fait remarquer sous son règne; l'un, Claude Vignon, mort à Paris en 1670, avait l'imagination féconde et peignait dans le goût de Carravage; l'autre, Antoine Tempeste, mort en 1630, exécutait très bien les batailles; il a peint plusieurs victoires de Henri IV, qu'on a reproduites en tapisserie à la manufacture de Dubourg, fondée par le roi sur l'emplacement de l'ancien palais des Tournelles près de la place Royale

QUINZIÈME SÉANCE.

Séance de Clôture.

(MERCREDI 17 OCTOBRE 1838.)

Présidence de M. le chevalier ALEXANDRE LENOIR.

La parole est à M. VILLENAVE. Mesdames et Messieurs, dit l'honorable orateur, une des questions soumises à l'examen du Congrès de l'Institut Historique est celle-ci :

« Résoudre, à l'aide de manuscrits authentiques, cette question débattue entre les critiques de divers pays : *Quel est le véritable auteur de l'Imitation de Jésus-Christ?* »

Cette question a été proposée par un de nos collègues

M. Onésime Le Roy; et déjà il s'en était occupé avec un talent très remarquable dans une dissertation imprimée à la suite de son ouvrage sur les *Mystères*.

Je ne prétends pas traiter ici cette question, qui, pendant plusieurs siècles, a divisé le monde savant.

N'attendez donc pas de moi, Messieurs, l'examen, qui serait nécessairement aride, d'un très grand nombre de manuscrits comparés. Ce travail d'érudition critique et bibliographique est d'ailleurs désormais inutile à entreprendre : car ce travail, fait avec un profond savoir, se trouve imprimé, et parfaitement à sa place, à la tête de la meilleure édition du texte de l'*Imitation*, donnée par M. Gence, et publiée chez Treuttel et Wurtz, en 1826, un vol. in-8°, digne de faire suite aux éditions dites *Variorum;* celle de M. Gence est précédée d'une description historico-critique, en latin, des meilleurs manuscrits de l'*Imitation;* et cet examen ne contient pas moins de 86 pages. Or, il suffit de le lire avec quelque attention pour y trouver résolue, en faveur du chancelier Gerson, la question telle qu'elle est posée dans le programme du Congrès.

Dans les premières années du XVe siècle, tandis que le sceptre cherchait l'appui de l'encensoir, et que l'encensoir ne semblait appuyer le sceptre que pour le dominer; tandis que l'hérésie, avant-coureur de la réforme, troublait l'intérieur des états et le sein de l'Église; et qu'en même temps, après avoir entendu le discours mémorable dans lequel le chancelier de l'église de Paris (Jean Gerson) établissait la supériorité du concile sur le chef visible de l'Église, le concile général de Constance venait de deposer (1415) un pape comme hérétique (Jean XXIII), et de donner un autre chef spirituel (Martin V) au monde chrétien; tandis qu'on venait de voir, dans une double procédure, ce concile poursuivre Jean Huss et Jean XXIII, et déclarer contumace ce pape fugitif; tandis que les peuples étaient troublés dans leurs croyances, ou égarés dans la nuit du fanatisme et des superstitions, et tous politiquement endormis dans leurs fers, parut en Allemagne, avant la découverte de l'imprimerie, un livre dont les copies manuscrites se multiplièrent rapidement en Autriche, en Bavière, en France, dans la Gaule

Belgique et en Italie : ce livre était l'*Imitation de Jésus-Christ*.

L'époque de son apparition peut être fixée à l'an 1421 ; le lieu où il fut composé semble devoir être l'abbaye de Mœlck en Autriche, où Gerson s'était retiré, après la fin de la session du concile, en 1418 ; car il ne pouvait rentrer avec sécurité en France, où le duc de Bourgogne, assassin du duc d'Orléans, était tout-puissant. Poursuivi par des sicaires, il se déguisa en pèlerin ; et le duc d'Autriche lui offrit un asile dans l'abbaye de Mœlck. Le chancelier de l'église de Paris s'était vivement prononcé contre le cordelier Petit, qui avait entrepris de justifier le prince Bourguignon ; et il n'avait rien négligé, dans l'indignation de sa vertu et de son éloquence, pour faire condamner par le concile le moine apologiste du crime et du coupable.

Ces faits sont pleinement historiques : c'est-à-dire l'exil volontaire de Gerson, n'osant ou ne pouvant avec sûreté rentrer en France, pour s'être prononcé trop vivement contre la faction des Bourguignons, contre l'assassinat du duc d'Orléans, frère de Charles VI ; c'est encore un fait historique que le séjour de Gerson dans plusieurs monastères d'Allemagne, tels que celui de Rathenberg, et sa retraite dans l'abbaye de Mœlck en Autriche, où ont été trouvés jusqu'à vingt-deux manuscrits de l'*Imitation*, circonstance remarquable, nombre de manuscrits d'un même livre, qui ne s'est présenté en une telle proportion dans aucun autre monastère du monde chrétien.

Les faits ainsi posés, et je ne pense pas qu'ils l'aient encore été ainsi au commencement d'aucune discussion tendant à présenter Gerson comme le véritable auteur de l'*Imitation*, je dirai d'abord quelques mots sur l'étrange fortune de ce livre, *le plus parfait qui soit sorti de la main des hommes*, a dit Fontenelle, *puisque l'Évangile n'en vient pas*.

Son succès allait bientôt remplir le monde ; et la recherche de son auteur qui, dans son humilité, avait voulu demeurer inconnu, devait, dans une longue suite de générations, provoquer les savants de tous les peuples civilisés.

Aucun livre n'eut, dans les monastères d'Allemagne, de France, de la Gaule Belgique, un pareil nombre de copistes occupés de le transcrire, souvent *pro pretio*, c'est-à-dire pour être vendus aux fidèles. Et dès que l'imprimerie eut ouvert au monde la plus large voie pour la civilisation, voie qui, heureusement, une fois ouverte, n'a pu et ne peut plus être fermée, les éditions latines se multiplièrent de toutes parts (et toutes celles du XVe siècle sous le nom direct de Gerson), si bien que leur nombre finit par dépasser de beaucoup celui de l'Évangile même. C'est que l'*Imitation* était, comme soutien dans les traverses de la vie, et comme consolateur dans l'adversité, plus à la portée de toutes les intelligences; c'est que l'auteur s'était si bien inspiré du texte et de l'esprit du livre divin, ainsi que des sentiments des premiers pères de l'Église, et qu'il joignait d'ailleurs, à cette sainte érudition, une si grande connaissance du monde et des passions humaines, que partout on voulait avoir ce livre et le méditer comme offrant le guide le plus sûr dans le chemin si difficile de la vie, les consolations les plus vives et les plus efficaces dans toutes les afflictions, et la perspective du bonheur du juste, quand, après son court pèlerinage sur la terre, il entre calme et confiant dans l'éternité.

L'*Imitation* a été traduite dans toutes les langues des peuples civilisés, même dans celles qui ne vivent plus, telles que l'hébreu, le grec, d'autres encore, même en celto-breton, dans la langue des Basques, dans la plupart de celles que l'on parle en Asie, dans les autres parties du monde, et jusque dans l'Océanie. Toutes ces dernières versions ont été faites par des missionnaires qui se sont accordés à considérer le livre de l'*Imitation* comme le manuel de la vie spirituelle, comme le plus utile *semeur* de la morale du christianisme, et le meilleur instrument de propagande pour la civilisation.

L'étonnante fortune de cet ouvrage tient du prodige; aucun autre, sans excepter les livres bibliques, n'a eu en France le quart des traductions qu'on y a faites de l'*Imitation*. L'habile bibliothécaire du conseil d'état, Barbier, a décrit, avec l'aide de M. Gence, dans un volume qui parut en 1812, *soixante* versions françaises de l'*Imitation*; et il ne les a pas toutes connues. Parmi les traducteurs on remarque un chancelier de France sous Louis XIII (de Marillac), le grand Corneille, plusieurs académiciens, des savants et des littérateurs plus ou moins célèbres.

Or, depuis cette époque, de nouvelles traductions n'ont cessé de paraître. Après celle de M. Gence, qui a été publiée en 1820, et que son grand succès a fait stéréotyper dans les deux formats in-12 et in-18, on a vu paraître les traductions de MM. de Genoude et de la Mennais, de MM. les abbés d'Assance et Rochette, de plusieurs autres encore, une traduction libre en vers français par M. de Montbrun, une traduction paraphrasée de M. Simonneau, de Dijon, etc. : en sorte que le nombre des versions françaises ne s'élève maintenant à guère moins de 80; et l'on peut dire, sans crainte de se tromper, qu'il n'est sur la terre aucun livre, ancien ou moderne, qui ait trouvé dans une même langue un nombre si prodigieux d'interprètes divers.

Et le succès de ce livre va toujours croissant. A peine vient-on de publier en Bavière une *Imitation* polyglotte en sept langues, qu'un médecin lettré de Lyon, M. de Montfalcon, en fait paraître une édition en huit langues.

Dans cet enthousiasme universel, il n'est pas étonnant qu'on ait cherché à découvrir l'auteur longtemps ignoré d'un livre si connu.

S'il est vrai qu'on vit, dans l'antiquité, sept villes de la Grèce se disputer la gloire d'avoir été la patrie d'Homère, les temps modernes ont vu, non plus des villes seulement, mais des nations entières, quatre nations revendiquer l'honneur d'avoir vu naître le véritable auteur de l'*Imitation*. Les Pays-Bas, avec les chanoines réguliers de Saint-Augustin, les jésuites flamands et les Bollandistes, ont proclamé *Thomas à Kempis* qui ne fut qu'un copiste; les Italiens, avec les jésuites piémontais et les bénédictins, ont imaginé un Jean Gessen, ou Gersen de *Cana-baco*, ou, selon M. de Grégory, de *Cabanaco*, prétendu abbé de Verceil, et dont l'existence n'a pu être établie par aucun monument de l'histoire; des savants qui n'étaient ni jésuites, ni chanoines réguliers, ni bénédictins, ni Belges, ni Italiens, ont combattu pour Jean Gerson, chancelier de l'église de Paris; un Allemand, l'abbé Veigl, chanoine de Ratisbonne, veut aujourd'hui que l'auteur de l'*Imitation* soit un *Jean de Cana-*

bac ou *de Rorbac*, lequel serait un moine sous le nom de *Ghersem*; mais ne pouvant assigner de date certaine aux manuscrits, qu'il cite, son opinion reste sans base et sans autorité.

Voilà les quatres nations et les quatre systèmes qui n'ont pu s'accorder : voilà aussi les quatre auteurs entre lesquels il faut choisir.

Suivant les bénédictins et les auteurs italiens, l'*Imitation* aurait été composée à Verceil, vers le milieu du XIIIe siècle.

Selon les Gersonistes, ce livre aurait été écrit dans l'abbaye de Mœlck, en Bavière, par le docteur français Jean Gerson, fuyant la persécution, dans les premiers temps du XVe siècle, vers 1421.

Selon les jésuites, les Bollandistes, et les chanoines réguliers de Saint-Augustin, ce serait seulement l'année 1441 qu'il faudrait assigner pour première date à l'*Imitation*, parceque cette date est celle du manuscrit signé de la main de Thomas à Kempis, fait dans les Pays-Bas, au monastère de Saint-Agnès.

Enfin, selon le chanoine de Ratisbonne, M. Veigl, il s'agirait encore de reporter au XIIIe siècle le berceau de l'*Imitation*, et de le placer à Viblingen ou dans un autre monastere allemand.

Il faudrait, dans le sens de la question posée par l'Institut Historique, se livrer à l'examen des manuscrits authentiques de l'*Imitation* pour déterminer quel est son véritable auteur.

Mais que faut-il entendre par manuscrits authentiques? Ceux qui sont signés? Il n'y a que celui de 1441 qui est terminé par cette phrase de copiste : *Finitus per manus* THOMAS A KEMPIS; et ce n'est qu'un recueil de divers ouvrages pieux dont l'*Imitation* fait partie. Faut-il entendre les manuscrits les plus anciens dont, à défaut de date, on peut déterminer l'âge par l'inspection de l'écriture, la forme des lettres, les abréviations et les autres signes caractéristiques?

Mais ces éléments de discussion ont été employés par les partisans des quatre systèmes; et chacun en a argumenté dans son sens, et aucun ne s'est rendu à une opinion contraire à la sienne; quoiqu'une seule de ces quatre opinions soit et puisse être la véritable; car tel est l'esprit humain! souvent il s'en-

ferme dans un système comme la chrysalide dans la prison
qu'elle a filée. Au surplus, je le répète, cet examen des mss. de
l'*Imitation* a été fait par M. Gence, qui a donné des variantes
de plus de 200 de ces manuscrits.

Les Kempistes et les Gersénistes ont mis à la tête de leurs
nombreuses éditions latines ou de leurs traductions, des pré-
faces, des dissertations, des notices à l'appui des deux systèmes
contraires qu'ils avaient adoptés; et ils se sont combattus avec
un égal avantage, en ce sens que les bénédictins gersénistes
ont fort bien prouvé que Thomas à Kempis n'était qu'un copiste, et que les Bollandistes et les jésuites kempistes ont facilement établi que le Jean Gersen, prétendu abbé de Verceil,
n'avait point d'existence prouvée.

Pour les juges sans prévention, les deux partis s'étaient en-
tretués; chacun d'eux avait renversé le système de l'autre. Il ne
restait debout dans la lice que la grande figure du chancelier
Gerson; car, jùsqu'à ces dernières années, l'Allemagne n'avait
point mis en avant son *Jean de Canabac* ou *de Rorbac*.

Cependant, la querelle entre les Kempistes et les Gersénistes
a été poursuivie pendant deux siècles entiers. Aucun parti ne
voulait s'avouer vaincu. Les Bollandistes, et à leur tête Bol-
land qui leur donna son nom, Sommalius, Chifflet, et les chanoines réguliers, flamands et français, continuaient de se bat-
tre pour Thomas à Kempis. Le jésuite Rosweyde trouvait que
le latin des *opuscules* de Thomas ressemblait à celui de l'*Imitation* comme *deux gouttes d'eau*, et que son jardin des roses
(*hortulus rosarum*) avait l'odeur des roses.

Et cependant les opuscules de frère Thomas contiennent des
sermons faits à des novices, écrits dans un latin assez barbare
et farcis de contes dans le genre de ceux que récitaient en
chaire les prédicateurs du moyen-âge : c'est dans ces vieux ser-
monaires latins que Lafontaine a trouvé le sujet de plusieurs
de ses contes, principalement celui des *oies du frère Philippe*,
qu'on lit dans les sermons du disciple (*Sermones discipuli*).
Mais les contes de frère à Kempis sont moins ingénieux; il
suffira d'en citer un : Une femme des champs revenait d'acheter au marché une cruche de lait pour les besoins de son mé-

nage. Le soleil était ardent; elle s'assit sous un ombrage : *bu-vons un peu de lait*, dit-elle ; mais préalablement elle fit sur la cruche le signe de la croix, et fort bien lui en prit : car soudain la cruche se brise en éclats, tout le lait est répandu ; la femme, remplie d'effroi, se lève, et un moine passant, tout bien considéré, dit avec une sage réflexion : « Si elle n'avait pas fait le « signe de la croix, elle aurait avalé le diable avec le lait. » (*Diabolum cum lacte imbibisset.*)

Est-ce à l'auteur de pareils contes (et ils abondent dans les sermons de frère Thomas) qu'on peut raisonnablement attribuer le livre de l'*Imitation?* Ce diable avalé dans le lait (*diabolum cum lacte*) ressemble-t-il *comme deux gouttes d'eau*, ainsi que le veut le jésuite Rosweyde, au style de l'*Imitation?* Quant au petit jardin des roses (*hortulus rosarum*), il est vrai que frère Thomas y sème cette grande vérité : « Le rire est mis en fuite par le chagrin » (*risus mœrore fugatur*); il est vrai qu'il ajoute qu'*un clou chasse l'autre* (*clavus clavo expellitur*). Je conviens que ledit frère remarque encore fort bien que celui qui saisit fortement un chien par la langue n'a pas à craindre sa morsure (*morsum non timebit*). J'avoue aussi volontiers que le frère élève parfois, sinon son style, du moins sa pensée, et qu'il place cette fleur sépulcrale dans son petit jardin des roses : « Toutes choses ne sont rien, le roi, le pape et la bulle « plombée. » (*Omnia sunt nulla, rex, papa et plumbea bulla.*) Mais tout cela sent-il la rose comme le veut encore le jésuite Rosweyde? Mais tout cela ressemble-t-il au style de l'*Imitation?* Sont-ce là les sentiments et les images qui nous attachent dans ce livre admirable?

Au surplus, il n'est pas inutile de remarquer que le livre de l'*Imitation* ne se trouve pas dans la première édition des opuscules de Thomas à Kempis, publiée à Utrecht vers 1472 ou 1473, et qu'il n'a été compris que dans les éditions postérieures données par les jésuites.

Je me suis un peu arrêté sur Thomas à Kempis, parceque, de tous les auteurs auxquels on a attribué l'*Imitation*, c'est celui dont le nom figure (mais, depuis le XVIe siècle seulement, principalement en Allemagne et en Angleterre), sur le plus grand nombre d'éditions latines et de traductions de cet ouvrage.

Après avoir prouvé que Thomas à Kempis n'a ni fait ni pu faire l'*Imitation*, il ne reste plus à combattre que deux ombres, celle que le chanoine Veigl, de Ratisbonne, voudrait en vain dresser au fond d'un tombeau ignoré, et celle de Gersen, que le savant Eusèbe Amort et le père Desbillons avaient depuis longtemps replongée dans les tombes de Verceil, quand un historien de cette cité (M. de Grégory), mu par un sentiment patriotique, a voulu l'exhumer de nouveau avec un zèle digne d'une meilleure cause; il a argumenté d'un manuscrit sans date, d'une chronique où sont de fâcheuses lacunes, et de titres sans valeur réelle. Des savants consciencieux, tels que MM. Daunou, le marquis de Fortia, M. Onésime Le Roy, M. l'abbé d'Assance, beaucoup d'autres encore, n'ont pu être convaincus : en sorte que le nouvel exhumateur de l'ombre, à laquelle les bénédictins même s'étaient efforcés en vain de donner un corps, n'a pu la dégager de son linceul, tandis qu'armé du flambeau d'une saine critique, M. Gence la faisait de nouveau, et vraisemblablement pour la dernière fois, s'évanouir.

Pour mieux fortifier son opinion en faveur de Gerson, M. Gence ne s'est pas borné à la seule autorité des plus anciens manuscrits. Il a heureusement imaginé de comparer une soixantaine de passages tirés de l'*Imitation*, avec un pareil nombre d'autres passages extraits des œuvres morales de Gerson; et il y a trouvé, et on y trouve comme lui, non-seulement le même fonds de pensées, de sentiments, d'images, mais aussi le même tour dans la phrase, et un rapprochement très frappant des mêmes gallicismes, locutions qui ne pouvaient convenir ni à un Allemand, ni à un Flamand, ni à un Italien.

Ce genre de preuve n'avait pas encore été fait; et M. Gence a donné avec raison pour titre à ce travail : *Jean Gerson restitué et expliqué par lui-même.*

N'est-il pas d'ailleurs plus que vraisemblable, n'est-il pas certain que Gerson n'aurait pas manqué de citer l'*Imitation* en lui faisant de si fréquents emprunts dans ses œuvres morales, lui qui cite si souvent saint Bonaventure, saint Bernard, le cardinal d'Ailly, et d'autres moralistes ou spiritualistes de son époque? c'est donc que Gerson empruntait à lui-même, et qu'il ne croyait pas avoir besoin de se citer.

Et d'ailleurs, Gerson, dans son épître sur les livres qu'il faut lire, *De libris legendis*, aurait-il donc oublié, aurait-il pu oublier de nommer l'*Imitation* que les Gersénistes prétendent être un livre composé vers le milieu du XIII⁵ siècle, plus de 150 années avant les temps de Gerson? La modestie du chancelier de l'église de Paris a donc pu seule l'empêcher de recommander son livre qui était déjà si répandu; et son silence eût été avec raison interprété contre lui, si, dans sa liste des livres qu'il fallait lire (*De libris legendis*), il eût oublié le livre déjà le plus célèbre et le plus renommé! C'est là une preuve morale, mais une preuve très forte, que Gerson est l'auteur de l'*Imitation*, et que lorsqu'il écrivait sur les livres qu'il fallait lire, ce fait était assez connu.

Aucun genre de preuves n'a été négligé ou omis par M. Gence. Les Kempistes trouvaient l'*Imitation* remplie de flandricismes, les Italiens, d'italianismes; les Allemands, de germanismes; les Français, de gallicismes; et c'est un argument que chacun faisait valoir en faveur de sa nation. Sans nous arrêter ici aux nombreuses altérations faites par les copistes de divers pays, il suffit de se souvenir que Gerson avait été en Italie, qu'il avait passé plusieurs années dans les monastères de la Germanie et surtout dans l'abbaye de Mœlck en Autriche, où il écrivit plusieurs ouvrages pendant les chagrins de l'exil, et entr'autres l'*Imitation*, dont, comme Cajetan l'a remarqué, vingt-deux exemplaires manuscrits ont été depuis conservés dans cette abbaye.

Au surplus, ce sont les gallicismes qui dominent dans l'*Imitation;* aussi ce livre a-t-il été plus facilement et plus souvent traduit dans notre langue que dans aucun autre; et l'on a généralement remarqué que les versions les plus littérales étaient à la fois les meilleures, les plus aisées, et celles qui ont eu le plus de succès: ce qui indique encore que l'ouvrage a été écrit par un auteur français.

Les manuscrits les plus anciens sont ceux qui remontent à l'âge de Gerson; ce sont aussi en général les plus corrects, et ceux qui se trouvent sous son nom en plus grand nombre.

Notre collègue, M. Onésime Le Roy, a découvert dans la Bibliothèque de Valenciennes un ancien manuscrit où, à la suite d'un sermon de Gerson en français, se trouve l'*Imitation* aussi en français, sous le titre d'*Internelle consolation*. M. Gence possède un beau mss de l'*Imitation* latine écrit dans la seconde moitié du XVe siècle. L'*Imitation* est sous le nom de Jean Gerson (1) dans ce manuscrit précieux qui est orné du portrait du chancelier, peint en miniature Ce même mss. paraît avoir appartenu, et tout indique qu'il a dû son exécution à Thomas Gerson, neveu du chancelier, vivant en 1440, contemporain de son oncle, chanoine de la Sainte-Chapelle de Paris, et qui était aussi chantre honoraire de Saint Martin de Tours.

Il n'est certainement pas inutile de remarquer qu'en Italie même se trouvent d'anciens manuscrits de l'*Imitation*, portant le nom de Gerson, chancelier de l'église de Paris ; que notamment un de ces manuscrits a été vu à Ravenne par M. Miller, attaché à la section des mss. de la Bibliothèque royale.

Il n'est pas inutile de dire ici que la première édition de ce livre, donnée à Venise en 1483, in-8°, à deux colonnes, est sous le nom de Jean Gerson (*Johannis* GERSON *cancellarii parisiensis*). Il n'est pas inutile enfin de constater que dans le volumineux *Index* de tous les livres chrétiens, publié à Rome par l'ordre de Sixte-Quint, et contenant les éditions et les traductions du livre de l'*Imitation* faites dans le XVe siècle, presque toutes ces éditions et traductions sont sous le nom du chancelier Jean Gerson ; que quelques-unes seulement portent, mais dans le XVIe siècle seulement, le nom de Kempis, et qu'aucune n'est sous celui de GERSEN.

Ainsi donc, même en Italie, ce Jean Gersen, prétendu abbé de Verceil, qui aurait vécu et écrit l'*Imitation* dans le XIIIe siècle, était inconnu encore à la fin du XVe !

Je ne crois pas devoir pousser plus loin l'examen de cette question.

Je me résume :

(1) Incipit liber magistri Johannis Gerson, cancellarii Parisiensis, *de Imitatione Christi*.

La querelle sur l'auteur de l'*Imitation* a été longue et animée·
Son histoire dépasserait les bornes d'un discours, et suffirait à
remplir un ou plusieurs volumes. Plus de cent écrits, mémoires
ou dissertations, ont été publiés en diverses langues dans ce
vaste conflit d'opinions contraires : car aucune question d'histoire littéraire n'a fait autant de bruit parmi les hommes. Moines, savants, littérateurs, bibliographes, historiens, prêtres et
magistrats sont entrés dans l'arène, et tous avec la confiance du
succès, quand le succès ne pouvait appartenir qu'à une des
quatre nations entre lesquelles des combats séculaires se trouvaient engagés. Enfin, c'est en faveur de la France que M. Gence,
aujourd'hui octogénaire, est resté maître du champ de bataille.
Si quelques écrivains s'obstinaient encore à ne pas mettre bas
les armes, ces armes se montreraient bientôt brisées dans leurs
mains, triste témoignage d'une vaine résistance après la défaite,
et quand leurs partisans, s'ils en ont encore, n'osent ou ne peuvent plus se rallier.

A M. Gence appartient donc le triple honneur d'avoir donné
la meilleure édition du texte de l'*Imitation*, dans le genre des
éditions dites *Variorum*; la plus fidèle et, sous ce rapport, la
meilleure traduction française de ce livre si souvent traduit, et
toujours traduit encore; et la solution qui paraît enfin définitive de la question célèbre de l'auteur de l'*Imitation*. Le procès
est terminé pour tous les savants sans partialité, pour tous les
critiques de bonne foi; le meilleur livre de morale chrétienne
et universelle, composé d'après l'Évangile, et plus usuel que le
livre divin, a été écrit par un Français, Jean Gerson, chancelier
de l'église de Paris dans le XVe siècle.

Mais, Messieurs, une autre question resterait à examiner, et
celle-ci n'est pas encore résolue.

« L'ancien livre intitulé *Internelle consolation* eet-il le même
« ouvrage que l'*Imitation*, ou n'est-il qu'une traduction plus
« ou moins libre de l'*Imitation?* ou enfin l'*Internelle consola-*
« *tion* est-elle le livre original, et l'*Imitation* latine n'en serait-
« elle qu'une version plus ou moins littérale ? »

Cette question pourrait faire partie du programme du Congrès de 1839.

M. Onesime Le Roy, qui devait prendre la parole dans cette intéressante discussion, a adressé à M. le président du Congrès une lettre ainsi conçue :

Monsieur, un critique illustre, tout en voulant bien approuver dans le *Journal des Savants* le travail où j'ai achevé de restituer l'*Imitation de Jésus-Christ* à Gerson, à la France , a élevé sur le texte primitif français quelques doutes qui ne pouvaient être résolus que par le manuscrit de Valenciennes. Malheureusement, quand j'ai cru pouvoir prendre l'engagement de mettre sous les yeux du Congrès ce manuscrit qui contient tant de choses intéressantes, et dont j'ai parlé le premier, un savant professeur de l'Université en demandait la communication et annonçait, sur son contenu, une suite d'articles dont je ne me plains pas puisque j'y retrouve mon opinion et même mes conjectures reproduites en affirmation. Toutefois, cela m'a empêché de presser la demande que je devais faire dans un double but. Enfin cette demande, je l'ai faite; mais M. le conservateur de la bibliothèque de Valenciennes n'ayant pas cru devoir prendre sur lui de me prêter un manuscrit sur lequel la publicité donnée à ma découverte a porté l'attention de l'Europe savante, je me suis adressé à M. le ministre de l'instruction publique qui a bien voulu transmettre ma demande à notre honorable collègue de l'Institut Historique, M. le préfet du Nord , qui s'est empressé de la recommander à M. le maire de Valenciennes, lequel, au nom du conseil municipal, vient de m'accorder ce manuscrit pour le temps nécessaire à sa publication. J'espérais le rapporter moi-même de Valenciennes, il y a quelques jours, mais il a dû auparavant être envoyé à la préfecture, de là au ministère, et je ne l'ai pas encore reçu.

Veuillez, je vous prie, Monsieur le président, être près de mes collègues de l'Institut Historique, et près du Congrès, l'interprète de mes regrets et agréer l'hommage de mes sentiments es plus distingués.

La parole est à M. le chevalier Alexandre Lenoir pour la lecture de la fin de son mémoire sur cette question : *Faire l'analyse des productions des peintres les plus célèbres de l'antiquité, du moyen âge et des temps modernes; examiner quelles furent les causes de la décadence de l'art à la suite du règne de Louis XIV.*

Mesdames et Messieurs, dans mes trois précédents discours, je crois avoir traité avec assez de détails pour ne point abuser de votre bienveillance la première partie de la question. J'aborde aujourd'hui la dernière : les peintres célèbres du règne de Louis XIV et la décadence de l'art sous Louis XV.

La peinture ne marchait en France que lentement vers la perfection depuis François Ier, malgré la protection que lui avaient accordée ce prince et deux reines sorties de la maison de Médicis. Martin Fréminet, qui peignit sous Louis XIII la chapelle de Fontainebleau et dont le faire rappelait celui de Parmesan, avait conservé seul le style et le goût du XVIe siècle. Simon Vouet, né en 1582, le remplaça à sa mort dans la charge de premier peintre du roi. Il opéra une révolution dans l'art. Ses compositions étaient grandes et animées; il excellait dans la peinture des plafonds, genre alors fort en vogue. Malgré les éloges qu'on lui a prodigués, je le regarde néanmoins comme ayant jeté les premiers germes d'une décadence qui devait se développer plus tard. Son impatience était extrême ; il se donnait peu le temps de soigner ses tableaux. Comme sa mémoire était prodigieuse, il peignait tout de réminiscence, loin du modèle ; et son travail s'en ressentait. Il y a de lui, au musée du Louvre, une *Présentation de la Sainte-Vierge au Temple* et *la résurrection d'un enfant par saint François-de-Paul;* ces compositions tiennent dans l'art le premier rang. Les disciples de Vouet qui ont fait la gloire de la peinture sous Louis XIV, sont Poerson, Valentin, Perrier, La Hire, Le Brun, Mignard et Le Sueur qui fut le plus habile et le plus célèbre.

Tandis que Le Brun se faisait le courtisan de Colbert et de Louis XIV qui imprima aux arts et aux lettres un si grand essor par la protection qu'il leur accorda, Le Sueur, retiré dans la Chartreuse de Paris, y peignait *la vie de saint Bruno* qui est tout un poème religieux. On peut la voir au musée du Louvre, ainsi qu'un *saint Paul faisant brûler les mauvais livres*, qu'on croirait être de la main de Raphaël, quoique Le Sueur n'ait jamais été à Rome. Après Nicolas Poussin, le plus grand poète de l'école française, Le Sueur est sans contredit le premier.

Les premiers tableaux de Poussin firent d'abord connaître combien les leçons de Vouet étaient contraires au bon goût et à la vérité de la nature. Poussin le comprit et alla en Italie pour s'y perfectionner. Les Romains l'eurent bientôt apprécié, et sa réputation devint colossale. Tout son éloge est dans ces mots : c'est qu'il fut le plus grand peintre de l'école française ; penseur profond et observateur habile, jamais on ne saisit mieux que lui la nature dans son ensemble et dans ses détails. Parmi les tableaux que nous possédons de ce grand artiste, celui de *l'extrême onction*, qu'on voyait à la galerie d'Orléans, est l'ouvrage le plus pathétique que je connaisse. Il ne dédaigna pas le paysage ; et il restera même toujours le modèle le plus parfait à imiter pour le paysage historique. Son dernier tableau, *le déluge*, est la scène la plus poétique et la plus sublime que l'on puisse citer. Mais pourquoi, sous un gouvernement qui faisait vanité de protéger les arts, ce grand peintre, né français, n'eut-il pas la direction de notre école dont il eût empêché la décadence qu'il prévoyait dans un avenir peu éloigné? C'est que Poussin avait plus le génie de l'art que celui de la flatterie, et que Louis XIV et ses ministres, malgré l'éclat avec lequel ils affichaient les rôles de Mécènes, aimaient cependant moins encore l'art pour lui-même que pour les flagorneries qu'il leur valait de la part des artistes et des gens de lettres. Poussin, repoussé de la cour de France, vécut à Rome plus heureux et plus grand cent fois dans l'exil que Lebrun entouré à Versailles de tout l'éclat de la cour du grand roi, comme on disait alors. Ce n'est pas que Louis XIV ne l'ait appelé à sa cour ; mais Poussin, qui ne pouvait se faire aux manières de la courtisannerie, ne fut pas longtemps l'objet de la *protection immédiate* que le roi lui avait promise. Son génie lui fit, de toutes les médiocrités, des ennemis contre lesquels il ne daigna pas mendier l'appui, sans cesse nécessaire, d'une influence royale, pour l'opposer à la haine, sans cesse agissante, dont il était le but ; on put donc l'abreuver impunément de dégoûts, lui susciter toutes les tracasseries imaginables ; et il se hâta de regagner Rome où il mourut en 1663, à l'âge de 39 ans. Avant de quitter Paris il fit, en manière de vengeance, un tableau plein d'énergie, que j'ai décrit dans mon sixième volume du *Musée des monuments français;* c'était une satire contre ses ennemis. La France possède, de ce grand artiste, près de 32 tableaux dont la plupart sont au musée.

Louis XIV, dans la protection qu'il accordait aux arts, fonda l'académie de peinture, à Paris et à Rome, ainsi que la manufacture des Gobelins, où ont été fabriquées, jusqu'ici, les plus belles et les plus riches tapisseries de l'Europe. Le roi en donna la direction à son premier peintre qui était, comme on l'a dit, Ch. Le Brun, beaucoup plus courtisan qu'artiste. Le monarque, en retour des faveurs qu'il lui prodiguait, lui commanda de peindre les événements saillants de son règne, ce que fit Le Brun dans la fameuse galerie de Versailles où il reproduisit l'histoire de Louis XIV depuis la paix des Pyrénées jusqu'à celle de Nimègue, entremêlant le tout de sujets mythologiques, et faisant, de même, une grande confusion des costumes de divers pays et de toutes les époques; le roi figure dans ces tableaux avec un costume à la romaine et une de ces grosses perruques du temps nommées *in-folio.*

On cite, parmi les principaux tableaux de Le Brun, *le martyr de saint Étienne, le massacre des Innocents, la mort de Sénèque,* le tableau de *la Madeleine aux pieds du Sauveur,* qui, en 1815, a été changé avec l'empereur d'Allemagne contre le célèbre tableau des *noces de Cana* de Paul Véronèse.

Le Brun, en vrai courtisan, exigeait des artistes qui lui étaient inférieurs en position sociale, toutes les complaisances qu'il avait lui-même pour le maître ; et les dégoûts qu'il ne manquait pas de recevoir toujours, de temps à autre, de ce dernier, il les renvoyait avec usure à ceux que le besoin de se créer une fortune plaçait sous sa dépendance. Il leur faisait copier ses dessins pour la décoration du château de Versailles, où tout porte son cachet, rappelle son style ; et il faussait ainsi le génie qu'ils pouvaient avoir en leur ôtant cette liberté qui est indispensable au progrès des arts. Le Sueur, qui mourut à Paris, en 1655, à l'âge de 38 ans, fut le seul qui ne courba point la tête sous cette sujétion générale.

Mignard, qui avait au moins le talent de Le Brun sans en avoir le despotisme et l'orgueil, lui succéda, par la protection de Louvois, dans la place de premier peintre du roi. Le faire de Mignard ressemble beaucoup à celui de Dominiquin. Il excelle dans la peinture des plafonds. C'est lui qui a reporté dans la galerie de Diane, des Tuileries, les belles peintures de la galerie Farnèse. Il a peint aussi la galerie de Saint-Cloud et l'église du Val-de-Grâce. Ses tableaux, quoique corrects, d'un bon goût, d'un coloris harmonieux, ne sont cependant pas du premier ordre, parcequ'ils manquent de ce feu divin, indéfinissable, qui n'appartient qu'au génie. Un tableau de la *clémence d'Alexandre envers la famille de Darius* avait été peint par Le Brun. Mignard a traité le même sujet; et nous devons dire que la concurrence ne lui a pas été favorable; mais il excellait dans le portrait; et toute la cour voulut se faire peindre par lui. Il mourut en 1695; Le Brun était mort en 1690.

Sébastien Bourdon, qui vivait à la même époque, ne fut pas un artiste moins célèbre que ceux dont nous venons de parler: mais il était mélancolique et triste; ses tableaux se ressentent fréquemment de cette disposition de caractère. On a de lui au musée un *martyr de saint Pierre, la décollation de saint Protais* et plusieurs autres tableaux; il se plaisait surtout dans la solitude de la sombre chartreuse de Grenoble.

Le siècle de Louis XIV eut encore beaucoup d'autres peintres remarquables, dont on voit les tableaux au musée du Louvre; tels sont: celui de Laurent de La Hire, représentant *Jésus au milieu des saintes femmes après sa résurrection; une descente de croix*, par Jean Jouvenet; *le repas chez le Pharisien, une résurrection de Lazare, une pêche miraculeuse*, du même auteur; *une nativité de Jésus*, par Charles de La Fosse, etc. Dans la série des grands artistes du temps, dont nous possédons les œuvres, figurent encore Wateau, Verdier, Audran, les deux Corneille, Boulogne, Coypel, etc.

Ce dernier fut le premier peintre du régent qui, lui-même, était un artiste habile. Coypel fit preuve d'une grande imagination dans la peinture des plafonds de la galerie du Palais-Royal. Il mourut à Paris, en 1722, et fut remplacé par son fils Charles, qui eut, lui-même, pour successeur François Le Moine connu par le beau plafond appelé le *plafond d'Hercule*, à Versailles. Le Moine se tua à coups d'épée en 1737, aigri par des injustices dont il avait été la victime. Il eut pour élèves Charles Natoire et François Boucher, qu'on peut regarder, l'un et l'autre, comme les auteurs de la décadence de la peinture dont nous allons parler. Durant l'époque dont il vient d'être question, la France eut encore quelques peintres célèbres, tels que J.-B. Santerre, dont on admire au musée *une Susanne au bain*, Nicolas Bertin, estimé pour son coloris, et Jean Restout, auteur de la *piscine*, qui est également au musée.

Le beau en tout a nécessairement des règles qu'il faut connaître pour l'apprécier. Léonard de Vinci, Poussin, Rubens et d'autres ont tracé ces règles pour la peinture. C'est immédiatement après que l'école française a eu pour maîtres Poussin, Le Sueur et Le Brun, qu'elle a totalement méconnu ces règles pour suivre la manière facile de Natoire, Detroy, Vanloo et Boucher. De là est venue la décadence, qui n'a cessé que quand Vien, puis David, ont de nouveau rappelé l'art aux préceptes dont nous parlons.

La réputation de Vanloo fut grande, malgré le mauvais goût, l'oubli de toutes règles qui présida à ses compositions; et nous ne saurions nous en étonner aujourd'hui que nous venons d'être témoins si récemment encore de cette perversion du goût public, peu durable il est vrai, mais qui l'a fait applaudir à tant de monstruosités littéraires, en abandonnant des chefs-d'œuvre, perversion qui, dans l'ordre social des êtres, ressemble à une maladie, en quelque sorte périodique, dont ne saurait se défendre l'esprit du peuple, même le mieux organisé, mais après le passage de laquelle le jugement renaît plus sain, le bon goût plus parfait, comme nous en sommes aussi témoins aujourd'hui même. Ce qui vient d'arriver récemment dans les lettres eut lieu sous Vanloo et Boucher pour la peinture; ainsi, un Amour de Vanloo, décochant une flèche au cœur de ceux qui le regardaient, fit fureur, quoi qu'il n'eût rien d'extraordinaire comme composition. Chacun voulait avoir le cœur percé par l'Amour de Vanloo ; et cette vogue qui plie l'idée du peintre à la vanité de chacun, fit la célébrité du tableau, indépendamment de tout mérite de composition. Le portrait de Mlle Clairon, exposé au même salon par Vanloo peu d'années après, n'obtint pas moins d'éloges ; et l'on doit dire que ce tableau avait toute la dignité et la noblesse que Mlle Clairon déployait en scène.

Carle Vanloo fut remplacé dans la charge de premier peintre du roi par François Boucher, surnommé le *peintre des grâces*, titre que ses tableaux ne justifient pas toujours. Sa touche est légère et spirituelle et son travail facile, qualités dont il abusait tellement vers la fin de sa vie, qu'il se passait de modèles et ne peignait que de mémoire, d'où résultaient des dessins très incorrects et manquant souvent des formes nécessaires à l'organisation d'un sujet. Modeste et généreux, il se plaisait à encourager les jeunes artistes qu'il aidait souvent de sa bourse.

Dans ce temps parut aussi un peintre distingué dont je me fais gloire d'avoir été l'ami et le disciple ; ce fut Gabriel-François Doyen, l'émule de Joseph-Marie Vien. Ces deux artistes peignirent concurremment pour l'église Saint-Roch, l'un *la Peste des Ardents*, qui ravagea Paris en 996, l'autre (c'était Vien) *la Prédication de saint Denis*, tableaux qui rappellent, tous deux, le génie et le faire des grands maîtres italiens. Vien, nommé premier peintre de Louis XVI, rappela l'art aux principes du beau en suivant les doctrines de Raphaël. On distingua parmi ses élèves Vincent Peyron, Ménageot, Taillasson, Monsiau, que l'Institut Historique a eu la gloire de compter, malgré son grand âge, parmi ses membres les plus zélés, Lemonier, Chéry et surtout Louis David, qui laissa tous ses rivaux en arrière, et acheva, comme Vien en convenait lui-même, la restauration commencée par ce dernier. Vien fut chéri et vénéré de tous les artistes, qui l'avaient surnommé le *Nestor de la peinture*. Les événements de 93 l'ayant réduit à la misère, ils l'aidèrent tous généreusement. Bonaparte le nomma plus tard sénateur. « *Je n'ai fait qu'entr'ouvrir la porte,* me disait-il en parlant de la restauration de l'école, *mais David l'a poussée.* » Consultez, pour mieux connaître ces deux grands peintres, ce que j'en ai dit dans le premier numéro du troisième volume du journal de l'Institut Historique.

Dans les causes qui ont amené et entretenu la décadence de l'art de la peinture sous la régence et sous Louis XV, nous n'avons rien dit de l'Académie qui exerçait sur les élèves et les maîtres qu'elle admettait dans son sein un entier despotisme, dont le résultat était de paralyser les facultés de tout artiste qui aspirait au fauteuil, et même seulement qui concourait pour le prix de Rome. Il fallait que tout se pliât au style et à la manière tracée par cette académie, qui ne récompensait que la docilité à suivre ses instructions. De là, cette uniformité perpétuelle de physionomies, de caractères, dans des épreuves toujours de plus en plus usées et affaiblies ; il n'y avait qu'un maître, qu'un esprit, qu'une méthode, toujours invariablement la même. Quiconque montrait un peu d'indépendance était exclu de la noble alliance, quel que fût son génie ; ainsi en arriva-t-il au sculpteur Le Paultre et à Le Sueur. Ainsi furent neutralisées les bonnes intentions qu'avait eues Louis XIV dans l'institution de l'Académie de France à Rome et de l'école de Paris. La dépravation qui régna sous la régence et sous Louis XV s'était d'ailleurs glissée dans les arts. Les peintres n'étaient recherchés que de ceux dont ils flattaient les goûts par des productions licencieuses ; et ils cessèrent d'être honorés en cessant d'être honorables.

La destruction de l'Académie, en 1790, avait fait présager la fin du règne des intrigues ; mais ce bon vouloir de l'assemblée nationale ne tarda pas à être paralysé par la création d'une commission qui prit la place de l'Académie, et qui justifia, comme tant d'autres commissions instituées à propos de tout, la définition qu'en donnait Mirabeau : *c'est qu'elles sont* (les commissions) *l'éteignoir du bon sens.* Celle qui devait prononcer dans le jugement des prix décennaux, institués par Bonaparte, refusa le prix d'histoire à David, qui avait présenté son tableau *des Sabines*. C'est toujours pourtant ce même David à qui, pendant l'interrègne de l'Académie, l'art de peindre avait dû sa résurrection. Il se montra également l'ennemi des intrigues et des mauvaises méthodes, et concentra dans son école toutes les études relatives à l'art du dessin et de la peinture. Mais, tout en interdisant à ses élèves les leçons académiques, il ne les empêchait pas de concourir pour le grand prix.

Après l'exil de David et le retour des Bourbons, l'Académie a reconquis sa puissance surannée; et sa gothique méthode a été reproduite *incognito* par de nouveaux réglements que le public ne connaît pas encore, quoiqu'il en ait déjà sous les yeux les pitoyables résultats. Ainsi, la camaraderie académique dispose des places vacantes, libre de tout contrôle; et l'on voit chaque jour des médiocrités arriver au fauteuil dont le talent est exclu.

Quant aux élèves de l'école, nous avons nettement exprimé notre opinion sur la direction de leurs études, sur l'inconvénient d'avoir pour juges leurs maîtres particuliers, et sur le résultat souvent blâmable des concours annuels. Sans approuver entièrement la nouvelle méthode des jeunes peintres, nous les louons cependant de laisser de côté les vieilles routines académiques pour se frayer une voie nouvelle; mais, pour atteindre à la vraie gloire, ils doivent se garder de toute innovation irréfléchie qui les entraînerait dans une erreur pire que celle qu'ils veulent éviter.

Je terminerai par quelques mots sur les talents qu'ont montrés les femmes en peinture.

Les temps modernes, de même que la Grèce antique, ont eu des femmes distinguées comme artistes: Sophonisbe Augusciola, Vénitienne, maîtresse du duc d'Albe et élève de Titien, a fait des ouvrages si beaux qu'ils passent pour être de la main de ce grand maître; tel est au Musée le portrait du duc d'Albe faussement signé Titien. Nous aurions beau texte ici pour parler des facultés intellectuelles de la femme, et réfuter cette niaise et absurde thèse qui, semblant les taxer d'une sorte d'infériorité morale, leur refuse des moyens égaux aux nôtres dans la pratique des arts et des lettres; mais ce sujet nous mènerait trop lôiñ; et ñoûs nous bornerons à citer ici, en ce qui les concerne, quêlques faits relatifs à la spécialité du dessin.

Elisabéth Chéron a produit sous Louis XVI des tableaux historiques de la plus grande force. Chaque pastel de nôtre académicienne, Rose Alba, n'est-il pas un chef-d'œuvre de grâce et de beauté digne du crayon du Corrège? N'admirons-nous pas les dessins de Marie Hortemels et les belles gravures de Claudine Stella? Les ouvrages de Mmes Vien et Valayer Coster ne leur valurent-ils pas les honneurs du fauteuil académique ? M^mé Vigée Le Brun ne les a-t-elle pas obtenus aussi, elle qui a restauré complètement l'art du portrait? Ceux qu'elle a tracés occupent la première place dans toutes les galeries de l'Europe. Mme Guiard, non moins habile, fut placée à l'Académie à côté de Mme Le Brun; Mme Mongez fut couronnée deux fois pour ses peintures historiques; Mme Haudebourg Lescot a exposé au salon de 1812 deux tableaux qui ont mérité de grands éloges. Le talent de Mme Jacotot est incontestablement supérieur; ses portraits sont des chefs-d'œuvre. C'est elle qui a fondé chez nous l'art de peindre sur porcelaine; elle donne un éclat nouveau à la traduction qu'elle fait des tableaux des grands maîtres. En voyant ses deux belles copies de la *Sainte Famille* et de la *Belle jardinière* de Raphaël, Louis XVIII qui était connaisseur lui dit : « Voilà deux chefs-d'œuvres, Madame. Savez-vous que, si Raphaël revenait au monde, il serait jaloux de vous? »

Enfin, Messieurs, les femmes, à la grâce extérieure, à un esprit fin et délicat, réunissent une sensibilité et une perfection des sens qui les rend propres à tout, et qui, si elles les prédisposent moins à de certains genres d'études, leur donne sur nous, pour d'autres genres, une incontestable supériorité. Dans les ouvrages qu'elles produisent, ce sera toujours un trait spirituel, une pensée délicate, qui seront exprimés d'une manière séduisante et toute particulière.

Soyons donc justes à leur égard, Messieurs, et, dans notre admiration pour un sexe qui fait le charme de notre existence, convenons que les femmes, n'ayant pas le même temps que les hommes à sacrifier à l'étude, pour faire valoir, comme elles le pourraient, les dons qu'elles ont reçus de la nature, méritent doublement des éloges quand elles parviennent à se distinguer par des ouvrages qui méritent l'approbation générale.

M. le comte d'ALLONVILLE prononce le discours de clôture.

Mesdames et Messieurs, parvenus à la clôture de cette quatrième session du Congrès Historique, le premier de nos devoirs est d'adresser un juste tribut de reconnaissance aux savants orateurs qui, sans faire partie de l'Institut, ont bien voulu s'associer à ses travaux ; c'est d'adresser de sincères et respectueux hommages à ce sexe, brillante fleur de l'espèce humaine, charme de la vie sociale, arbitre souverain du goût et des mœurs ; à ce sexe, dont nous sommes fiers d'avoir pu fixer l'attention et mériter les suffrages.

L'Institut Historique n'est pas une de ces académies créées par le pouvoir, qui trop souvent les domine ; c'est la réunion libre d'hommes de conscience et d'étude, puisant la vérité à ses sources pour la répandre dans toute sa pureté ; recherchant, exhumant des faits positifs, les examinant en eux-mêmes, ainsi que selon leur influence relative, sans les arracher du cadre moral où les renferment des époques ou des circonstances diverses ; car c'est ainsi que l'histoire devient un foyer de notions philosophiques, un code de politique expérimentale.

Ici toutes les doctrines se rencontrent, en l'absence des passions haineuses, trop coupable ferment d'une tyrannique intolérance ; car chacun sait, parmi nous, ce que les religions, ce que les hommes se doivent mutuellement d'égards ; et si, en marchant vers un but commun, les opinions sont vivement tranchées, elles ne se heurtent du moins que pour faire jaillir la lumière.

Fidèle à ces maximes, que de trésors scientifiques et littéraires l'Institut n'a-t-il point acquis dans le cours de cette session ! Explorons d'un coup d'œil ces conquêtes de l'histoire !

Ce sont de lumineuses investigations sur l'invasion normande, durant la seconde race de nos rois.

Un discours sur la diplomatique, où l'apparente aridité du

sujet a disparu soùs l'élégance continue d'une diction aussi facile que spirituelle.

Vous n'avez pu écouter qu'avec un curieux intérêt des détails encore inconnus sur Moïse de Khorène, historien de la grande Arménie; sur la bibliothèque d'Alexandrie; l'utilité historique des premiers poèmes d'une nation; l'antiquité probable du magnétisme; l'origine des formes alphabétiques anciennes et modernes; sur la découverte récente, faite à Rouen, du tombeau de Richard-Cœur-de-Lion; sur l'époque de l'introduction en Perse, du pehlvi, et celle de son remplacement par le parsis.

On vous a parlé avec expérience et talent des peintres anciens et modernes

On a su porter le flambeau de la critique dans l'obscurité de nos lois primitives et de nos lois apanagères.

L'origine psychologique et physiologique des sons articulés vous a savamment été dévoilée.

La question de savoir comment l'architecture égyptienne a revêtu sa forme esthétique est devenue l'objet de discussions utiles à la culture de l'art. Vous avez entendu avec intérêt celles qui ont eu lieu sur la littérature des colonies, la musique religieuse, le véritable auteur de l'Imitation de Jésus-Christ.

Tel est le faisceau de palmes littéraires recueillies durant cette session. De plus nombreux trophées devaient l'enrichir encore; entre autres un travail historique sur l'influence morale du drapeau. Dans quel lieu cet héroïque sujet pouvait-il être plus opportunément traité qu'au sein d'un peuple dont les enseignes, successivement brillantes sous différentes couleurs, se sont promenées triomphantes de contrées en contrées, et flottent aujourd'hui sur les rives africaines, où celles du formidable Charles-Quint furent ignominieusement brisées?

Je n'ai point, dans cette légère esquisse, nommé les auteurs de tant de travaux aussi variés que précieux. Vous les avez entendus, vous les avez applaudis; et le compte rendu, déjà sous presse, en perpétuera le souvenir.

Heureux du présent, plein de confiance dans l'avenir, quel

vœu l'Institut Historique peut-il former encore? Celui de voir les savants étrangers ou regnicoles prendre place dans nos rangs, ou venir, du moins, au Congrès de 1839 nous éclairer de leurs lumières; celui de voir les dames, ornement de cette scientifique réunion, favoriser encore de leur présence notre futur Congrès, l'honorer et l'embellir!

FIN.

TABLE DES MATIÈRES.

Huitième Séance.

Neuvième Séance.

Dixième Séance.

Onzième Séance.

Douzième Séance.

Treizième Séance.

Quatorzième Séance.

Quinzième et dernière Séance.

FIN DE LA TABLE.

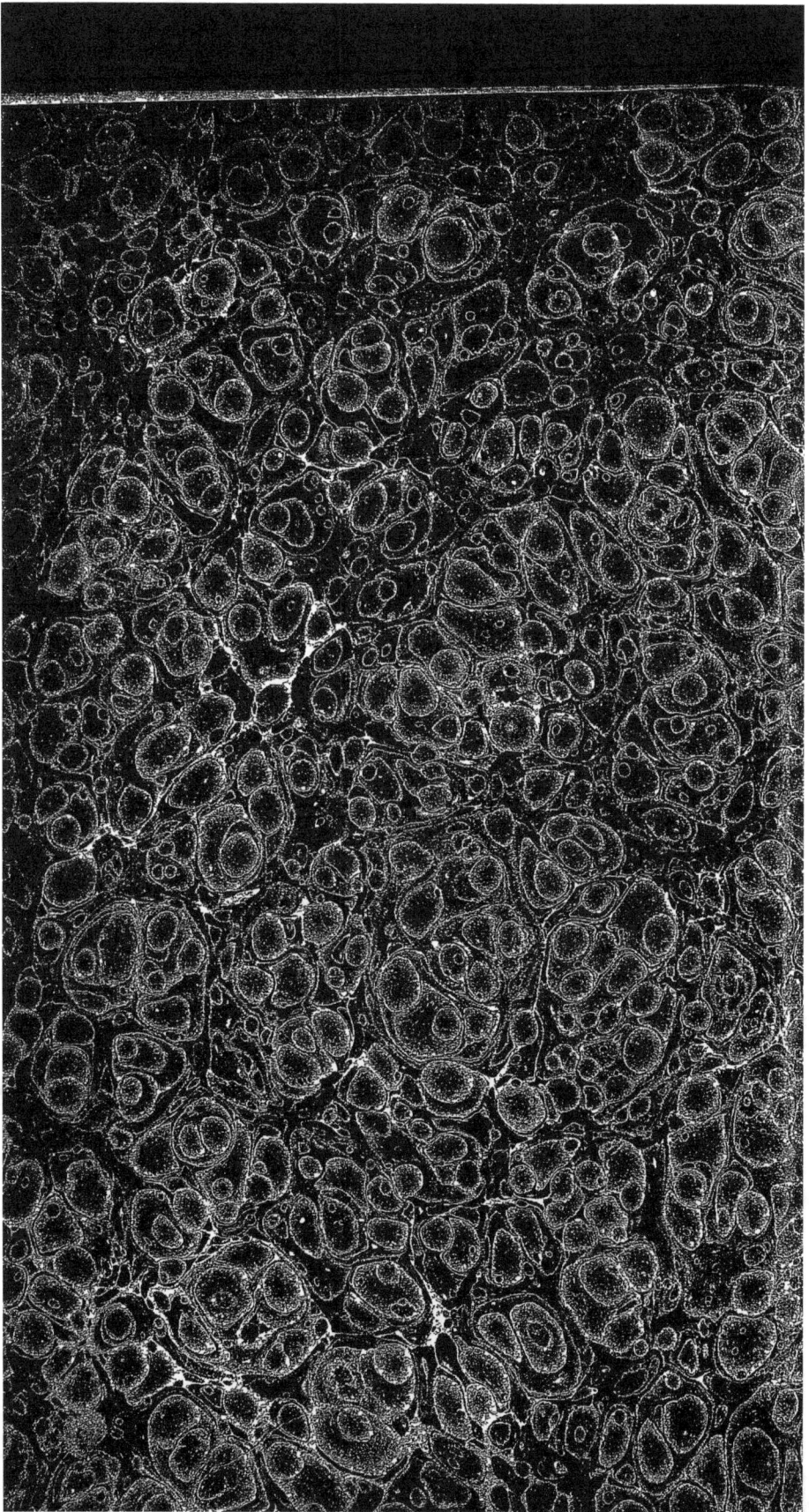

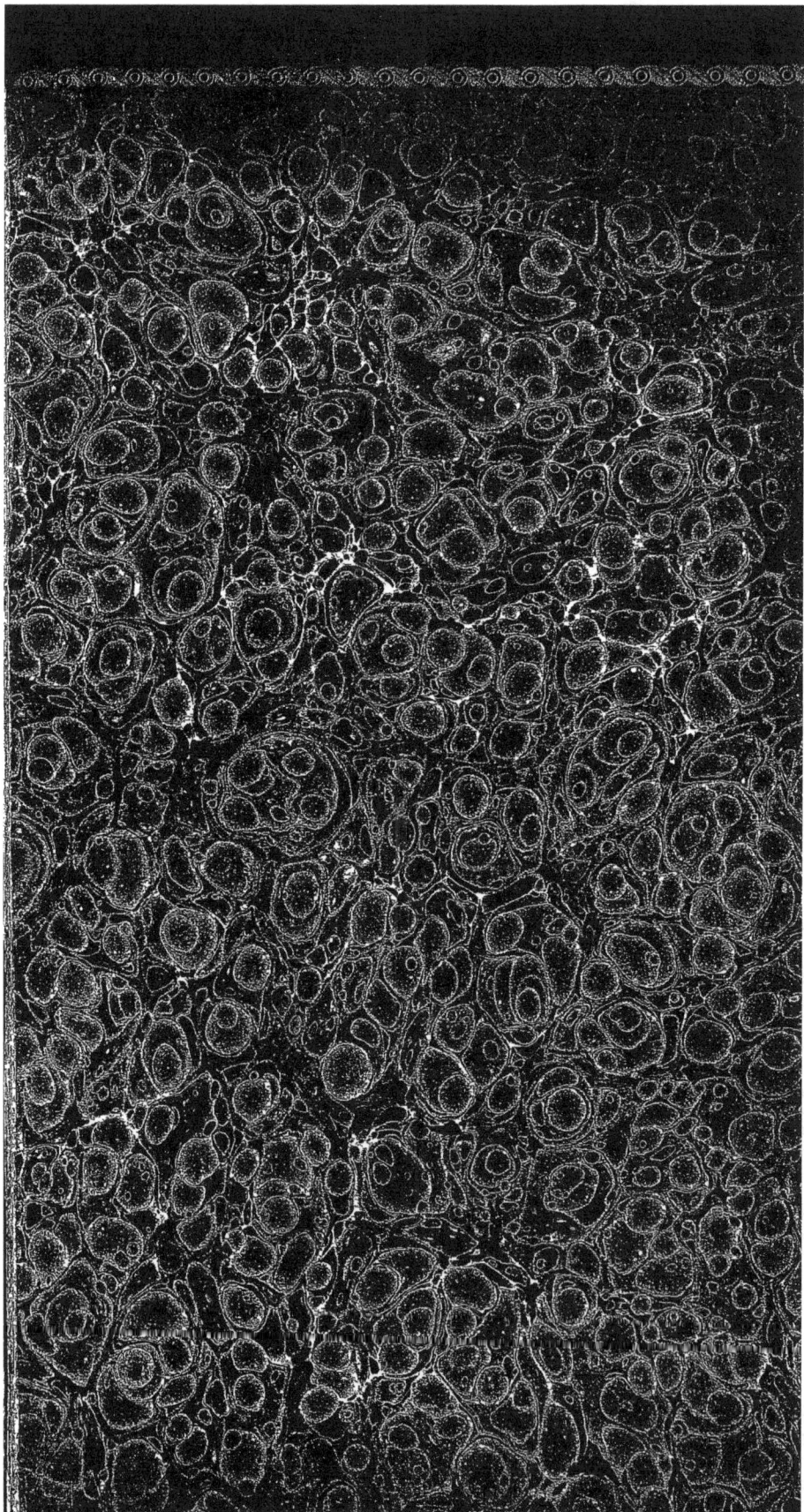

www.ingramcontent.com/pod-product-compliance
Lightning Source LLC
Chambersburg PA
CBHW060951280326

41935CB00009B/681